전두환의 마지막 33년

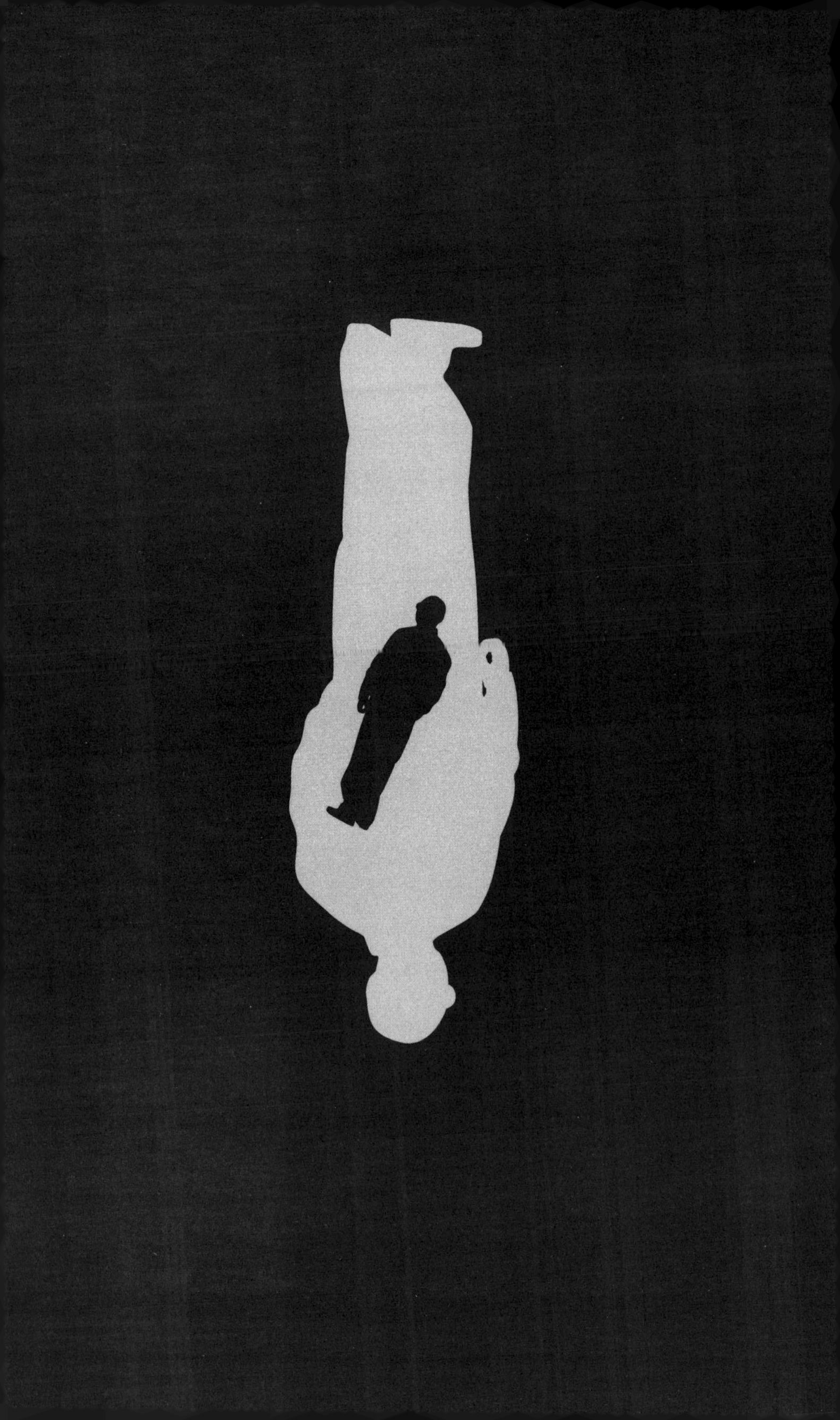

전두환의 마지막 33년

그는 왜 무릎 꿇지 않았는가

정아은

SIDEWAYS

차례

3부 몰락(1988-2021)

4부 악의 기원

프롤로그

소식은 순식간에 퍼져나갔다. 사람들의 얼굴에 망연함이 서리고, 입에서 탄식이 새 나왔다. 소식의 주인공은 고령이고 병을 앓고 있었다. 죽음이 임박했다는 걸 누구나 알고 있었다. 그럼에도 사망 소식은 충격이었다. 모두들 어쩔 줄 몰랐다. 그렇게 가버리다니! 말도 안 된다!

한 가지, 사람들이 느끼는 안타까움이 일반적인 경우와 조금 달랐다. 타인의 죽음 앞에 설 때 품게 되는 숙연한 슬픔이 아니었다. 그 어느 때보다 더 망자(亡者)의 죽음을 아쉬워했지만, 그것은 망자에 대한 애정이나 연민 때문이 아니었다. 더 이상 단죄(斷罪)받을 수 없게 되었다는 것. 망자가 살아 숨 쉬는 상태로, 들려오는 말의 의미를 인식할 만한 정신으로, 공동체가 내리는 벌을 받지 못하게 되었다는 것에 대한 분노 어린 안타까움이었다.

2021년 11월 23일, 대한민국 11·12대 대통령 전두환이 세상을 떠났다. 모든 권력은 국민에게서 나온다는 헌법을 보유한 국가에서 국민을 살상하고 대통령에 올랐던 인물, 법적 근거 없이 공권력을 동원해 시민을 잡아 가두고 납치하고 고문했던 인물, 사형선고를 받았으나 이내 감형받았던 인물, 감옥에 수감되었으나 2년 뒤 풀려나와 득의양양하게 '조국'에 대한 걱정을 토로했던 인물, 자신을 '민주주의의 아버지'라 여겼던 인물, 그리고 죽는 날까지 자신과 함께 불법으로 권좌를 찬탈했던 이들의 존경을 받았던 인물의 몸에서 영혼이 떠나간 것이다.

그의 빈소에는 다양한 장면이 연출됐다. 장례식장 건물 바깥에선 패딩 차림인 이들이 도열해 '임을 위한 행진곡'을 불렀고, 식장 내부에선 검은색 정장 차림을 한 이들이 조문을 위해 줄을 섰다. 이따금 소동이 벌어졌는데, 주로 노신사들이 등장할 때였다. 완벽하게 갖춰 입은 정장에 중절모를 쓴 노신사들은 전두환과 함께 일했던 신군부 인사들이었다.

조문을 마치고 나오는 순간 이들은 기자들에게 둘러싸였다. 취재진에게 '5·18', '사과'라는 말이 들어간 질문을 받은 노신사 중 한 명이 '북한군 300명', '간첩'이라는 말로 응수했고, 뒤에 서 있던 지지자들과 유튜버들이 노기등등해 소리를 질렀다. "누구한테 사과를 받아!", "공산당들한테 사과받으라고!". 기자들의 질문 자체를 불쾌해했던 이들은 모든 질문에 '북한', '간첩', '빨갱이'라는 말로 맞섰다.

이렇듯 소동에 휩싸이기도 했지만, 노신사들은 이내 "조문 와서 할 얘기는 아닌 것 같다."라는 정제된 말을 내보낸 뒤 품격 있게 자리를 빠져나갔다. 그 뒷모습을 보는데, 그들이 가졌다는 토지와 부동산이 떠올랐다. 한 시사 프로그램에서 알려준, 나로서는 얼마나 큰 돈인지 감도 잡히지 않는 그런 액수에 달한다는 그들의 재산이. 인터뷰를 위해 기자가 따라붙을 때면 도피처로 삼곤 하던 그들의 차도 떠올랐다. 취재 영상에 자주 등장했던 길고 검은 세단, 뒷좌석에 앉아 문을 닫으면 즉시 움직여 매끄럽게 시야에서 사라지던 근사한 교통수단이.

장례식이 끝나고 전직 대통령에 대한 세간의 관심이 수그러든 뒤, 가끔 장례식 영상에서 보았던 노신사들의 모습을 떠올렸다. 우아했던 그들의 복장과 표정, 몸짓이 잔상으로 남아 의문을 만들어냈다.

죄책감을 느꼈을까.

그 노신사들에게 세단과, 세단을 모는 기사와, 고급스러워 보이는 신사복과, 잘 정리된 헤어스타일을 유지할 경제력을 선사해 준 고인은, 죄책감을 품은 적이 있을까? 가책을 느꼈을까, 조금이라도?

전두환이 품은 자아상 속에는 살인자라는 이미지가 섞여 있었을까? 섞여 있었다면 함량이 얼마큼이었을까. 아니면 정녕, 진심으로, 온전히, 그의 자아상은 구국(救國)의 영웅이었을까? 그게…. 가능한가? 어쨌든 그도 인간인데? 그에 대한 답을 이제는 알 수 없게 되었다. 영원히.

전두환의 평화로운 죽음은 인간이라면 자연스럽게 품게 마련인 한 가지 믿음에 대한 완벽한 부정이었다. 어린 시절 읽은 동화를 통해, 자라면서 접했던 영화와 소설을 통해 마음에 자연스럽게 품어온 권선징악(勸善懲惡)에 대한 부정.

대량으로 살인을 저지른 자가 풍요롭게 천수를 누리다 제집에서 자연사했다는 것은 국민의 마음에 날카로운 자상(刺傷)을 남겼다. 전두환이 그렇게 세상을 뜬 이후, 사람들은 공허감에 시달렸다. 그것은 남은 이들이 받아 마셔야 할 쓴 잔, 묵직한 숙제였다. 노골적인 폭력으로 국가 공동체를 유린하고도 천수를 누리다 간 사내에 대한 기억을 공동체가 어떻게 감당할 것인가. 전두환 사후에 대한민국은 무엇을 해야 하는가.

전두환은 1988년에 퇴임해 2021년에 사망했다. 최고 권력자 자리에 8년 남짓 앉아 있다 내려온 뒤 '전임 대통령'으로 33년을 산 셈이다. 그 기간 동안 전두환은 반드시 해야 했던 일을 한 번도 하지 않았다. 잘못을 인정하고 사죄하는, 그가 해야 했던 유일한 일을. 두루뭉술하게 유감 표명을 한 적은 있지만 어떤 측면에서 봐도 속죄로 보기 힘든 것이었다.

진정한 속죄는 자신이 한 잘못이 무엇인지 명확히 밝히고 인정하는 데서 시작한다. 그는 잘못을 조금도 인정하지 않았다. 그뿐만 아니라 제 과오에 대한 책임을 북에 돌리거나 '용공 세력'에게 뒤집어씌웠다. 말년에 썼던 회고록에서 광주에서의 학살을 용공 세력에 대한 '국가보위 행위'로 미화했다가 소송을 당한 것은 전두환이 잘못을 인정할 마음이 눈곱만큼도 없었음을 보여주는 명백한 증거다.

* * *

한 사람에게 제 과오에 대한 인식은 언제, 어떤 경로를 통해 올까. 누군가에겐 과오를 저지름과 동시에 오고, 다른 이에겐 사건이 끝난 지 한참 뒤에 올 것이다. 또 다른 이에겐 영원히 인식의 순간이 오지 않기도 할 것이다. 이를 결정하는 데에는 그 개인이 가진 인격적 특성이 영향을 미치겠지만, 그와 같은 비중으로, 혹은 그보다 더 큰 비중으로, 그 개인의 인격을 둘러싼 환경이 영향을 미칠 것이다. 전두환이 집권 과정과 집권 기간 동안 저질렀던 잘못을 제 잘못으로 인식하지 못했던 것 또한 이 두 가지 요소가 함께 영향을 미쳤다고 보아야 할 것이다.

잘못을 저지른 이가 한 나라의 최고 지도자일 경우, 제 잘못을 인식하고 판단하는 일은 매우 어려운 과제가 된다. 그의 인격과 삶이 이미 그 자신의 것만이 아니기에, 무엇이 자신의 과오이고, 무엇이 시대·문화적 상황 때문이었는지 따지는 작업은 복잡하고 난해하다. 결국 그가 지도자 자리에서 내려온 뒤에야 재임 동안 했던 일이 무엇인지 감을 잡게 될 텐데, 권좌에서 내려와 있는 상황 또한 집권기에 행했던 일의 영향력에서 자유로울 수 없으므로 역시 제대로 된 판단을 내리기가 쉽지 않다.

본시 권력이란 한번 잡으면 누군가에게 공격을 받아 물러나기까지 영구히 놓지 않는 것이었다. 고대의 군주들은 전쟁에 승리해 1인자 자리에 오른 뒤 권좌를 사수하다가 다른 누군가에게 패퇴했을 때 강제로 자리를 내놓았다. 중세와 근세의 왕들은 조상으로부터 물려받은 권위로 자리를 보장받아 이전 시대의 군주들에 비해 상대적으로 안정된 치세를 누렸다. 힘에 의한 강제나 조상 때부터 대대로 쌓아온 정통성을 통해 권력자의 자리를 유지했던 군주들은 가장 높은 자리에 있거나, 혹은 전쟁에서 패해 죽음을 맞거나 둘 중 한 가지 운명에 처했다.

드물게 폐위된 군주가 생겨나기도 했는데, 그런 군주들은 더 이상 왕이 아님에도 계속해서 삶을 유지해야 했던 기구한 운명 때문에 후세 사람들 입에 특별한 이야깃거리로 오르내렸다. 10년 동안 프랑스 황제 자리에 앉아 있다 전쟁에서 패해 유배된 상태로 7년을 살았던 나폴레옹, 15년간 조선의 왕으로 군림했다가 폐서인이 된 상태로 18년을 살았던 광해군, 25년간 스코틀랜드의 여왕으로 있다가 폐위되어 20년을 갇혀 지냈던 메리 스튜어트가 그런 운명에 처했던 이들이다.

제1 권력자의 자리가 국민들의 직접선거로 정해지고, 합의된 기간이 끝나면 그 자리에서 물러나도록 제도화한 것은 인류가 이룩한 빛나는 쾌거였다. 권력의 자리를 폭력이 아닌 다수 국민의 의지로 정하고, 권력의 자리에 올랐던 이라 할지라도 합의된 기간이 지나면 일반인들과 똑같은 자리로 돌아와 예전처럼 살아간다는 원칙이 제도적으로 정착되고 되풀이되면서, 인류는 이전보다 안정되고 예측 가능한 환경에서 살아가게 되었다.

'민주주의'라 불리는 이러한 제도가 지구상 모든 구역에서 통용되는 것은 아니다. 민주주의를 시행하는 국가보다 그렇지 않은 국가가 더 많고, 실질적인 시행 여부를 따진다면 민주주의를 제대로 시행하는 나라는 손에 꼽을 정도밖에 되지 않을 것이다. 그럼에도 사람들이 이 시대를 대표하는 제도로 민주주의를 떠올리는 것은, 지구촌을 살아가는 이들의 가슴에 사람 위에 사람 없고 사람 밑에 사람 없으며, 지도자의 권력은 대등한 사람들 간의 합의에서 나온다는 개념이 가장 바람직한 이상으로 여겨지기 때문이다. 전대미문의 세습 독재를 이어가고 있는 북한의 공식 명칭이 '조선민주주의인민공화국'인 것이나 쿠데타로 집권했던 대한민국 제11·12대 대통령 전두환이 공식 행사에서 후렴구처럼 '민주주의' 운운했던 것은, 민주주의가 현대의 유일하게 정당한 시대정신임을 보여주는 좋은 사례다.

전두환이 앞서 언급한 나폴레옹, 광해군, 메리 스튜어트와 구별되는 것이 이 지점이다. 가장 높은 자리에서 가장 낮은 자리로 추락한 뒤 장기간 생존해야 했던 이 세 인물은 권력의 자리가 무력이나 조상의 후광으로 정해지던 시기의 인물들이었다. 국민의 의지가 아닌 다른 힘에 의해 군림하는 것이 운명으로, 혹은 신의 뜻으로 받아지던 시대를 살았기에 그 인물이 왕이 아닌 채로 생존했던 기간이 '특별한 경우'로 여겨졌다. 그러나 전두환이 살았던 20세기 대한민국, 그리고 21세기 대한민국은 국가를 통치하는 권한이 국민이 아닌 다른 곳에서 나온다고 생각하는 공동체가 아니었다. 비록 전두환의 전임자였던 이들이 사사오입 개헌 혹은 유신을 통해 민주주의 정신을 유린하긴 했어도, 대한민국은 엄연히 모든 권력은 국민에게서 나온다는 개념이 맨 앞에 새겨진 헌법을 두른 민주주의 국가였다. 전두환은 그런 국가에서 탱크와 총칼을 앞세워 권력을 찬탈했고 무리하게 잡은 권력을 (국보위 기간까지 합쳐서) 8년 가까이 유지했던 것이다.

아프리카와 아시아, 남미 대륙의 다수 지역은 지금도 무력으로 정권을 잡은 이에게 통치받거나 정통성 없는 신생 왕조의 지배를 받고 있다. 이들 지역에서 쿠데타로 집권했던 독재자들은 정권을 연장하여 종신 집권을 도모하거나 퇴임한 뒤에도 계속해서 영향력을 행사하는 방법으로 일신의 안전을 확보했다. 개중에는 퇴임 뒤 국민이 내릴 처벌이 두려워 외국으로 도망친 이들도 있었다. 쿠데타로 집권했던 태국의 쁠랙 피분송크람은 퇴임 뒤 일본으로 도피했고, 필리핀의 페르디난드 마르코스는 하와이로 망명했다.

퇴임한 전두환이 걸었던 길은 그런 독재자들 중 누구와도 같지 않았다. 장기 집권은커녕 반대 세력의 잦은 시위에 시달리다가 임기를 겨우 채운 뒤 대통령 자리에서 내려왔고, 퇴임 뒤 대한민국 정치에 직접적인 영향력을 행사하지 못했으며, 일반 시민의 상태로 국내에서 33년을 살았다. 퇴임 8년 뒤에 단죄되어 감옥에 들어간 적이 있지만 2년 만에 풀려나왔고, 그 후 생을 마감할 때까지 죽 감옥이 아닌 바깥세상에서 자유롭게 살았다. 4개 필지, 3개 건물로 이루어진 총 1,652㎡(약 500평) 규모의 집에 살며* 경호원들의 보호를 받았고, 간간이 '전직 대통령'으로 청와대에 초청받아 다른 전임 대통령들과 어울리며 '조국의 미래', '국가의 안위'를 운운했으며, 측근들과 골프를 치고 고급 식당을 드나들었다. 그러다가 91세 되던 해 지병으로 삶을 마감했다.

* * *

어떻게 그런 일이 가능했을까? 국민을 살상하고 불법적으로 집권한 전두환이 어떻게 7년 동안 권력을 유지할 수 있었으며, 권좌에서 내려온 뒤에도 제대로 된 단죄를 받지 않고 자유롭게 살 수 있었을까?

역사적인 인물의 행보를 추적할 때는 기본적으로 그 인물의 성격적 특성을 우선적으로 살펴야 하겠지만, 그에 못지않게 중요한 것

* 2018년 서울중앙지검 범죄수익환수부 공매 감정가는 102억 3,200만 원이었다.

이 특정 인물의 행동을 가능케 한 역사·문화적 상황을 살피는 일일 것이다. 이 책은 전두환이라는 인물이 33년이라는 기간 동안 왜 한 번도 무릎 꿇지 않았는지, 왜 우리 사회는 그를 단죄하지 못했는지를, 전두환이라는 특별한 개인의 내재적 관점과 그가 속해 있던 시대적 상황이라는 외재적 관점에서 조명해 보려는 시도의 산물이다.

제대로 규정되지 않은 '악'은 물리적 생명력이 끊어진 뒤에도 살아남아 현재를 만들어내고, 미래에도 줄기차게 영향력을 이어간다. 그 영향력을 끊어내는 첫 단계는, 우리의 기억 저편의 시공간으로 넘어가 버린 '단죄받지 않은 악인'의 면모를 구석구석 살펴서, 한국 사회 구석구석에 박혀 단단하게 자리를 차지하고 있는 그의 파편들을 인식하는 일일 것이다.

이 책은 그 인식의 장을 '영광'과 '모순', '몰락'과 '악의 기원'이라는 네 개의 분석적인 틀로 구성했다. 책의 1부 '영광(1931-1980)'에서는 전두환이 어린 시절부터 대통령이 되기 전까지의 50년이라는 시간을 심층적으로 되짚는다. 전두환의 젊은 시절에 관한 일대기의 성격을 지니지만, 단순하게 생애의 시간적인 배열에 따라 그의 생애를 추적하는 글은 아니다.

전두환은 대한민국의 최고 권력자였던 이승만, 박정희와 매우 다르면서도, 둘의 계보를 정확하게 이어갔던 사람이다. 그는 이승만-박정희 라인의 후계자였는데, 두 지도자의 가장 잔혹하고 이기적인 면만을 물려받은 인물이었다. 그리고 그의 생의 마지막 33년 동안에도 줄곧 우리가 마주하게 될 그 기질은 그의 성장 과정과 청년기의 궤적에 이미 짙게 묻어 있다. 1부는 전두환의 기질적인 씨앗이 싹튼 그의 성장기에서부터 1979년의 12·12 쿠데타, 1980년 5월의 광주를 거쳐 그가 대한민국의 최고 권력자로 집권하기까지의 과정을 그린다.

책의 2부 '모순(1981-1987)'은 전두환이라는 무법자가 이 나라의 '대통령'으로 기정사실화되고, 어떤 이들에겐 아직도 '단군 이래의 최대 호황'이란 시절로 기억되는 그의 집권기, 1980년대에 관한 종합적 분석이다. 1980년대는 대단히 문제적인 시기였으며, 모순으로 점철된 격정의 시절이었다. 누군가는 어딘가에서 뼈가 으스러지는 고문을 받고 있던 고통의 나날, '한 명 대 사천만 명의 대결'이라 불릴 수 있을 어두컴컴한 시간이면서도, 동시에 전두환이 김재익이라는 걸출한 인재를 내세워 경제 분야의 코페르니쿠스적 전환을 이뤄내며 이 땅에 물질적 풍요를 불러온 시기이기도 했다.

또한 그 모순은 전두환의 개인적 삶과 공적인 삶을 넘나들며 급격히 소용돌이쳤다. 좋은 남편이면서 동시에 잔인한 학살자였던 존재로서의 이중성, 그리고 '정통성 없는 대통령'이라는 정체성이 그와 대한민국을 끊임없이 흔들고 있었던 것이다. 이러한 1980년대의 모순적인 상황을 정면으로 바라보는 것은 대한민국 사회가 왜 퇴임 이후에도 그를 끝끝내 무릎 꿇리지 못했는지를 추적하는 데 반드시 필요한 작업이다.

나아가 이 책의 3부 '몰락(1988-2021)'은 그가 대통령직을 내려놓은 이후부터 2021년 죽음을 맞이한 날까지의 여정을 고찰한다. 전두환은 권좌에서 내려온 뒤 백담사와 감옥 안에서 각각 2년의 시간을 보낸 것을 제외하면 퇴임 후 33년을 수영장과 스크린골프장과 널찍한 정원이 딸린 광활한 저택에 머물며 자유롭게 살았다. 어떻게 그런 일이 가능했는가? 대한민국은 왜 퇴임한 학살자를 제대로 처벌하지 못했는가? 드물게 이루어졌던 처벌은 왜 그렇게 단편적이고 자의적이었는가?

이 질문에 대한 답을 내리는 일은 전두환을 정확하게 파악하는 것만큼이나 전두환의 후임자들, 이 나라의 대통령들을 냉정하게 들여다봐야 가능할 것이다. 그러므로 3부에서는 전두환이란 인물을 둘러싼 노태우와 김영삼, 김대중과 노무현, 그리고 박근혜의 개인적·사회적·역사적·정치적 동역학을 추적한다. 우리 사회의 뼈아픈 '대자아'가 되어버린 전두환과 대한민국의 관계를 직시하는 일은 대한민국의 가장 첨예하고 취약한 면모를 드러내는 결과로 이어진다.

책의 마지막 4부 '악의 기원'은 1부에서 3부까지 전개되었던 전두환이라는 문제적 인물이 어떻게 대한민국에서 집권할 수 있었고, 단죄받지 않고 생을 마감할 수 있었으며, 결국 그가 우리 사회에 남긴 깊은 상흔과 족쇄가 무엇인지를 총체적으로 되짚는다. 최근 젊은 세대를 중심으로 그를 향한 찬양과 낭만화가 유행하는 퇴보적 현상이 발생하고 있다. 그것은 대한민국이 1990년대 글로벌 자본주의 체제에 편입된 후 국민이 얼마나 치열한 경쟁에 노출되어 있는지, 그래서 과거 개발연대 시절의 '강력한 국가'를 얼마나 그리워하는지, 또한 1980년대의 공동체적인 소속감과 유대감을 얼마나 희구하는지 역설적으로 반증한다.

그럼에도 전두환과 같은 극단적인 악의 돌연변이가 이 땅에서 다시 득세하는 것은 상상조차 할 수 없는 일이며, 그런 인물의 재등장을 막는 것은 우리가 어떻게 이 사회의 가장 기초적인 '선(線)', 법치주의와 사회적 규준을 정착시켜 가는지에 달려 있을 것이다. 악을 제대로 처단하지 못한 후과는 오래도록 대한민국이라는 공동체의 구성원 모두를 고통스럽게 하고 있다. 심지어 우리는 전두환의 직계 후손이 살아오는 내내 혹독한 죄책감에 시달려 왔음을 지금 생생하게 지켜보고 있지 않은가. 이 책을 마무리하던 때에 접하게 된 전우원이라는 인물과 그의 언행은 하나의 기적처럼 느껴졌으며, 그에 관한 이야기는 4부 4장의 '살아있는 자의 천형(天刑)'에 담았다.

* * *

이 책을 쓰는 동안 많은 분께 도움을 받았다. 전두환에 대해 같이 써보자고 손 내밀어 주시고 격려해 주신 스승 라종일 교수님, 양질의 참고 도서를 족집게처럼 집어주셨던 지윤성 선생님, 권력과 사회와 종교가 얽혀 돌아가는 군상을 소설의 한 장면처럼 극적으로 묘파해 주셨던 주원규 작가님, 해박한 경제 지식을 아낌없이 나누어주셨던 최병천 소장님, 당대의 시대상을 실감 나게 전달해 주신 김현종 대표님, 전두환을 쓰겠다는 의기만 갖추었던 내게 자료 조사의 기초부터 심화까지 치열하게 알려주신 고나무 대표님께 감사드린다. 더불어 바쁘신 중에도 졸고를 읽고 추천해주신 라종일 교수님, 임혁백 교수님, 정병설 교수님, 정인관 교수님께 진심으로 감사드린다.

대한민국 육군의 역사와 존재 의미, 육군사관학교의 설립 배경과 교육 내용, 그리고 육군사관학교 출신 인물들이 사회에서 그려낸 궤적과 의미에 대해 넓고 깊은 통찰력으로 스케치해 주신 A 선생님과 B 선생님께도 감사드린다. 두 분이 장시간에 걸쳐 육군사관학교에 대한 배경지식을 세세하게 들려주신 덕분에 전두환이라는 인물에 성큼 다가갈 수 있었다. 익명으로 남고 싶어 하셨기 때문에 아쉬운 대로 이렇게나마 감사 인사를 전한다. 책에 근사한 의복을 입혀 주신 김진성 선생님, 마지막 순간까지 꼼꼼하게 텍스트를 살펴주신 정혜인 선생님께도 진심으로 감사드린다. 마지막으로, 목적했던 메시지가 온전히 글에 녹아들어 갈 수 있도록 인내심과 열정으로 강력하게 이끌어주신 도서출판 사이드웨이 박성열 대표님께 깊이 감사드린다.

전두환에 대해 써야겠다고 마음먹은 몇 년 전부터 나는 사람들을 만날 때마다 물었다. 전두환에 대해 어떻게 생각하시나요? 사람들의 뇌리에 새겨진 이미지를 되비춰 짚으면 전두환으로 상징되는 한 시대를 그려내는 데 도움을 받을 수 있지 않을까 하는 막연한 기대에서 한 일이었다.

놀랍게도, 사람들은 모두 전두환에 대해 할 말을 품고 있었다. 어떤 이는 아버지가 전두환의 경호부대에서 근무했다며 80년대 청와대를 둘러싼 이야기를 해주었고, 어떤 이는 어린 시절 살았던 지역 유치원의 원장이 전두환이었다면서 젊고 의욕에 가득 차 있던 군인 시절의 전두환의 모습을 그려 보여주었다. 어떤 이는 광주에서 가까운 이를 잃었던 아픔을 토로하며 전두환이 만든 자상을 뜨겁게 실감하게 해주었고, 어떤 이는 이름난 엘리트였던 친구가 전두환의 심기를 거스르는 바람에 어떻게 직업과 사회적 신망을 잃게 되었는지를 적나라하게 이야기해 주었다. 80년대 당시 기자였던 어떤 이는 전두환이 기자들에게 참 잘해 주었다면서 당시에 누렸던 금전적 특혜들을 일일이 알려주었다. 교수 출신인 한 분은 '교통지도원' 신분증까지 만들어주며 교수들에게 도로에서도 특권을 누리도록 해 주었던 전두환의 세심한 우대에 대해 소상히 알려주었다.

거의 모든 사람이 직접적으로 혹은 한두 다리 건너서 전두환과 연관된 에피소드를 품고 있었고, 그에 따라 그 인물에 대해 각각 다른 상을 가지고 있었다. 그러니까 '한국인'이라는 공통의 정체성을 품은 우리 모두는 전두환이라는 문제적 인물에 관하여 각자 살아온 역사를 바탕으로, 각자 선 위치에서, 완전히 다른 측면을 조명하고 가슴에 새겨 넣은 채 살아온 것이다.

다들 전두환이 '나쁜 놈'이었다는 데 대한 동의를 내비치면서 말문을 열었지만, 그 뒤로 이어지는 각론은 모두 조금씩, 때로는 매우, 달랐다. 나는 그렇게 제 삶의 궤적을 열어 자신이 품고 있는 '전두환상'을 보여준 이들 덕에 전두환이라는 '한 시대'를 넓게 조망할 수 있었다.

한국인이라는 집단 정체성 속의 개개인이 던져준 이야기들은 생생한 시대의 공기, 과거와 현재가 조우하는 생성의 현장을 생동감 있게 전달해 주었다. 이는 어떤 자료와 책으로도 얻을 수 없는 귀한 사료의 역할을 했다. 뜬금없이 묵직한 질문을 던진 뒤 꼬치꼬치 캐묻던 글쟁이에게 성의 있게, 심지어는 다시 연락해 미처 하지 못한 이야기를 덧붙여 준 분들께 이 지면을 빌려 고개 숙여 감사드리고 싶다. 이제 내게 모여든 수많은 삶의 조각을 버무린 결과물을 되돌려 드리는 여정으로 여러분을 초대한다.

2023. 4. 1.

정아은

1부

영광

(1931-1980)

1장

이승만, 박정희, 전두환

1979년 3월 5일, 63세의 대통령 박정희가 49세의 육군 소장 전두환을 보안사령관에 임명했다. 임명장을 넘겨준 순간, 156cm의 왜소한 체구의 사내에게서 170cm의 탄탄한 체구의 사내에게로 뭔가가 넘어갔다. 눈에 보이지 않지만 치명적인, 커다랗고 단단한 덩어리가. 사후에 벌어진 결과를 놓고 보면 박정희가 제 죽음을 예상하고 영혼의 일부를 건네준 듯한 느낌이 든다.

어쩌면 박정희가 건넨 것은 직책뿐이었을지도 모른다. 상관이 제 안위를 위해 중요 보직을 건네준 것일 뿐인데, 넘겨받는 사내가 크고 억센 손을 내밀어 제 상관이 보유한 핵심 에너지를 채간 것일 수도 있다. 박정희가 주었든, 전두환이 빼앗아 갔든, 혹은 순간의 우연이 기운을 옮겨 놓은 것이든 그 시간 이후 전두환은 계승자가 되었다. 무엇의 계승자가 되었던가. 객기, 혹은 한국형 사나이들의 계보 같은 것. '안 되는 것을 되게 하는' 뚝심의 계승자가 되었다.

박정희가 그 계보의 창시자였던 것은 아니다. 박정희 이전에 이미 빼어난 모범 사례를 만들어 놓은 이가 있었다. 대한민국 초대 대통령이자 국부(國父)로 불렸던 이승만이라는 인물이다. 대통령 재선 가능성이 희미해지자 정치 파동을 일으켜 선거제도를 바꾸어 버리고,[1] 한국전쟁 당시 미국의 이해관계에 아랑곳하지 않고 북진(北進)을 외쳤던 인물. 제 뜻과 달리 휴전을 맞게 되자 반공 포로를 일시에 석방해 미국의 뒤통수를 후려치고[2] 마침내 한미상호방위조약을 얻어내기에 이르렀던[3] 무데뽀형 지도자. 국내 정적들도, 최우방국인 미국도 모두 두 손 들고 항복하게 만들었던 전천후 폭주형 건국 대통령, 이승만.[4]

대한민국은 초대 대통령부터, 비합리적이고 안 될 것처럼 보이는 일을 막무가내로 밀어붙여서 이루어내는 전범을 보여주었고, 이는 전통처럼 이어지며 다양한 버전의 '무데뽀' 후임 지도자를 낳는 결과로 이어졌다. 중간에 윤보선, 장면처럼 다른 빛깔의 인물들도 등장했지만, 이들은 자리에 앉아 막 통치를 해보려던 시점에 곧바로 자신만의 무데뽀를 펼칠 예정인 운명의 사나이 박정희에 의해 밀려나고 말았다.

'불가능은 없다'는 신념에 충실했던 인물들

임명장을 받는 탄탄한 체구의 사내에게 될 것 같지 않은 일을 되게 만든 파격의 이력이 없는 것은 아니었다. 예컨대 1967년 수도

경비사령부 대대장이던 시절, 전두환은 대통령 관저인 청와대를 향해 중화기인 박격포 설치를 건의해 성사시켰다.[5] 대통령을 경호하기 위한다는 명분이긴 했지만, 동시에 대통령을 향해 중화기를 발사할 위험도 있는 일이었다. 현역 군인 누구도 생각하거나 건의할 수 없는 유의 과감한 발상이었다. 전두환은 그런 일을 최초로 건의해 성사시킴으로써 자신이 얼마나 대통령에게 신임받고 있는지를 과시했다.[6]

그는 1970년에 4년제 정규 육사 출신 중 처음으로 연대장이 되었고, 1977년에는 4년제 정규 육사 출신 중 처음으로 소장으로 진급했다. 그의 군 경력 자체가 파격의 연속이었다. 그중에서도 가장 큰 파격은 임명장을 받은 바로 이날, 1979년 3월 5일, 49세의 소장 신분으로 보안사령관에 취임한 일이었다. 전두환은 평범한 이라면 한 가지도 제대로 성취하기 힘든 일을 연달아 이루어냈고, 그 경력을 훈장처럼 달고 있었던 것이다.

따져보면, 그 훈장들은 대부분 임명장과 모종의 기운을 넘겨주고 있는 왜소한 체구의 사내에게서 받은 것이었다. 탄탄한 체구의 사내가 남들보다 더 과감하고, 겁 없고, 용맹한 기질이 있는 것도 사실이었지만, 왜소한 체구의 사내가 그를 용인해 주고, 평가해 주고, 파격적인 보상을 내려주지 않았다면 완성할 수 없는 이력이었다. 수여자가 파격을 허용했기에 가능한 시나리오였다는 말이다.

임명장을 건네주는 박정희야말로 '안 되는 것을 되게 하는 사나이' 계보의 적장자이자 그 계보의 전성기를 구가한 인물이었다. 그는 '안 되는 일 되게 만들기 대회'의 개최자이자 감독이자 주요 플레이어로 정주영, 박태준, 남덕우 같은 플레이어들을 발탁해 힘을 실어주었다. 경부고속도로 건설, 초대형 조선소 건설, 중화학공업 육성 등 박정희 시대의 굵직한 업적으로 남은 일들은 모두, 박정희 자신을 제외한 다른 모든 이들에게서 날아왔던 '국력만 낭비하고 끝날 불가능한 일'이라는 예측을 딛고 시작되었다. 어떻게든 해내고 말겠다는 결심을 한 박정희가 눈에 불을 켜고 '뚝심을 가지고 끝까지 갈 만한 인물'을 발견한 뒤, 그 인물을 설득하고 채찍질해 불도저처럼 밀어붙여 해낸 일이었다.

가능하지 않은 일을 가능하게 만들어가는 과정은 거칠고 우악스러웠다. 필연적으로 많은 희생자와 부작용을 낳았고, 이는 박정희 시절의 '공(功)·과(過)' 중 치명적인 '과'로 남았다. 여기서는 그 일들이 잘한 것이냐, 아니냐에 대한 판단은 하지 않기로 한다. 이 책 첫 장의 프리즘은 그 일들이 '안 되는 것을 되게' 했다는 측면만 투과할 것이다.

잿더미 위의 강박관념

대한민국 초대 대통령과 후임들에게 이어진 전통, '안 되는 일'을 우격다짐으로 '되게' 만드는 파격 실행자라는 페르소나는 어떻게 만들어졌을까.

지도자가 앞장서서 이끈 무데뽀 우격다짐 관행의 기원은 '환경'에서 찾아야 할 것이다. 이승만에게서 발원해 박정희 시절 활짝 피어나 전성기를 구가한 뒤 전두환 통치기에 극단적인 형태로 폭발했던 무데뽀 전통은, 19세기 후반과 20세기 초·중반 한반도 거주민들이 겪었던 폭력적이고 척박한 사건들에서 유래했다.

500여 년간 지속되었던 왕조 국가 조선은 처참하게 몰락했고, 같은 시기 조선의 이웃인 일본은 서구 열강을 좇아 근대국가 만들기에 성공한 뒤 한반도를 식민지로 삼았다. 일본의 식민지가 되었다는 것은 한반도 거주민들이 자력으로 근대화를 이룰 수 있는 기회를 잃게 되었음을 의미했다.

근대성은 식민주의와 함께 도래해 한반도 주민들을 혼란에 빠뜨렸고, 이 상태는 일제가 1945년 2차 세계대전에서 패망하여 한반도를 떠나기까지 36년간 지속되었다. 도둑처럼 온 해방의 국면, 행정부 수장이었던 일본 총독, 기업의 수장이었던 일본인 사장, 도시 행정의 총책임자였던 일본인 시장이 모두 일순간에 증발해 버린 상황에서, 뻥 뚫린 무주공산의 한반도 공간을 질서와 규범으로 채우는 것이 시급한 과제로 떠올랐다.

1945년은 2차 세계대전의 종말과 함께 미국과 소련이라는 양대 강국의 헤게모니 다툼이 본격적으로 시작되는 원년이었다. 대한민국은 떠오르는 양 패권국이 세력 다툼을 벌였던, 지구상에서 가장 뜨거운 땅이었다. 식민 모국의 지배자들이 막 떠나간 빈터에 낯선 패권국 강자들의 입김이 서리기 시작했고, 한반도에 맞는 체제와 질서를 세우려는 움직임은 양대 강국의 입김에 휘둘리다가, 한국전쟁이라는 대규모 내전에 휩싸이며 비극적인 종말을 맞았다.

1953년, 97만의 군인 사망자와 100만의 민간인 사망자를 낸 한국전쟁이 종료된 후, 한반도 남쪽의 지도자들에게는 잿더미가 된 국토에서 근대국가를 만들어내야 한다는 엄중한 책무가 주어졌다. 잿더미만 남은 허허벌판에서 복잡하고 단단한 무엇을 만들어내야 하는 지난한 작업이었다. 서구 열강이 삼백여 년에 걸쳐 이루어낸 근대국가의 구축, 즉 산업화와 민주주의를 정착시키는 과업을 일순간에 해내야 했는데, 그 작업을 하는 내내 영토 북쪽에 사는 이들의 진척 속도와 성공 강도를 한시도 잊을 수 없었다.[7]

국경을 마주한 북쪽에는 형제국이면서도 그보다 더한 적을 상상할 수 없는 극악한 적이 자리 잡고 있었고, 유일한 이웃인 바다 건너 일본은 식민 시절의 기억 때문에 손을 잡을 생각조차 할 수 없었다. 이렇듯 세상의 어느 섬나라보다도 더하게 고립된 대한민국은 지구상의 오직 한 나라, 대양 건너의 미국에만 의지할 수 있었다.

천연자원도 없고, 기존에 존재하던 체제, 건물, 도로, 설비, 지역 단위의 관행과 질서 등 물질적·정신적 자산을 전쟁으로 모두 잃었다. 외부로부터의 도움은 오직 태평양 너머에 있는 미국의 손길뿐인데, 그 미국도 제 이권에 맞을 때에만 손을 내밀기에 도움을 얻기가 쉽지 않다. 그러나 그 모든 어려움에도 불구하고 국가를 세워야 한다. 북한이 먼저 성공해 쳐들어오기 전에 국가 세우기 과업을 해치워야 하니, 언제나 시간에 쫓긴다. 생각 같아서는 삼사 년, 아니 몇 개월 만에라도 작업을 해치우고 싶다. 이것이 당시 지도자들의 마음이었을 것이다. 국가가 처한 시·공간적 상황 자체가 안 되는 것을 되게 만들어야 하는 여건에 놓여 있었던 셈이다.

이승만과 박정희와 전두환이라는 세 지도자가 편법과 위법과 독재를 했던 것은 주로 개인적인 야심 때문이었을 것이다. 그러나 지도자 개인의 불타는 야욕 주변에는 국가적 상황과 그에 따른 조급함, 어떻게든 근대국가를 만들어내야 한다는 공동체 차원의 강박관념도 상당한 기세로 도사리고 있었을 것이다.

전두환이 받아든 묵직한 덩어리의 정체

대한민국은 2차 세계대전 이후 생겨난 신생 독립국 중 유일하게 OECD에 가입한 국가다. 타국의 원조를 받던 나라에서 50여 년 만에 원조국이 된 나라다.[8] 부패하거나 불법을 저지른 지도자(이승만, 전두환, 박근혜)를 세 번이나 쫓아내고 그 자리에 국민의 손으로 뽑은 지도자를 세운 국가다. 바꿔 말하면 산업화와 민주주의의 양대 숙제를 모두 해낸 단 하나의 신생 독립국이다.

어떻게 그런 일을 해냈을까. 답은 간단하다. '안 되는 일을 되게' 했기 때문이다. 척박한 땅에 씨를 뿌리고 건물을 세우는 일, 십 년이 걸릴 일을 몇 개월 만에 해치웠다는 소식은 무기력에 빠질 수 있는 국민에게 자신감을 심어주었다. 불가능해 보이는 일을 패기와 저돌적인 근성으로 해내는 인물들은 국가 차원의 사랑을 받았다. 정주영이 영국에 가서 "당신네 나라는 조선소 하나 없는 나라가 아니냐"라고 반문하는 바이어에게 거북선이 그려진 동전을 보여주며 배를 팔아 치웠다는 일화[9]나 박정희가 추동해 2년 5개월 만에 경부고속도로를 완공한 일화,[10] 기계공업이 전무하던 땅에서 단조, 주물, 철삭, 가공 등을 통해 '포니'라는 자동차를 만들어낸 것[11]은 그런 분위기에서 잉태되고 완성된 국가적 신화였다. 효율, 속도, 근성은 신생국가 대한민국의 종교이자 이데아이자 젖줄이었다. 뭔가를 '되게 하기 위해서'라는 기치를 두른 뒤 일을 도모하는 도중에 일어난 편법과 탈취와 거짓은 '어쩔 수 없는 것'으로 포용되었다.

이런 경향은 사회 곳곳으로 스며들었다. 속세와 인연을 끊고 산에 들어가 고시 공부를 해 하루아침에 신분 상승을 이루거나, 노동자들에게 턱없이 낮은 임금을 주면서도 밤샘 노동을 강요해 회사를 급속도로 키워내거나, 건설 도중에 사상자가 발생해도 아랑곳하지 않고 밀어붙여 몇 년 걸릴 공사를 몇 개월 만에 해치우는 일이 '눈부신 성과'로 칭송되었다. '한강의 기적'은 이러한 사회적·문화적 공기가 배태하고 산출한 결과물이었다.

문제는 이러한 습속이 '한국적인 것'으로 자리 잡으면서 성과를 이루는 과정에서 발생한 희생을 당연시하고, 편법의 규모와 정도에 대해 아무런 긴장감을 갖지 않게 되었다는 데 있었다. 목표를 위해 '어쩔 수 없다' 여겼던 소수의 희생과 소량의 편법이 점점 덩치를 키워 초반에 세웠던 목표를 무의미하게 만들면서, '예외'로서 허용되던 습속들이 버젓이 '원래부터 그런 것'으로 자리 잡았다.

이승만에게서 박정희로, 박정희에게서 전두환에게로 이어지는 파격과 객기, 예외성의 정상화 과정은 그 과정을 일목요연하게 보여주는 차트와 같았다. 식민과 분단, 전쟁이라는 토양이 '안 되는 것을 되게 하는' 기적을 요구하고 지도자에게 그 기적을 추동하도록 사회적 압력이 가해지는 과정에서, 본말이 전도되어 본래의 기적이 갖는 효용과 의미를 허물어 버리는 결과로 이어진 것이다. 남한 단독정부 수립 이후 지도자들 사이에 치명적이고 묵직한 덩어리가 전해지는 과정은 그 덩어리가 본래의 존재 의미를 잃고 지도자 개인의 사욕에만 전적으로 봉사하게 되는 점강법적인 루트를 밟았다.

전두환은 '안 되는 것을 되게 하는' 덕목을 잇는 마지막 계승자였다. 대한민국이라는 신생 독립국은 전임자인 박정희 생전에 이미 그런 유형의 지도자를 생산하기를 멈추려 하고 있었다. '안 되는 것을 되게 하는 인물'보다는 '합리적이고 인간을 그 자체로 존중할 줄 아는 인물'을 물색해 지도자 자리에 앉히려 하고 있었다. 박정희는 그런 역사의 방향성을 인식하지 못하고 버티다가 강제로 역사의 진행 경로에서 축출당했다.

그런데 그 흐름을 읽지 못한 전두환이라는 인물이 튀어나와 다른 방향으로 굴러가기 시작한 역사의 바퀴를 억지로 되돌리려 했다. 그러나 인간이라는 작은 미물 한 명이 역사의 거대한 바퀴를 돌릴 수는 없는 법이라, 전두환은 결국 동시대를 사는 자국민의 대규모 희생을 초래한 뒤 거세게 튕겨 나오고 말았다. 이어지는 장에서 우리는 전두환이라는 돌연변이를 통해, 지극히 한국적인 토양에서 잉태된 하나의 기운, 흔히 '국민성'이라고 단순하게 명명되는 일정한 경향이 어떻게 악용되어 그 원형을 알아보기 힘들 정도로 변질될 수 있는지를 보게 될 것이다.

2장

49세의 보안사령관

육군 소장 전두환을 보안사령관에 임명한 일은 박정희가 살아서 맞은 마지막 해에 밀어붙인 가장 큰 파격이었다. 전두환은 제1사단장을 맡은 지 막 1년 3개월이 된 소장이었다. 본래 군단장급 직위인 보안사령관은 중장 이상의 장성이 맡는 것이 관례였다. 49세의 소장이 임명된 전례 없는 파격에 정계와 군부는 무섭게 술렁였다.

비유하자면 보안사령부는 군 내부의 CIA라 할 수 있었다. 민간 계통의 CIA가 중앙정보부라면, 군 내부의 CIA는 보안사령부였다. 대북 첩보의 임무를 띤 방첩부대로 창설되었던 보안사령부는 그즈음 모든 군 인사들의 신상 정보를 손에 쥐고 동향을 체크하는 거대한 정보 권력기관으로 성장해 있었다.[12] 보안사령관은 각 인사들의 성향과 충성심, 언행을 감시해 파악하고 있다가, 수상한 기미가 보이면 즉시 대통령에게 보고했다.

군 인사들에게 보안사령부는 께름칙하고 피하고 싶은 부서였다. 직책상 윗선에 해당하는 육군참모총장, 합참의장조차도 보안사령관을 두려워하지 않을 수 없었다. 모든 신상을 파악하고 있는 어둠 속 실세를 어찌 마음 편히 대하겠는가.

민주주의가 발달하지 않은 국가의 지도자일수록 비공개적으로 활동하는 정보 라인에 대한 의존도가 큰 법이다.* 민간 분야의 CIA라고 볼 수 있는 중앙정보부는 박정희가 쿠데타를 일으켜 국가를 집어삼킨 직후부터 존재했다. 김종필이라는 희대의 브레인이 설계한 중앙정보부는 미국 CIA를 모태로 했지만,[13] 기능과 권한에 있어서는 CIA와 비교도 되지 않을 만큼 강력했다. 보이지 않는 곳에서 암약하며 국회의원, 대법원장, 장관들의 신상을 한 손에 쥐고 흔들었다.[14]

겉보기에 대한민국은 입법, 사법, 행정이 갖추어져 있는 삼권분립의 국가로 보였지만, 실제로 대한민국의 권력 분점 기관들이 모두 중앙정보부라는 하나의 기관 아래에서 움직였던 셈이다. 보안사령부는 군부 내에서 그런 역할을 했다. 독재자의 수족처럼 움직이며 표면적 권력 분점 기관들을 쥐고 흔드는 양대 정보기관 중 한 곳을 접수하게 되었으니, 탄탄한 기골을 지녔던 49세 사내의 마음이 얼마나 뿌듯했겠는가.

* 1987년의 직선제 실시 이후, 중앙정보부와 보안사령부의 서슬 퍼런 권력은 서서히 쇠퇴했다. 현재 중앙정보부는 국가정보원으로, 보안사령부는 방첩사령부로 불리며 제한된 기능을 수행하고 있다. 민주화가 진척될수록 권력분립이 확고해지고, 국민에게 특정 기간 한정적으로 인계받은 힘의 실현이 투명하게 공개된 기관과 기관장을 통해 적법하게 실행되기 마련이니, 이런 수순은 당연한 것으로 보인다.

박정희의 중요한 장기 말이 되다

본래 보안사령관은 대통령에게 직접 보고하는 자리였다. 군 내부의 정보기관이라고 하지만, 성인 남성 상당수가 생의 일정 기간 동안 군에 몸담도록 의무 지워진 국가에서 '군 내부'와 '외부'의 구분은 모호할 수밖에 없었다. 분단 상황이고 사실상 국민 대부분이 '군인 가족'인 상황에서, 보안사령관의 레이더는 민간 영역에까지 뻗칠 수밖에 없었다.

극단적으로 가정하면 자신 이외의 모든 사람, 심지어는 군의 서열 최상부를 차지하는 국방부 장관과 육군참모총장까지 모두 북한이 내려보낸 간첩일 수 있음을 의심하며 지켜본 뒤 수상한 동향이 보이면 즉시 대통령에게 직접 보고해야 하는 자리였다. 보고할 상급자가 대통령밖에 없었기에, 실질적 권력 서열이 차지철 경호실장, 김계원 비서실장, 김재규 중앙정보부장에 이어 4위에 해당되었다.

그러나 전두환이 보직을 받았을 때 보안사령부의 위세는 그리 높지 않았다. 경호실장인 차지철이 보안사령관이 대통령에게 직접 하던 정보 보고를 자신에게 하도록 했고, 1977년 10월에 있었던 20사단 대대장의 월북 사건 이후 중앙정보부장 김재규 또한 보안사령부가 일반 정보 업무를 직접 맡지 않고 중정의 통제를 받게 했기 때문이다. 이 때문에 보안사령관은 경호실장과 중정부장 양쪽으로부터 견제를 받는 처지가 됐다.[15]

독재의 시대에, 권력은 독재자와 자주 만나는 데에서 나오는 법이다. 그런데 신임 보안사령관에게는 대통령과 독대해 직접 보고할 기회가 막혀 있었다. 하지만 전두환은 그런 상황에 낙심하지 않았다. 우선 보안부대에 '하나회' 소속 우수 인재(허화평, 허삼수, 이학봉)를 등용해 참모진을 제 사람들로 탄탄하게 꾸리면서 보안사의 위상과 권위를 높이는 데 주력했다. 참모들에게는 계엄 선포 시 보안사가 취할 조치에 대한 '시국 수습방안 연구'를 시켰다. 차지철과 김재규의 권력을 약화시키겠다는 목표를 세운 뒤, 기회가 될 때마다 박정희에게 건의해 정보 수집 권한과 직접 보고 기회를 야금야금 되찾아 왔다.

그런 처지라 해도, 명분상 보안사령관은 장관들처럼 대통령에게 직보하는 고위직이었다. 그렇다면 49세의 일개 육군 소장이 어떻게 그런 자리를 차지할 수 있었을까. 그것은 전두환이 대한민국 정부 수립 이래 최장기 집권자였던 박정희라는 인물과 맺었던 관계에서 이유를 찾아야 할 것이다.

박정희는 18년의 집권 기간 동안 뛰어난 용인술을 보여주었던 인물이다. 유능한 인재를 등용해 권한을 일임하되, 발탁한 인재의 권력이 너무 커질 것에 대비해 경쟁자를 등용해 서로 견제하게 만들었다. 중앙정보부와 보안사령부를 두고 정보 계통 책임자들이 치열하게 경쟁하게 만든 것이 대표적인 사례다. 통치 기간 내내 '2인자를 허용하지 않는' 인사 전략이 이어졌기에 18년 동안 1인자 자리를 유지할 수 있었고, 이는 박정희 사후에 그를 승계할 2인자가 없어 권력이 텅 빈 '공백기'가 발생하는 결과로 이어졌다.

전두환은 박정희가 구사한 용인술에 중요한 장기 말로 쓰인 인물이었다. 쿠데타로 집권한 박정희의 마음속에는 군부 내에서 누군가 자신이 했던 것처럼 쿠데타를 일으키지 않을까 하는 염려가 넘실거렸다. 그래서 군부의 동향에 민감하게 촉각을 기울였고, 군부의

세력 판도를 실시간으로 파악하기 위해 친위 세력을 두려 했다.[16]

성실하고, 적극적이고, 담대하며, 대통령에게 높은 충성심을 보여주는 전두환은 그런 친위 세력으로 안성맞춤이었다. 더군다나 전두환은 군 요소요소에 모세혈관처럼 침투해 정보를 수집해 오는 군 내부 사조직인 하나회를 이끌고 있었다. 박정희는 전두환과 하나회 세력을 키워 만일의 사태에 대비하기 위한 안전판이자 보험으로 삼았다.[17]

10·26 사태까지 남아 있던 7개월

박정희와 전두환이 인연을 맺은 것은 1961년, 박정희가 5·16 쿠데타를 일으켰을 때였다. 당시 서울대학교 ROTC 교관이었던 소위 전두환은 육사 생도를 설득해 '혁명 지지 시위'를 벌였고, 이는 쿠데타 성공 여부를 알 수 없어 불안해하던 박정희에게 큰 힘이 되었다. 이 만남 이후, 박정희는 자신보다 열네 살 아래인 전두환을 주시하고 적극 활용했다.

당시 정황을 보면, 박정희가 너무 비대해진 차지철의 권력을 전두환이라는 장기 말을 이용해 제어하려 했던 것으로 보인다. 13권짜리 박정희 전기를 쓴 언론인 조갑제는 박정희가 1974년 광복절에 배우자인 육영수를 잃은 이후 판단력이 흐려져 용인술에서도 특유의 냉철함을 발휘하지 못했다고 평가한다.[18] 그 때문에 차지철이라는 단순한 인물에게 권력을 몰아주어 스스로 몰락을 앞당겼다는 것이다. 그러나 생을 마감하기 7개월 전 40대 육군 소장 전두환에게 파격적으로 힘을 실어주었던 것을 보면, 권력에 대한 박정희의 감각과 판단력은 희미하게나마 유지되고 있었다고 보아야 할 것이다.

중요한 것은 전두환이 박정희의 여러 장기 말 중 주요 말로 발탁되었던 시점이다. 전두환이 견제구로서 중요 직책에 임명된 것은, 대한민국 정치의 한복판에서 절대 권력자가 일순간에 증발해 버리기 불과 몇 개월 전이었다. 그 시점에 보안사령관에 임명되지 않았다면, 우리 현대사에서 전두환이 '대통령'으로 얼굴을 내미는 일은 일어나지 않았을지도 모른다. 그러나 당시엔 누구도 7개월 뒤에 박정희 시대가 막을 내리리라는 것을 알지 못했다. 물론 전두환도 몰랐다. 전두환은 그저 자신에게 온 보직을 향해 두 팔을 활짝 벌렸을 뿐이다.

그는 겉보기엔 파격이지만 속을 들여다보면 허울뿐이었던 보안사령관 자리에 앉은 것을 둘도 없는 기회로 여겼다. 매 순간 긴장의 끈을 놓지 않은 채 제가 차지한 자리의 권위를 복구했고, 군부 내 구석구석 침투한 하나회 요원들을 활용해 발 빠르게 정보를 수집했다. 권력 안팎의 인사들에게 손을 뻗어 모든 상황을 예측하고 대비할 수 있도록 만전을 기했다. 10·26으로 권력 한복판에 갑작스레 공백이 생겼을 때 가장 중요한 권한을 갖게 된 것, 즉 합동수사본부장이 되어 대통령 시해 사건을 조사할 책임자가 된 것은 그러한 노력의 결실이었다.

종말을 코앞에 둔 절대 권력자에 의해 중요한 장기 말로 발탁된 것은 우연에 속하는 일이었지만, 보안사령부를 지키며 권한을 키워나가고 결정적인 순간에 중요한 자리를 꿰찰 수 있도록 '준비된 태세'를 유지한 것은 전두환이라는 개인의 노력에서 나온 것이었다.

실오라기 같은 기회만 있어도 맹렬하게 임해 지위 상승 가능성을 극대화하며 살아온 전두환은, 대통령 유고라는 일생일대의 기회가 왔을 때 엄청난 기세로 덤벼들어 그 기회를 낚아챘고, 이후 한국의 현대사에 일어날 수 있었던 모든 경우의 수를 소거하며 제 야심이 가리키는 방향으로 질주했다.

만일 10·26이 일어나지 않았다면 어땠을까. 김재규가 쏜 총에 맞지 않았다면 박정희는 정권을 유지했을까. 유지하기 힘들었을 것이다. 1970년대 후반부는 오랜 독재와 경제 상황 악화로 국민의 인내심이 바닥을 치던 때였다. 여기저기서 대규모 시위가 발발하고, 지켜보는 국내외 인사들 모두 박정희 정권이 금세 막을 내리리라 전망하고 있었다.

그런 상황에서 박정희가 생존해 1980년대를 맞았을 경우 신임 보안사령관 전두환은 어떤 역할을 했을까. 은인이자 스승이었던 박정희에게 반기를 드는 이들을 무자비하게 진압하는 역할을 도맡았을까. 그래서 "그깟 이백만 죽인다고 까딱 있겠습니까?"라고 큰소리쳤던 차지철의 말을 현실화시켰을까. 반대로, 민심을 등에 업고 쿠데타를 일으켜 박정희 정권을 뒤엎는 일에 가담했을까.

어떤 선택을 했을지는 순전히, 가능성의 정도에 달렸을 것이다. 힘의 향방에 대한 타의 추종을 불허하는 감각을 지녔던 전두환은 어느 쪽이든 성공 가능성이 높은 쪽에 가담했을 것이다. 분명한 것은, 이미 보안사령관이라는 고위직에 올라 있는 그가 가만히 앉아 상황이 돌아가는 것을 관전만 하지는 않았으리라는 점이다.

그의 승승장구는 어떻게 가능했는가

실제 역사에서 박정희는 김재규가 쏜 총을 맞고 생을 마감했다. 보안사령관 전두환은 '대통령 시해 사건'을 조사하는 총책임자가 되었고, 12·12와 5·17이라는 두 번의 쿠데타를 통해 최규하 정부를 무력화하고 실권을 장악했다. 1980년 5월 민주화를 요구하는 광주 시민들의 시위를 무력으로 제압했으며, 1980년 8월 대통령의 거수기에 불과한 통일주체국민회의에서 2,525명 중 2,524명의 찬성표를 받아 대통령에 당선되었다.

전두환은 1948년의 남한 단독정부 수립 이후 현대사에 이름을 새겼던 정치인들 중 가장 운이 좋은 정치인이었다. 생의 대단원을 목전에 둔 박정희에 의해 보안사령관 자리에 덜컥 앉게 된 것이나, 10·26 사태 직후 합동수사본부장 자리에 앉은 것, 집권 초반에 인권을 중시하는 카터 대신 안보와 국익을 노골적으로 내세우는 보수 인사인 레이건을 최우방국 파트너로 맞은 것, 17명의 행정 관료들이 희생당했던 버마 아웅산 테러에서 혼자 살아남은 것 등 전두환의 인생에는 행운 세례가 잇따랐다. 악인에게 종종 관대함을 보여주는 역사의 심술보가 작동한 것처럼.

그러나 아무리 행운의 덕을 보았다 할지라도, 그 운의 수혜자가 일정한 자격 요건을 갖추고 있지 않았다면 그런 결과를 맞지 못했을 것이다. 그러니 전두환이 숱한 악행에도 불구하고 속세적인 의미의 '승승장구'를 거듭하며 천수를 누렸던 데에는 '운'만이 아닌 전두환이라는 인물 개인의 '노력'도 일정 부분 기여했다고 보아야 하리라.

그렇다면 이제 질문은 그런 '노력'에 일생을 바쳤던 인물의 '기원'을 향해야 할 것이다. 제 개인의 지위 상승과 권력 획득을 향해서는 사람을 배신하거나 죽이는 일을 눈 하나 깜짝하지 않고 해치웠던 인물, 순식간에 지나가 버리는 기회를 우악스럽게 낚아채며 포효한 무인(武人) 전두환은 어떻게 해서 탄생했을까. 무엇이 전대미문의 학살과 인권 탄압을 자행한 뒤에도* 끝까지 대통령 임기를 채운 뒤 퇴임 후 33년을 풍족하게 살며 천수를 누린 인간 전두환의 '기질'을 만들어냈을까.

* 광주민주화운동 당시의 학살과 삼청교육대를 통한 인권 탄압을 말한다. 광주광역시가 2009년에 5·18 당시 목숨을 잃거나 다친 사람을 집계한 결과, 사망자가 163명, 행방불명자가 166명, 부상 뒤 숨진 사람이 101명, 부상자가 3,139명, 구속 및 구금 등의 기타 피해자 1,589명, 아직 연고가 확인되지 않아 묘비명도 없이 묻혀 있는 희생자 5명 등 총 5,189명으로 확인됐다. 2002년 10월 1일 의문사진상규명위원회의 통계에 따르면 삼청교육대 실시 당시 검거된 인원이 60,755명, 훈련을 받은 사람이 40,347명에 이르며, 이 중 삼청교육 실시 과정 및 이후 후유증으로 인한 사망자는 339명이었고 나중에 신체장애를 입은 부상자는 2,700여 명이었다. 그 외 장애를 입지 않은 부상자의 수는 불명이지만 적어도 만 명은 넘을 것으로 보인다.

3장

상승을 향한 필사적인 몸부림: 성장 과정

전두환의 어린 시절은 가난으로 뒤덮여 있었다. 고향인 합천 시골 마을에서의 삶도 가난했지만, 갑작스럽게 만주로 이사하게 되면서 더욱 가난해졌다. 낯선 만주 땅에서 새벽부터 늦은 밤까지 온 가족이 땅을 갈고 흙을 고른 끝에 겨우 살 집을 마련할 무렵, 전두환의 가족들은 다시 조선 땅으로 돌아왔다. 화재로 만주 집이 전소된 데다가 그 충격으로 눈이 보이지 않게 된 어머니가 고향 땅에 돌아가고 싶다고 읍소했기 때문이다.

고국으로 돌아온 전두환 가족은 대구에 자리 잡았다. 아버지는 막노동을 나갔고, 열 살이던 전두환은 약전골목에서 약 배달을 했다. 쌀밥은 고사하고 보리죽이나마 하루 두 번 먹을 수 있으면 다행인 나날이었다. 말년에 쓴 회고록에서 전두환은 온몸에 짚이 묻어 있어 동네 아이들에게 '움막집 아이'라고 놀림받았던 이 시절을 "끼

니를 이을 수도 없다 보니 내 몸은 수척했고 키도 제대로 자라지 못했다."라고 기술한다.[19]

갑작스러운 만주로의 이주는 아버지에게 일어난 사건 때문이었다. 전두환의 아버지인 전상우(全相禹)는 가난하지만 자식들에 대한 교육열이 높은 '한학자'였다. 마을에서 '읽고 쓸 수 있는' 몇 안 되는 인재였던 그는 마을의 구장 일을 맡고 있었는데, 일본인 순사와 크고 작은 일로 갈등하다가 결국 잡혀갈 위기에 처했다. 급기야 출두명령서가 집으로 날아들고, 며칠 뒤 좁은 산길에서 일본인 순사와 마주친 전상우는 "깊이 생각할 겨를도 없이 그(순사)의 허리춤을 잡고 번쩍 들어 강둑으로 밀쳐" 버렸다.[20]

회고록에서 전두환은 이 청천벽력의 사건을 비장하게 묘사한다. 아버지가 남몰래 "독립운동을 하던 한 단체에 관여하고 있었다." 라고 운을 뗀 뒤, 아버지가 일본 순사를 강둑 밑으로 떨어뜨린 사건이 민족적인 정의감과 연관되어 있다는 암시를 준다.[21]

일제 강점기, 일본인 순사가 조선인들을 부당하게 괴롭히는 일이 일상적으로 벌어지던 때였다. 전상우가 독립운동을 했든 그렇지 않았든, 시대 상황상 일본인 순사가 조선인인 전상우에게 먼저 부당한 일을 가했을 가능성이 그 반대보다 높을 것이다. 그러나 그것은 추론일 뿐이고, 앞뒤 정황을 구체적으로 기술하지 않은 회고록의 불확실한 기술에서 독자가 알 수 있는 것은 전상우의 독립운동 여부보다는 전상우라는 인물의 기질이다. 당시 일어났던 사건으로 추론한다면 그는 갈등 상황에 놓였을 때 말보다 먼저 행동으로 옮기는 성향을 갖고 있었다.

어머니 쪽은 어땠을까. 어머니인 김점문(金点文)이 스스로 멀쩡한 앞니 두 개를 뽑아 버린 사건은 전두환이 회고록과 사석에서 자주 입에 올린 일화이다. 전두환을 낳기 전 5남매를 낳았지만 아들 둘을 잃고 딸만 셋을 키우던 김점문은 아들을 갖기 위해 노심초사하다가 한 스님에게 "앞니가 잘못 나 있어 아들을 낳아도 지니지 못한다."라는 이야기를 듣는다. 그리고 그 자리에서 바로 자신의 앞니 두 개를 빼 버린다. 생니를 뺀 뒤 심하게 앓은 김점문은, 남아 있는 치아들마저 흔들리는 바람에 치아를 모두 잃고 "합죽이가 되는" 운명에 처한다.[22]

가족들 사이에 자주 회자되는 단골 메뉴였던 이 두 사건을 전두환은 회고록의 적지 않은 분량을 할애해 기술한다. 어린 시절 겪은 가난과 역경을 서술할 때 되도록 자랑스럽게 보일 만한 부분을 골라 내세우는 게 회고록을 쓰는 정치인의 마음이다. 회고록 3권의 첫 장인 「회상」에서 이 두 사건을 비중 있게 언급하면서, 전두환은 내심 아버지의 올곧은 성정과 어머니의 희생정신이 두드러져 보이는 효과를 기대했을 것이다. 공개적으로 다루길 선택했다는 것은 회고록의 필자가 그 사건을 부끄럽게 여기지 않았다는 뜻도 되지만, 그 사건이 필자에게 큰 영향을 끼쳤음을 보여주는 자연스러운 증거가 되기도 한다.

타고난 근성과 집념의 기질

전두환의 어린 시절에 대한 자료는 많지 않다. 그렇기에 전두환의 몇십 년 뒤 행적의 씨앗을 발견하기 위해 어린 시절의 행적을 뒤

쫓는 자는 전두환 자신이 쓴 회고록을 곱씹어 읽어야 한다. 회고록의 필자가 수많은 기억 중 일부를 선택해 공개할 때 품었을 의도와 기대 심리를 파악하고, 의도치 않게 흘려보낸 행간의 의미를 찾아내려 노력해야 한다.

회고록 3권 첫 장에 기술된 문장을 여러 번 읽으며 당시의 전두환이, 전두환의 아버지가, 전두환의 어머니가 되어보려고 노력하다 보면, 행간을 곱씹던 자는 어느 순간 이 두 사건이 전두환의 일부가 되어버리는 장면을 목도하게 된다. 1) 말로 해결하거나 문제를 해결할 다른 방법을 생각해 내기 앞서 실천으로 옮기고 보는 아버지의 행동파적인 기질과, 2) 가족에 대한 어머니의 단순하고 맹목적인 사랑. 전두환의 부모에게서 나타나는 이 두 가지 특성은 성년기 이후의 전두환을 이루는 핵심 키워드이다. 의도하지 않았겠지만, 전두환은 직접 쓴 회고록을 통해 제 선천적·후천적 기질의 기원을 적나라하게 밝히고 있는 셈이다.

전두환의 성장 과정에서 주목할 만한 대목은 그가 적령기를 놓치고 열 살이 되어서야 소학교에 입학했다는 부분이다. 어려운 집안 사정 때문에 서당에서 한학을 익힌 것이 전부였던 전두환은 만주에서 처음 '학교'에 가게 되었다. '호란보통소학교'에 입학한 것이다. 전두환은 집안일을 돕고 농사일을 하느라 눈코 뜰 새 없이 바빴지만 공부를 할 수 있다는 것만으로도 행복했다고 회상한다.[23]

그러나 어렵게 시작한 낯선 땅에서의 학업은 오래 지속되지 못했다. 대화재와 어머니의 실명으로 1년 3개월 만에 만주 생활을 접고 조선 땅으로 돌아온 이후 전두환은 약 배달을 하고, 물지게를 지고, 땔감을 해 오느라 학교에 다니지 못했다. 다시 학교에 다닐 수 있게 된 것은 열네 살이 되던 해 4월로, 그는 희도공립국민학교에 4학년 학생으로 들어가게 되었다.

취학 전, 나물죽으로 끼니를 때우며 집안 살림에 보탬이 될 일을 하던 시기, 전두환은 아버지를 졸라 학교에 가지 못하는 학생들이 글을 배우는 공민학교인 '금강학원'에 다녔다. 학교에 다니지 못하는 상황에 발을 동동 구르며 어떻게든 학업을 이어가고자 애쓰는 십 대 소년의 모습은 전두환의 이후 모습, 즉 무슨 일이든 기회가 오면 달려들어 넘칠 정도로 해내는 당찬 기질의 유래를 짐작하게 해준다. 한 사람의 인생에서 어린 시절 겪은 결핍은 무기력과 냉소로 이어지기도 하고, 포기하지 않는 근성과 성실성으로 이어지기도 한다. 전두환의 경우는 후자에 해당했다.

초등학교 졸업 후 전두환은 대구공업중학교와 대구공업고등학교를 거쳐 육군사관학교에 입교한다. 합격자 228명 중에 226등의 성적으로 겨우 입학에 성공한 그에게 육사의 교육 과정은 벅찰 만큼 어려웠다. 제대로 된 초·중등 교육을 받지 못했기에 대학 과정의 수준을 이해하기 어려웠지만, 수학을 잘하는 친구에게 개인 지도를 받거나, 취침 시간에 몰래 빠져나와 화장실에 가서 공부하는 등 악바리처럼 노력해 정규 과정을 소화한다.

육사를 마친 뒤 그의 군인 경력은 탄탄대로였다. 졸업 뒤에는 미국 포트 브랙 기지의 심리전 학교에서 심리전 과정을 이수하고, 미 육군 보병학교의 레인저 과정과 패스파인더 과정을 이수해 특수전 전문가로 거듭난다. 한국에서 7~8명만 선발해 대표로 보내는 과정에 선발되어 미국 유학을 갔으니, 꼴찌에서 두 번째로 들어간 육군사관학교에서 그가 얼마나 열심히 노력했는지 짐작해 볼 수 있다.

시골 마을에서 태어나 가난에 시달리던 소년이 남들보다 서너 살 늦게 공교육 궤도에 진입하고, 가난과 부모의 반대에도 불구하고 들어가기 어려운 코스에 필사적으로 매달려 아등바등하다 한국 대표로 선발돼 미국 유학을 가는 과정을 보고 있으면, 상승을 위한 한 사람의 에너지가 탄생되고 증폭되어 가다가 마침내 값진 열매를 맺는 과정이 생생하게 전달되어 온다. 그의 성장 과정은 한마디로, 상승을 위한 끈질긴 집념이 펼치는 강렬한 드라마였다.

'중간 단계'와 '잉여'가 없었던 성장 과정

한 가지 유념해서 볼 것은 그의 성장 과정에서 접했던 사람이나 기관, 활동들이 모두 실용성과 현실적 기능을 위한 범주로 한정되어 있었다는 점이다. 그는 대구공업중학교에서 '기계과'를 전공으로 택했고, 미국 최초의 공대로 설립된 '웨스트포인트(West Point, 미국 육사)'의 학제를 본떠 만든 육군사관학교에서 정규 과정을 마쳤다.

한국의 육군사관학교는 미국 육사의 '테이어 제도(Thayer system)'를 근간으로 삼아, 공병 기술 교육을 중심으로, 모든 사람이 경쟁의 대상이 되도록 학과 제도를 편성한 교육기관이었다.[24] 신입생 선발 단계부터 정규 인원의 10% 이상을 선발해 경쟁을 통해 탈락시키는 구도였고, 육사 생도들은 매일 실시되는 시험을 치르며 경쟁에서 낙오하지 않기 위해 기를 써야 했다.

처음 들어갔던 초등학교부터 중·고등학교, 대학교에 이르기까지, 전두환은 가난과 전쟁(대구공고 입학과 동시에 6·25전쟁이 발발했다),

그리고 뒤늦게 시작한 탓에 남들보다 기본 지식이 부족하다는 약점과 싸우며 교육 과정을 밟아나갔다. 그런 절박함 탓인지, 전두환에 관한 기록에는 그가 기능 중심으로 설계된 공고와 육사 같은 정규 코스 외의 취미나 종교 활동을 가진 흔적이 남아 있지 않다. 식민지 시절과 전쟁을 겪으며 국민 대다수가 헐벗고 굶주리는 상황에 처했던 시대적 배경을 감안해도 이는 다소 특기할 만한 부분이다.

전두환의 롤모델로 불리는 박정희와 비교해 보면 이러한 특징은 더욱 선명해진다. 박정희는 구미보통학교에 다니던 시절, 집 인근에 있는 '상모교회'에 다녔다. 일요일 오전마다 주일학교에 나가 성경책을 들고 찬송가를 불렀고, 기도하는 법을 배웠다. 크리스마스와 부활절에는 스무 명쯤 되는 또래 친구들과 함께 집집마다 돌아다니며 찬송을 하고, 선물로 과자나 빵을 받았다.[25]

동네 소년들과 어울려 함께 기도하고 노래를 불렀던 이 주기적인 활동은 6년 동안 이어지다가, 박정희가 대구사범학교에 들어가면서 중단되었다. 사범학교를 졸업하고 문경공립보통학교 교사로 근무하던 시절, 박정희는 마을 청년들을 모아 악단을 만들어 출장 공연을 다니고, 12km나 떨어진 벽촌까지 자전거를 타고 제자의 가정을 방문했으며, 자신을 따르는 제자들과 유원지로 산책을 나갔다. 이렇듯 박정희의 성장 과정에는 전두환의 성장 과정에서는 나타나지 않는 요인이 있었는데, 그것은 '중간 단계의 사회생활'이었다.

박정희는 모친이 원하지 않았던 막내라는 핸디캡과 지독한 가난, 무능력한 아버지라는 악조건에서 성장했다. 비교하자면 전두환과 선두를 다툴 만한 열악한 환경에서 자란 셈이다. 그러나 박정희의 성장 과정에는 '반드시 해야 하는 필수 활동'이 아님에도 불구하고 시간과 노력을 쏟아 몰두했던 '잉여 활동'들이 있었다. 박정희라는 인격체는 완수해 내면 돈을 벌거나 사회에서 지위를 차지하는 데 도움이 되지 않는, 그저 하는 것만으로 기쁨을 느껴서 하게 되는 활동들을 꾸준히 하며 성숙해 갔다.

교회나 악단은 개인과 국가의 중간 지대에 존재하며 공동체적 소양을 길러주는 중간 결사체다. 사람들은 종교단체나 지역단체, 취미를 매개로 모인 그룹에서 활동하며 자신과 자신의 가족을 넘어선 타인들을 만난다. 제 핏줄이 아닌 '남'과 화합하거나 갈등하며 내가 속한 지극히 작은 공동체인 가족을 넘어선 차원의 공동체에 소속감을 느낀다. 이를 통해 '국가'라는 추상적이고 모호한 거대 공동체가 줄 수 없는 다양한 가치와 만나고, 동시에 창출해 낸다.

박정희의 인생에는 이런 요인이 풍성하게 깃들어 있었다. 그는 종교나 악단 같은 공동체 활동만이 아니라 개인적 창작 활동도 즐겼다. 그는 상당한 분량의 시와 에세이, 그림을 남겼다. 그가 남긴 저작과 그림은 예술적인 차원에서 높이 평가를 받지는 않지만, 현상의 핵심을 짚어 표현하는 능력이 뛰어나다는 평을 받는다.

돈이 되거나 출세에 도움이 되지는 않지만 하고 나면 마음의 평안과 행복을 얻는 활동들, 즉 종교 활동이나 취미 활동, 창작 활동은 한 인간의 영혼을 풍성하게 만든다. 그런 활동을 통해 사람은 반드시 해야 하는 '필수 활동'을 할 때는 보지 못했던 것들을 볼 수 있게 되고, 인간의 다양한 결과 층위를 체험하게 된다. 또렷한 선악 구도나 흑백 구도에서 벗어나 사람의 내면에 수많은 자질의 스펙트럼이 있다는 사실을 깨닫게 된다.

두 무인(武人) 대통령의 간극

박정희와 전두환은 언뜻 닮아 보이지만 파고들어 가보면 매우 다른 인간상이었다. 쿠데타로 집권한 두 무인 대통령의 삶을 죽 따라가다 보면, 전두환이 박정희가 18년 통치 기간 동안 보여준 다양한 특성 중 몇 가지 특성만 추려내 집대성하고 강화시킨 미니어처처럼 보이는 순간이 있다.

1972년 유신을 기준으로 그 이전과 이후를 박정희 통치의 전반부와 후반부로 나눈다면, 전반부의 박정희는 상대적으로 민주주의와 인권을 존중하는 모습을 보여주었다. 쿠데타로 집권했으나 민정 이양 뒤 선거를 실시하는 등 (완전하지 않더라도) 민주주의의 뼈대를 지키는 모양새를 연출했으며, 그 결과 삼권분립 체제가 유지되고 제한적이나마 언론이 제 기능을 해낼 수 있었다. 박정희의 대표적인 악행으로 꼽히는 사법살인(2차 인혁당 사건)이나 김대중 암살 기도 같은 일들은 모두 후반부의 박정희가 전반부의 페이스를 잃고 폭주할 때 일어났다.

전두환의 경우, 권력을 향해 첫발을 뗀 순간부터 폭주했다. 군사 반란을 일으켜 수많은 군인을 희생시켰고, 광주 시민들에게 최정예 전투부대를 보내 마구잡이로 죽였으며, 멋대로 임기를 정해 대통령 자리에 올랐다. 국민의 의사를 묻는 선거를 형식적으로조차 치르지 않았던 전두환은 통치 전반부의 박정희가 고심하고 망설이면서 휘둘렀던 폭력을 초반부터 거침없이 휘둘렀다.

이런 차이는 전두환이 31세가 되던 해에 만났던 박정희를 청년기와 중년기의 모델로 삼아 모방하고 내면화하는 과정에서 단순화하고 왜곡하면서 생겨났을 것이다. 타인을 본받을 때 사람이 채택할 수 있는 잣대는 오롯이 제 내면에서 나오는 법이다. 전두환은 박정희라는 다양한 결을 가진 문제적 인간을 관찰하고 학습하면서 제 내면에 없는 특성은 보지도, 인식하지도 못했다. 그저 제 안에 있었던 열망, 즉 열심히 움직여 권력을 움켜쥐고 사람들 위에 군림하겠다는 강력한 바람을 필터 삼아, 박정희라는 복잡한 인간이 함유한 다양한 특성 중에 가장 잔인하고, 가장 권위적인 것만을 취사선택해 제 몸에 갖다 붙였다. 그 결과 전두환이 전면에 등장하는 대한민국의 1980년대는 억눌린 다수의 사람들에게서 분출되는 분노의 대기에 휩싸이게 되었다.

4장

적극적이고 붙임성 좋은 육사 생도

회고록에서 전두환은 가난했던 어린 시절을 회상한 뒤 이렇게 말한다.

> "… 어렵고 힘든 상황에서도 남 탓을 하거나 비관적으로 생각하지 않고, 능동적인 자세로 대처해 나갈 수 있는 나의 성격은 아마도 그 고단한 어린 시절을 지내오면서 형성된 것이 아닌가 생각된다."[26]

스스로 '능동적인 자세로 대처해 나간다'라고 표현한 전두환의 이런 성향은 이후 그의 인생 내내 일관되게 이어졌다. 뒤로 물러서기보다 나서서 일을 돌파해 내는 '대장형'이었던 그의 기질은 대구공업중학교 시절, 수업 거부를 선동하는 학생들에게 "우리 부모님이 어려운 가운데 학비를 마련해 우리를 학교에 보냈는데 이게 무슨 짓이냐"라고 호통을 치거나, 육군사관학교 입교 뒤 나갔던 외출에서 동기생 열두 명의 점심을 해결해 주기 위해 참모장인 이규동 대령을 불쑥 찾아가는 일로 이어졌다.

어느 날 불쑥 집으로 찾아가기 전까지, 육군사관학교 참모장인 이규동과의 인연은 육사 축구부 주장인 전두환이 부원들과 운동장에서 연습할 때 이규동이 가끔 들러 지도해 주는 게 전부였다. 그런데도 전두환은 동기들의 점심을 해결해 주기 위해 참모장을 떠올렸다. 그리고 이렇게 생각했다. "평소 나를 비롯한 축구부원들을 따뜻하고 자상한 눈길로 봐주던 분이니 폐를 끼치러 가도 박대하시지는 않을 거란 생각이 들었다."[27]

전쟁을 겪고 있던 1950년대 초반, 당시엔 누군가의 집에 찾아가거나 갑자기 점심을 달라고 하는 일이 흔했다는 점을 감안해도 대단한 배짱이라고 하지 않을 수 없다. 전두환은 동기들에게 점심을 책임지겠다고 큰소리쳤지만 혹시 참모장이 집에 없으면 어쩌나 하는 걱정이 들었다면서, 당시 관사가 따로 없어서 참모장이 진해의 변두리 경화동에 조그만 집을 전세 내어 살고 있었다고 부언한다.[28] 그러니까 그는 개인적 친분이 없는, 자신보다 한참 위 연배인 '참모장'의 셋집에 무작정 찾아가 열 명이 넘는 청년들의 점심밥을 내놓으라고 했던 것이다.

문을 두드렸을 때 참모장은 전두환과 육사 생도들을 반갑게 맞았다. 참모장의 부인은 갑자기 나타난 청년들에게 정성스럽게 밥상을 차려주었다. 밥을 먹은 뒤 동기들과 현관을 나서던 전두환이 다음 주에 또 찾아오겠다고 너스레를 떨자 참모장은 그렇게 하라며 활짝 웃었다. 그리고 참모장 부부는 매주 일요일마다 별미를 만들어 놓고 전두환과 생도들이 오기를 기다렸다.

이날을 기점으로 전두환은 참모장의 집을 제집처럼 드나들었다. 참모장 가족과 친분을 쌓고 종국에는 참모장의 딸과 백년가약을 맺기에 이르니, 전두환이라는 사람이 얼마나 사교성이 좋은 인물이었는지, 그 사교성으로 얼마나 많은 기회를 거머쥐었을지를 짐작해 볼 수 있다. 전두환은 원하는 일이 있으면 누구에게든 거침없이 다가갔다. 당연하다는 듯 원하는 바를 요구하고, 그를 통해 친분을 쌓고 지지를 얻는 데 타의 추종을 불허했다.

5·16 쿠데타 당시 31세였던 전두환이 박정희를 찾아갔던 일화는 전두환의 적극적인 성향이 '출세 욕망'과 맞닿아 극적인 형태로 완성되었음을 보여주는 대표적인 예시이다. 1961년 5월 16일, 동기생을 통해 새벽에 쿠데타 소식을 들은 전두환은 아침 일찍 육군본부로 달려갔다. '혁명군'이란 완장을 찬 군인들에게 "혁명을 지지하러 왔다."라고 말하고 박정희 장군을 만났다. 박정희와 대면한 전두환은 자신이 이규동(박정희와 이규동은 육사 동기생이었다)의 사위임을 밝힌 뒤, 혁명의 성공을 위해 육사 동창회에서 혁명 지지 의견을 내겠다고 제안한다. 쿠데타 성공 여부를 두고 초조해하던 박정희는 반색하며 전두환에게 혁명군 완장을 채워주었고, 전두환은 그 자리에서 바로 '혁명군'이 되었다.[29]

놀라운 것은 전두환이 이 일을 육사 내 누구와도 상의하지 않고 혼자서 했다는 점이다. 전두환은 박정희와 만나 혁명군 완장을 받은 다음에야 육사 교장인 강영훈에게 찾아갔고, 강영훈이 육사 생도들의 혁명 지지 행진을 허락해 주지 않자 곧바로 육사 생도 대장을 찾아갔다. "박정희 장군의 지시를 받고 왔다."라면서 전두환은 "육사 생도들의 혁명 지지 시가행진이 공군사관학교나 해군사관학교보다 먼저 이뤄져야 한다."라고 생도 대장을 설득했다.[30]

이 일화에는 앞으로 전두환이 벌일 일들에 대한 암시가 촘촘히 박혀 있다. 공을 세워 출세하려는 욕망, 다른 이들보다(공사나 해군보다 우리가 먼저!) 앞서서 해내고 싶다는 승부욕, 생면부지의 고위 인사를 찾아가 손을 내미는 자신감, 자신이 가진 유리한 배경 조건(육사 참모장의 사위라는)을 민첩하게 알려 상대의 호감을 사는 주도면밀함, 막다른 골목에 부딪히면 즉시 방향을 바꿔 다른 길로 달려가는 기민함, 실패할 경우를 생각하며 머뭇거리지 않는 저돌성, 자신을 받쳐줄 세력을 만들어내고 이끄는 조직 장악력, 사후에 그럴싸한 명분을 갖다 붙이며 자신의 행동을 정당화하는 노련함.

12·12 쿠데타와 5·17 계엄 선포, 1980년대의 집권 기간, 그리고 퇴임 후 33년 동안 나타나는 모든 특성들이 이때 이미 씨앗 형태로 전두환의 내면에 깃들어 있었던 셈이다.

내일이라도 죽을 수 있다는 각오

이러한 전두환의 성향, 보통 사람들에게서 찾아보기 힘든 특출한 적극성과 저돌성은 어떻게 만들어졌을까. 기본적으로 그것은 유전자에서 유래했을 것이다. 전두환은 타고나길 뭐든지 달려들어 악착같이 해내는 성향이었을 것이다.

그에 더해 '성장기에 겪은 가난'이 그런 성향을 강화시키지 않았을까. 먹을 것이 없어 굶주리고 따뜻하게 몸 누일 곳이 없어 덜덜 떨었던 경험은 한 사람의 내면에 커다란 흔적을 남긴다. 누군가는 그 경험으로 인해 자포자기한 채 살아가고, 누군가는 그 경험을 교훈 삼아 악착같이 노력해 '평생 먹을 것 걱정을 하지 않아도 될' 물질적 풍요를 거머쥔다.

전두환은 제 선택과 상관없이 받아안아야 했던 물질적 결핍에 굴하지 않고 끈질기게 노력했다. 소학교에 가고, 공업중·고등학교에 들어가고, 육군사관학교에 입교했다. 육사 생도가 된 뒤에는 매서운 눈으로 주위를 살피다가, 5·16이라는 희대의 사건이 터졌을 때 망설임 없이 쿠데타 한복판으로 들어가 몸을 실었다. 이후 최고 권력자로 떠오른 박정희와 연을 이어가며 군대 내의 요직을 차지하고, 육사 11기 중 가장 빠른 승진 기록을 만들어내며 군부와 정치권을 오가는 핵심 인사가 됐다.

성장 과정을 포함한 전 인생에서, 전두환은 앞장서서 무언가를 해내는 특성으로 사람들의 신망을 얻었다. 전면에 나서고, 일을 만들어내고, 제가 따내거나 만들어낸 '일'에서 비롯되는 특혜를 주위 사람들에게 나누어주는 과정에서 사람들에게 받았던 호감과 찬사는 전두환 특유의 자신감의 원천이 되어주었을 것이다. 자신감은 자신감을 낳는 법이기에 용기를 내어 일을 성공시킨 이후엔 조금 더 큰 일을 도모하게 되었을 것이고, 일을 성공시킬 때마다 자신이 마음만 먹으면 무엇이든 다 할 수 있다는 확신을 갖게 되었을 것이다.

문제는 무엇이든 다 할 수 '있다'는 것이 무엇이든 다 해도 '된다'는 걸 의미하지 않는다는 점이다. 그러나 뜻을 관철시키며 승승장구한 전두환에게는, 겸손이나 성찰, 반성 같은 덕목을 일깨워 줄 사람이 없었다. 그가 성장했던 시기는 공동체를 지탱해 온 기존의 규범이 무너져 내리며 외부에서 들어온 가치관이 난잡하게 뒤섞이는 혼란기였다. 국가 공동체 전체가 식민지 시기와 분단을 지나 전쟁의 폐허 위에서 살아야 하는 운명에 처했기에, 먹고사는 문제가 구성원들에게 절체절명의 과제로 떠올랐다. 윤리나 규범은 일단 살아남아야 따질 수 있는 가치가 아니겠는가.

전두환은 그런 사회의 공기를 기민하게 읽어냈다. 여러 갈래로 난 길 중 가장 빠른 루트를 발견하고 그 길에 발을 들인 뒤, 거침없이 진격해 가장 빠르게 목적지에 도착했다. 그 과정에서 한 번도 망설이거나 눈을 돌리지 않았다. 극기 훈련의 연속과 같았던 군 생활과 생사를 오가는 베트남전을 경험하며 죽음을 두려워하지 않게 되었고, 내일이라도 죽을 수 있다는 각오로 생의 매 순간과 대면했다.[31]

문제를 해결하고, 구성원들이 함께 참가할 수 있는 일을 만들어내고, 그 여파로 새로운 구성원들을 영입해 공동체의 영향력을 크게 만드는 사람은 공동체에 반드시 있어야 한다. 사람들은 대부분 앞에 나서길 꺼리기 때문에, 누군가 총대 메고 나서서 "우리 다 같이 OOO 합시다!"라고 외쳐주면 반색한다. 함께 뭔가를 해내는 과정에서 구성원들 간에 끈끈한 우애가 생겨나고, 어딘가에 속해 있다는 안정감이 훈훈하게 감돌면 그 공동체는 더 단단한 결속력을 자랑하는 결사체가 되기 때문이다.

물론 참가자들이 앞장서 목소리를 높이는 리더에게 불만을 품을 때도 있다. 나서주는 건 고마운데 가끔 너무 자기 마음대로 하는 것 같고, 리더와 친한 몇몇의 사정을 우선적으로 봐주는 점이 눈에 들어올 때이다. 이럴 때는 무리 중 일부가 나서서 리더의 부당함을 토로하게 되고, 리더는 당황스러운 상황을 맞는다.

이때 리더는 두 갈래 선택지 앞에 서게 된다. 하나는 부당함을 지적하는 이의 말에 귀 기울이는 경로다. 이쪽을 선택한 리더는 제 잘못을 시인한 뒤, 새로운 결기로 다시 구성원들을 다독여 함께 나아간다. 다른 하나는 불같이 화를 내며 부당함을 지적한 이를 모임에서 배제하는 경로이다. 첫 번째 길을 택한 리더가 이끄는 공동체는 잠깐은 곤란을 겪을지언정 이전보다 한층 나아진 모습으로 탄탄하게 전진해 나가게 된다. 두 번째 길을 택한 리더가 이끄는 공동체는, 일정 기간은 탈 없이 나아가는 듯 보이지만, 결국 커다란 파국을 맞게 될 가능성이 크다.

군인 시절 전두환은 첫 번째와 두 번째 경로를 번갈아 드나든 리더였다. 대통령 자리에 오른 전두환은, 주로 두 번째 경로를 걸었다. 반대 의견을 내거나 리더의 잘못을 지적하는 이에게 귀를 기울이기는커녕 처음부터 그런 말을 하지 못하도록 위압해 상대의 입을 다물어 버리게 하는 유형이었다.

훗날 전두환은 12·12를 일으켜 육군참모총장 정승화를 체포한 뒤, 부당성을 묻는 이들을 '반역 세력'이라고 몰아붙였다. 끝까지 저항하는 이들을 사살하거나 가두었고, 정승화가 국가 원수 시해 음모에 가담했다는 급조된 논리를 전면에 내세웠다.[32] 전복 세력에 맞서 국가를 구했다며 자신을 '구국의 영웅'으로 추켜세웠다. 스스로 임기와 권한을 지정해 대통령이 된 뒤에는, 국가를 민주적으로 운영하라고 외치는 구성원을 공동체의 화합을 무너뜨린다거나 경쟁하는 상대 진영(북한)에서 넘어온 간첩이라 비난하며 공동체 바깥으로, 즉 감옥으로 내쫓아 버렸다.

그가 육군사관학교에서 체득했던 것은

전두환은 어떻게 해서 그런 리더가 되었을까. 이에 대한 답을 구하기 위해서는 그가 20대 청년 시절 몸담았던 조직의 성격을 들여다볼 필요가 있다. 그는 육군사관학교에 입교해 대장으로 예편할 때까지 29년을 군인으로 살았다. 육군사관학교는 상상할 수 있는 모든 비상 상황에서 휘하 부대의 장병들을 이끌어 최선의 길로 인도할 수 있는 리더를 길러내는 것을 목표로 삼는다.

생도들은 비상 상황에 대한 대응법을 생각해 내는 훈련을 집중적으로 받는데, 모든 훈련과 사고는 실전 전투를 가정해 이루어진다. 다양한 돌발 상황에 놓인 생도들은, 1) 빠르게 상황을 파악하고, 2) 상황을 타개하기 위한 목표를 세우고, 3) 그 목표를 이루기 위해 쓸 수 있는 방법을 생각해 내고, 4) 그 방법이 실패로 돌아갈 경우에 실시할 '플랜 B'를 생각해 내야 한다. 이때 가장 중요한 것은 '희생'을 최소화하는 것이다. 전투 중에는 병사들의 희생이 발생할 수 있는데, 이는 리더가 어떻게든 일어나지 않도록 막아야 할 가장 큰 손실이다.

이렇듯 육사는 전투를 이끄는 과정에서 병사들의 희생을 최소화할 수 있는 방안을 생각해 내고 실천에 옮길 수 있는 리더를 양성해 내는 데 초점이 맞추어진 교육기관이라고 할 수 있다. 4년 내내 이런 훈련을 받은 육사 출신들은 전역하고 사회에 나간 뒤에도 상황 파악이 빠르고, 말보다 행동이 앞서며, 책임감이 강하다는 평을 듣는다.* 전두환은 이런 훈련을 받고 부대를 이끌었던 리더였다. 현역 군인 시절의 전두환과 만났던 이들은 그가 책임감이 강하고, 솔선수

범으로 부대의 사기를 높이는 뛰어난 리더였다고 평가한다.[33]

문제는 전두환 자신이 받았던 교육을 제 야망에 맞게 자의적으로 변용해 활용했다는 점이다. 12·12 쿠데타나 광주학살, 삼청교육대 실시 과정에서, 그는 일부 국민을 희생시키는 것을 '어쩔 수 없는 것'으로 여겼다. 자신은 나라를 위해 목숨을 걸고 큰일을 하는 중이니, 그 일을 그르치는 반란군(육군참모총장 정승화를 보위하려 했던 정병주, 장태완, 김오랑), 북한이 보낸 용공 세력(민주화 시위를 했던 광주 시민들), 부랑자와 범죄자들(자신을 반대하는 세력들) 같은 '소수 세력'은 어쩔 수 없이 희생되어야 한다고 본 것이다. 얼마 되지 않은 소수 세력과는 비교도 할 수 없는 국민 다수를 위해, 다수 국민이 속한 '국가'를 구하기 위해 자신이 나서서 얼마간의 희생을 무릅쓰더라도 승리해야 한다는 논리이다.

그렇게 하기 위해 만들어낸 것이 반란군, 용공 세력, '범죄자들' 같은 개념이었다. 특정한 부류의 인간들을 낯설게 만들어 버리는 이러한 '타자화'는 역사 이래 권력을 잡은 이가 반대 세력을 제거하기 위해 가장 손쉽게 동원하는 개념이다. '멀쩡한 사람'을 죽이면 국민에게 정당성을 인정받지 못할 것이기에, 제거 대상을 '독일제국 전복을 도모하는 저열한 인종(나치가 유대인에게 붙인 딱지)' 혹은 '북한이 내려보낸 용공 세력(전두환이 광주 시민에게 붙인 딱지)' 같은 낙인을 찍어 '멀쩡하지 않은' 사람들로 만든 뒤 '청소'해 버리는 것이다.

* 전두환이라는 인물을 파악하는 데 육군사관학교에 대한 기본 지식이 있어야 했기에, 육사 출신 인사 두 명을 각각 두 차례에 걸쳐 인터뷰했다. 책에서는 두 사람과의 인터뷰 내용을 A, B로 칭해 인용할 것이다. 이 장(章)에서 기술한 육군사관학교의 교육 방침과 훈련 내용은 A, B 두 사람의 인터뷰 내용을 압축한 것이다.

목적을 위해 고안해 낸 이런 개념들을, 전두환은 죽을 때까지 수십 년간 되뇌었다. 스스로에게 되뇌고, 주위 사람들에게 주입했으며, 법정에 앉은 판사에게 주입하려 했다. 당당한 눈빛과 흔들림 없는 목소리로, 공허하기 그지없는 말을, 마음 깊숙한 곳에서는 필시 자신도 거짓임을 알고 있었을 헛된 기호들을, 맹렬하게 토해냈다.

육사 생도 시절, 참모장의 집에 무작정 찾아가던 때 전두환의 모습은 악이나 추함과는 거리가 멀다. 개인적 친분이 있지 않은 참모장의 집에 불쑥 찾아가는 청년 전두환은 얼마나 젊고 구김살 없는가! 그 시절까지만 해도 전두환은 제게 내장된 특성들을 자연스럽게, 좋은 방향으로 뿜어내고 있었다. 한 사람의 장점과 단점은 같은 뿌리에서 나온다는 사실을 전두환만큼 극명하게 보여주는 사람도 없으리라.

괴물이 자란 토양

무고한 시민들을 희생시킨 뒤 그들을 인간 말종으로 타자화하고 그를 통해 자신을 영웅시한 '괴물 전두환'은 세 가지 종류의 토양에서 잉태되었다. 1) 타고난 적극성, 2) 가난이라는 결핍, 3) 군인으로서 받았던 교육. 이 세 요인은 상황에 따라 위인을 탄생시킬 수도 있는 비옥한 토양이다. 적극적인 성향은 적시에 자기를 돌아볼 수 있는 성찰 능력이 가미되기만 하면 훌륭한 지도자를 배출할 수 있는 요인이 되고, 가난이라는 결핍은 작은 풍요에 기뻐할 줄 아는 긍정적인 성정과 약자의 입장을 들여다볼 수 있는 공감 능력의 원천이 될 수 있다. 군인으로서 받은 교육은 앞장서서 솔선수범하는 '말과 행동이 일치하는' 인물을 만들어내는 디딤돌이 되어줄 수 있다.

전두환에게 내재해 있던 장점들이 기형적으로 변형되어 희대의 악으로 연결되는 데는 4) 시대적인 분위기도 영향을 미쳤을 것이다. 격동의 현대사를 겪는 동안 국가로부터 최소한의 보호조차 받지 못했던 국민은 살아남기 위해 물불 가리지 않아야 했고, 그 과정에서 가족 단위로 똘똘 뭉쳐 억척스럽게 투쟁해 나갔다. 먹고살 거리를 마련할 수 있다면 불법과 거짓 앞에 눈감아 버리는 문화가 자리 잡았던 배경이다. 여기에 민주주의가 안착하지 못한 정치 문화, 그리고 박정희라는 강력한 인물의 영향이 덧입혀지면서, 자기를 성찰하는 법을 익히지 못한 정치군인 전두환은 제 야망이 가리키는 길로 성큼성큼 나아갔다. 그리고 대한민국 현대사에서 타의 추종을 불허하는 대표 악인의 지위에 오르게 되었다.

5장

반란의 날, 1979년 12월 12일

1979년 12월 12일 저녁 7시, 합수본부 총무국장 허삼수 대령과 육군본부 범죄수사단장 우경윤이 육군본부로 가서 육군참모총장 정승화를 체포한다. 그보다 이른 저녁 6시 30분, 보안사령관 전두환은 삼청동 총리 공관으로 간다. 대통령 최규하에게 접견을 요청한 뒤, 수사국장 이학봉과 함께 최규하를 만난다.

그 자리에서 전두환은 육군참모총장 정승화 체포에 대한 대통령의 승인을 요구한다. 김재규가 박정희의 암살과 관련된 새로운 진술을 해서 정승화를 다시 조사할 필요가 생겼으니 정승화를 연행해서 조사할 필요가 있다는 이유다.[34]

같은 시각인 저녁 6시 30분, 수도경비사령관 장태완, 특전사령관 정병주, 육군본부 헌병감 김진기는 연희동의 음식점에 있다. 헌병단장 조홍의 진급을 축하하는 자리로, 거사 당일 자신에게 협조하지 않을 것 같은 세 장성의 발을 묶어 놓기 위해 전두환이 미리 짜놓은 계획에 따른 것이다.

육군참모총장을 체포하는 과정에서 총격전이 벌어지고, 대통령 최규하와 총리 신현확은 국방부 장관 결재가 없으면 정승화의 체포를 승인할 수 없다며 승인하지 않고 버틴다. 당황한 전두환이 다급히 국방부 장관 노재현을 찾지만, 노재현의 행방은 묘연하다. 육군본부에서 난 총소리를 듣고 어딘가로 도주했는데 그 뒤로 소재를 찾을 수 없다.

대통령과 총리가 재가를 미루며 버티는 사이 상황은 급박하게 전개된다. 노태우가 이끄는 9사단의 1개 대대 병력이 서울을 향해 출동하고,* 육군참모총장 체포 소식을 들은 정병주와 장태완은 원대로 복귀해 진압군을 출동시킨다.

서울 한복판에서 국군끼리의 내전이 벌어지기 직전, 비군 벙커에 피신해 있던 국방부 장관 노재현과 총리 공관에 있던 국무총리 신현확은 아군끼리의 내전이 벌어지는 것을 막기 위해 여기저기 전화를 돌린다. 반란군과 진압군 양쪽에 연락을 취해 출동을 멈추라 읍소하고 양쪽 세력은 결국 이를 받아들인다.

그러나 반란군 측이 약속을 어기고 서울로 병력을 출동시키면서, 다르게 끝날 수 있었던 이 겨울밤의 각축전은 한쪽의 승리로 막

* 12·12 국면에서 노태우의 9사단은 중요한 의미를 지닌다. 9사단은 당시 대한민국의 최전방에 주둔하던 사단이었다. 1979년 12월 당시에는 평시 작전 통제권도 주한미군 측에 있었고, 최전방 부대를 동원하려면 한미군사동맹 협정에 의거해 한미연합사령관의 사전 동의를 받아야 했다. 그러나 전두환은 이를 무시하고 9사단 29연대와 30연대 소속 1개 대대를 출동시켰고, 이는 당시 한미연합사령관이었던 위컴의 격노를 유발했다.

을 내린다. 경호실 병력으로 총리실을 둘러싼 상태에서 반란군 측이 최 대통령을 협박해 자신들이 벌인 반란 행위를 '합법화'한 것이다.

밤을 꼬박 새운 뒤 12월 13일 새벽 5시, 대통령 최규하는 재가 서류에 결재한다.[35] 날이 밝은 뒤 국방부 장관 노재현은 "정승화 계엄사령관은 박정희 대통령 시해 사건과 관련해 군 수사기관이 체포해 조사 중이다."라는 특별 담화를 발표한다.

군사 반란이 '적법한 행위'로 바뀔 수 있었던 건

12·12의 날, 최규하는 왜 새벽까지 승인하지 않고 버텼을까. 당시 군 수사기관이 고위 장성을 조사할 때는 대통령에게 직접 보고하고 전결을 받아야 했다. 결재를 요구받은 순간, 최규하는 눈앞의 상황이 쿠데타라는 사실을 알아차렸을 것이다. 하지만 쿠데타가 성공할지는 확신할 수 없었다.

전두환이 내민 재가 서류에 대통령의 승인이 떨어진다는 것은 상관인 정승화 총장을 체포한 행위가 하극상에 의한 '반란'에서 군 통수권자인 대통령의 재가를 받은 '적법한 행위'로 둔갑한다는 의미였다. 그것은 전두환이 반드시 손에 넣어야 할 상징, 그 무엇과도 바꿀 수 없는 소중한 면죄부였다. 또한 최규하가 반란을 용인하고 지지했다는 증거로 이용될 수 있었다. 전두환이 오랜 시간 머물며 끈질기게 결재를 요구하고 최규하가 새벽까지 결재하지 않고 버틴 이유다.

12·12 이후 전두환은 이때 받은 재가 서류를 높이 쳐들고 다니

며 자신이 공적 절차를 거쳐 '대통령 시해 사건의 조력자'인 정승화를 처단했음을 공표했다. 훗날 몇 번에 걸쳐 진행되었던 재판에서도 당시 대통령이던 최규하의 재가 사실을 반복해서 강조했으며, 2017년에 발간한 1,800쪽짜리 회고록에서 12·12의 정당성을 주장하는 데에도 그 사실을 아낌없이 활용했다. 대통령이 된 뒤 전두환은 최규하에게 '국가원로자문회의' 의장 역할을 주어 극진히 대접했으며, 이후에도 최규하와 왕래하며 우호적인 관계를 유지했다.

최규하에게는, 12월 12일부터 12월 13일 새벽까지의 그 몇 시간이, 전두환에게 적대한 마지막 순간이었다. 이날 이후 최규하는 서서히 태도를 누그러뜨렸다. 형식상의 대통령 자리에 앉아 전두환이 내미는 서류들에 이전보다 훨씬 우호적인 태도로 결재했고, 주위 사람들이 사임을 권유해도 뿌리친 채 대통령직을 유지했다.

5공화국 기간에는 전두환이 제공한 각종 의전을 받아들이며 '평화로운 정권 이양'의 모양새를 연출하는 주요 장식품으로 기능했다. 훗날 전두환 관련 재판들에 증인 출석요구를 받고도 일절 답하지 않았고, 역사에서 자신만이 할 수 있는 역할을 결연히 거부한 채 안락한 노후를 유지하다가 12·12의 진실을 무덤까지 가지고 갔다.

이 밤을 시작으로, 전두환은 서서히 권력을 탈취한다. 중앙정보부장 서리를 겸직하고 국보위를 설치한 뒤, 내각을 무력화하고 국정을 장악한다. 민주주의와는 거리가 먼 일련의 과정에 많은 국민이 일어나 시위를 벌이지만, 전두환과 신군부는 이를 무력으로 짓밟으며 단계적으로 권력을 접수한다.

이듬해 9월, 전두환은 최규하를 밀어내고 직접 대통령 자리에 오른다. 대한민국 제11대 대통령에 취임하던 당시 전두환의 나이 50

세, 대통령의 재가 없이 상관인 정승화를 체포하던 순간으로부터 9개월 만에 일어난 일이었다.

정치군인이 최고 권력자가 되었던 순간

12·12는 전두환이 이후 저지르게 되는 모든 범죄의 출발점이다. 12·12 당일에 저지른 범죄만으로 전두환은 이미 형법상 최고형을 확보한 것과 다름없었다.

그가 저지른 범죄는 내란목적 살인, 반란수괴, 내란수괴, 상관 살해 등 무수히 많지만 무엇보다, 군권을 장악하기 위해 전방의 9사단 병력을 무단으로 빼돌린 행위가 가장 비난받아야 할 것이다. 사욕을 채우기 위해 북한과 대치 중인 최일선의 병력을 빼돌려 국가안보를 위험에 처하게 한 것 아닌가. 그러나 전두환은 이후 41년 동안, 박정희 대통령을 시해한 범죄에 가담한 자를 단죄하기 위해 '어쩔 수 없이' 군력을 동원했다는 궤변으로 이날의 행위를 변호한다.[36]

전두환이 12·12를 저지른 이유는 무엇일까. 군복 차림으로 헌법상 최고 결정권자를 찾아가 협박하고 병력을 빼돌려 육군본부를 점령하는 행위를, 이후 광주학살과 삼청교육대 운영으로 이어지는 치명적인 범죄행위를 왜 구상하고 행동으로 옮겼을까. 국가의 체제를 전복시키는 행위는 조선 시대였다면 삼족을 멸했을 대죄이다. 정상적인 루트를 밟아 진압되었다면, 전두환과 신군부 일당은 즉결처분을 받았을 것이다.

실패하면 자신은 물론이고 가족들까지 위험해지는 엄청난 일을, 49세의 육군 장성은 왜 기어코 실행에 옮겼을까. 큰 범주에서 본다면, 전두환이 그동안 박정희의 측근으로 있으면서 은근히 쌓아온 권력욕에서연유를 찾을 수 있다. 쿠데타 이후 틈만 나면 스스로를 '야전 사령관'에 어울리는 인물이라 평하고, 자신은 '정치'를 할 생각이 전혀 없었다고 강변했지만, 전두환은 누가 보기에도 확실한 '정치군인'이었다.

5·16 발발 당시 육사 생도들을 동원해 시가행진을 벌인 것, 박정희에게 충성하며 정보 계통 보직을 맡았던 것, 박정희 말년에 40대의 나이로 보안사령관에 오르며 한 나라의 정보 수집 권한을 움켜쥔 것 등 전두환은 언제나 '정보'의 주위를 맴돌았다. 앞에서도 서술했듯 보안사령관의 지위와 전국의 군 요직에 심긴 하나회 멤버들의 첩보 덕분에, 권력으로 가는 통행권과도 같은 정보는 생성 즉시 전두환에게 흘러갔다. 정보가 손에 들어오면 전두환은 곧바로 움직였다. 빠르게 판단한 뒤, 망설이지 않고 달려갔다.

그렇게 해서 차곡차곡 권력의 사다리를 밟아 올라가는 전두환의 뇌리에 도사린 최종 목표는 무엇이었을까. 최고 권력자의 총애를 받아 승승장구하는 40대 군인의 뇌리에 자리 잡은 미래의 자아상은 필시, 최고 권력자의 모습이었을 것이다. 현존하는 대통령, 즉 박정희를 어떻게 하겠다든가, 어떤 방법으로 대통령이 되겠다든가 하는 의식적이고 구체적인 방안을 그려보지는 않았을 것이다. 막연하게, 절반은 무의식의 영역에서, 승승장구해 온 이 군인은 최고 권력자가 되는 날을 꿈꾸었을 것이다.

그리고 마침내 당도한 운명의 날, 자신의 정치적 아버지이자 인생 멘토이자 상관이었던 박정희가 갑자기 죽음을 맞은 순간, 대한민국의 제일가는 정치군인의 내면 깊숙한 곳에 자리 잡았던 비밀스러운 야망이 눈을 뜨고 의식의 강 위로 떠올랐으리라.

기지개를 켜기 시작한 그의 정치적 야망에 기름을 부은 것은 한 통의 첩보였다. 12월 초, 육군참모총장이자 계엄사령관이었던 정승화는 전두환을 '동해안경비사령관'으로 전보할 계획을 세웠다.[37] 평소 지나치게 정치에 관심을 두고 야욕을 드러내는 전두환을 탐탁지 않게 생각하다가, 그즈음 부쩍 수상한 움직임을 보인다는 제보를 받고 한직으로 내보낼 결심을 한 것이다.

그러나 이 소식은 생성 즉시 전두환에게 전해졌다. 그리고 늘 그래왔듯 전두환은 첩보에 민첩하게 대응했다. 정승화를 체포하고, 광화문에 탱크를 진주시키고, 대통령을 협박해 새벽 시간에 사후재가를 받아낸 것이다. 그러니 12·12는, 전두환이 오랫동안 품어온 무의식적 야욕과 위기를 모면하기 위한 즉각적인 방어가 뒤섞여 빚어진 사건이었다. 막연하고 오랜 의도와 우발적인 충동이 뒤섞여 일어난 일이었던 것이다.

6장

원죄의 성립을 자축하던 날

한쪽 어깨를 드러낸 여성이 춤을 추며 노래한다. 마이크를 든 그녀에게 군복 차림의 남자가 손가락으로 총을 쏘는 시늉을 하며 다가간다. 밀착해 손을 내미는 남자를 피해 뒤로 물러서며 여자가 과장된 몸동작을 해 보인다. 다음 순간, 홀 중앙에서 담배를 피우던 양복 차림의 사내가 몸을 돌려 여자와 남자를 쳐다본다. 양복 사내의 한쪽 손에 들렸던 담배가 다른 쪽 손으로 옮겨가면서 몸이 바깥쪽으로 돌아가고, 담배를 들었던 다른 쪽 손이 바지 주머니로 들어간다. 담배 연기를 피하면서 양복 사내가 한쪽 눈을 찡그린다.

무대에서는 이제 반짝거리는 의상의 여성 둘이 선정적으로 춤을 추고 있다. 담배를 피우며 무대를 보던 양복 사내의 입이 살짝 벌어지고, 아랫입술과 볼이 불룩해지며 반원이 그려진다. 먹었던 음식을 빼내는 중인 듯 같은 동작이 몇 번씩 반복된다. 입술로 작은 구형을 만들어내는 동작이 찡그려 들려 올라간 한쪽 눈과 어우러져 독특한 여유를 자아낸다. 담배를 든 손, 찡그린 얼굴, 입 속의 음식물 찌꺼기를 빼내는 자유로운 동작. 이 세 요소는 거대한 얼음 조각상이 기립해 있고 초청된 연예인들이 화려한 춤판을 벌이고 있는 시끌벅적한 공간의 1인자가 누구인지를 선명히 보여준다.

양복 사내의 옆에는 화려한 수가 놓인 흰색 한복 차림의 여성이 다소곳이 서 있다. 여성은 장갑으로 보이는 흰 천을 잡은 손과 다른 쪽 손을 맞잡았다 떨어뜨리며 어색하게 웃는다. 여성의 복장과 양복 사내의 바로 옆에 서 있는 위치는 그녀가 이 파티의 안주인임을 보여준다. 그녀의 수줍은 듯한 미소와 연신 반복되는 손동작은 양복 사내의 자신감과 여유를 더욱 돋보이게 해주며 파티의 화려한 외형을 완성한다.

이제 장면이 바뀌어, 양복 사내는 술잔과 샴페인 병을 들고 모여 선 여성들에게 술을 따라준다. 첫 번째 여성은 술을 받는 동안 눈을 내리깐 채 황송한 듯 미소를 짓다가 고개를 돌리고 술을 마신 뒤 사내에게 술잔을 돌려준다. 두 번째 여성 역시 고개를 숙인 채 목례로 감사를 표하고 받은 잔을 비운다. 두 여성 모두 술을 따라주는 이와 눈을 마주치지 않은 것으로 내외하고 있음을 표하고, 여성들이 술잔을 비우길 기다리는 동안 사내는 너그럽고 친절한 미소를 입에 건다. 두 번째 여성이 술잔을 돌려준 뒤, 화면은 '충성'이라고 쓰인 커다란 얼음 조각상을 클로즈업한다.

얼음 조각상 옆에는 그새 한복을 입은 여성 옆으로 돌아간 양복 사내가 서 있다. 여전히 하얀 천 조각을 만지작거리는 배우자에게 밀착해 선 사내는 상체를 기울여 한복 여성의 말에 귀를 기울이고, 여성은 사내에게 미소를 지어 보인 뒤 자신과 사내를 둘러싼 양복 차림의 남자들에게 한 번씩 눈인사를 보낸다.

화면을 되감아 영상을 다시 본다. 파티에 등장하는 인물들의 복장, 표정, 말투, 파티장에 동원된 소도구, 음악, 식음료 등 모든 것이 그 순간의 의미를 명징하게 보여주고 있다. 가슴이 푹 파인 복장의 여성 연예인들과 군복 혹은 양복 차림의 남성들, 그 남성들의 옆에 선 한복 혹은 양장 차림의 여성들, 흥겨운 파티 분위기를 내려는 한 무리의 사람들에게서 은연중 새 나오는 경직된 표정과 (여성 연예인을 향한) 부자연스러운 추파의 몸짓들.

선 채로 돌아다니며 담소를 나누는 서양식 파티 분위기를 내려한 이 혼종 파티의 참가자 중 자연스러운 표정으로 즐기고 있는 사람은 오직 한 사람, 양복을 입은 사내뿐이다. 실내에서 유일한 흡연자인 그는 겉으로는 웃으며 '내빈'들에게 환영사를 베풀고 술을 따르지만, 마음은 딴 곳에 있는 듯하다. 그에게서 누구도 흉내 낼 수 없는 완전한 여유와 자신감이 풍겨 나오는 것은 이 때문일 것이다. 마음이 온통 상념에 빠져 있기에, 시끌벅적한 행사의 소란 가운데 홀로 당당한 미학을 뿜어낼 수 있는 것이다.

"85명의 군인이 3,700만 대한민국을 접수하다"

이 영상은 1980년 1월 23일, 12·12 쿠데타를 일으킨 뒤 사십 일이 지난 시점에 전두환이 보안사 요원과 배우자들을 초대해 베푼 '파티'를 찍은 영상이다. 양복을 입은 채 담배를 피우는 사내는 전두환, 치마저고리 차림으로 옆에 선 여성은 이순자다.

12·12 이후 불안해하던 전두환은 상황이 안정적으로 일단락되었다 판단하고 이런 파티를 연 것으로 보인다. 한반도 남쪽 영토에 18년 동안 군림한 독재자의 죽음으로 혼란스러웠던 1979년을 보내고 맞은 새해, 민주화 투쟁을 벌여온 정치인들과 국민이 새 시대를 꿈꾸는 동안 전두환은 파티를 열어 제 수하들의 노고를 치하하는 여유를 보였다.

12·12는 전두환이 시도했던 수많은 일 중 가장 크고 가장 위험한 일이었다. 한 국가를 이루는 물리력의 결정체인 군부의 지휘 체계를 뒤엎고 지휘권을 독점하는 일은, 실패할 경우, 그야말로 '목숨'이 날아가는 어마어마한 일이었다.

육군사관학교를 졸업한 뒤 군 지휘관으로 20여 년을 복무하고 중령으로 예편한 A는 12·12가 성공 가능성이 크지 않은 쿠데타였음을 이렇게 설명했다. "전두환이 장악하고 있던 보안사령부는 정보형 특수부대였습니다. 당시 연대 병력을 3,000명으로 잡는다면 그중 보안부대에 속하는 인원은 다섯 손가락에 꼽을 정도였을 거예요. 사단 병력을 12,000에서 20,000명 정도로 보면 거기서 보안사령부 소속 지휘관은 열 명 안팎이었을 겁니다. 그냥 특경대 하나만 보내도 쓸어버릴 수 있는 수준인 거예요." 보안사령부가 가진 힘이 군 인사들에 대한 정보를 이용하는 데에서 나오는 것일 뿐 직접 동원할 수 있는 물리력은 거의 없었다는 설명이다.

12·12가 국군 다수의 지원을 받지 못했다거나, 성공하기 힘든 쿠데타였다고 평가되는 것은 이런 사정 때문이다. 직접 동원할 직속 부대가 없는 가운데 사조직과 신뢰 관계만으로 타 부대를 동원해 거

사를 일으켰다는 사실을 곱씹으면 12·12가 얼마나 무모하고 위험한 기도였는지 어림해 볼 수 있다. 전두환의 조직력과 행동력, 배짱이 그만큼 막강했다는 의미다.

그러나 이러한 평가는 모두 쿠데타의 성공을 기정사실로 알고 있는 후대 사람들의 왈가왈부일 뿐, 당시 당사자의 심정은 형언할 수 없는 종류였을 것이다. 두려움으로 가슴이 타들어 가는 것 같지 않았을까. 담대하기로 유명한 전두환이었지만, 자신과 가족, 측근들과 그 가족들의 명운을 건 일의 결과를 놓고 태연하기는 힘들었을 것이다.

"조직된 85명의 군인이 3,740만여 명 인구의 대한민국을 접수해 버린"[38] 12·12가 성공한 데는 두 가지 요인이 있었다. 가장 먼저 손에 꼽을 수 있는 건 당시 대한민국의 총지휘권을 갖고 있던 이들의 모호한 태도였다. 쿠데타 군 진압을 명령할 권리는 국방부 장관 노재현과 대통령 최규하에게 있었다.

12·12의 밤, 쿠데타 발생 뒤 미군 벙커에 피신해 있던 노재현은 출동해 전두환 일파를 진압하겠다는 장태완을 만류했다. 미군 관할 벙커에 머물러 있으라는 한미연합사령관 위컴의 권유를 뿌리치고 신군부 세력이 장악한 국방부 건물로 간 뒤, 노재현은 완전히 전두환의 의도대로 움직였다. 최규하도 마찬가지였다. 북한군의 움직임을 걱정하면서 결정을 미루다가, 결국 진압의 결정적인 타이밍을 놓치고 말았다.

이후 최규하가 보인 행보는 모호하기 짝이 없었다. 헌법 개정에 착수하지 않고 시간을 끌면서 어정쩡하게 과도정부 체제를 끌고 갔다. 전두환 세력을 좌천시키거나 민주주의 체제를 수립할 기미를 전혀 보이지 않았다. 아마도 전두환이라는 물리적 힘과 손잡은 뒤 자신이 국가수반의 지위를 계속 유지하는 시나리오를 꿈꾸었을 것이다. 공식적으로 결정권을 가진 이들의 이러한 태도 때문에 정병주와 장태완이라는 진압 세력이 있었음에도 결국 반란군인 전두환 세력이 승기를 잡았다.

미국이라는 중대한 변수

두 번째로 손에 꼽을 수 있는 건 미국의 태도였다. 쿠데타 발발 당시 미국의 대통령이던 지미 카터는 완강한 민주주의자였다. 임기 초반, 카터는 한국 대통령 박정희와 한국 내 인권 탄압 문제를 놓고 얼굴을 붉히며 설전을 벌였다. 그러나 12·12가 일어나던 시점에 카터는 박정희와의 날 선 갈등과 불협화음, 미국 내 반대 세력의 압력으로 지쳐 있었다.[39]

이 점이 전두환에게 호재로 작용했다. 박정희와의 갈등을 통해 우방국의 정치 상황에 직접 개입하는 일이 복잡한 방정식을 만들어 낸다는 것을 뼈아프게 깨달은 카터는 전두환이 일으킨 새로운 쿠데타 상황에 뜨뜻미지근한 태도를 보였다. 말로는 강경하게 민주적인 절차가 진행되어야 한다고 엄포를 놓았지만, 실질적인 조치는 취하지 않았다.

대통령인 카터가 적극적으로 관여 의사를 나타내지 않는 가운데 당시 주한미군사령관이었던 위컴이 독단적으로 쿠데타 진압을 명령할 수는 없었다. 헌법상 한국의 최고 결정권자(최규하와 노재현)

들이 확실한 의지를 보여주지 않는데 섣불리 개입했다가는 한·미 양쪽 국민 모두에게 '타국에 대한 내정간섭'이라는 비난을 받게 될 소지가 있었다.

31세의 나이에 박정희의 비서 역할을 하며 정치를 배웠던* 전두환은 이런 상황을 능숙하게 이용했다. 그는 휴전선 남쪽의 안보를 책임지는 병력에 대한 결정권이 미국과 한국에 애매하게 양분돼 있다는 사실을 파악하고 있었다. 선례를 봤을 때, 미국이 타국의 정치 상황에 직접적으로 개입하는 경우가 종종 있긴 했다. 그러나 그것은 명확하게 미국의 국익에 도움이 된다는 전제가 성립했을 때만 일어나는 일이었다.

전두환은 당시 인권을 최우선 가치로 내세우던 카터의 기세가 꺾였다는 사실을 알고 있었다. 10·26 사태가 일어났을 때, 전두환은 대한민국에서 일어나는 거의 모든 일에 대한 정보를 손에 쥐고 있었다. 대통령 유고라는 비상 상황에서 갑자기 최고 통수권자의 자리에 앉게 된 최규하와 국방부 장관 노재현에 대한 정보도 물론 차고 넘치게 들고 있었을 것이다. 두 인물에 대한 객관적 사실뿐만 아니라 성향과 습관, 위험 감수 정도와 비상시에 두 인물이 발휘하게 될 담대함의 최고치까지 꿰뚫어 보고 있었을 것이다.

권력에 관한 한 타의 추종을 불허하는 촉을 갖고 있었던 전두환은 통치권이 일원화되지 않은 분단국가의 상황을 십분 활용했다.

* 전두환은 1961년 5·16 발발 뒤 군사혁명위원회 의장 비서관 발령을 받았고, 7월에는 국가재건최고회의 의장 민원 비서관이 되었다. 이후 1961년 11월 중앙정보부 제2국 정보과장으로 발령받기 전까지 국가 재건최고회의 의장인 박정희의 민원 비서관 역할을 했다.

한국과 미국의 고위 관료들이 제 권한의 범주가 어디까지인지 확신하지 못하고 망설이는 틈을 타 발 빠르게 움직였다. 불시에 발발한 12·12 하극상에 대해, 미국은 분명 뭔가를 할 수 있었다. 하지만 모든 걸 할 수 있지는 않았다. 지휘권의 본거지가 태평양 건너에 있는 데다가, 본국 내에서도 행정부와 의회가 권력을 분점하고 있었다. 빠르게 결정하고 일사불란하게 움직이기 힘든 구조였다.

전두환은 이렇듯 한·미 양국 사이에, 그리고 미국 내부 지휘 체계 사이에 난 틈으로 파고들어 재빨리 자리를 확보했다. 자신과 연락하려는 주한미군사령관의 시도를 차단하면서, 한편으로는 거짓 정보를 흘려 정병주와 장태완이 진압군 투입 결정을 철회하게 했다. 핸드폰도 인터넷도 없던 시절, 한쪽에서 정보를 차단하면 결정의 근거로 삼을 정보가 없는 상대 쪽이 철저히 무력화될 수밖에 없던 때였다.

쿠데타 이후에도 상황은 마찬가지였다. 미국이 무언가 할 수 있을 거라는, 혹은 할지도 모른다는 가능성을 둘러싸고 게임판의 참여자들은 긴박하게 움직였다. 전두환은 미국의 동의를 업고 있는 것처럼 보이는 데 치중했고, 반대 측은 미국의 의도를 제대로 파악하지 못한 채 막연한 기대감 혹은 반감을 품었다. 설사 우방국의 의도를 파악했다 하더라도 그들에게는 정보를 퍼뜨리고 세력을 모을 수단이 없었다. 결국 정보와 조직을 움켜쥐고 있던 전두환이 최후의 승자가 되었다.

12·12라는 고비를 넘어선 뒤

보안사 파티가 있기 2주 전, 미국 대통령 카터는 친서를 통해 12·12 사태를 강력히 비판했다. "한·미 양국 간에 합의된 지휘 체계가 심각하게 침해된 것에 대해 깊은 우려를 표명하며 차후 유사한 일이 재발하는 경우 양국 간의 긴밀한 협조에 심각한 결과가 초래될 것"이라고 경고했다.[40]

주한미군사령관 위컴은 노여워서 어쩔 줄 몰랐다. 쿠데타에 동원된 9사단에 대한 지휘 권한은 위컴에게 있었다. 쿠데타의 주역 중 한 명인 노태우가 재가 없이 전방에 있는 9사단의 일부를 수도 서울의 한복판으로 보낸 것은 명백히 한미연합사령관이자 주한미군사령관인 위컴의 권한을 침해한 것이었다. 쿠데타가 성공했다는 것은 위컴이 본국에서 부여받은 업무를 제대로 해내지 못했다는 것을 뜻했다.

모욕감을 느낀 위컴은 2월 말이 될 때까지 전두환을 만나주지 않았다. 가까운 공간에 있으면서도 전두환의 존재를 모르는 척, 최규하와만 만났다. 명목상 대통령인 최규하에게 반복해 쿠데타에 대한 반감을 표하면서, 하루라도 빨리 민주주의 발전을 추진하라고 종용했다.

얼핏 보면 미국이 쿠데타에 강력하게 반대하는 것처럼 보였지만, 전두환은 알았다. 미국이 입으로만 분개하고 있다는 사실을. 물리적으로 직접 개입할 의사가 없다는 사실을. 미국이 친서를 통한 경고와 '외면하기' 작전을 통해서만 유감을 표현한다는 것은 길조였다. 헌법상 최고 지도자인 최규하가 단호하게 의사 표명을 하지 않는 한 위컴이 군대를 움직여 자신을 제압하는 일은 일어나지 않을 것이었다. 그리고 최규하가 위험을 무릅쓰고 과감하게 결정을 내리지 않으리라는 사실을 세상에서 전두환보다 더 잘 아는 사람은 없었다.

완전히 권력을 장악하기까지는 '광주'라는 엄청난 산맥을 넘어가야 했지만, 당시의 전두환은 그것을 몰랐다. 시간이 걸리겠지만 결국엔 미국의 인정을 받게 되리라 예감했다. 그는 아마도 설렜을 것이다. 무엇이든 실제 그 상황에 접어들 때보다, 펼쳐질 시간을 예감하며 꿈꾸는 시간이 더 행복하다는 사실을 생각하면, 그리고 그 해 5월 수많은 시민을 학살한 이후에는 다시는 누리지 못하게 될 여유였다는 점을 감안하면, 이 파티 당시를 전두환 본인의 인생에서는 '리즈 시절'이라 할 수 있으리라.

7장

광주를 딛고 권좌에 오르다

1980년 봄, 대한민국에는 최루탄 냄새가 진동했다. 곳곳에 돌과 각목이 날아다녔다. 따뜻한 대기와 매캐한 화약 냄새가 뒤섞였던 이 시기, 한반도 남쪽 영토에서 중요 배역을 맡은 이들은 각자 다른 꿈을 꾸었다.

유력 대권 후보였던 김영삼과 김대중은 학생들과 재야 운동 세력을 자제시키려 하면서도, 시위에 힘을 얹는 언사를 경쟁적으로 내보냈다. 경쟁 상대만큼 '확실한' 발언을 하지 않으면 지지세를 잃을 것이란 염려가 이들이 시위를 자제시키면서도 부추기는 모순적 언행을 하도록 추동했다. 학생들과 재야 운동 세력은 '계엄령 즉시 해제'와 '80년 말까지 정권 이양', '신현확 총리와 전두환 장군 사퇴 일정 공표', '양심수 전원 석방'을 외치며 거세게 들고 일어났다.

4월 14일, 중앙정보부장 서리 자리를 차지해 대한민국 정보의 공식 루트를 완벽하게 장악하게 된 전두환과 신군부는 시위가 과격해지기를 기다렸다. 전 국민이 체감할 정도의 극한 상황이 벌어지면 계엄령을 전국으로 확대할 수 있을 것이었다.

이방인인 미 대사 글라이스틴은 분주하게 움직였다. 최규하와 전두환, 김영삼과 김대중을 만나 서로 자제해 줄 것을 당부했다. 그 와중에 틈틈이 워싱턴에 "그들은 심사숙고했으며 과잉 진압과 군 병력 동원이 가져올 위험에 대해 잘 알고 있다."라는 보고와 "전두환의 최근 행동에 대해 이전보다 한층 우려하고 있다. 학생들과 노동자들의 시위가 걱정스럽다."[41]라는 상반된 보고를 보냈다.

시위는 점점 빈번해지고 과격해졌다. 5월 12일, 학생들은 구호를 외치며 최규하 대통령과 신현확 총리, 전두환 사령관의 화형식을 벌였다. 불안이 고조되자 청와대 비서실장 최광수가 글라이스틴을 청와대로 초청해 "학생들이 모두 거리로 쏟아져 나올 경우, 정부는 전투경찰을 보강하기 위해 서울에 이미 주둔하고 있는 2개 여단의 특수부대 군 병력을 동원하겠다."라고 언질을 주었다.[42]

1980년 5월, 광주라는 비극

5월 15일, 서울역 광장에 서울 지역 30개 대학 학생 10만여 명이 모였다. 이들은 계엄령 해제와 민주화 추진을 요구하며 시위를 벌였다. 시위는 이날 밤 8시까지 계속됐다. 시위대 내부에서 군부에 병력 동원의 빌미를 줄 위험이 있으니 퇴각하자는 주장과 철야 농성을 벌이자는 주장이 맞붙었다. 결국 군 개입을 우려하는 입장이 우세해졌고, 시위대는 해산되었다. 5월 16일, 전국총학생회 회장단은 당분간 시국을 관망하기로 결정했다.

5월 17일 24시를 기해 비상계엄이 전국으로 확대되었다. 비상계엄이 전국으로 확대되기 전날인 16일, 보안사령부는 전군 보안부대 수사과장회의를 소집했다. 이 자리에서 17일 24시부터 계엄이 전국으로 확대된다는 사실과 검거할 블랙리스트 8백여 명을 통보했다. 이때 수배령이 떨어진 이들 중 6백여 명이 체포되었다. 신문과 방송은 수배자들의 명단과 죄목을 경쟁하듯 쏟아냈다. 김대중을 비롯한 37명이 내란음모 혐의로 체포되었다. 서울과 광주에는 특전사 병력이, 부산에는 해병대가 만약의 사태에 대비해 예비 병력으로 동원됐다. 계엄령 선포 뒤 세상은 조용해졌다. 전국 각지와 대학에서 사람들이 무더기로 끌려갔지만, 특기할 만한 저항이나 시위는 일어나지 않았다.

단 한 곳, 광주는 예외였다. 5월 17일 밤 11시, 전라남도 광주에서 검거 대상자 체포가 시작되었다. 군화를 신은 공수부대원들이 시내 곳곳 가정집 안방으로 들어가 짐승처럼 사람을 끌고 갔다. 그렇게 공수부대의 '진압'이 시작되었다. 곤봉으로 머리를 내리치고, 대검으로 몸을 그어 피를 뿌리고, 화염방사기를 쏘아 사람을 태워 죽였다. 5월 21일에는 상공에서 헬기로 기총 사격을 했다. 분노한 시민들이 모여들었다. 시위 군중이 눈덩이처럼 불어났다. 거리는 시민들과 공수부대, 경찰, 부상자를 나르는 택시 기사로 인산인해를 이루었다.

사태가 악화되고 대규모 희생자가 발생하자 시위대는 무기와 탄약을 확보했다. '시민군'이 탄생한 것이다. 고등학생, 예비군복 차림으로 나온 장년층, 대학생, 공사장 인부 등 다양한 시민들이 합세했다. 시민군은 공수부대에 목숨을 잃은 형, 누나, 동생, 친척, 친구에 대한 복수를 다짐했다. 5월 21일 저녁, 계엄군이 광주에서 빠져나가면서 광주를 봉쇄했다. 광주는 고립무원이 되었다. 이제 누구도 광주에 들어가거나 나올 수 없었다. 전화 연락도 차단되었다. 6일 동안 광주는 시민들의 '자치'로 유지되었다. 5월 27일 새벽, 계엄군과 경찰이 다시 광주를 탈환했다. 계엄군의 도청 진입 과정에서 끝까지 저항하던 시민군은 그 자리에서 사살되었다.[43]

광주민주화운동은 사망자 163명, 행방불명자 166명, 부상 뒤 숨진 이 101명, 부상자 3,139명, 구속 등 기타 피해자 1,589명 등 5,189명의 피해자를 낸 대형 참극이었다.* 전두환과 신군부는 광주에 대한 소식을 감추기에 급급했다. 언론 보도를 통제하고, '폭도', '용공 세력'을 들먹이는 기사를 내보냈다. 광주의 실상을 입에 올린 자는 쥐도 새도 모르게 잡혀갔다. 한반도 남쪽 영토에 사는 이들 중 누구도 공개적으로 광주를 입에 올리지 못했다. 초반 한동안 신군부는 국민을 속이는 데 성공하는 듯 보였다. 시간이 갈수록, 광주의 진실은 모습을 드러내었다. 국민은 시차를 두고 각기 다른 경로를 통해 광주의 진실에 직면하게 되었다.

지금의 상식에 비추어 보면 많은 이가 희생당한 사건을 그렇게 오랜 기간 감출 수 있었다는 것이 놀랍게 느껴진다. 하지만 당시는 스마트폰은커녕 유선전화기조차 가구마다 보급돼 있지 않았던 시절이었다. 타지 소식을 접하는 유일한 통로는 몇 되지 않는 신문과

* 2009년 광주광역시가 민주화운동 29년을 맞아 집계했다.

방송뿐이었다. 언로 차단이 가능했던 그 기간 잘못된 선입견을 갖게 된 일부 국민은 지금까지도 광주에서의 일이 '북한군의 소행' 혹은 '좌익 용공 세력의 소행'이라고 믿고 있다.

거대한 휘장, 영원한 비극의 굴레

20사단과 특전사 부대를 보내 광주도청을 접수한 1980년 5월 27일 이후 죽는 날까지, 전두환은 광주에 대한 책임을 부인했다. 책임을 부인한다는 측면에서는 평생 일관된 자세를 고수했지만, 사안에 대한 구체적인 대처 방식은 시기에 따라 달랐다.

5공화국에서 공보비서관을 지낸 윤여준은 재임 당시 전두환이 광주에 신경을 많이 썼다고 회고한다. "전 대통령은 가능한 한 광주와 전남 지역에 SOC 투자를 많이 하고 기반 시설을 잘 만들어주면 자신에 대한 원한이 사그라질 것이라고 기대를 많이 했습니다. 그래서 그쪽에 투자도 많이 하고 또 다른 지역보다 광주에 더 많이 내려갔습니다." 그때마다 시민들을 만나면 전두환은 "내가 광주를 사랑하고 아끼기 때문에 다른 어느 곳보다 더 많이 내려온다."라고 말했다"는 것이다.[44]

그러나 그뿐이었다. 잦은 방문과 립서비스가 아닌 실질적인 지원, 즉 광주에 주요 산업시설을 유치하거나 인재 등용을 하는 등의 본격적인 지원을 하지는 않았다. 하지만 한 가지, 이 에피소드로 추정해 볼 수 있는 점이 있다. 당시 전두환의 마음속에 가책 비슷한 무언가가 일렁였다는 점이다.

1980년 5월에 있었던 광주에서의 참극은 전두환의 남은 인생 모두를 휘감아 버릴 거대한 휘장이었다. 1980년 5월 17일까지 전두환은 쿠데타로 군권을 장악한 무도한 군인이었다. 쿠데타 과정에서 희생자가 있었지만, 그래도 그는 특정 지역 시민을 대량으로 희생시킨 학살자는 아니었다. 1980년 5월 18일, 전두환은 한 가지 정체성만 지닌 인간으로 다시 태어났다. '전두환' 하면 광주, '광주' 하면 전두환이 자동으로 떠오르게 되었고, 그는 그 굴레에 갇혀 영원히 헤어나오지 못하게 될 터였다.

1985년, 광주에서 12대 국회의원으로 당선된 민정당 소속 이영일이 전두환과 독대한 자리에서 광주항쟁 사망자와 유족, 부상자들을 더 이상 '폭도'로 부르지 말 것을 건의했다. 전두환은 잠시 침묵을 지키다가 메모를 한 뒤 연구해 보겠다고 답했다. 이틀 뒤, 이영일은 정부에서 '폭도'라는 말을 쓰지 못하도록 지침을 내렸다는 연락을 받았다. 뒤이어 이영일은 정부에 광주항쟁 관련 해직 교수와 교사를 복직시키라는 건의를 했고, 대통령 측근들을 찾아가 끈질기게 설득한 끝에 해직 교원들의 복귀와 해직 기간의 월급 문제 해결까지 보장받게 된다.[45]

퇴임 뒤인 1988년 11월 23일, 백담사로 가기 전 기자들과 가진 인터뷰에서 전두환은 "80년 5월 광주에서 발생한 비극적인 사태는 우리 민족사에 불행한 사건"이라고 규정한 뒤 "피해자와 유가족의 아픔과 한이 조금이라도 풀어질 수 있다면 어떤 일이라도 마다하지 않겠다."라고 말했다. 이는 전두환이 했던 발언 중 가장 '참회'에 가깝게 다가간 발언이었다. 하지만 구체적으로 잘못을 규명하거나 자기 책임을 인정하지는 않은 그 발언을 온전한 '참회'나 '사과'로 볼 수는 없다.

1995년, '내란 및 군사반란' 재판을 받게 된 전두환은 변호사를 동원해 자신은 광주에 대한 책임이 없음을 적극적으로 강변했다. 2003년 2월, 전두환은 한발 더 나아갔다. SBS와 가진 인터뷰에서 이렇게 발언한 것이다. "광주는 총기를 들고 일어난 하나의 폭동이야. 계엄군이기 때문에 계엄군이 진압하지 않을 수 없잖아요?" 2019년 11월, 마포구 구의원 임한솔이 골프장으로 찾아가 불쑥 광주 얘기를 꺼내자, "광주하고 내하고 무슨 상관 있어!"라고 반문했다.

그의 모순과 퇴보를 어떻게 바라볼 것인가

광주에 대처하는 전두환의 태도는 얼핏 보면 한 사람의 것이라고 보기 힘들 정도로 드라마틱한 변화를 거친다. 재임 초반에는 북한 운운 폭도론을 펼치다가, 재임 중·후반과 퇴임 초기에는 수그러들어 참회 비스름한 태도(그러나 온전한 의미의 참회는 아닌)를 보였다. 재판을 받고 복역한 뒤부터는 다시 북한 운운 폭도론으로 회귀했다. 1980년 광주에서 시민과 계엄군 간에 있었던 일의 진실을 바뀌지 않았는데, 광주에 가장 큰 책임이 있는 이의 대응은 왜 이렇게 달라졌을까?

1980년 당시 계엄사령관이었던 이희성은 훗날 기자들과의 인터뷰에서 "전두환은 밝은 사람이다. 음습한 사람이 아니다."라고 평했다. 최규하의 공보수석이었다가 전두환의 공보수석으로 유임된 뒤 전두환을 죽 보좌하며 말년의 회고록 집필까지 도와주게 되는 민정기는 전두환이 "솔직하고, 유머 감각이 뛰어나며, 시원시원한 인물이었다."라고 회고했다.[46] 민주정의당 총재 비서실장을 지낸 이영일 또한 전두환이 "보고하는 사람에게 항상 여유와 편안함을 느끼게 해주는 온화한 리더십을 가진 분이었다."라고 기록했다.[47] 5공화국의 정무수석이었던 허화평은 전두환을 긍정적으로 평가하면서도 "너무 나이브했다."라는 뼈 있는 말을 남겼다.

리더십과 소탈한 매력이 넘치는 밝은 사나이. 하지만 일정한 순간이 되면 살아있는 인간의 육신을 으스러뜨릴 가능성을 물씬 내포한 명령을 아무렇지도 않게 내리는 사나이. 전두환이 갖고 있는 이 모순된 두 얼굴을 어떻게 이해해야 할까?

광주항쟁 직후, 전두환의 자리는 불안정했다. 예상보다 많은 희생자가 나왔고, 광주에서 인 불길이 다른 지역으로 번져나가 자신이 어렵게 차지한 자리에서 끌려 내려올 위험이 커져가고 있었다. 미국이 어떻게 대응할지가 가장 큰 관건이었다. 당장 전투기를 투입해 자신을 제거하지는 않겠지만, 명색이 '민주주의의 나라'인 미국이 국민의 피를 묻힌 쿠데타 출신 군인을 온전히 받아줄지는 미지수였다.

불안하고 초조한 전두환은 강경하게 대응했다. 항쟁 관련자들을 사법 처리하고 언로를 틀어막은 뒤, 광주에서의 일을 '폭도들의 소행'으로 돌렸다. 이처럼 서슬 퍼렇던 전두환의 태도가 슬며시 바뀐 것은 권력 유지 여부를 확신할 수 없었던 불확실한 순간을 넘기고 대통령 자리에 무사히 안착했을 때였다. 광주에서와 같은 일이 다시 일어날 가능성이 커 보이지 않고, 최고 권력자로서 위신이 섰다는 느낌을 받자 광주에 대해 상식선에서 생각하고 인간 선의의 평균치를 발휘하게 된 것이다.

퇴임 후 한동안 전두환은 그런 평균치의 선의를 유지했다. 그의 태도가 광주항쟁 직후처럼 '폭도 운운'하는 수준으로 돌변한 것은 12·12와 5·18이 다시 정국의 핵으로 떠올랐을 때였다. 전두환과 신군부를 단죄해야 한다는 목소리가 높아질수록, 그의 광주 인식도 80년 항쟁 직후의 그것으로 퇴보했다.

전두환의 태도 변화를 이끄는 동인은 단 한 가지였다. '제가 처한 상황'이라는. 그는 뒤돌아보지도, 앞을 내다보지도 않았다. 오직 그 순간, 자신이 당면한 현재에 머물렀다. 시선도 오롯이 제 몸뚱어리와 그 내부에 있을 마음만을 향했다. 그가 보고, 듣고, 생각하는 것은 모두 자신 혹은 자신의 피붙이들(혹은 자신의 보위 세력)뿐이었다. '광주'가 갖는 의미, '광주'에서 희생된 이들의 삶에 어렸던 가치와 아름다움과 가능성, 그 삶이 사라지던 순간 그 삶과 연결되어 있던 수많은 삶에 미쳤을 거대하고 압도적인 파장, 그런 것들은 한순간도 그의 뇌리에 담기지 못했다.

전두환은 철저히 '지금', '여기', '나'에 머물며 소탈하게 웃거나, 호쾌하게 농담하거나, 시원시원하게 살아있는 인간의 육신에 위해를 가하라는 명을 내렸다. 전두환에게 '과거의 자신'은 타인과 다름없었다. 과거의 자신이 광주에 대해 무슨 말을 했든 어떻게 행동했든 전혀 문제가 될 수 없었다. 그저 '현재의 나'가 무사히 살아남아 안녕을 누릴 수 있다면 그는 어떤 말도, 어떤 행동도 할 수 있었다. 그가 처음부터 끝까지 광주를 피상적으로, 철저히 자기 위주의 관점에서 바라보고 대응한 것은 그런 그의 근본적인 기질, 즉 '현재, 여기, 나'만 보고 사고하는 특성, 자신과 관련 없는 타인에게 완벽하게 둔감할 수 있는 그의 탁월한 능력에서 비롯한 것이었다.

이는 근본적으로 인간종 모두에게 내장된 경향이다. 삶과 죽음을 제 의지로 선택할 수 없고 추위와 배고픔 앞에서 덜덜 떨며 무릎 꿇게 되는 동물로서의 인간인 한, 나도, 너도, 그도, 그녀도, 모두 현재와 여기와 나 자신을 우선순위에 둘 수밖에 없게끔 운명 지워져 있다.

하지만 전두환의 경우는 그러한 경향이 강도와 순도와 일관성에서 타의 추종을 불허했다. 자신을 중심에 놓고 살다가도, 가끔 자신보다 더 넓은 무언가를 향해 투신했다가 다시 '나'라는 생명체의 존속에 치중하는 대다수 사람과 달리, 전두환은 자신을 중심으로 한 기조를 일관되게 유지했다. 언제 어디에서나 고려 대상이 단일한 한 사람, 오로지 '나'밖에 없는 전두환에게는 다른 요인에 대한 고민으로 속을 끓일 이유가 없었다. 그렇기에 언제나 용감하게 덤벼들어 사건을 만들고 사람들을 끌어당길 수 있었다.

이런 측면에서 보면, 전두환을 '나이브'하다고 평한 허화평의 안목은 정확했다. 오직 한 가지만을 기준으로 삼으며 살아가는 인간은 타인들의 눈에 순수, 의리, 용맹, 카리스마 같은 가치의 상징으로, 동시에 단순, 무식, 잔인, 독선, 나이브함과 같은 무지성의 아이콘으로 비칠 수 있는 것이다.

제5공화국의 시작

이제 그의 영광이 정점에 오른 시절을 살펴보자. 12·12 쿠데타 이후 1980년 9월 전두환의 대통령 취임까지 9개월 남짓한 기간은 뺑

뚫린 권력의 공백을 채워가는 과정이었다. 그 기간은 전두환이라는 군인이 불쑥 나타나 헌정 질서를 무너뜨리고 경쟁자들을 후려친 뒤 우악스럽게 권좌를 움켜쥐는 유혈 폭력극의 상영 기간이기도 했다. 80년 5월, 광주라는 시뻘건 용광로와 마주쳤을 때, 전두환은 이미 국내에서는 대적할 상대가 없었다. 다만 미국이라는 껄끄러운 상대가 거추장스럽게 발목을 잡고 있을 뿐이었다.

1953년 한국전쟁이 휴전으로 소강상태에 접어든 이후, 미국이 한국 문제에 개입할 때 중요시하는 것은 오직 하나, 한반도 지역의 안정 유지였다. 미국이 가장 두려워하는 시나리오는 남한 영토에서 대형 분투가 일어나고 그 틈을 타 북한이 침투해 오는 것이었다. 베트남전쟁과 한국전쟁을 통해 대규모 인적·물적 타격을 입었던 미국으로서는, 한반도 정세에 변동이 일어 다시 한번 전쟁에 휩쓸리는 것처럼 두려운 악몽이 없었다. 뒤집어 말하면, 남한에서 내전에 가까운 사태가 일어나지만 않는다면, 미국은 현실에서 가장 안정적으로 자리 잡는 세력을 지원할 예정이었다.

전두환은 이러한 미국의 생리를 꿰뚫고 있었다. 박정희 집권 시절 동안 어깨너머로 미국이라는 나라를 학습했고, 12·12를 통해 실전으로 다시 한번 확실하게 터득했던 터였다. 광주라는 절체절명의 사건 앞에서 전두환이 정보 차단에 만전을 기했던 것은 이 때문이었다. 어떻게 해서든 광주에서 벌어지는 일의 실상을 미국이 알지 못하게 해야 했다.

광주에 대한 정보를 완전히 막을 수 없다면, 정보가 알려지는 시기를 늦추거나, 왜곡된 정보가 전달되도록 해야 했다. 미국은 민주주의와 인권을 중시하고(혹은 중시한다고 대외적으로 무척 강조하고),

국회의 비준을 받은 뒤에야 행정부가 움직일 수 있는 삼권분립의 나라였다. 물질적·제도적·인적 측면으로 긴밀하게 얽힌 우방국 대한민국에서 학살이 일어나고 전두환이 그 학살의 주동자로 알려진다면, 미국으로부터 인정과 지원을 받을 가능성에 심각한 타격을 입게 될 것이었다.

신군부가 광주로 통하는 길을 봉쇄하고 광주의 실상을 알리지 못하도록 언론을 틀어막은 것은 그 때문이었다. 광주가 아닌 지역 국민의 눈과 귀를 막는 것은 두 가지 측면에서 중요했다. 1) 참상을 알게 된 타 지역 국민이 분노해 시위에 동조하게 되는 것을 막고, 2) 타 지역 국민의 수군거림을 통해 광주의 실상이 미국 측에 알려지는 것을 막아야 했다. 정보 차단의 성공 여부에, 전두환과 신군부의 생사가 걸려 있었다.

당시 주한미군사령관이자 한미연합사령관이었던 위컴은 회고록에서 광주항쟁의 첫날인 5월 18일과 둘째 날인 19일, 광주에서 어떤 일이 일어나고 있는지를 몰랐다고 기술했다. 계엄령이 남한 전역으로 확대 실시되어 정치인들과 학생들이 체포되는 등, '정치 자유화'가 전면적으로 중단되었다는 사실만 알고 있을 뿐, "광주에서 무슨 문제가 발생했다거나 광주의 불안을 잠재우기 위해 한국 정부가 육군 특전사 부대를 파견했다는 사실에 대해서는 전혀 몰랐다. 육군 특전사는 한미연합사령부의 지휘 아래 있지 않았기 때문에 그들의 움직임을 모를 수밖에 없었다."라는 것이다.[48] 광주 소식이 연합사령부와 미국 대사관으로 들어가기 시작한 것은 광주항쟁이 일어난 지 나흘째 되던 5월 21일, 광주에 거주하는 미국인들이 걸어 온 다급한 전화를 통해서였다.[49]

주한미군사령관 위컴과 미 대사 글라이스틴은 광주의 실상을 알기 위해 한국군 고위 장성들에게 다방면으로 연락을 취했다. 당시 두 미국인에게 정보의 통로가 되어주었던 이들은 국방부 장관 주영복과 합참의장 유병현이었다. 이들은 "광주의 시위대가 경찰의 통제권을 완전히 벗어났으며 시위대가 사람을 트럭에 실어 북쪽으로 올려보내려는 계획을 가지고 있다."[50], "전두환과의 회의 때 광주의 상황을 진압하는 데 군이 성급하고 과격한 본능적인 행동을 자제하고 문제를 원만히 해결할 것을 주장했다."[51] 같은 말을 늘어놓았다. 항쟁의 발단이 공수특전단이 초기에 저질렀던 난폭한 진압 방식 때문이었음을 함구하고, 광주 시민의 봉기가 북한과 연관되어 있는 듯한 뉘앙스를 풍긴 것이다.

5월 26일, 문형태 국방위원장이 위컴을 찾아와 광주 상황의 심각성을 알렸다. 그는 "광주의 과격파 주동자들이 공산주의자들로부터 지령을 받아 움직이는 것이 확실하다."라면서 북한의 전복 음모를 강조했다. 이에 위컴은 이렇게 선언했다. "한국군의 단결과 관련된 나의 관심은 오로지 전쟁 억제 차원에서만 국한될 것이며, 한미연합군 내의 어떤 세력도 더 이상 군 내부 불안을 일으켜서는 안 되고 우리는 자신들을 선전하기 위하여 찾아오는 어떠한 반대 세력에 대해서도 지지를 표명하지 않을 것이다."

정확한 정보의 부재와 전두환이 측근들을 통해 흘리는 왜곡된 정보("광주가 공산주의자와 그의 지지자들에게 완전히 점령당했다"), 미국의 '내정간섭'에 대한 한국군 장성들의 반감과 예민한 민족주의적 감성에 압도된 주한미군사령관이 결국 제 '본분'에 충실한 결정을 내렸던 것이다.[52] 고뇌 끝에 위컴이 이런 발언을 내놓는 사이, 광주의 국영 라디오 방송은 "미국이 대한민국의 특전대를 광주에 파견해도 좋다고 승인했다."라는 왜곡 보도를 내보냈다.[53]

5월 26일, 위컴은 20사단 병력을 광주에 진압군으로 보내는 데 동의한다. 1989년에 공표한 성명서에서 미 당국은 이를 "공수부대보다 일반병력을 보내는 편이 인명의 희생을 최소화할 것이라 생각했기" 때문이었다고 설명했다.[54]

1980년 5월 27일 새벽, 47개 대대 병력 20,317명이 광주로 들어갔다. 이 중 실제 전투에 참여할 숫자는 6,168명이었고 특수작전을 펼칠 병력은 317명이었다. 시민들의 반발을 피하고자 했던 공수부대원들은 20사단 병력으로 위장한 채 작전에 참여했다. 이렇게 해서 9일간 타올랐던 광주 시민들의 저항의 횃불은 꺼졌다. 광주 시민은 5·17 계엄령 확대 국면에서 전두환에게 정면으로 맞선 유일한 집단이었다. 5월 27일, 막강한 화력을 앞세운 병력 앞에 5·18민주화운동은 막을 내렸다.

1980년 5월 31일, 사회적 혼란을 수습한다는 명목으로 전국비상계엄하에서 국가보위비상대책위원회가 설립됐다. 대통령 최규하가 의장을 맡고 전두환이 상임위원장을 맡은 이 기구를 통해 신군부는 실질적인 내각으로 기능하며 정국의 주도권을 장악하게 되었다. 8월 16일, 최규하가 대통령직에서 사퇴했다. 11일 뒤인 8월 27일, 장충체육관에서 열린 통일주체국민회의에서 전두환이 대통령 선거 단일 후보로 나서 제11대 대통령으로 선출되었다.

8장

전두환의 특별한 가벼움

1996년 3월, 5·18 학살 혐의로 기소되어 법정에 섰을 때,* 전두환은 발포 명령을 내리지 않았으니 자신은 광주와 관련이 없다는 논리를 폈다. 5·18 당시 계엄사령관이었던 이희성은 1996년 재판에서 "나는 아무 책임이 없고 모든 것은 전두환이 주도했다."라고 주장했다가, 2017년 4월 30일, 〈그것이 알고 싶다〉 인터뷰에서는 지휘 체계상 전두환에게 지휘권이 없어서 발포 명령을 내릴 수 없었다면서 1996년 재판에서의 주장을 뒤집었다.

80년 5월 발포 명령을 한 것은 누구인가. 시간이 흐르면서 발포

* 1995년 12월 19일, 여야 합의에 따라 12·12군사반란 및 5·18광주민주화운동 관련 특별법이 제정되었다. '5·18민주화운동 등에 관한 특별법'이라고 불리는 법이다. 이에 따라 이듬해인 1996년 3월, 12·12와 5·18 관련자들이 기소되면서 '역사 바로 세우기', '세기의 재판'이라고 불리는 재판이 시작되었다.

명령이 전두환에게서 나왔다는 증언[55]이 나오기도 했지만, 역사의 법정에서 중요한 것은 발포 명령을 누가 내렸는가가 아니다. 발포 명령이 누구 입에서 나왔는가, 혹은 서류의 결재가 누구 손에서 나왔는가는 현실 법정에서 중요한 지엽적인 문제일 따름이다.

80년 광주의 핵심은 '공수부대 투입'에 있었다. 즉, 시민들이 모여 의사를 표현하는 것을 막는 데 국내 최강의 전투력으로 무장한 '공수특전단'을 보냈다는 데 있었다. 헌법에 보장된 국민의 권리인 결사의 자유와 표현의 자유를 막기 위해 공수부대를 보냈던 전례는 80년 5월 이전에도 있었다. 1979년 10월 부마항쟁[56] 때 공수부대가 투입되었고, 1980년 4월 사북항쟁[57] 때도 공수부대가 투입되었다. 당시 공수부대가 투입되어 마구잡이로 폭력을 휘두르면 그 기세에 놀란 시위대가 뿔뿔이 흩어졌고, 이는 시위가 더 이상 확산되지 못하는 효과로 이어졌다.[58]

광주에 공수부대를 배치하면서 전두환이 기대했던 시나리오는 그런 종류였을 것이다. 그는 서울과 광주에 예비로 공수특전단을 배치했다. 서울은 원래 학생과 재야 세력의 세가 강했기 때문에, 그리고 광주는 향후 잡아넣을 예정인 거물 정치인 김대중에 대한 지지세가 높은 지역이었기에 그에 대한 반발을 예상하고 가장 강력한 부대를 보낸 것이다. 이때 그는 자신이 파견한 최정예 부대가 전투력을 발휘해 시민들을 살상하게 될 거라고 예상했을까? 아니면 부마항쟁 때처럼 그저 겁을 주면 시위를 무산시킬 수 있을 거라고 믿었을까?

그때까지 살아온 50년의 행적에 비추어 보면, 당시 전두환은 향후 펼쳐질 상황을 단순하게, 낙천적으로 전망했을 것으로 추정된다. 공격적인 기세를 뿜어내는 공수부대가 대검으로 머리를 내리치는 위압적인 장면을 몇 번 보여주면, 시민들이 겁을 먹고 뿔뿔이 흩어질 것으로 기대했으리라는 것이다.

무신경한 낙천성의 치명적인 결과

80년 5월 이후 전개된 5·18에 대한 연구와 회고는 전두환과 신군부가 광주 시민들을 학살할 계획으로 일부러 시민들을 도발했다는 주장부터[59] 북한군 300여 명이 내려와 광주에서 폭동을 주도했다는 주장까지 다양한 스펙트럼을 보여준다.

하지만 국민을 대량으로 학살했을 시 정치적으로 이익 볼 것이 없다는 점을 염두에 두고 보면, 전두환이 고의로 학살을 유발했다는 쪽에 무게를 두기는 어렵다. 또한 북한군이 내려왔다고 볼 만한 물증 또한 없다. 앞뒤 정황을 보았을 때 가장 가능성이 큰 것은 전국적으로 일어나는 시위 인파에 신군부가 공수부대를 보내 겁을 주겠다는 계획을 세웠으리라는 추론이다.

공수부대를 보내 과하게 폭력을 휘두르는 것은 이전에 있었던 역사적 사건들의 연장선상에서 보면 이해하기가 쉽다. 1960년 4·19 혁명 당시, 4월 23일의 경무대 발포로 시민 21명이 사망했다. 혁명 이후 시위대에 대한 발포 명령을 내린 책임으로 최인규, 곽영주가 사형을 당했다. 그 뒤로, 시위 진압 시 '발포'는 금기사항이 되었다. 미국과 달리 한국은 총기가 엄격히 규제되는 나라였고, 시민에게 발포하는 것은 충격적이고 극악한 일로 간주되었다.

시위를 진압하되 총을 쏘면 안 된다는 강박관념은 역설적으로

'총 쏘는 것만 빼면 무엇이든 해도 된다'는 왜곡된 생각으로 이어졌다. 이는 군홧발이나 진압봉 혹은 개머리판으로 사람을 마구잡이로 구타하는 폭력극이 아무렇지도 않게 벌어지는 결과를 낳았다. 부마항쟁은 이러한 공식이 지켜진 모범적인 전례였다. 1) 발포하지 않는 한도 내에서, 2) 극심한 폭력으로 시민을 겁주어 흩어지게 만든다는 목적을 달성했다. 다수의 연행자와 부상자, 재판 회부자가 나오기는 했으나 희생자는 (공식적으로는) 나오지 않았던 것이다.

그러나 1980년 5월 광주에 출동했던 공수부대는 과한 훈련을 받으면서 스트레스로 적대감이 머리끝까지 차오른 상태였다.[60] 그들이 쉽게 폭력을 휘두르리란 걸 누구든 예상할 수 있었다. 전두환은 그것을 인지한 상태에서 공수부대를 파견했을 것이다.[61] '적대감에 불타는 전투부대를 보내 겁을 주자. 그러면 무서워서 다들 흩어지겠지?' 이런 생각이었을 것이다.[62]

진압 과정에서 희생자가 나올 가능성에 대해서는 어땠을까? 비중을 크게 두지는 않았겠지만, 그 부분도 생각했을 것이다. '만약'의 경우를 생각하고 그에 대비하는 것은 인생의 절반인 25년의 세월을 군 지휘관으로 살아온 전두환이 밥 먹듯 해온 일이었다.

요는 그가 국내 최강의 정예부대를 파견하면서, 마음 한편에서 국민의 일부가 희생될 수 있다는 가능성을 염두에 두었으리라는 것이다. '희생자가 나오지 않는 편이 좋겠지만, 약간의 희생자가 나온다 해도 어쩔 수 없다'라고 생각했으리라는 것이다. 그리고 그것이, 80년 5월에 전두환이 저지른 가장 치명적인 잘못이었다. '혹시 나온다 해도 어쩔 수 없다'고 생각했다는 것. 같은 영토에 사는 같은 국가의 국민을, 누군가의 아들이고 딸이고 아버지이고 어머니일 존엄한 인간을, 만일의 경우엔 '살상해도 괜찮다' 생각했다는 것.

실제 광주에서 일어난 결과는, '어쩔 수 없는 약간의 희생'의 규모를 훌쩍 뛰어넘었다. 전두환은 당황했을 것이다. 한 국가의 정규군이 국민을 살상했다는 것은 어떠한 명분으로도 덮을 수 없는 대형 악재였다. 전두환은 알았을까. 자신의 무신경과 특유의 낙천성이 한국 현대사에서 가장 중요하고 의미심장한 사건을 추동했다는 것을. 광주에 도착한 공수부대가 평화롭게 일상을 살아가는 시민들에게 다가가 대검으로 머리를 내리치고 군홧발로 등을 걷어찬 순간, 20세기 이래 한반도 영토 위에서 일어났던 수많은 사건과 기억이 일제히 되살아나 움직이기 시작했다.

광주 이후의 행보

어제까지 살아온 일상과 순식간에 단절되고 듣도 보도 못한 사고와 습속을 받아들이는 일을 아무렇지도 않게 해치우며 살아왔던 한반도 남쪽 사람들의 배고픔, 설움, 울분, 폭력성, 그리움, 충동, 애환이 80년 광주라는 하나의 시공간에 응집되어 거세게 분출했다. 계엄군 복장을 한 이들에게는 베트남전, 4·19혁명, 부마항쟁, 거친 일을 하면서도 사회적으로 인정받지 못했던 경험[63]이라는 인자가, 광주 시민 복장을 했던 이들에게는 압제, 지역 차별, 억울함, 복수심, 정의감, 피 흘리며 죽어가는 타인에 대한 절대적 공명이라는 인자가 번뜩이며 솟아올랐다.

사람을 순식간에 동물로 만들어 버리는 폭력과 그로 인해 분출하는 뜨겁고 붉은 피를 눈으로 보고, 냄새 맡고, 손으로 만져본 사람들은 더 이상 어제의 자신일 수 없었다. 그것은 문명 세계에서 이탈해 완전히 다른 세상으로 넘어가는 순간이었고, 그 순간 사람들은 제 피부밑으로 흐르던 인생의 모든 역사를 불러내며 과감하게 경계를 넘어갔다. '역사'라는 생물도 재빨리 모습을 드러내, 폭력과 권위라는 전근대의 기운과 민주주의와 평등이라는 근대의 기운이 부딪히는 광경을 연출했다.

입으로 '민주발전', '정의'를 지껄이며 실제로는 상상 가능한 범주를 넘어서는 폭력을 휘두르는 '장군'과, '민주주의'라는 말을 한 번도 입에 올려본 적이 없지만 제 가족을 사랑하고 배고픈 이웃을 돌볼 줄 아는 소박한 시민들이 대면해 사투를 벌였다. 수십 년 세월 동안 쌓여온 온갖 종류의 희로애락과 절대적인 소통 불가능성이 뒤섞여 악마들만이 태연하게 들여다볼 수 있을 폭력을 만들어냈다.

1945년 해방 이후 38선 이남 영토에 일었던 모든 폭력이 집대성되고, 폭발하고, 결국 단죄받아 쇠락의 길을 걷게 되는 그런 역사적 현장 앞에서, 그 현장을 만드는 데 가장 큰 공을 세웠던 이, 보안사령관 겸 중앙정보부장 서리였던 전두환은 무얼 하고 있었던가? 80년 5월, 광주에서 점화된 불꽃을 인식한 모든 이들이 어쩔 줄 모르고 발을 동동거리던 때, 무대에서 원 탑 안티 히어로 역할을 맡았던 장군 전두환은 가장 태연하고 가장 한결같은 모습으로 주어진 역할을 해냈다.

5·18 전야인 5월 17일에는 김대중을 연행해 중앙정보부 취조실에서 조사하고, 광주항쟁이 한창이던 5월 21일에는 광주에 내려가 헬기로 돌며 상황을 위에서 내려다보았으며,[64] 시민수습위원회와 정부 간 협상이 진행되던 5월 22일에는 김대중을 광주폭동 주모자

로 단언하는 계엄 당국 명의의 성명서를 발표해 협상이 수포로 돌아가게 만들었다.[65] 같은 날, 광주 시민수습위원회와 정부 간의 대화를 촉구하는 미국 측 성명서를 은폐한 뒤 주한미군사령관이 광주 투입을 위한 병력 사용을 승인하고 권장했다고 방송했고,[66] 5·18이 끝난 뒤에는 경찰을 앞세워 유족회 등 5·18 단체의 분열을 획책했다.

나아가 그는 망월동에 묻힌 희생자 시신을 다시 파내서 개별적으로 이장시키라는 지시를 내려 유족과 경찰 사이의 갈등을 조장했고,[67] 총을 들고 앞장서서 시민을 진압하라는 계엄사령관의 명령을 거부한 안병하 전라남도 경찰국장을 연행해 고문했다.[68] 이 밖에 5·18 당시 과잉 진압을 막기 위해 노력했던 다수의 군·경 인사들에게 책임을 뒤집어씌우고 연행, 고문, 강제 사직 강요를 자행했다. 그는 반백 년 동안 해온 습속대로 현실을 부인하고, 힘으로 제압하고, 아무 일도 없었던 양 다시 앞으로 나아갔던 것이다.

광주에서의 항쟁이 마무리된 뒤에도 전두환의 행보는 한결같았다. 1980년 8월, 그는 국가보위비상대책위원회를 통해 삼청교육대를 설립해 초법적으로 시민을 구금하고 인권을 유린했다. 1985년 7월에는 운동권 학생들을 영장 없이 체포할 수 있는 학원안정법*을

* 1985년 7월 25일, 경향신문에 민주정의당이 학원안정법을 준비하고 있다는 사실이 보도되었다. 이 법은 운동권 학생들을 영장 없이 바로 체포·구금하고 '선도'할 수 있는 것을 핵심으로 하는 특별법으로서 삼청교육대의 연장선상에서 나온 발상이었다. 소식이 알려지자 학생들과 재야 세력이 격렬하게 반대운동을 벌였다. 전두환은 이민우 신한민주당 총재와 학원안정법을 논의하는 영수회담을 열었지만 의견 조율에 실패했다. 막강한 국민의 반대에 부딪힌 전두환은 8월 17일에 열린 긴급 당정회의에서 학원안정법의 '일단 보류'를 결정함으로써 사실상 법 제정 방침을 철회했다.

제정하려다가 강한 반발에 부딪혀 포기했다. 1986년 10월에 건국대학교에서 항쟁이 일어났을 때는 헬리콥터와 최루탄, 물(소방수)을 동원해 1,525명의 학생을 연행했고, 그중 1,288명을 구속했다.[69] 삼청교육대 설립과 학원안정법 제정 기도, 건대 항쟁 참가자들에 대한 대규모 연행 및 구속은, 법이라는 준거점 없이 임의로 국민을 잡아 가두고 인신을 멋대로 요리하려 했다는 점에서 광주항쟁 당시 전두환이 했던 대응과 유사선상에 놓일 만한 사건들이다.

전두환을 파악하는 가장 중요한 개념, 가벼움

"집권 중 자주 광주를 찾아가고 광주 시민들을 아낀다고 말했"던 윤여준의 증언 속 전두환과 삼청교육대를 운영하고 학원안정법 파동을 일으키며 건대 항쟁에 참가한 학생들을 잡아 가두는 전두환은 같은 인물일까. 광주 시민들을 '안쓰러워하고 아꼈던' 사람이, 어떻게 광주와 유사한 패턴의 사건을 반복해 시도할 수 있었을까? 윤여준의 기억이 잘못된 것일까? 아니면 삼청교육대, 학원안정법, 건대 항쟁 진압 사례가 과장되어 전해오는 것일까?

국가기록원에 따르면 전두환은 1980년 11대 대통령 취임 이후 모두 18차례 광주를 찾은 것으로 나타난다. 전두환은 임기 동안 매년 1~4차례 광주를 찾았다. 삼청교육대와 학원안정법 제정 기도, 건대 항쟁 과잉 진압은 당시 상황을 보여주는 증언과 문서가 수없이 남아 있다. 이런 정황을 고려하면, 양쪽 모두 사실이었던 것으로 보인다. 전두환은 재임 당시 광주에 나름대로 (비본질적이고 즉흥적인 방식이었지만) 신경을 썼고, 동시에 삼청교육대와 같은 무도한 일 또한 끊임없이 시도했던 것이다.

공존하기 어려운 상반된 특성을 동시에 내보이는 이런 인간상을 어떻게 받아들여야 할까. 이런 유형을 이해하기 위해서 필요한 키워드는 '가벼움'이다. 그의 90년 인생을 뒤쫓다 보면, 전두환의 내면에 어떤 막이 존재했으리라는 상상을 하게 된다. 내면의 일정 깊이 이하로 내려갈 수 없도록 만드는 단단한 막이 존재해, 그 내면의 소유자가 언제나 의식의 표면과 그 언저리에서만 맴돌게 했으리라는 상상을. 이 막의 기능으로, 특정 사건과 마주쳤을 때 전두환은 그 사건을 깊이 파고들지 않을 수 있었다. 핵심을 파고들어가 진상과 대면하며 괴로워하는 대신, 현상에 표면에 머물다가 내상을 입기 전에 철수할 수 있었다.

이러한 내면의 메커니즘 덕에, 전두환은 5,000여 명의 사상자를 낸 대형 참극을 겪은 이후 그 참극이 발생한 장소를 방문해 "내가 광주 시민을 특별히 아낀다."라고 발언하고, 돌아서서 삼청교육대를 운영하고, 학원안정법 제정을 기도하고, 천여 명의 대학생을 체포해 가둘 수 있었다. 정신세계의 깊숙한 곳으로 내려가지 못하도록 차단하는 막의 존재 덕에 그는 평생 심각함, 고뇌, 죄책감의 수렁에 빠지지 않았다. 현상의 표면에 머무르며 극미량의 감정을 느끼다가 즉시 빠져나가는 능력, 즉 '가벼움'을 장착한 채 이승에서의 여행을 마쳤다.

보통 사람이라면 마음 깊은 곳에서 끌어당기는 묵직한 덩어리 때문에 차마 하지 못할 일을 부담 없이 저지르고, 과거에 연연하지 않고 현재의 모든 것을 긍정하며 화통하게 웃을 수 있었던 그의 특별한 기질은, 그의 인생에 양날의 칼로 작동했다. 앞으로도 살펴보겠지만, 그는 상대가 '내 호의를 반기지 않으면 어쩌나' 걱정하지 않고 누구에게든 적극적으로 다가갈 수 있었고, 화끈한 인간관계를 맺을 수 있었으며, 그 덕에 소속된 조직에서 승승장구할 수 있었다. 대통령 재임 기간 중 '잘한 일'로 여겨지는 일들, 즉 관료들 모두가 반대하던 올림픽 유치를 밀어붙여 성공시키고, 두 자릿수를 넘나들던 물가상승률을 한 자릿수로 안정시키고, 반도체와 정보통신 사업의 기반을 착실히 다져놓을 수 있던 것도 그가 앞뒤를 살피며 깊게 숙고하는 스타일이었다면 이룰 수 없는 일이었다.

그러니 이렇게 말해두기로 하자. 초고속 승진을 거듭했던 그의 인생 전반기의 세속적 영광, 정통성이 없는데도 불구하고 끝까지 버텨냈던 대통령 재임 기간의 모순적인 상황, 사과하지 않은 채 끝없이 국민에게 지탄받았던 33년간의 길고 기나긴 몰락은 모두 그의 일정한 기질에서 연유했다고. 전두환의 생애를 관통하는 가장 중요한 본질은 그 특별한 가벼움이라고.

BRIDGE 1

12·12의 밤, 전두환이 넘어야 했던 3인

1979년 12월 12일 반란의 무대에는 중요한 배역을 맡은 이들이 있었다. 역심을 품은 주인공에게 커다란 장애물로 작용했을 인물들. 그들은 대통령 최규하, 육군참모총장 정승화, 한미연합사령관 존 위컴이다.

거사를 성공시키기 위해, 전두환은 이들의 마음을 돌려놓아야 했다. 이들 중 한국 국적인 한 명은 채 24시간을 버티지 못하고 마음을 돌렸고, 한 명은 끌려가 감금되었으며, 나머지 한 명인 외국 국적 장성은 끝끝내 버티다가 몇 개월 뒤에야 태도를 바꾸었다. 이들이 어떻게 마음을 돌리게 됐는지를 따져보는 것은, 전두환이 어떻게 군의 폭넓은 지지를 업지 않고서도[1] 쿠데타에 성공했는지를 파헤치는 과정에 다름 아니다.

본심을 드러내지 않는 천생 공무원, 최규하

우선적으로 살필 인물은 당시 헌법상 대한민국의 최고 결정권자였던 대통령 최규하이다. 1919년생인 최규하는 직업 공무원 출신으로, 박정희 정권 말기인 1975년에 국무총리 자리에 올랐다. 주장이나 의지를 드러내지 않고 조용히 맡은 일을 해내는 '천생 공무원' 스타일인 이 인물은 10·26 사태를 맞아 대통령 권한대행과 10대 대통령을 맡으며 12·12 무대에 중요 등장인물로 떠올랐다.

대통령으로 선출되기 전, 최규하는 대통령 자리를 극구 사양하며 피했다. 하지만 국무위원들이 비상시국 대책회의를 열어 헌법을 개정하고 과도정부의 '대통령'을 세우자는 데 합의함에 따라, 최규하는 1979년 12월 6일, 통일주체국민회의를 통해 10대 대통령으로 선출된다. 이 과정에서 최규하는 대통령 자리를 여러 번 사양했는데, 강력하게 밀어붙이는 경제부총리 신현확에 의해 결국 대통령에 취임하게 된다. 10·26 발발 이후부터 이듬해 8월까지, 최규하가 보여준 일관된 특성인 1) 우유부단함과 2) 상황 판단 능력 부족, 3) 결단력 부족이 대통령 취임 과정에서부터 고스란히 모습을 드러냈던 셈이다.[2]

최규하는 좀처럼 본심을 드러내지 않는 안개 같은 인물이었다. 어떠한 상황에서도 의사를 드러내지 않았지만, 권력의 향배에 따라 간접적이고 은근한 방식으로 권력의 추이를 따라갔다.[3] 10·26이 일어나던 밤에 계엄령 선포 대상을 제주도를 제외한 지역으로 한정한 것도, 12·12의 밤에 국방부 장관이 올 때까지 기다려야 한다면서 정승화 체포안 결재를 미룬 것도, 최규하보다는 경제부총리 신현확의 의지가 많이 실린 일이었다.

최규하는 삼청동 총리 공관으로 들이닥친 군인들 앞에서 침묵을 지키다가 신현확이 조성하는 강경 분위기에 두어 번 동조의 말을 얹었을 뿐이다. 그렇게 대통령과 경제부총리가 애써 미룬 육군참모총장 체포 결재 건은, 국방부 장관인 노재현에 의해 순식간에 통과되었다. 노재현이 도피해 숨어 있던 미군 벙커에서 총리 공관으로 이동해 오던 도중, 보안사 요원들에게 강제로 하차당해 수사 착수 건의서에 결재를 해버렸던 것이다.[4]

이후 전두환이 권력을 장악해 가는 과정에서도 최규하는 모호한 태도로 일관했다. 1980년 2월, 국무총리를 맡은 신현확이 중앙정보부 자리가 공석이라는 점을 지적하고 하루빨리 그 자리를 민간인으로 채워 전두환 세력을 견제해야 한다고 건의했을 때도 최규하는 별다른 반응을 보이지 않았다. 그렇게 시간을 흘려보내다가 같은 해 4월, 전두환에게 중앙정보부장 자리를 넘겨주었다. 비상계엄을 확대하고 국가보위비상대책위원회를 설치하겠다는 군부의 협박에 가까운 제안에 신현확이 내각 총사퇴로 대응했을 때도 최규하는 그대로 대통령 자리에 남았다. 그는 대통령 자리에서 물러나기 직전까지도 군이 자신을 지지하는 것으로 잘못 알고 있다가, 신군부 핵심 인사인 노태우가 두 번에 걸쳐 사임을 권유한 다음에야 자리에서 물러났다.[5]

이런 행적을 종합해 볼 때, 12·12라는 단막극에서 최규하가 맡았던 역할은 권력의 향방에 따라 흔들리며 은근하게 개인의 영달을 추구하는, 하지만 상황 판단 능력 부재와 적극적으로 나서는 용기의 결여로 속세에서의 영광을 양껏 누리지 못한 채 퇴장하게 되는 허수아비 역할이었다고 볼 수 있다. 그는 특유의 우유부단함과 의뭉스러움으로 12·12의 주인공 전두환에게 결정적인 도움을 주도록 내정된 캐릭터였던 것이다.

고지식한 모범 군인, 정승화

중요한 배역을 맡은 또 한 명의 인물은 당시 육군참모총장이었던 정승화이다. 1929년생인 정승화는 육군사관학교 5기 출신이다. 6·25 기간 중 15번 전선에서 전투를 지휘했고, 이후 국방부 인사국장, 육군사관학교 교장을 지내며 군 인사와 군사 전문교육 체계 설립에 관여했다. 군 장교 출신 인사가 정부의 행정 사무관으로 들어갈 수 있는 방안을 입안하거나, 6·25 이후 있었던 시대적 변화를 반영해 군사력을 재편하는 중장기 시스템 고안 계획을 내는 등 대통령 박정희의 신임을 받으며 군 체제 개혁의 브레인으로 활약했다.

이런 경력에 힘입어 육군참모총장에까지 오른 정승화는 1군 사령관 비서 시절 사방에서 들어오는 인사 청탁을 단호하게 차단하고, 방첩부대장 시절에는 자신을 알아보고 신호를 바꾸어 사거리를 통과시켜 주는 경찰에게 따로 연락을 취해 특권적인 조치를 중단시킨 일화를 남겼다.[6] 한미연합사령관이었던 위컴에 의하면 정승화는 "이지적이고 행동이 신중하기로 이름나 있었다. 군인으로서의 사명에 충실했고, 육군의 복지·훈련·군 장비에 깊은 관심이 있었다. 한 마디로 강직한 인물이라는 점에서 그의 전임자들과는 큰 대조를 보이는" 인물이었다.[7] 좋게 보면 군인으로서의 본분에 충실하고 공직자로서의 기본을 지켰다고, 나쁘게 보면 고지식하고 융통성이 없었다고 볼 수 있을 정승화는 '정치군인' 전두환을 탐탁지 않아 했다.

10·26 이후부터 12·12로 체포당해 끌려가기 전까지의 기간, 정치군인을 축출하라는 군 내부의 강력한 여론이 있었음에도[8] 발 빠르게 조치를 취하지 않았던 것은, 개인적으로 좋아하지 않는 부하 직원에 대한 것일지라도 기준에 맞추어 공정하게 일을 처리하려는 정승화 특유의 소신 때문이었던 것으로 보인다. 고지식한 모범 군인 스타일의 정승화가 제 내면의 정당성과 규범을 중시한 나머지 전두환이라는 암초를 제

거할 절호의 기회를 놓쳤던 셈이다.

12·12의 밤, 정승화가 전두환의 전광석화 같은 조치에 당했던 것은 자신과 너무나 다른 인간상에 대한 이해 부족 때문일지도 모른다. 훗날 정승화는 12·12의 순간을 회고하며 이렇게 말했다. "수단과 방법을 가리지 않는 무뢰한에게는 당해낼 수가 없다. 상상도 할 수 없는 짓을 벌이는 걸 도대체 어떻게 예상이나 하겠는가. 허삼수와 우경윤이 나를 데리러 온 게 쿠데타의 수순인 줄 알았다면 순순히 따라가지는 않았을 것이다. 공관에는 외부로 통하는 숨겨진 통로가 있어 공관 밖에서 놈들의 병력이 아무리 지키고 있다 하더라도 얼마든 따돌릴 수가 있었으니까."[9] 18년간 대한민국을 호령하던 독재자가 사라진 커다란 암흑 공간에서, 합의된 규범과 상식선에서 행동했던 정승화는 야욕에 가득 찬 정치군인 전두환의 우악스러운 손길에 휩쓸려 교도소의 수감자로 전락했다.

전두환에게 패퇴한 '식민지 총독', 존 위컴

마지막으로 살필 인물은 주한미군사령관 존 위컴이다. 1928년에 태어난 위컴은 미국 육군사관학교를 졸업하고 한국전쟁과 베트남전쟁에 모두 참전해 싸웠다. 베트남전에서 심각한 부상을 입기도 했던 그는 육군사관학교에서 사회과학 교관을 맡고, 하버드대학에서 경제학 석사 학위를 받은 정통 엘리트 군인이다.

우방국인 한국에 부임한 지 4개월 만에 10·26과 12·12라는 한국사의 가장 극적인 사건들과 맞닥뜨린 이 외국 국적의 인물*은 전두환이

* 주한미군사령관 존 위컴은 1979년 7월 10일부터 1982년 6월까지 2대 한미연합사령부 사령관을 겸직했다.

상대한 인물 중 가장 센 적수였다. 위컴은 대한민국의 최우방이자 세계적 패권국인 미국이 파견한 장성이었다. 처음부터 끝까지 전두환이 한순간도 긴장감을 놓을 수 없는 막강한 배경을 가졌던 이 인물은 자존심이 세고 다분히 감정적인 기질이 있었다. 12·12 당일 밤엔 그다지 크게 존재감을 드러내지 않았던 이 인물은, 반란의 밤이 지나가고 밝아온 이튿날부터 주한 미 대사인 글라이스틴과 협력하며 또렷이 두각을 드러냈다.

원론적으로 쿠데타에 찬성하지 않으면서도 한국의 군권을 장악한 새로운 인물과 우호적 교류를 이어가려 했던 미 대사 글라이스틴과 달리, 한미연합사령관 위컴은 전두환의 존재를 철저히 무시했다. 전두환을 만나주지 않았고, 전달 사항이 있으면 반드시 국방부 장관 주영복이나 대통령 최규하를 통했다. 신군부에게 끌려 내려진 뒤 수감 생활을 하고 있던 정승화에게 생일 케이크를 보낸 뒤 항의하는 신군부 인사들에게 "개인적인 친분으로 보냈을 뿐"이라고 태연하게 말하기도 했다. 위컴 못지않게 자존심 강하고 감정적이었던 전두환으로서는 미치고 펄쩍 뛸 노릇이었을 것이다.

쿠데타 발발 직후 한동안, 전두환은 위컴으로 대표되는 미국 측의 이러한 분위기에 겁을 먹었다. 한 예비역 장성의 말에 따르면, 전두환은 위컴이 한 인사를 통해 12·12 거사를 인정하지 않는다는 것을 분명히 전해오자 크게 상심했다고 한다. 배우자인 이순자가 자신을 찾아온 예비역 장성의 부인에게 "미국이 인정을 안 해줘 남편의 일이 실패해서 졸도했다"고 말했다는 일화를 통해 당시 신군부 세력이 얼마나 겁에 질려 있었는지를 짐작해볼 수 있다.[10] 그러나 시간이 지나면서 전두환은 미국의 반응이 제한적이며 실질적인 조치를 취할 생각이 없다는 사실을 알아차렸고, 재빨리 반격에 나섰다.

이후 펼쳐진 위컴과의 대결과 결말을 보면, 전두환의 권력에 대한 동물 같은 촉에 혀를 내두르게 된다. 권력 앞에 섰을 때 한 인간이 보여줄 수 있는 빠른 두뇌 회전과 행동력의 극한을 탐구하는 데 위컴에 대한 전두환의 대응보다 더 좋은 예시를 찾기는 힘들 것이다.

자신감을 되찾은 전두환이 괘씸한 외국 군인에게 무엇을 했던가. 미국 본국으로 손을 뻗었다. 위컴의 상관 혹은 위컴의 상관에게 영향을 끼칠 수 있는 인물들에게 서한을 띄우고 사람을 보냈다.[11] 자신에게는 정치적인 의도가 '조금도' 없고 그저 위태로운 국가의 안보를 안정시키기 위해 애쓰고 있을 뿐이라고 강변했다. 미 고위 장성들에게 한국을 방문해줄 것을 청하고, 그에 대한 장성들의 응답을 왜곡해 '위컴 교체설'을 퍼뜨렸다. 그 과정에서 마치 미국이 전두환을 한국의 지도자로 용인하고 있는 듯한 인상을 만들어냈다. 전두환의 이러한 책동은 미 장성들의 사이를 이간하고, 위컴의 지위를 흔들어놓는 결과로 이어졌다.[12]

1979년 12월 12일 쿠데타 발발 이후부터 전두환이 대통령으로 취임하는 1980년 9월까지, 한국 상황에 대한 미국의 기본 방침은 한국 헌법상의 최고 지도자들을(최규하와 신현확) 최대한 지원하되, 결정적 움직임은 한국 국민들 스스로에게서 나오도록 해야 한다는 것이었다. 즉 정치발전을 이루도록 간접적인 지원은 하지만 한국 정치에 직접적으로 관여하지는 않는다는 방침이었다.

전두환의 지지자들 사이에 '식민지 총독'이라 불렸던 위컴은 전두환과의 대결 초반에 막강한 강자로 군림하는 듯 보였다. 그는 자신이 강자로서 전두환을 제압할 수 있을 거라 믿었지만, 전두환의 간교한 계략에 번번이 패퇴하면서 차츰 강자의 자리에서 밀려나기 시작했다. 쿠데타로 권력 탈취를 꿈꾸는 한국군 장군과 한국에 파견 나와 있던 주한미군사령관 사이의 승부는 1980년 8월 10일, 한국 내 영자신문인《코리아 헤럴드》에 미국이 전두환을 지지할 것이라고 위컴이 단언했다는 왜곡 기사가 나가고,[13] 그로 인해 위컴이 본국과의 관계에서 결정타를 입고 비틀거림으로써 막을 내렸다.

이 사건으로 위컴은 "30년 동안 입었던 군복을 벗게 될지 도무지 알 수가 없어서" 전전긍긍했고,[14] 사건이 마무리된 뒤 한미연합사령관직을 유지하는 데 성공한 위컴은 이후 전두환의 정권 탈취를 막으려는 어떠한 시도도 하지 않은 채 한국에 머물다가 1982년 6월 4일 조용히 본국으로 돌아갔다.

2부

모순

(1981-1987)

1장

1980년대는 어떤 시절이었는가

1980년대는 안개에 휩싸인 채 시작되었다. 권력 핵심부의 갑작스러운 공백으로, 미래를 예측하거나 결단하는 일이 불가능해졌다. 무엇이든 가능해 보였지만, 무엇도 할 수 없을 것처럼 보였다. 안개 뒤에서 바쁘게 움직이던 다양한 세력의 움직임은 한반도의 서남쪽에 위치한 도시, 광주에서 또렷하게 모습을 드러냈다.

한국 현대사에서 가장 충격적인 장면 중 하나가 광주에서 연출된 뒤 전장의 승리는 물리적 힘을 쥔 쪽에게 돌아갔다. 서남부를 제외한 휴전선 이남 구역 곳곳에 아직도 안개가 걷히지 않은 상황에서, 광주에서의 승리자는 본격적으로 움직이기 시작했다. 국보위를 설치하고 삼청교육대로 공포 분위기를 조성한 뒤, 허울뿐인 리더 자리를 지키던 전임 대통령을 몰아냈다. 그가 권력 꼭대기의 자리에 앉는 순간, 비로소 한반도 남쪽 영토에 서렸던 안개가 걷히고 새로운 국면이 시작되었다.

안개 뒤에 도사린 실체를 파악하고 있던 국민에게는 어느 정도 예상된 일이었다. 안개 뒤를 전혀 보지 못했던 국민에게는, 놀랍고 고통스러운 일이었다. 새롭게 권좌에 오른 대통령 전두환은 저를 권좌에 앉혀준 동력인 물리적 힘을 손에 움켜쥔 채 우악스럽게 앞으로 나아갔다. 국가를 국가처럼 보이게 하는 군대, 경찰, 행정부 등을 장악한 뒤 외국 정상과의 왕래를 밀어붙였고, 5공화국은 외관상 '국가' 처럼 보이는 상태에 이르렀다.

"그래도 전두환 때가 살기는 좋았지."

그러나 5공화국은 근대국가가 갖추어야 할 필수 조건인 '국민의 동의'를 결여하고 있었다. 전두환과 신군부는 이를 보완하기 위해 안간힘을 썼다. 통금을 해제하고, 컬러 TV를 보급했으며, 프로야구를 창단했다. 해외여행 자유화도 실시했다. '자유'롭게 보일 만한 조치들을 선심 쓰듯 뭉텅이로 나누어 주었다. 그것은 국민의 동의를 얻지 않고 권좌에 오른 리더가 허용할 수 있는 자유의 최대치였다.

5공화국을 살았던 국민이 만끽했던 것은 어떠한 자유였는가? 배고픔에 포박된 상태로부터의 자유였다. 두둑해진 지갑을 들고 밤새 돌아다니며 유흥을 즐길 자유였다. 색채로 가득 찬 자극적인 스크린과 브라운관 화면을 보고, 외국에 나가 새로운 문물을 접하며 낯선 공간의 공기와 음식을 맛볼 자유였다. 한 마디로, '몸' 혹은 '감각'과 관련된 자유였다.

집권 기간 동안 전두환이 가장 심혈을 기울였던 것은 '경제발전'이었다. 보안사령관 시절부터 경제 전문가인 박봉환을 가정교사로 초빙해 따로 경제를 공부했던[1] 전두환은 대통령에 취임한 뒤에도 경제 동향 파악에 심혈을 기울였고, 지역 시찰을 할 때, 기자회견을 할 때, 기업 총수와 환담할 때 환율과 금리에 대한 토론을 벌이며 물가안정과 외채상환의 중요성을 강조했다. 1980년, 한국 경제는 오일쇼크와 박정희 정부 시절 중화학공업 과잉 투자 여파로 외환위기를 맞을 위기에 처해 있었다. 5공화국은 이를 이겨내고 물가안정과 외채상환, 수출 흑자 전환을 달성했다.

관 주도의 수출 중심 경제보다 민간 중심 시장경제를 강조한 경제 관료들이 대한민국에 도입했던 '안정화 조치'가 서서히 효과를 내기 시작하던 1985년, G5 정상 간의 '플라자 합의'가 이루어졌나. 이후 도래한 3저 호황(저금리, 저환율, 저유가)과 엔화 절상으로 한국 경제는 활짝 웃음 짓게 되었다. 자동차와 선박 등 주력 수출 품목의 세계시장 데뷔에 성공한[2] 한국은 엔화 절상이라는 호재 덕에 가격 경쟁력을 장착하고 세계시장을 누비기 시작했다. 그 시기가 1986년에서 1988년까지다. 1986, 1987, 1988년의 연평균 성장률은 12%를 기록했고, 3년간의 경상수지 흑자가 286달러에 달했다.[3]

사람들이 '그래도 전두환 때가 살기 좋았지'라며 떠올리는 때가 바로 이 시기이다. 삼성과 현대가 세계인들에게 이름을 알리기 시작하던 때, 86아시안게임·88올림픽 같은 세계적인 스포츠 행사를 치르며 대한민국이 '못사는 나라' 이미지를 단번에 떨쳐내던 때, 전쟁으로 폐허가 된 국토 이미지를 생생하게 가졌던 국가의 구성원들이 경상수지라는 숫자로, 화려한 스포츠 행사의 이미지로 자신들이 이룬 변화를 실감 나게 체감하며 감격하던 때이다.[4] 미·일 우방국의 도움, 때맞추어 일었던 3저 호황, 세계경제 상황 호전으로 인한 중화학공업 분야 기업들의 선전 등 대한민국 경제가 눈부신 순간을 맞는 데 기여한 요소는 수도 없이 많을 것이다. 심혈을 기울인 분야에서 성과를 거두었다는 면에서, 전두환은 대단히 운이 좋은 리더였다.

5공, 모순과 격정의 시대

그러나 허용된 자유는 정확히 그 선까지였다. 감각에서 뇌로 넘어가고, 뇌에서 조금 더 고차원적인 자유를 요구하는 순간, 갑작스럽게 차단막이 내려와 자유의 공기가 차단되었다. 내가 속한 공동체가 가진 자원을 배분하는 데 의견을 낼 자유, 공동체를 대표할 사람을 뽑을 자유, 공동체가 가진 문제점에 대해 발언할 자유는, 눈에 보이지만 손댈 수 없는 그림의 떡이었다.

텔레비전 화면으로 접하고 외국에 나가 몸소 체험했던 '의사결정의 자유'는 감상하는 것으로 끝내야 하는 서글픈 자유였다. 감상에서 끝내지 않고 현실에서 그런 자유를 시도하는 이는 '용공 세력', '공산주의자', '간첩'이 되어 국가보안법 앞에 서는 위험을 감수해야 했다.

아이러니한 점은 전두환이 부추기고 부풀렸던 영역의 자유가 금지된 구역에 있던 나머지 자유를 커다랗게 부각시키는 효과를 냈다는 사실이다. 허용되는 범주의 자유를 만끽할수록 국민은 금기선 너머의 자유를 의식했고, 그 자유를 쟁취하기 위해 제 안에 잠들어 있던 잠재력을 발견하고, 싹을 틔웠다. 물질적 풍요와 절반의 자유를 만끽하는 일은 개개인의 가슴속에 싹튼 힘이 성장하고 잎을 틔우는 데 중요한 밑거름이 되었다. 이 힘이 성숙해 완연히 무르익었을 때, 국민은 일제히 일어서서 나머지 절반의 자유를 쟁취했다. 제 의사를 대신 실현해 줄 대표자를 직접 뽑는, 민주주의의 기본 뼈대인 직선제를 손에 넣은 것이다.

요약하자면 1980년대는 물질적 풍요로움과 감각적 자유가 넘치던 시절, 경제적 성과와 제한된 자유라는 두 요소를 통해 독재자가 제 존속을 추구했던 시절이었다. 80년대 이전까지 부분적 혹은 암묵적으로 횡행하던 폭력과 독단이 노골적으로 형태를 드러냈고,[5] 그 노골성이 국민의 내면에 잠재해 있던 저항과 각성을 자극해, 양극단의 힘이 수면 위로 떠올라 치열하게 격전을 벌이도록 추동한 모순과 격정의 시절이었다.

1987년, 국민의 의지가 승리해 직선제를 쟁취하면서 선명하고 노골적인 군사독재는 막을 내렸다. 이후 이어진 6공화국은 외관상 군사독재의 외피를 벗은 듯 보였으나 속살에는 그 잔재가 상당 부분 남아 있었다. 하지만 인권과 노동 등 그동안 말도 꺼낼 수 없었던 가치들이 존재를 드러내기 시작했고, 6공화국은 군사독재의 잔재와 민간 정부 시대의 새로운 기운 사이에서 여러 사회상이 섞인 채 다양한 종류의 갈등이 분출되는 징검다리 같은 시기가 되었다. 노골적인 군사독재와 연성화된 버전의 군부 통치로 채워졌던 1980년대는 개인의 기본적 자유가 발아하는 시기였다. 이때 싹튼 개인의 자유는 1990년대에 이르러 '서태지와 아이들'로 상징되는 대중문화와 개성·유행·스타일의 형태로 활짝 꽃피게 된다.

2023년 현재, 우리에게 당연한 일상으로 자리 잡은 개인주의와 감각적 자유는 모두 1980년대에 싹을 틔워 성장한 것이고, 이 싹을 틔운 양대 공신은 독재자의 의지(부분적인 자유를 허용해서라도 재임 기간을 채우리라는)가 낳은 예기치 않은 결과와 온전한 자유를 향한 국민의 간절한 열망이었다.

2장

한 명 대 사천만 명의 대결

나는 1975년생이다. 또래들보다 1년 먼저 학교에 들어가 81년부터 86년까지 초등학교를 다녔다. 사람의 기억이 대개 서너 살 즈음 시작되고, 정치라는 고차원적인 개념에 대한 관심은 그보다 더 늦게 시작된다는 점을 염두에 두고 보면, 내 인식상에 존재했던 첫 번째 '대통령'은 전두환이었다.

처음으로 '전두환'이라는 이름을 특별하게 새긴 것은 초등학교 3학년 때였다. 어느 날 담임 선생님이 어떤 이야기를 장황하게 늘어놓더니 칠판에 "전두환 물러가라"라고 썼다. 다른 생각에 골몰해 있던 나는 칠판에 백묵으로 그 이름이 쓰인 순간, 정신이 번쩍 들었다. '전두환'이 대통령의 이름이라는 것을 알고 있었기에, 눈앞에서 일어나는 일이 뭔가 매우 특별한 일이라는 직감이 왔다. 그 전까지 누구도, '전두환'의 이름을 직접 입에 올리면서 '물러가라'와 같은 말을 이어 붙이지 않았고, 어린 내게도 칠판에 그런 말이 적히는 것이 대단히 특별한 일이라는 직감이 들었다.

선생님이 어떤 맥락에서 이야기를 시작했는지, 그 문구를 적은 뒤 어떻게 이야기를 마무리했는지는 기억나지 않는다. 선생님이 칠판에 사각사각 소리를 내며 백묵으로 불온해 보이는 글자들을 적어가는 순간, 교실 안에 있는 모든 것들이 갑자기 낯설어졌다는 것만 기억할 뿐이다. 이야기를 마친 뒤 선생님은 "전두환 물러가라"라는 글자를 지웠다. 그리고 자조적인 웃음을 지으며 말했다. "이런 거 애들한테 말했다고 선생님 잡혀갈지도 모른다, 진짜야."

그로부터 이틀 뒤, 선생님이 교실에 나타나지 않았다. 사정이 생겨 담임 선생님이 바뀌게 되었다면서 교장(혹은 교감이었을 것이다) 선생님이 새로운 선생님을 소개했고, 우리는 새로운 담임 선생님과 함께 1학기의 나머지 기간과 2학기를 보냈다. 아이들 사이에선 예전 담임 선생님이 잡혀가 고문을 받았다는 소문이 돌았다. 나는 믿지 않았다. 설마. 설마하니 그런 말 좀 했다고 '선생님'을 잡아갔겠는가?

1980년대의 불우한 초상

이런 내 생각은 여름방학이 끝나고 예전 담임 선생님이 학교에 모습을 드러내면서 흔들리기 시작했다. 돌아온 그는 이전과 완전히 다른 사람이 되어 있었다. 한쪽 다리를 질질 끌며 걸었고, 표정에 생기가 하나도 없었다. 깔끔했던 차림새도 흐트러져 있었다. 담임을 맡지 않고 다른 교사들에게 일이 생길 때만 임시 담임으로 이 반저 반에 들어갔는데, 우리 반에 담임으로 왔을 때 우리를 너무 데면데면하게 대해 깜짝 놀랐던 게 기억난다. 그는 우리를 처음 보는 아이들처럼 대했다. 오랜만이라든가, 그동안 잘 지냈냐 같은 이야기를 전혀 하지 않았다. 우리와 시선을 맞추지 않은 채 진도만 죽죽 나갔다.

그런 선생님을 보면서 생각했다. 고문을 받고 왔다는 소문이 사실일지도 모르겠다고. 그러나 이내 다시, 그렇지 않았을 거라고 다짐하듯 생각했다. 그 정도 말을 했다고 생사람을 잡아가겠는가? 설마. 9시 뉴스에 매일 나오는, 근엄해 보이는 사람(대통령)이 그렇게 무서운 일을 했을 것 같지 않았다. 뉴스에 나오는 잘 다린 양복을 입은 아저씨가 그렇게 나쁜 사람일 것 같지 않았다. 모두 헛소문일 것이다!

자초지종을 얘기한 뒤 "선생님이 고문을 받았다는 소문이 사실일까요?"라고 물으면, 어른들은 모두 당황스러워하며 어디 가서 절대 그런 얘기 하지 말라고 엄포를 놓았다. 내가 가장 궁금했던 '고문 여부'에 대해서는 말해주지 않은 채, 다시는 그런 얘기를 꺼내지 말라는 말만 되풀이했다. 큰일 난다는 말을 여러 번 쓰면서. 돌아온 예전 담임 선생님을 포함한 다른 선생님 누구도, 선생님의 예전 발언이나 갑자기 사라졌던 이유, 왜 다리를 질질 끌게 되었는지에 대해 말해주지 않았다.

해가 바뀌고 다음 학년으로 올라가면서, 담임 선생님에 대한 기억은 사라졌다. 선생님이 교정을 떠났거나, 혹은 다리를 저는 모습에 익숙해져 더 이상 내 인식에 특별하게 맺히지 않았거나, 둘 중 하나였을 것이다.

대학에 들어간 뒤 선배들에게 전두환과 광주에 대한 이야기를 들을 때면, 혹은 5공 시절의 영상과 기록물을 접할 때면 선생님을 잠깐 떠올리기도 했지만, 그뿐이었다. 금세 잊고 일상으로 되돌아갔다. 그나마 대학 시절 초반에 몇 번 떠올랐던 선생님의 얼굴은 전두환에 대한 이야기를 여기저기서 여러 번 반복해 듣는 과정에서 더 이상 떠오르지 않게 되었다. 이후 다양한 경로로 비슷한 패턴의 이야기들을 들으면서, 내 머릿속에서 전두환은 전형적인 이미지로 고착되었다. '전두환=사람을 많이 죽인 사람, 그렇지만 통치는 안정적으로 잘했던 사람'으로.

이 책을 쓰기 위해 전두환의 행적을 좇으면서, 그 이미지에 균열이 생기기 시작했다. 전두환, 하면 떠올랐던 '살인자'와 '안정적 통치'라는 개념 중 후자가 근본에서부터 흔들렸다. 내가 갖고 있는 '안정적인', 혹은 '경제는 잘했던' 사람의 이미지는 매체와 주위 어른들로부터 온 것이었다. 나는 한 번도 전두환이라는 사람에 대해 제대로 생각해 본 적이 없었다.

원고를 쓰기 전 자료와 문헌을 뒤지고 '전두환'의 내면에 들어가 보기를 시도하면서, 어린 시절 조우했던 전두환과 그가 대통령이었던 시절의 분위기를 떠올리려 안간힘을 썼다. 어른들, 신문, 뉴스, 책, 영상을 통해 막연하고 흐릿한 후일담으로 듣는 게 아니라, 초등학생이던 내가 80년대를 살아내며 직접 체감했던 전두환을, 그 시대의 공기와 냄새를 떠올리려 애썼다.

그러자 담임 선생님의 얼굴이 떠올랐다. 칠판에 사각사각 소리를 내며 쓰이던 일곱 글자, "전두환 물러가라"라는 글자가 보였다. 그와 함께 수군거림이 들려왔다. 어린 자녀가 눈치채지 못하도록 부모가, 이웃 어른들이, 눈짓과 작은 목소리로 주고받던 대화들이, 최루탄, 시위, 고문 같은 말들이, 숨기려는 어른들의 의도를 잔뜩 묻힌 채 내게 날아와 얹히던 비밀스러운 순간들이, 고스란히 되살아났다.

그와 함께, 내 내면에 있던 그 시절의 초상에 변화가 생겼다. 성인이 된 뒤 사회를 통해 전달받았던 고정관념들을 걷어내고 그 자리에 어린 내가 만났던 그 시절의 공기를 불어넣자 새로운 80년대 풍경이 드러났다.

억눌린 자유의지의 대가

우리 사회에는 1980년대 한국 사회가 안정되어 있었다는 믿음이 있다. 총칼로 정권을 잡은 무인이 버티고 서 있기에 공동체 내에 혼란이 없었고, 그를 바탕으로 경제가 발전해 윤택함을 누릴 수 있었다는 믿음.

이 시기에는 해방 이후 내내 평균 두 자릿수를 유지하던 물가상승률이 한 자릿수로 바뀌었고,[6] 수출의 호조로 성장과 국제수지 문제가 한꺼번에 풀렸다. 아시안게임과 올림픽이라는 국제적인 행사를 성공적으로 치러내는 과정에서 한강개발사업 등을 시행해 지금과 같은 '도시'의 풍경이 자리 잡았으며 중산층 인구가 대폭 늘어났다. 의식주에 대한 불안에서 어느 정도 벗어났다는 면에서, 그 믿음은 분명 근거가 있는 것이었다.

그러나 기준점을 옮겨 다른 방향에서 1980년대를 들여다보면 이야기는 달라진다. 인간의 자유의지, 그중에서도 가장 고차원적 영역인 정치적 자유의지를 박탈당했다는 점에 초점을 맞추고 보면, 5

공화국 기간, 한반도 남쪽 영토엔 바람 잘 날이 거의 없었다. 크고 작은 시위가 벌어지거나 준비 중이었고, 어딘가에서 행해지는 고문으로 살아있는 인간의 몸이 으스러졌으며, 잊을 만하면 공권력이 터뜨려대는 최루탄이 거리 행인들의 호흡기를 위협했다. 불쑥불쑥 소요가 일고 그에 대한 정부의 대응으로 언제 피바람이 일어날지 모르는 날들의 연속. 무력에 의해 잠잠해진 듯 보이는 순간에도 규탄의 말들이 소곤거리며 대기 중을 맴돌던, 그 말을 들은 독재자가 언제 칼바람을 휘두를지 모르는 불안의 날들이었다.

신군부가 영혼을 짜내서라도 틀어막으려 했던 광주의 소식은 끈질기게 새어나가 전 국토를 맴돌고, 이웃 국가들로, 대양 건너편으로 날아갔다. 그렇게 퍼져나간 소식은 더욱 뚜렷한 형태가 되어 다시 한반도로 돌아왔고, 그 소식은 들은 국민들은 탱크를 몰고 와 집권한 무인 대통령에 대한 울분으로 가슴을 끓였다.

그것은 기본적으로, 한 명 대 사천만 명의 대결이었다. 한 명의 인간이 제 욕심을 충족시키기 위해 다른 사천만 명의 의지를 짓밟으려 한, 성공할 수 없는 시도였다. 국민이 낸 세금으로 마련한 총과 칼, 포탄과 탱크를 국민을 향해 들이대며 그때까지 합의된 모든 규약과 관습을 파괴한 인물을, 누가 지도자로 받아들일 수 있었겠는가? 시간이 흐르면서 신군부 체제가 자리를 잡고 그 체제가 뿌리는 각종 이권, 그리고 언론을 통한 현실 왜곡을 통해 쿠데타 세력이 만든 체제를 받아들이는 사람의 수가 늘어나기는 했지만, 대다수 국민은 그 체제를 받아들이지 못했다. 시종일관 그로부터 해방되기를 꿈꾸었다.

이는 지극히 자연스러운 일이다. 내가 생각하는 대로 말하고,

내가 말한 대로 행동하고 싶은 것은 인간이라면 당연히 품게 되는 소망이 아닌가. 그런데 쿠데타 세력이 만들어낸 체제는 그 일을 금지했다. 한반도 남쪽에 사는 이들 중 자유롭게 말할 수 있는 사람은 오직 한 사람, 전두환뿐이었다. 나머지 사천만 중 누군가가 입 밖으로 내보낸 말이 전두환의 심기를 거스르면 언제든 끌려가 고문받거나 죽임을 당할 수 있었다.

이는 신군부의 핵심 실세들에게도 예외가 아니었다. 최고 권력자의 심기를 거스르는 말을 했다간 곧바로 자리에서 쫓겨나 치도곤을 당할 수 있었다. 평범한 사람이라면 해방될 날을 꿈꾸며 저항하고 싶어질 수밖에 없는 상황이었다. 그것은 정치적·윤리적 동기와 상관없는, '자유의지'라는 인간의 본성과 관련된 문제였다.

국민의 분노는 독재자가 무력으로 위협하면 한동안 가라앉았다가 털끝만 한 계기를 만나면 순식간에 다시 끓어올랐다. 전두환은 해외 순방 시 북한으로부터의 암살 시도에 유난히 많이 시달렸던 대통령이었는데, 이는 기본적으로 당시 한반도상의 두 국가가 으르렁거리며 적의를 불태웠던 시기라는 상황에서 기인한 것이지만, 한편으로는 전두환이 정통성 없는 지도자라는 사실 때문이기도 했다. 북한의 입장에서는 국민의 손으로 뽑은 '정통성 있는' 남한 대통령보다는 무력으로 국민들을 살상하고 집권한 독재자 대통령을 암살하는 게 더 명분이 있었던 것이다. 만일 전두환이 국민의 직접선거로 뽑힌 대통령이었다면 북한은 그처럼 마음 편히 암살을 기도하지 못했을 것이다.

당시 북한은 대한민국의 발전상이나 사회상을 제대로 파악하지 못했다. 국민의 의사와 상관없이 군림한 무도한 군인을 해치우면 그에 동조해 한반도 남쪽의 국민들이 환영하며 자신들과 한 팀을 이룰 거라는 망상에 빠져 있었다. 물질적 풍요가 흐르기 시작한 한반도의 남쪽에 혁명적 전복에 동조할 국민이 거의 존재하지 않게 되었다는 사실을 파악하지 못했다. 전두환이라는 독재자를 미워하고 몰아내고 싶어하는 것과, 공산주의 체제에 동의하면서 전향적으로 두 팔을 벌리는 것은 완전히 별개의 문제인데, 단 한 사람의(김일성이라는) 의지에 의해 사회의 모든 부문이 작동하는 폐쇄적인 국가 북한은, 휴전선 너머 형제 국가에 사는 이들의 생활상이나 사고가 어떻게 변했는지를 제대로 파악하지 못했던 것이다.

7년 반 동안 형성된 증오의 기류

불안정의 원인은 자유의지의 실현을 방해받게 된 사천만 국민에게서만 나오는 것이 아니었다. 가장 큰 불안정은 사천만의 의지와 대결을 벌인 한 명의 독재자, 전두환의 가슴에서 나왔다.

전두환은 변덕스럽고 과격한 모습을 자주 보였다. "차기 대통령은 나다."라고 농담했다는 이유로 수경사령관 박세직을 그 자리에서 예편시켜 버리는가 하면,[7] '정치자금'을 충분히 상납하지 않아 미운털이 박힌 경제인이 운영하는 대기업과 계열사를 단번에 공중분해시켜 버리기도 했다.* 그런가 하면 기분이 좋을 때는 측근들에게 돈

* 1985년 2월에 해체된 국제그룹을 말한다. 국제그룹은 국제상사를 모태로 한 부산 기반의 대기업으로 화학, 섬유, 건설, 철강, 종합상사 등의 분야에 진출해 있었다.

을 억 단위로 쥐여주었다. 보필하는 이들에게 예측할 수 없고, 두려움에 떨면서 더 과하게 굴종하게 되는 보스였던 셈이다.

종잡을 수 없는 이러한 기행들은 전두환의 가슴 깊은 곳에 도사리며 한순간도 사라지지 않았던 감정, 열등감에서 기인했다고 보아야 할 것이다. 전두환은 정통성이라고는 털끝만큼도 없는, 꿈에서도 제가 서 있어 마땅한 자리에 있음을 증명할 수 없는 불법 그 자체인 존재였고, 그 사실을 가장 잘 아는 건 다른 누구도 아닌 전두환 자신이었다.

의식 차원에서는 몰랐을 수 있다. 그러나 무의식의 차원에서, 그는 알았을 것이다. 그렇기에 평범한 사람이라면 웃어넘길 수 있는 일에 노발대발하고, 국가 경제를 휘청거리게 할 수 있을 '대기업 해체'를 지시했다. '정치적 야망을 가진 군 지휘관들이 국가의 혼란을 이용하여 지휘관으로서의 직무를 소홀히 하는 자는 엄벌 백계할 것'이라는 교시를 수시로 내리며[8] 불안감을 드러냈다.

지도자로서의 권위는 오직 정통성에서만 나오는 것인데, 단 한 순간도 그것을 가질 수 없었던 전두환은 언제나 목이 말랐다. 툭하면 부아가 치밀었다. 무력과 외압을 휘두름으로써 순간이나마 권위를 확인받으려 했다. 밑 빠진 독에 물을 부어봤자 물이 차오르지 않듯 전두환의 밑 빠진 권위의 독은 차오르지 못했고, 그렇기에 그는 손에 쥔 권력을 위태롭게 휘두르며 국가 경제와 안보에 불안을 초래했다.

이렇듯 채울 수 없는 욕구에 시달리는('본인은 권위 있고 싶다!') 독재자에게서는 끊임없이 폭탄 같은 지시 사항이 튀어나왔다. 그럴 때마다 대한민국이라는 국가 공동체를 이루는 뼈대들, 이를테면 법,

제도, 관습 같은 것들이 맥없이 무너져 내렸다. 1980년대라는 모순의 시절이 지닌 원천적인 비극성은 바로 그 지점에 있었다.

전두환이 등장하기 전까지는 국가의 정규군이 국민에게 총을 쏘아 대량으로 학살하거나, 언론을 통폐합한 뒤 일일이 보도 지침을 내리거나, 특정 재벌을 대통령 마음대로 해체해 버리거나, 특정 분야의 유력 인사(주로 재벌에 해당하는)가 대통령과 독대해 직접 뇌물을 상납하는 일은 없었다. 대통령의 가족과 처가 쪽 친인척들이 대거 공직에 진출해 천문학적인 돈을 거두어들이는 일도 없었다. 18년 동안 집권하며 '독재자'로 불렸던 박정희의 집권기에도 이런 수위의 조치는 취해지지 않았다.[9] 사회적 윤리의 한계선이나 하한선이라 불릴 수 있는 이러한 관례들은 5공화국 동안 일거에, 혹은 단계적으로 서서히 붕괴했다.

쌓여온 습속과 지혜에 의지하며 미래를 설계할 수 없게 된 공동체의 구성원들, 규칙과 공정성이라는 잣대를 사용할 수 없게 된 구성원들의 마음엔 불안과 의심이 들어찼다. 여기에 더해 독재 체제에 봉사한 사람에 대한 미움과, 그 반대급부로 '먹고살기 위해 어쩔 수 없이 순응한 것뿐인데 나더러 어쩌라는 거냐'고 전두환 체제 내에서 일한 이들의 항변하고 싶은 억하심정이, 공동체의 구석구석에서 충돌하며 증오의 기류를 형성했다.

이런 측면에서 보면 1980년 9월부터 7년 반 동안 집권한 뒤 퇴임을 맞은 전두환에게 있었던 극적인 변화들(쫓기듯 백담사에 가고, 국회 증언을 하고, 재판에 회부되어 사형 선고를 받은 것)을 이해하기 수월해진다. 그것은 갑작스러운 변화라기보다 오히려 예정된 수순, 모든 것이 원래 있어야 할 자리로 돌아가는 과정이었다. 독재자가 성공적으로 통치해 나라를 안정시켜 놓았는데 퇴임과 동시에 갑자기 힘을 빼앗기게 된 것이 아니라, 7년 반의 치세 동안 억지로 봉합하고 가려 놓았을 뿐 한 번도 없애지 못했던 사천만 생명체들의 생명력이 그제야 존재를 드러내며 약동하게 된 것이다.

3장

대한민국의
코페르니쿠스적 전환

18세기 중반에 영국에서 산업혁명이 일어난 이후 300여 년 동안, 인류 공동체는 교환 체계가 기술 발전에 힘입어 복합적으로 발전해 가는 광경을 목도했다. 그 과정에서 교환 체계의 정교한 발달과 그로 인한 시장경제 체제를 일찌감치 정착시킨 일부 소수 국가들이 유리한 고지를 점했다. 그 몇몇 국가는 시장경제 체제로 인한 부와 그에 따른 군사력으로 나머지 다수의 국가를 제압해 식민지로 삼았다.

대한민국은 '나머지 다수의 국가들'에 속하는 국가였다. 왕조 말기의 세도정치와 혼탁한 사회상에서 벗어나지 못하고 기술 발전과 산업화, 시장경제 체제의 정립을 발판으로 한 근대국가 건립에 실패한 채 타국의 식민지가 되었다. 2차 세계대전 종전과 함께 해방을 맞은 뒤에는 분단과 전쟁이라는 격변을 거쳤고, 6·25 전쟁이 휴전으로 마무리된 뒤, 폐허가 된 국토 위에 시장경제 체제를 세우기 위해 필사적으로 노력했다. 그러나 그 체제는, 일란성쌍둥이와도 같은 민주주의 체제가 그러하듯, 본래 서유럽 대륙에 위치한 몇몇 국가들이 전쟁, 혁명, 학살, 왕정 폐지, 산업혁명, 왕정복고, 선거제도 혁신 등을 통해 수백 년의 숙성 기간을 거쳐 이룬 것이기에, 단기간에 한반도 남부에 깃들여 주지 않았다.

전쟁의 폐허 위에 새롭게 국가를 세우고 '신민'이 아닌 '국민'이라는 개념을 만들어내야 했던 아시아의 신생국 대한민국에 등장한 것은, 헌법상으로는 일반 국민과 같은 신분이지만 실제로는 왕처럼 군림했던 초대 대통령, 갈팡질팡했던 내각제 정부, 그리고 개발도상국들이 반드시 맞게 된다는 '군부독재'였다. '국가 세우기(State-building)' 단계에 해당했던 시기, 1950년대에서 1970년대에 해당할 이 시기에, 대한민국은 형식상 시장경제를 택하고 있었으나 실제로는 미국의 원조에 의지해 정부가 주도적으로 경제를 이끌어가는, 일종의 '국가자본주의' 체제를 실행했다. 군부 출신 대통령 박정희가 펼쳤던 5개년 개발계획을 소련의 계획경제 체제에 비유하는 이들은 이 시기를 사회주의와 자본주의가 혼합된 시기로 보기도 한다.

1961~1979년까지의 박정희 통치 시기는 대한민국이 선진국들이 만들어낸 새로운 생산 기술을 익혀 제조업을 육성해 내는 기간이었다. 개발도상국이 선진국의 지배에서 벗어나 경제적 자립을 이루는 길은 오직 한 가지, 선진국들이 확립한 기술을 "배우고, 수정하고, 훔쳐서"[10] 자력으로 산업 생태계를 이루어내는 길뿐이었다. 일련의 확립된 제조 기술을 둘러싼 이런 학습이 이루어지는 기간 동안 정부는 수입 완성품에 고관세를 물리고, 외국에서 들여오는 원자재 수입

에는 세율을 낮추거나 보증을 서주는 등의 방식으로 육성 산업을 보호할 필요가 있었다.

관치(官治) 경제를 포기한다는 것

박정희는 직접 저술한 책에서 "우리는 대개 자유경쟁에 따른 가격 결정 기능이 제공하는 이점을 최대한 활용해야 한다."[11]라고 언급할 정도로 시장경제에 대한 신념을 가진 인물이었다. 그러나 그는 이제 막 걸음마를 하는 어린이에 불과한 대한민국이 이미 규모의 산업화를 달성한 선진국들과 동등하게 세계시장에 참가하면 제대로 경쟁해 볼 새도 없이 넘어지리라는 사실을 알았다.

그렇기에 정부 차원에서 가이드라인을 마련해 기업들이 국가의 부를 일구는 데 동참하도록 추동했다. 외풍을 막기 위해, 선진국의 앞선 산업의 산출물들이 국내에 들어오지 않도록 보호 정책을 폈다. 동시에 수출 기업들에 국내 은행 융자, 해외 대출 보증, 수출 보조금, 면세 혜택, 공공요금 감면 등의 혜택을 주었다. 그러면서도 기업들이 혜택을 받은 뒤 나태하게 이권만 챙기려 들 경우에 대비해 엄격한 방지책을 마련했다. 기업들이 일정 수준의 수출 실적을 달성하지 않으면 가차 없이 혜택을 끊어버리는 방식을 택했던 것이다.

세계시장에 수출하기 위해서는 기업이 자체적으로 핵심 기술을 보유해야 하고, 핵심 기술 보유를 위해서는 기업 차원에서 뼈를 깎는 노력을 해야 했다. 국가가 세금으로 뒷받침하는 영역이 핵심 기술 개발 의지가 있는 제조업 쪽으로만 한정되게 한 것은 외부적 강제가 없으면 곧바로 개별 기업의 이익 창출(골치 아픈 제조업 대신 부동산 투자를 하는 등의 방식으로)에 골몰하게 되는 기업인의 생리를 꿰뚫은 박정희의 냉철한 예지력에서 기인한 것이었다. 대규모 해외 부채를 끌어들였다는 점에서 박정희와 유사한 경로를 걸었던 필리핀의 마르코스가 그렇게 끌어들인 돈을 기업들의 수출 중심 산업 역량 증진에 쓰는 것이 아니라 대부분 국내 부동산 건설과 매표 활동 그리고 비생산적 수입으로 탕진되게 만들었던 것과 대조적인 처사다.[12]

대한민국이 전후의 피폐함과 빈곤에서 벗어나 삼성과 LG, 포스코 같은 기업을 세우며 부국 대열에 합류하게 된 것은 이처럼 초창기에 유치산업을 보호했던 정부의 정책과 경쟁에 치열하게 임했던 기업, 기업 소속 노동자들의 분투가 어우러진 결과였다.[13] 하지만 이러한 정책을 영구적으로 계속 이어갈 수는 없는 노릇이었다. 1960년대와 1970년대에 뿌렸던 다양한 보호책과 육성책은 대한민국 경제의 체급에 변화를 유발했다.

그 결과 1970년대 말에는 한국 경제가 종래의 보호책에서 빠져나와 규제를 풀고 국제경쟁력을 확보하여 추가적인 도약을 이루어야 하는 단계에 이르렀다. 그 전까지의 과정이 후진국에서 중진국으로 가는 과정이었다면, 1970년대 후반부터는 중진국에서 선진국으로 가는 과정에 해당했고, 이는 대한민국 경제가 정부 주도의 관치경제에서 벗어나 민간 주도의 시장경제 체제에 들어가야 하는 시기가 왔음을 의미했다.

그러나 박정희는 자신이 입안하고 실행해 왔던 정부 주도형 성장 체제에 대한 미련을 버리지 못했다. 1978년 연두 보고에서 강경식, 신현확 등의 경제 관료들이 "성장보다는 안정, 규제보다는 자율, 보호보다는 개방으로"[14] 경제 운용의 방향을 바꾸어야 한다고 건의했지만, 박정희는 집권 내내 해왔던 수출 중심 경제 운영 방식을 버리지 못한 채 안정화 정책을 주장한 관료들에게 불만을 내비쳤다.

다행히 학계와 언론계 등 여론 주도층이 안정화 정책에 무게를 실어주었고, 결국 박정희는 "장기적이며 근원적인 안정 성장 기반을 굳히도록 하겠다."[15]라고 선언하기에 이른다. 그러나 부총리를 통해 공식적으로 정책 전환을 선언한 후에도 박정희는 국가 주도의 수출 중심 성장 정책에 미련을 버리지 못하고 과거의 정책으로 회귀했다 돌아오길 반복했다. 이런 상황에서 1979년 10월 26일, 국가 정책의 최종 결정권자인 대통령 박정희가 측근이 쏜 총에 맞아 생을 마감하는 사건이 일어났다.

'정부의 역할과 기능'이 총체적으로 바뀐 시기

절대 권력의 자리가 공석이 되어버린 1979년 10월 26일부터 전두환이 공식적으로 대통령으로 취임하는 1980년 9월 1일까지, 대한민국 경제 상황에 세계적으로 이목이 쏠린 것은 이런 배경 때문이었다. 사망하기 몇 달 전에 마지못해 '안정화 정책'을 받아들이는 모양새를 연출하긴 했지만, 18년 동안 일관되게 정부 주도 성장 중심 정책을 추진해 온 박정희가 진심으로 그 정책을 받아들였는지는 미지수였다. 전두환과 신군부 세력의 집권이 가시화되어 가는 기간, 새로운 권력자가 향후 어떤 경제 노선을 택할지가 초미의 관심사로 떠올랐다.

국내시장을 세계시장에 개방할 만한 실력을 기르도록 국가가 산업 생태계를 육성하고 보호하는 기간을 대표했던 인물이 역사의 무대에서 퇴장한 뒤, 경제기획원 출신 관료들은 경제 정책의 대전환 앞에서 갈팡질팡하는 전 정권의 수장 박정희 치하에서 위태롭게 고수하던 안정화 시책을 일관되게 밀고 나갔다. 수출 주도 성장 경제라는 역사가 그의 인생 자체이기도 했던 박정희라는 인물의 부재가, 새로운 패러다임으로 전환해야 하는 국가 경제의 행로에 결정적인 도움을 주게 된 셈이다.

놀라운 것은 1년이 채 못 되는 이 기간 동안 차기 권력자인 전두환이 고위 경제관료들의 '안정화 정책'을 채택해 적극적으로 받아들였다는 점이다.[16] 이렇게 해서 대한민국 경제는 보폭을 크게 하여 다음 단계로 넘어갈 수 있었다.

박정희 정권에서 경제기획원 기획국 국장과 예산국 국장으로 일하고 전두환 정권에서 경제기획원 차관보와 재무부 장관으로 일한 강경식에 의하면, "안정화 시책은 정부에서 못하게 분명하게 명시한 것 이외에는 무엇이든 자유롭게 할 수 있는 네거티브 시스템적 사고로의 전환"[17]이었다. 그동안 정부가 행사해온 결정권을 기업, 은행 등 민간에게 넘기고 관여하지 않는 방향으로 국가 경제의 키를 돌린 것이다. 1948년의 대한민국 정부 수립 이후 일관되게 정부가 해온 역할과 기능을 총체적으로 바꾸었다는 점에서, 이는 '코페르니쿠스적 전환'에 빗댈 만한 일이었다.[18]

5공화국 시기에도 수출 주도와 정부의 계획경제라는 외형은 유지되었다. 때로는 대통령의 심기를 거슬리게 했다는 이유로 21개의 계열사를 거느렸던 서열 7위의 대기업을 하루아침에 해체해 버리는 등[19] 시장경제와는 완전히 반대되는 지점에 선 일들이 버젓이 행해지기도 했다. 하지만 그 와중에서도 일각에서는 물가안정을 위해 정부가 직접 개입해 가격을 통제하거나, 행정 규제에 의해 수입을 억제해 시장의 가격 선정 기능을 왜곡시키는 정책이 근절되어 가는 과정을 볼 수 있었다.[20]

공장이 들어설 부지를 선정하거나 은행의 자금을 빌려줄 때 정부가 직접 개입하는 경우가 줄어들었고, 그와 함께 기업들이 자유롭게 경쟁하는 문화가 형성되기 시작했다. 정부는 이전처럼 직접적으로 시장에 개입하기보다, 가장 적은 비용을 들여 가장 좋은 상품을 생산하는 '능력 있는' 기업이 살아남도록 간접적으로 북돋웠다. 그 효과는 기업에 고용된 국민 개개인에게도 퍼져나갔다. 개인이 선택할 수 있는 경제활동의 가짓수가 늘어나고 그로 인해 개개인의 잠재력이 발현되면서, 생활상과 사고방식에 변화가 일기 시작했다. 열심히 하면 능력을 실현할 수 있는 가능성의 상승과 함께 개인들은 열심히 노력하고, 그에 따라오는 물질적 풍요를 누릴 수 있게 되었다.

그 결과 국민의 관심사가 이전보다 더 고급스러운 차원으로 옮겨가게 되었다. 배불리 먹고 추위를 피하기만 하면 되었던 시대에서, 단순히 먹고사는 일이 아니라 '나의 선택'을 통해 정신적 만족을 추구하는 시대로 접어든 것이다. 그리고 그런 시대에서 가장 먼저 나타나는 것은, 내 삶을 내 의지로 꾸려가고 싶다는 바람이었다. 그 바람은 단순하고도 강력한 열망, 즉 내가 속한 공동체의 앞날을 좌우하는 중요한 결정을 내리는 '리더'를 내 의지로 선택하고 싶다는 열망으로 연결되었다.

'전두환은 자신이 이룬 성과 때문에 권좌에서 밀려났다'는 말은 이런 맥락에서 나온 것이다. 5공화국 시절 대한민국이 이룬 경제적 성과가 온전히 전두환이라는 개인에게서 나오지 않았다는 점에서 이 말은 잘못되었지만, 5공 시절에 대한민국 경제의 체질이 개선됐다는 점을 생각한다면 부분적인 진실을 담고 있는 말이기도 하다.

4장

인재들을 팔과 다리로 삼아

5공화국 시절, 대한민국은 관 주도에서 민간 주도로 '경제'를 이끄는 말을 갈아탔다. 그때까지의 대한민국 경제가 '너무' 자본주의적이어서 문제인 게 아니라 공정하게, '제대로' 자본주의 경제를 실행하지 못해 문제였다는 관점에서 본다면, 이는 큰 의미가 있는 변화였다.

2차 세계대전이 끝난 1945년 이후에 진행되었던 개발도상국들의 경제발전 양상은, 중진국으로 발돋움할 때까지는 정부의 보호와 관리 아래 양적인 성장을 통해 국민 총소득을 높여가다가, 중진국으로 들어선 이후에는 민간 주도의 자유로운 경쟁을 추동해 질적인 발전을 도모하는 패턴을 띤다. 2차산업에서 3차산업으로 넘어가는 시기에는 창발적이고 다채로운 아이디어가 중시되는데, 관 주도의 획일적인 방침으로는 그런 아이디어를 도출해 낼 수 없기 때문이다.*

기세 좋게 중진국 반열에 들었다가 선진국에 도달하지 못하고 미끄러졌던 브라질, 멕시코, 아르헨티나 같은 국가들은 적정 시점에 방향을 전환해 민간 요소에서의 잠재력을 활용해 상업성을 극대화시키지 못하고 미끄러진 케이스들이다. 박정희는 이 문턱을 넘어서지 못하고 관 주도 경제와 민간 주도 경제 사이에서 갈팡질팡했다. 그 결과 일어난 경제적 패착, 즉 중화학공업 과잉 투자로 인한 물가 상승과 부동산 가격 폭등, 민중의 들끓는 불만[21]은 최측근인 정보부장 김재규가 정권의 몰락을 예감하고 암살을 계획하게 한 강력한 배경이 되었다.

5공화국의 경제 대통령, 김재익

1980년 9월, 대통령에 취임한 전두환은 김재익을 경제수석비서관으로 등용해 파격적인 권한을 주었다. 김재익은 1970년대에 경제기획원의 경제기획관과 기획국 국장을 지낸, '안정화 시책'의 핵심 입안자이자 브레인이었다. 경제수석비서관 자리를 제안받은 김재익이 "저의 정책을 추진하시면 엄청난 저항에 부딪힐 텐데 그래도 끝까지 제 말을 들어주실 수 있겠습니까?"라고 수락 조건을 밝혔

* 이는 지구촌 경제에서 최강자의 위치를 점유하고 있는 미국이 어떤 산업군에서 강세를 보이는지를 보면 쉽게 이해할 수 있다. 마이크로소프트, 애플, 테슬라, 할리우드 산업은 정부 주도로는 나올 수 없는, 창의성을 중시하는 민간 주도적인 사업 양태에서만 나올 수 있는 회사들이다. 만일 대한민국이 1960~1970년대와 같은 국가 주도 경제 체제를 계속했다면 오늘날 〈기생충〉이라는 영화를 만들어내 국제적인 영화제를 휩쓰는 일도, BTS가 유엔총회에 가서 연설하는 일도 일어나지 않았을 것이다.

을 때 "여러 말 할 것 없어. 경제는 당신이 대통령이야."라고 했다는 일화가 보여주듯, 전두환의 김재익에 대한 신뢰는 전례를 찾아볼 수 없는 전격적인 종류였다.[22]

이는 전두환이 사람을 기용할 때 자주 보여주었던 특성으로, 그는 한번 신임한 사람에게 통째로 일을 맡긴 뒤 끝까지 믿는 성격의 소유자였다.[23] 그 때문에 인간적 정에 휘말려 냉정한 판단을 내리지 못하는 경우도 있었지만, 또한 믿고 기용한 사람이 제 잠재력을 최대치로 발휘하도록 추동하는 강력한 힘이 되어주는 경우도 있었다. 김재익을 기용해 막대한 결정권을 쥐어준 것은 전두환의 그런 성격적 특성이 가장 긍정적으로 발현된 경우였다.

김재익이 실질적 의미의 경제 사령탑이 된 이후, 대한민국 경제는 정부 주도에서 민간 주도로 방향을 선회하게 된다. 정부가 시장에 끼어들어 감 놔라 배 놔라 일일이 지시를 내리던 관례에서 벗어나, 수많은 참가자들이 경쟁한 결과물이 시장을 이끌어가도록 하는 '안정화' 체제로 접어든 것이다. 김재익이 주도하고 강경식, 김기환 같은 경제기획원 출신 인재들에 의해 뒷받침된 새로운 시책의 핵심은 '소수가 내리는 비합리적인 결정에서 집단지성을 통한 합리적인 결정으로의 변환'이었다.

국가가 나서서 경제를 주도한다는 것은 결국 최고 결정권자인 대통령, 혹은 대통령의 뜻을 이행하는 몇몇 공무원들이 한 국가의 시장 지도를 만들어나간다는 의미다. 현장에서 직접 경제활동을 하지 않는 대통령 혹은 대통령의 몇몇 측근이 만들어내는 시장의 청사진이 얼마나 합리적이고 얼마나 효율적일 수 있겠는가?

이에 반해 시장을 민간에게 맡긴다는 것은, 사천만의 두뇌를 모두 활용한다는 뜻이다. 수많은 이들의 생각이 모이고 경쟁한 끝에 가장 뛰어난 생각이 채택되고, 그것이 상품이 되어 국내와 국외에서 경쟁력을 쌓아가게 만드는 것, 즉 집단지성을 활용한다는 의미다. 어느 쪽이 더 능률적이겠는가? 어느 쪽이 더 공정하겠는가? 당연히 후자일 것이다. 물론 시장경제 체제에도 위험성과 폐해가 있고, 시장에 참가한 일부 구성원 쪽으로 부의 쏠림 현상이 일어나면 사회 공동체가 존속을 위협받게 된다는 건 현대 자본주의 체제에서 살아가는 우리 모두가 잘 알고 있는 문제다.*

박정희 정부의 경제 관료들도 한국 경제가 패러다임을 바꿔야 하는 때를 맞고 있다는 사실을 알고 있었다. 머릿속으로는 민간 주도로 가야 하는 타이밍이라고 생각했지만, 현실에서는 발을 내딛지 못했다. 구성원들의 능력이 주요한 게임의 룰로 작동하는 체제가 정착되기까지는 일정한 시간이 걸리고, 그 과정에서 관치 경제에 익숙해져 있던 관료와 기업 등 당사자들의 반발이 심할 것이었다. 당장 눈에 보이는 수출 실적이 떨어질 것이고 그로 인해 대통령에게 채근을 당할 것이었다. 그렇기에 모두들 땜빵식 처방을 하며 버텼다. 거대한 고통을 동반하는 수술을 하자고 나서지 못했다.

정권이 교체됨과 함께, 뛰어난 경제 관료들의 두뇌에서 나오는 통찰력으로, 또한 그 통찰력을 알아본 리더의 전권 위임으로, 대한

* 대부분의 국가 공동체에서 '개인의 교환의 자유 보장'를 강조하는 쪽은 '보수'라 불리고, '구성원들 모두에게 최소한의 물질적 조건을 보장함으로써 부의 과도한 쏠림 현상을 방지할 것'을 강조하는 쪽은 '진보'라 불린다. 그러니 국가는 체제의 존속을 위해 보수와 진보의 양 날개로 날아야 하고, 이는 국가가 시장을 민간에게 맡기되 일정한 규칙과 한계를 두어 구성원들이 최소한의 물질적 조건을 누릴 수 있도록 감시하고 조정해야 한다는 당위로 이어진다.

민국 역사상 한 번도 제대로 실현되지 못했던 시장경제의 원리가 비로소 실현되었다. 휴전선 남쪽 구간에서 그동안 대통령 한 사람의, 혹은 정부 관료 몇몇의 의지와 결단으로 이루어지던 경제적 결정권이 더 많은 이들에게, '국민'에게 넘어가기 시작했다. 종종 전두환과 신군부의 제 호주머니 챙기기 때문에 타격을 입긴 했지만 그럼에도 불구하고, 경제 운용 방식이 큰 틀에서 변하기 시작한 것이다.

안정화 시책의 대표 주자였던 김재익이 5공 정권에서 활약했던 시기는 국보위 경제과학 분과위원장으로 일했던 1980년 6월부터 버마 아웅산 묘소에서 희생당한 1983년 10월까지, 3년 4개월에 불과하다. 3년 4개월 동안 전두환이 김재익의 주장을 전부 받아들였던 것도 아니었고, 김재익 사망 후에는 정권을 보위하기 위해 당장 눈에 보이는 성과를 올리는 정책으로 돌아섰다가 안정화로 돌아오는 등 갈팡질팡하며 남은 임기를 보냈다. 특히 금융실명제 같은 제도는 정권 자체의 불법적이고 부패한 성격 때문에 끝내 실현하지 못했다.

하지만 김재익이 전두환에게 강력한 영향력을 행사했던 정권 초반 3년 동안 대한민국은 탄생 이후 처음으로 물가안정을 이루고, 일관된 규칙하에 공정한 경쟁을 펼칠 수 있는 안정적인 시장경제 체제에 발을 들여놓을 수 있었다. 이후에 대한민국이 갈팡질팡하면서도 큰 궤도에서 이탈하지 않도록 탄탄한 경로를 설정하는 데 성공한 것이다.

전두환은 어떻게 해서 김재익이라는 인물의 노선을 따를 수 있었을까? 시장경제 체제가 온전히 작동하도록 하는 안정화 노선에선 인위적인 가격 규제나 수입 통제 같은 대증요법을 쓸 수 없다. 국민 여론에 민감한 대통령의 입장에서는 선뜻 실행하기 힘든 방안이었다. 이는 박정희가 시효가 끝난 것이 명백한 관 주도 경제 체제를 포기하지 못했던 이유이기도 했다. 그런데 전두환은 이 노선을 채택했고, 임기 전반 동안 강력하게 밀어붙였다. 이에 대한 답을 찾기 위해서는 전두환과 김재익이 만나던 첫 시기로 거슬러 올라가야 한다.

전두환에게 '먹고사는 문제'가 절실했던 이유

전두환과 김재익이 만난 것은 국보위 시절, 시장 참가자들에게는 향후 시행될 경제 정책의 향방을 예측할 수 없어 암흑처럼 느껴지던 때였다. 김재익은 물밑에서 집권을 준비하던 군인 전두환의 '경제 가정교사'가 되었다. 경제 지식이 전무한 막후의 권력자에게 민간 주도의 공정한 경쟁이 펼쳐져야 장기적으로 경제가 안정되고, 그러한 안정이 기반이 되어야 탄탄한 성장이 이루어진다는 신념을 불어넣었다.

김재익은 특히 물가를 안정시켜야 함을 강조했는데, 이를 '부정부패'라는 정치적 개념과 연결시켜 설명했다.

> "… 물가상승은 결국 돈을 마구 풀었기 때문에 시작된 것이고, 돈을 무분별하게 풀면 공직사회의 비리는 근절되지 않는다는 점을 강조했다. 부정부패 척결이 불가능하다고 설파한 것이다. 또 물가가 안정되지 않으면 실질적인 소득분배가 개선되지 않아 서민층의 삶이 나아지지 않는다는 점을 강조했다. 물가가 안정돼야만 국민들의 삶이 개선되고 정부에 대한 신뢰가

커진다는 점을 전두환에게 각인시켰다."[24]

부정부패를 일소해 민심을 얻고 이를 통해 부족한 정통성을 채우고 싶었던 전두환에게, 김재익이 제시한 논리는 강력한 메아리로 울려 퍼졌다. 그 논리를 들려주는 이가 국제적으로 실력을 인정받은 경제학자이고 그 경제학자가 어려운 논리를 알아듣기 쉽게 설명하는 탁월한 능력을 가졌다는 점도 전두환의 마음을 움직이는 데 일조했다.

전두환이 안정화 시책을 적극적으로 끌어안도록 만든 또 하나의 요소는 그의 인생 내력 자체에 있다. 대통령이 되기 전 전두환의 직업은 군인이었다. 물리적인 힘으로 국가를 보위하는 일에 종사하는 육사 출신 엘리트였다. 화기와 포(砲), 지리와 보급 등 현실에 존재하는 물질과 땅과 사람들과 긴밀하게 얽혀 조직을 구성하고, 국제관계에서의 힘의 역학을 파악하고, 조직원들을 적재적소에 배치해 능력을 발휘하게 만들면서 전투에 참여해 생사를 오가는 경험을 했던, 따라서 매우 현실적으로 사고하고 행동하는 습성을 갖게 된 인물이었다.

전두환이 군에 몸담았던 시기는 6·25 직후였다. 당시 군은 국내에서 가장 큰 힘을 가진, 유일하게 조직화되고 안정된 집단이었다. 그런 집단에서 조직의 생리를 익힌 전두환은 5·16 쿠데타 발발 이후, 박정희라는 '인생의 멘토'를 통해 권력을 장악하고 유지하는 노하우를 배웠다. 그래서 자신을 발탁해 요직에 앉혀준 은사이자 롤모델인 박정희가 총탄에 비명횡사했던 것도 근본적으로는 경제 상황의 악화에서 비롯되었다는 것을 파악하고 있었을 것이다.[25] 박정희라는 권력자의 상승과 하강, 그리고 충격적인 말로를 지켜보며, 자원이 없는 개발도상국에서 권력을 잡고 유지하려면 무엇보다 우선적으로 국민의 먹고사는 문제를 해결해야 한다는 것을 가슴 깊이 새겼을 것이다.

더구나 전두환이 쿠데타로 집권한 시기는 그의 스승이자 멘토인 박정희가 쿠데타를 일으켰던 1961년과 상황이 너무나 달랐다. 박정희가 권총을 차고 한강을 건넜을 때는 나라 전체가 가난하여 '배불리 먹는 것'에 대한 열망이 집권의 정당성을 덮을 만큼 높았다. 전두환이 탱크를 몰고 서울 한복판으로 진군해 육군참모총장을 체포했을 때는 국가적 차원에서 '배불리 먹는 것'이 어느 정도 해결되어 국민들 사이에 '배불리 먹는 것' 이상의 삶에 대한 열망이 넘실거리고 있었다. 박정희가 부분적으로 시대정신을 등에 업고 집권했다면, 전두환은 시대정신을 거슬러 억지로 집권했던 것이다.

이는 박정희의 집권 과정에서 발생한 희생자가 한강에서의 총격전으로 사망한 2명이었던 데 반해, 전두환의 집권은 국방부에서의 총격전과 광주민주화운동 진압에서 대규모의 사상자를 내고 이루어졌다는 점을 통해서도 알 수 있다. 무리한 쿠데타였고, 집권 내내 그것이 무리였음을 증명하는 시위와 불신감이 한반도 휴전선 이남을 가득 채웠다. 그러니 전두환도 알았을 것이다. '먹고사는 문제'가 자신과 5공 정권에 얼마나 중요한 관건인지를.

총칼에 기대어 이루어진 집권이 시대정신을 역행한 것이었다거나, 그로 인해 자신이 어느 한순간도 국민에게 용납되지 않고 있다는 것을 의식 차원에서는 몰랐을 수도 있다. 그러나 전두환의 무의식, 특히 제 개인적 영달과 관련된 부문에서는 뛰어난 능력을 발휘하는 그의 본능적인 감각은 알았을 것이다. 무리하게 손에 넣은 권력을 유지하기 위해서는 어떻게든 경제 상황을 호전시켜야 한다는 것을. 먹고사는 문제'조차' 해결하지 못하면 가까스로 손에 넣은 권력이 순식간에 손가락 새로 빠져나가 버리리라는 것을. 전두환이 김재익의 가르침에 부응하고, 김재익의 혜안이 현실에서 정책으로 실현될 수 있도록 강력하게 뒷받침했던 것은 이러한 절실성에서 나왔을 것이다.

게다가 전두환은 필요성을 느낀 분야에는 맹렬하게 달려들어 배우고 익히는 습성을 갖고 있었다. 25년간 군 지휘관으로 복무하면서 조직 장악력을 키우고, 인재를 발탁해 적재적소에 배치하는 노하우를 익힌 것도 크게 도움을 주었을 것이다. 그에게는 1) 국민에게 호감을 사서 권력을 유지해야 한다는 강력한 동기와, 2) 오랜 세월 쌓아온 조직의 리더로서의 실무 경험이 있었고, 그로 인해 최고의 인재를 발탁해 공동체의 경제가 나아갈 방향을 과감하게 바꾸는 선택을 할 수 있었다.

그의 존재가 '기정사실'로 받아들여진 과정

폭력으로 집권한 자가 임기를 마친 뒤 일반 시민으로 돌아오면 가치 체계가 교란된다. 국민을 학살한 자가 국가의 최고 책임자 자리를 몇 년간 유지했다는 사실, 대량 살상의 전력이 있는 자가 퇴임 뒤 보통 사람들과 똑같은 일상과 자유를 유지한다는 사실은 법치주의를 근간으로 하는 근대국가의 정체성을 흔들어놓는다.

내 아들, 내 딸, 내 아버지, 내 어머니를 하루아침에 잃었는데, 그에 책임이 있는 자가 같은 땅에서 멀쩡히 일상을 누리며 살아가다니. 희생자의 유족은 매 순간 비통함에 젖는다. 유족과 같은 시대를 살아가는 다른 국민도 이 사안에 익숙해지기 힘들긴 마찬가지다. 도저히 납득이 가지 않는 것이다. 그냥 멀쩡하게 살아간다고? 사람을 그렇게 많이 죽였는데? 제집에서 자유롭게 산다고?

기막힌 일이 행해지고, 또 한편에서는 그런 사실을 아무렇지도 않게 여기는 이들이 살아가고 있다는 사실을 어떻게 받아들여야 할까? 중범죄를 저지른 사람이 단죄받지 않고 유복하게 여생을 보내는 현실은 어디에서 비롯된 것일까?

그것은 범죄자가 임기를 채웠다는 사실에서 비롯되었다. 하극상을 벌여 군권을 장악하고 국가의 수장 자리에 오른 이가 '대통령'인 상황이 하루하루 연장될수록, 그의 존재는 '기정사실'이 되어간다. 그가 되돌릴 수 없는 실체가 되어가는 과정은 차근차근 진행되며 공고해진다.

국민의 피로 물든 손을 가진 범죄자라고 쳐다보기도 싫어하던 주한미군사령관이 마침내 그를 만나고, 미국의 새로운 대통령 당선자인 로널드 레이건이 그를 우방국의 대통령 자격으로 초대하고, 신문과 텔레비전 화면을 통해 그 이미지를 지켜본 국민들이 그를 '우리나라 대통령'으로 받아들이게 된다. 언론통제와 조작을 통해 지속적으로 흘러나오는 메시지를 보며 차츰 그가 강직하고, 리더십 있으며, 청렴하고, 그러면서도 소탈하고 유머 감각 있는, 인간미 넘치는 사람이라고 생각하게 된다.

이런 이미지는 먹고살기 위해 많은 시간을 일터에서 보내야 하는 사람들, 하루라도 일하지 않으면 당장 먹을 것을 구할 수 없는 이들에게 더욱 여과 없이 전달된다. 현상의 배후에 있는 진실을 보기 위해서는 그를 파헤쳐 볼 만한 시간과 마음의 여유가 있어야 하는데, 그럴 만한 여유가 없는 이들은 눈에 보이는 이미지, 귀에 들려오는 소리를 그대로 받아들이게 되기 때문이다. '나라'가 정해놓은 규칙과 금기를 지키지 않으면 언제 직장에서 잘릴지 모른다는 엄포가 사방에서 전해져 오는 상황에서는 더더욱 '나라'로 보이는 이미지들에 순응하지 않을 도리가 없다.

사회 구성원의 다수가 먹고살기 위해 '반드시 일해야 하는' 노동자라는 사실은, 전두환이라는 범죄자가 신임 미국 대통령 레이건과 만나고 돌아온 뒤 남은 임기 동안 무사히 대통령 자리를 유지할 수 있었던 '이해할 수 없는 스토리'와 긴밀하게 연결된다. 국민은 불법적인 통로로 집권한 이가 매끈한 모습으로 자꾸 시야에 들어오는 것을 보면서, 차츰 그를 기정사실로 받아들였다. 당장 새벽부터 일하러 가야 하는 이의 입장에서는, 받아들이기 싫어도 받아들일 수밖에 없었을 것이다.

한 사람 두 사람에게서 시작된 이러한 순응은 광범위하게 퍼져나가고, 대세가 되었을 것이다. 물론 가슴 깊숙한 곳에까지 스며든 순응은 아니었을 것이다. 그러나 훗날을 기약하기 위해서라도, 사람들은 일단 초점을 자신의 일상과 생명체로서의 항상성 유지에 맞추어야 했다.

단죄의 어려움과 아이러니

독재자의 치세가 끝난 뒤 그의 치하에서 일했던 이들을 모두 한데 묶어 비난할 수 없는 이유가 여기에 있다. 독재자가 총칼을 휘두르며 권좌에 다가갈 때도, 권좌에 앉아 거들먹거릴 때도, 국민의 시위와 투쟁에 독재자가 위태롭게 흔들릴 때도, 사천만 국민의 삶은 계속 이어져야 했다. 젊은이들은 사회에서 한자리를 차지하기 위해 애쓰고, 자식을 둔 이들은 가족들을 건사하기 위해 출근해야 했다. 독재자와 그에게 부역한 세력에 대해 단죄를 하려면, 단죄의 대상이 되는 이가 개체로서 항상성을 유지하기 위해 '어쩔 수 없이' 그 체제에 복무했는가 아닌가를 판별해야 한다는 말이다.

그런데 이 작업이 그렇게 간단치가 않다. 자신이 속한 곳에서 정직하게 능력을 발휘해 삶의 의미를 만들어내기 위해 분투한 사람 혹은 나와 내 가족이 하루하루 먹고살 거리를 마련하기 위해 어쩔 수 없이 일한 사람과, 출세와 영달을 위해 독재자에게 적극적으로 부역한 사람을 어떤 기준으로 나누어야 할까?

전두환은 이런 점을 잘 알고 십분 활용했다. 그는 자신이 국가 운영을 잘 해내면 살아남을 수 있다는 사실을 알았다. 실력 있는 인재를 기용해 공동체가 잘 돌아가게 만들면 그 인재가 세운 공이 그대로 자신의 것이 된다는 사실을 꿰뚫고 있었다. 발탁한 인재가 자신의 오른팔과 왼팔, 얼굴과 다리가 되어 자신을 보호할 것이고, 훗날 단죄의 시간이 오면 자신의 일부가 된 이들이 세운 공로를 방패막이로 내세우면 될 것이었다.

실제로 전두환은 퇴임 뒤 단죄의 철퇴가 날아올 때마다 자신이

'물가를 안정시키고', '전 국민의 중산층화를 이룩하고', '전화 적체를 문제를 해결해 IT강국의 씨앗을 만들었고', '반도체 개발의 기반을 닦았고', '올림픽을 유치해 성공적으로 준비했다'고 소리높여 외쳤다.[26] 전두환이 외치는 '공'이 모두 5공 당시 그가 기용했던 뛰어난 행정 관료들의 아이디어에 기반한 정책들이었다는 점을 생각하면, 그가 왜 그토록 인재 등용에 신경 썼는지 이해하게 된다. 그는 정통성이 없는 대통령이었기에 역설적으로, 경제와 같은 핵심 분야에 반드시 '실력 있는' 인재를 써야 했던 것이다.

대한민국 역사상 가장 정통성 없는 대통령이 가장 훌륭한 인재를 등용했던 아이러니는 이런 절실성에서 연유했다고 봐야 한다. 전두환은 각 분야에서 가장 실력이 좋은 사람을 찾아내 자리에 앉힌 뒤 권한을 몽땅 위임하는 '통 큰' 리더였다. 분야의 일인자를 찾아내 장관으로 임명한 뒤엔 차관 이하 그 부서 인재에 대한 인사권을 전부 그 장관에게 주었다. 하지만 정권 보위를 위한 자리, 이를테면 안기부장이나 내무부 장관(경찰 지휘권을 가진), 국방부 장관 같은 자리에는 철저히 철저히 측근들을 기용했다.

이는 그가 얼마나 제 안위와 관련된 분야에서 '똑똑했는지'를 보여주는 증거로 남았다. 제 일신상의 안녕과 명예, 권력 획득에 관련되었을 때는 누구도 따라갈 수 없을 만큼 탁월하게 작동했던 그의 지성이 국정 운영에서도 어김없이 같은 패턴을 드러낸 것이다.

5장

정통성 없는 대통령의 속마음

외부에 드러난 사실들만 보면 전두환은 행복한 삶을 살았던 것으로 보인다. 권력을 거머쥐었고, 무사히 임기를 마치고 퇴임했으며, 퇴임 뒤 생의 마지막 33년간 몇 번 단죄를 받긴 했지만 결국 감옥에서 풀려나와 측근들과 골프를 치며 유유자적하다 생을 마감했다.

그렇다면 내면적으로는 어땠을까? 국가 최고 수반의 자리에 앉았다가 사형수로 전락하는 인생의 파노라마를 거치는 동안, 전두환이라는 한 인간의 내면에는 어떤 파고(波高)가 일었을까.

2017년에 출간된 1,900쪽짜리 전두환 회고록 세트를 읽으면 그에 대한 힌트를 얻을 수 있다. 세 권으로 이루어진 이 방대한 분량의 책은 크게 네 가지 뼈대로 이루어진다. 하나는 개인적인 인생에 대한 회고(훌륭한 가정에서 자라 세상에 둘도 없는 배우자와 장인·장모님을 만났지!), 하나는 대통령 재임 시 치적에 대한 강조(내 덕분에 대한민국이 단군 이래 최대 호황을 이루었다고!), 하나는 12·12에 대한 변명(국가를 위기에서 구하기 위해 어쩔 수 없이 했던 일이야!), 하나는 5·18 학살에 대한 잡아떼기(나는 그 폭동과 아무 상관 없어!)이다. 개인적인 회고나 임기 중 치적을 강조할 때도 걸핏하면 12·12와 5·18에 대한 변명을 갖다 붙여서, 독자에게는 거의 회고록 세트 전체가 그 두 사건에 대한 변명으로 불타오르고 있는 듯한 느낌을 준다.

그러므로 이 세 권의 회고록은 글쓴이의 무의식을 지배하는 것이 무엇인지를, 글쓴이가 얼마나 그 두 문제에서 자유롭지 못한지를 역설적으로 보여주는 셈이다. 모두 '구국(救國)'을 위한 것이었다고 남은 생 동안 틈날 때마다 강변했지만 실은 전두환 자신도 알고 있었던 것이다. 자신이 저지른 일이 무엇이었는지를.

자신이 진정 떳떳하다고 생각했다면 길게 늘어지는 변명을 세 권이나 되는 책으로 만들어 출간하지 않았을 것이다. 그런 면에서 그가 쓴 회고록을 읽는 것은 뜻밖의 위로를 준다. 피도 눈물도 없어 보였던 독재자, 제게 잘못이 없다고 진심으로 믿는 듯 보였던 독재자였지만 내면은 편치 않았구나. 오죽했으면 저렇게 시뻘겋게 속을 드러내 보이는 책을 세상에 내놓았을까.

재임 시의 치적을 강조하는 부분도 마찬가지 효과를 낸다. 회고록 2권에서 전두환은 재임 당시 자신이 얼마나 외교를 잘했고, 얼마나 세계적으로 인정받는 지도자였는지를 강조하기 위해 만났던 정상들이 보여준 환대와 찬사를 조목조목 나열한다. 미 대통령 레이건은 땅굴에 관해서 여러 질문을 던짐으로써 "나(전두환) 개인에 대한 관심을 표명하는 제스처를 보였"[27]고, 필리핀 대통령 마르코스는 "용기와 열정과 책임이 합쳐진 위대한 인물을 모셨다."[28]라고 영광스러워했으며, 싱가포르의 리콴유 수상은 "각하의 솔직하고, 직선적이고, 진지하신 대인적 성품과 진실됨에 저는 깊이 매료되었습니다."[29]라고 했다는 것이다.

'반쪽짜리 국가수반'의 트라우마

그러나 구체적으로 들여다보면, 개인적인 호감과 찬사는 일부 독재자로 평가받는 지도자들에게서 나왔고, 민주주의 체제가 정착된 국가의 지도자들에게서는 나오지 않았음을 알 수 있다. 전두환은 '선진국' 정상들이 자신에게 했던 사소한 말이나 행동[30]에 스스로 가치를 부여하며 장황한 설명을 늘어놓음으로써, 일국의 지도자로서 자신이 '선진국'의 정치인과 국민에게 어떤 취급을 받았는지를 역설적으로 드러낸다.

이는 당시 전두환을 보좌했던 다른 이들의 회고를 참고하면 더욱 선명해진다. "미국 측은 레이건 대통령이 '취임하자마자 어떻게 광주에서 수많은 사람을 죽인, 손에서 피가 흐르는 사람을 만날 수 있겠느냐'며 정상회담을 거부했다." 전두환과 레이건 간 정상회담 교섭의 실무를 맡았던 손장래 전 주미 공사가 2013년 3월 4일 국제학술회의에서 한 발언이다. 이 자리에서 손장래는 레이건의 거부로 정상회담이 교착상태에 빠지자 자신이 김대중의 구명 문제를 에둘러 언급했고, 당시 보좌관인 앨런이 이를 레이건에게 귀띔해 비공개 접촉 한 달 만에 정상회담이 성사됐다는 설명을 덧붙였다.[31]

회담 날짜에 맞춰 워싱턴으로 갔을 때, 전두환에 대한 미국 정부의 대접은 싸늘했다. 국빈방문(State visit)은 고사하고 공식방문(Official visit)에 그쳤으며, 워싱턴 덜레스 국제공항에서는 아무런 환영 행사도 없었다. 정상회담 자리에는 공식 통역관도 없이 한국의 외무장관이 통역으로 배석했는데, 두 정상이 마주 앉은 시간은 단 십 분간이었다. 양측의 통역 시간과 회동 앞뒤의 의례적인 인사말을 빼면 길어야 5분, 서로 마주 앉았다가 금방 일어나는 것이나 마찬가지였다. 두 대통령이 직접 선물을 주고받는 시간마저 배정되어 있지 않았다. 상상을 초월한 푸대접이었다.[32]

국내 언론 보도에는 전두환이 타국 공항에서 환영받고, 웃으며 상대국 정상과 악수하고, 부부 동반 만찬에 초대받아 환대받는 장면이 나왔지만 국제사회에서 실제 전두환의 위치는 초라했다. 그는 타국 정상이, 특히 민주주의가 정착된 국가의 정상이 만남을 갖고 나면 '왜 저렇게 나쁜 친구랑 어울리느냐'고 자국민들에게 질책받게 되는 불량배 같은 친구였다.

환영받지 못하기는 정상들 사이에서만이 아니었다. 타국에 거주하는 한국 교민들에게도 마찬가지였다. 전두환의 유럽 4개국 순방을 한 달 앞둔 1986년 3월 6일, 주독 대사 정순근은 "불순 교민의 반정부 시위 등 반정부 시위에 대한 사전 봉쇄 대책의 일환으로 집회 가능성이 있는 대사 관저, 본 시청 앞 광장 및 국립묘지 전면 지역에 재독 한인연합회장의 협조로 행사 당일 자 환영 행사 집회신고를 했다."라고 외무장관에게 보고했다.[33] 타국의 특정 장소를 방문할 때 반대 세력의 시위를 걱정해 '알박기'로 미리 장소를 봉쇄해 놓아야 할 정도로 전두환은 '영이 서지 않는' 대통령이었던 것이다.

망신을 당하는 것은 외국 순방을 나갔을 때만이 아니었다. 타국에서 한국으로 비판 성명을 적극적으로 보내오기도 했다. 1986년 9월 26일, 미국 하원의원 54명이 전두환 대통령 앞으로 편지를 보냈다. 미 의원들은 편지에서 김근태에게 가한 고문을 비롯한 한국 정부의 인권 탄압 사례를 신랄하게 비판하며 "당신(전두환을 지칭)은 앞으로 고문과 학대가 발생할 경우에는 이에 대한 조사가 취해질 것이라는 사실을 알게 되기를 바랍니다."라고 직접적으로 경고했다.[34] 타국의 국회의원들에게 공개적이고 노골적인 경고를 받을 정도로 전두환은 인정받지 못하는 '반쪽짜리 정상'이었다.

그런 일을 당할 때 전두환은 어떤 마음이었을까. 기질적으로 외향적이었던 그는 외국에 사는 한국인들을 만났을 때 무척 반가웠을 것이다. 다가가 손을 내밀어 악수하고 싶었을 것이다. 그러나 상대가 자신에 대해 어떤 생각을 품고 있을지 알 수 없기에 자리를 가려서 다녀야 했다. '용공 세력(=자신의 죄과를 묻는 세력)'이 없는지를 철저히 스크린한 후에만 행사에 참석할 수 있었다. 그의 재임 기간에는 그래서 행사가 잡혔다가 취소되는 경우가 많았다. 취소 사유로는 언제나 '보안상', 혹은 '사정상' 같은 두루뭉술한 이유가 공표되었다.

이렇듯 전두환은 집권 기간 내내 국내와 국외에서 온전한 지도자로 기능하지 못했다. 무언가를 계획하기도 힘들고, 있었던 일을 그대로 밝힐 수도 없었다. 언제나 강압을 통해 반대 세력을 억누르고 그 사실을 은폐해야 하는, 불안정하고 권위가 서지 않는 대통령이었다.[35]

회고록에서 전두환은 '청와대에 있으면서 하루도 마음 편히 잔 날이 없었음'을 호소한다. 북한이 침공해 올까 봐, 천재지변이 일어날까 봐, 경제 상황이 갑자기 나빠질까 봐, 등 국가에 대한 걱정으로 잠을 이루지 못했다는 그의 말은 어느 정도 사실이었을 것이다. 그의 호소는 국가의 대사를 짊어졌던 다른 대통령들도 회고록에서 공통적으로 내비쳤던 심정이다.

게다가 전두환은 육사 출신 대통령이었다. 육사는 신입생들을 혹독하게 훈련시키는데, 그중 대표적인 것이 한밤중에 몇 시간마다 한 번씩 기척을 듣고 즉시 일어나게 만드는 훈련이다. 전쟁이 나면 취침 중이었더라도 재빨리 일어나 무장해야 하기에, 생도들에게 작은 신호에도 잠에서 빠져나오는 습관을 기르게 한 것이다. 이 훈련에 익숙해진 이들은, 훈련이 끝난 뒤에도 깊이 밤잠을 자지 못하게 된다.*

전두환이 청와대에 거주하던 시절 숙면을 취하지 못했던 데에는 이 두 가지 이유, 즉 대통령으로서의 직무에 대한 부담과 육사 출신 직업군인으로서 몸에 익힌 경계 태세가 작동했을 것이다. 그리고 그에 더해, 정통성 없는 대통령을 향한 국민들의 적의라는 또 다른 요소가 또 하나의 원인으로 작동하지 않았을까? 그는 가는 곳마다 불시에 '너는 어떻게 그 자리에 올랐느냐? 광주에서의 학살은 누구의 책임이냐?'를 묻는 사람들과 맞닥뜨렸고, 이는 그의 재임 기간 동안은 물론, 퇴임 이후에도 거대한 트라우마가 되었을 것이다.

그는 국익에 얼마나 큰 손해를 끼쳤는가

전두환과 정치적으로 가장 대척점에 섰던 김대중의 재임 시절

* 육군사관학교 출신 인사 두 명의 인터뷰 내용을 요약한 것이다. A와 B 모두, 예편한 뒤에도 밤에 숙면을 취하지 못하는 문제를 호소했다.

과 비교해 보면 전두환이 얼마나 내적으로 불안하고 초조해했을지가 더욱 확연하게 보인다. 김대중은 중·장년기의 대부분을 납치당하고, 고문당하고, 살해당할 뻔하고, 감방에서 추위에 떨며 잠들었던 인물이다. 그러나 김대중은 어디에 가든 도움을 받았다. 독재자의 의지를 실현하는 역할을 맡은 이들에 의해서는 옷이 벗겨지고, 갇히고, 극한의 추위에 노출되었지만, 자발적인 의지를 지닌 개개인에게는 사랑받고, 동정받고, 때로는 사활을 건 원조를 받았다.

사람들은 김대중이 갇힌 교도소 밑에 모여서 찬송가를 부르고,[36] 김대중을 감시하는 역할을 맡았던 교정직 공무원은 존경심을 표하며 책과 커피, 담배를 넣어주었다.[37] 대한민국 영토 바깥에서는 미국 대통령(카터, 레이건)을 비롯한 정치인들과 인권 운동가들이 그를 구명하기 위해 움직였다.

사람들에게 받는 이러한 지지와 사랑 덕에 김대중은 기나긴 투쟁의 나날을 건너 대통령 자리에 올랐다. 재임 기간에 세계적 권위를 지닌 노벨평화상을 수상하기도 했다. 국제인권연맹은 1998년 6월 김대중에게 '올해의 인권상'을 수여했고, 샌프란시스코시와 로스앤젤레스시는 김대중이 방문하는 6월 11일과 12일을 '김대중의 날'로 지정해 환대했다.[38]

1998년 10월 방일한 김대중의 일본 국회 연설이 있었을 때는 김대중을 보기 위해 730명의 중·참의원 중 527명이 참석해, 일본 국회 연설 사상 최다 의원 참석 기록을 남겼다.[39] 러시아, 미국, 유럽의 대학들에서 강연 요청이 쇄도했고, 명예교수직이나 상을 주겠다는 대학과 인권 단체들의 제안이 물밀듯이 들어왔다.[40] 김대중이 지구촌 방방곡곡을 누비며 환영받았던 발자취를 따라가다 보면, 대통령이라는 한 개인의 인품과 삶의 내력이 그가 속한 국가에 얼마나 중요한 브랜드가 되는지를 생생히 실감하게 된다.

명목상 국가수반이었지만 전두환은 상대국의 수반에게, 특히 민주주의가 뿌리내린 국가의 수반들에게 부담이 되는 존재였다. 미국 대통령의 경우, 전두환과 정상회담을 하거나 대한민국에 도움이 되는 정책을 펴려 할 때면 거센 비난과 반대에 부딪혀야 했다. 국민을 살상하고 대통령이 되었다는 내력 때문에, 미 행정부가 내린 결정에 대한 허가권을 쥔 미 국회에서 흔쾌히 예산을 내주려 하지 않았던 것이다.

미 국회가 던지는 질문은 이것이었다. 미국인들의 세금을 어찌하여 국민을 학살한 독재자를 이롭게 하는 데 쓰려는 것인가? 만일 당신이 전두환과 같이 일한다면 그것은 미국 대통령인 당신이 국민을 살상한 살인자를 대통령이라고 공식적으로 인정하는 것과 같다. 어떻게 미국민이 낸 신성한 세금으로 그런 일을 하려 든단 말인가?

취임 후 전두환이 레이건 대통령과 가졌던 정상회담의 막후를 보면 그 맥락이 더욱 또렷해진다. 취임식을 가진 뒤 국가를 통치하고 있었지만 지도자로서 정통성이 없었던 전두환에게 '미국 대통령과의 만남'은 사활을 걸 만큼 중요한 일이었다. 정상 간의 만남은 미국이 전두환을 인정한다는 인증서처럼 작동할 것이었다. 레이건 정부는 이를 잘 알았고, 전두환을 '만나주는' 대가로 여러 청구서를 내밀었다.

'김대중을 살려주는 대가로 이루어졌던 정상회담'으로 알려진 이 만남에서, 레이건은 박정희가 시도했던 핵 개발을 전면적으로 포기할 것을 요구했다. 이에 전두환은 박정희 시절 핵 개발을 주도했던 원자력연구소와 한국핵연료개발공단을 즉각 통폐합시켰고, 82년 말에는 국방과학을 연구하는 과학자와 연구소 직원들을 대규모(839명)로 해고했다.[41] 후일 전문가들에게 국방과학기술을 10년 이상 후퇴시키고, 자주국방 의지를 현저히 떨어뜨렸다는 평가를 받은 퇴행적인 조치였다.[42]

국가 간에 이런 협상이 오가는 경우, 대개 청구서를 받아든 다른 한쪽에서도 묵직한 청구서를 내밀기 마련이다. 그러나 당시 전두환이 내밀었던 청구서는 달랑 하나, 그저 자신과 만나달라는 것이었다. 생각할수록 아쉬운 일이다. 전두환이 정통성 있는 대통령이었다면 레이건이 내민 청구서와 비슷한 중량의 요구 사항을 내걸 수 있지 않았겠는가. 그러나 전두환은 요구 사항을 내걸기는커녕 국가 안보와 국익을 개인적 이익과 맞바꾸었다.

전두환이 정통성 없는 지도자였기 때문에 대한민국이 입은 손해에는 민생과 치안에 관한 것도 있었다. 과거 미국은 범죄를 저지르고 해외로 도피하는 우리나라 국민의 숫자가 가장 많은 나라였다. 미국이 한국의 인권 문제 등을 이유로 한미 범죄인인도조약 체결을 해주지 않았기에, 범죄를 저지른 한국 국적 범죄자가 미국으로 도피하면 잡아들이기가 어려웠다.

한국의 인권 문제 등을 이유로 조약을 체결해 주지 않던 미국은 1998년 2월, 김대중이 대통령으로 취임하자 범죄인인도조약에 서명하자고 먼저 연락을 해왔고, 그해 6월 김대중이 미국 국빈 방문 때 조약이 체결되었다. 오랜 기간 군부 출신 지도자들이 시스템과 법을 지도자 개인의 정적 제거에 이용하는 바람에, 대한민국은 국민의 돈을 갈취하거나 신체에 위해를 가한 이들이 외국으로 도피하는데도

검찰과 경찰이 손을 쓸 수가 없는 상황에 처해 있었던 것이다.[43]

이런 몇 가지 예시만 보아도, 정통성 없는 독재자의 존재가 한 국가의 국익에 얼마나 큰 손해를 초래하는지를 알 수 있다. 정통성 없는 지도자는 국가 이미지를 추락시키는 것은 물론이고, 안보와 교역, 민생과 치안에 막대한 손해를 입힌다.

돈으로 마음을 사야 했던 이의 고뇌

퇴임 후의 상황도 마찬가지다. 퇴임한 뒤 전두환은 언제 어디서 돌이 날아올지 모르는 상황에 놓였다. 직접적인 단죄는 백담사 2년과 수감 생활 2년으로 그쳤지만, 정치적인 상황과 민심에 따라 여기저기서 크고 작은 돌멩이가 날아와 시도 때도 없이 그를 가격했다.

아마도 그는 마음 편히 뉴스를 보지 못했을 것이다. 신문이나 잡지, 책도 자유롭게 보지 못했을 것이다. 언제 화면에 제 얼굴이, 혹은 자신과 일했던 이들의 얼굴이 화면에 나올지 알 수 없기에. 언제 지면에 자신의 이름이, 자신이 통치했던 시절의 일들이, 노골적인 비난의 대상으로 거론되는 것을 보게 될지 알 수 없기 때문에.

퇴임 뒤 전두환은 집으로 찾아오는 이들에게 현금이 든 봉투를 건넸다. 백만 원에서 천만 원 단위까지, 사람에 따라 다른 액수가 든 봉투를 건넸다고 한다.[44] 가족들에게는 숄더백에 현금을 채워 넣어 거액 단위로 가져가게 하기도 했다.[45] 때론 '통 크게 베풀 줄 아는' 사람이라는 호평을 받게 만든 전두환의 이런 행위에는 그를 이루는 모든 것이 집대성되어 있는 듯한 상징성이 있다.

찾아오는 모든 이들에게 돈을 건넸다니. 생각할수록 웃음이 나오지 않는가. 돈을 주지 않으면 아무도 자신을 좋아하지 않을 거라 생각한 어린아이가, 훔친 돈을 집 안에 몰래 숨겨놓고 만나는 사람마다 뭉텅이로 건넨 격인 것이다. '돈'은 타인의 시간과 노력, 자유를 수여자의 의지에 복속시킬 수 있는 막강한 힘을 가진 물건이다. 그렇기에 역설적으로, 사람들은 돈을 주고받는 행위에 섬세하게 대처한다.

전두환이 했던 행위가 얼마나 무신경하고 저급한 것인지 감을 잡기 위해서는, 우리네 일상생활에서 현금이 오갈 때 어떤 분위기가 형성되는지를 떠올려 보면 된다. 함께 한 활동에 대해 각자 부담해야 할 돈을 내거나 물건을 사고파는 교환 행위에 따라 지불하는 것이 아닌 범주에서 현금을 직접 건넬 때, 사람들은 극히 조심스러운 태도를 취한다. 성인이 성인에게 현금을 전할 때는 계좌이체를 하거나, 봉투에 넣어 상황에 맞는 멘트와 함께 조심스럽게 건네는 방식을 선택한다.

돈을 건네는 이가 받는 이보다 더 겸연쩍어하고 조심스러워하는 경우가 왕왕 발생하는 것은 이러한 메커니즘 때문이다. '돈'이라는 막강한 물건을 아무런 장치 없이 난폭하게 건네 상대와의 관계를 해칠까 우려하면서, 행여 상대에게 수치심이나 열패감을 주지 않도록 신중하게 심리적 장치를 마련한 뒤 건네는 것이다.

그러나 우리의 전직 대통령, '전두환'이라 불리는 이 무지막지한 사내에게는 그런 '마음'이나 '감성'이 없었다. 그는 그저 '돈'이라는 힘센 물건을 건넴으로써 사람들에게 지지받고, 그로 인해 제 안위를 지켜나가겠다는 단순한 열망에만 집중했다. 글자 그대로 '돈으로 사람의 마음을 샀던' 것이다.

대한민국 현대사의 장면 중 가장 천박한 장면을 꼽으라면 나는 단연코 이 장면, 퇴임한 전직 대통령이 찾아오는 이들 모두에게 현금 봉투를 살포한 이 어처구니없는 장면을 꼽겠다. 그것은 전두환의 정신세계를 보여준 가장 선명한 에피소드이자, 그의 무지성과 몰지각함이 순도 백 퍼센트로 드러난, 어쩌면 '행위예술'이라 불러주어야 할지도 모르는 진귀한 해프닝이었다.

평생에 걸친 억하심정의 근원에는

퇴임 후 김대중의 삶은 이와 반대였다. 자식들과 관련된 과오들로 비판받았지만, 김대중 자신의 인생 역정 때문에 비난받거나 돌을 맞는 일은 없었다. 언제 재판정에 끌려갈지, 재판정에서 어떤 형을 선고받을지 몰라 불안해하고, 뉴스에서 언제 독재의 상징으로 제 얼굴을 보게 될지 몰라 불안해하며 살지 않았다. 세계 곳곳에서 강연, 행사, 시상을 위해 초청장을 보내오고, 관련 책이나 영상의 제작 소식이 날아왔다. 존경과 환대에 휩싸인 여생이었던 것이다.

이 세상에서 맞았던 마지막 순간을 보면, 두 사람이 후대에 어떻게 기억될 운명인지 예측 가능해진다. 김대중의 장례식은 국장으로 거행되었다. 현직 대통령과 전직 대통령을 비롯한 3부 요인과 사회 각계 인사들, 주한 외교사절이 참석했다. 전 미국 국무장관, 전 중국 국무위원, 전 일본 중의원 의장 등 11개국의 조문 사절단이 참석했고 지구촌 곳곳에서 조전(弔電)이 날아들었다.

전두환의 경우, 장례식은 가족장으로 치러졌다. 빈소는 한산했고, 신군부 출신 정치인 혹은 극우 인사 외에는 조문 온 정치인을 거의 찾아보기 힘들었다. 정부가 타국에 부고를 알리지 않았고, 외국에서 사절이 오지 않았던 것은 물론 해외 각국에서 외교부로 정상들이 보내온 조전도 없었다.

이렇듯 조금 떨어져서 인생 전체를 놓고 조망해 보면, 무력으로 정권을 잡았던 무인 대통령의 삶이 과연 행복했을까, 하는 의문이 든다. 당장 눈앞에 보이는 것만 믿고 좇았던 군인, 가시적인 것 이면에 도사린 함의를 볼 지성이 없었던 쿠데타 주역 전두환이 만일 1979년으로 되돌아간다면, 그는 그때도 12·12를 일으킬까? 정상에 오르기 위해 저질렀던 일이 평생에 걸쳐 치러야 할 불안과 사천만 국민들로부터의 증오라는 죄과로 돌아오리라는 사실을 안다면, 그래도 국민을 학살하고 권좌에 오를까?

사람은 가능성이 아예 없을 때보다 일말의 가능성이 보일 때 한계 상황을 더 못 견뎌 하는 법이다. 2년의 수감 생활 뒤 교도소 밖으로 나온 전두환은 남은 평생 자신이 '훌륭한 대통령'으로 자리매김될 수 있으리라는 미망에 매달렸다. 비난의 화살이 날아올 때마다 "왜 나만 갖고 그래!"라고 억하심정을 내비쳤던 것은 그런 미망에서 유래했을 것이다.

세상 곳곳에서 시도 때도 없이 날아오는 비난의 말이 그에게는 어처구니없고 불합리하게 여겨졌으리라. 그와 그의 가족이 느꼈을 불안과 억하심정을 생각해 보면 전두환이 2년 동안 수감 생활을 한 뒤 감옥 밖에서 여생을 보낸 것이, 남은 생 내내 감옥에 머물며 모든 걸 포기하고 현실을 받아들인 뒤 마음의 안정을 얻는 것보다 더 정교하고 강력한 단죄였을지도 모르겠다는 생각이 든다.

6장

좋은 남편, 잔인한 학살자

횡단보도 맞은편에서 아는 사람이 건너온다. 반가워서 손을 흔들려는데, 상대가 무표정한 얼굴로 지나쳐 간다. 이럴 때 사람들은 어떻게 반응할까?

이때 보이는 반응의 양상에 따라 사람을 두 부류로 나누어보자. 하나는 원인을 자신에게서 찾는 부류, 또 하나는 원인을 외부에서 찾는 부류이다. 전자의 부류는 인사 없이 지나가 버린 지인에게 자신이 혹시 잘못한 게 있지 않은지 우선 짚어본다. 내가 기분 상하게 한 적이 있나? 생각해 보니 지난번에 만났을 때 했던 말이 상대를 기분 나쁘게 했던 것 같다. 그 외에도 이것저것 마음에 걸리는 게 있다. 후자의 부류는 생각한다. 저 사람이 화장실이 급한가? 아니면 집에 안 좋은 일이 있나? 대체 왜 저래? 후자는 잠깐 생각해 보다가, 이내 갈 길을 간다.

일어난 일에 대한 귀속 요인을 자기 자신에게서 주로 찾는 전자의 부류를 좋은 쪽으로 해석하면 '자기 성찰 능력이 뛰어나다'고 할 수 있을 것이다. 뭐든지 우선 자기를 돌아보고 고칠 점을 찾는다는 면에서, 변화하고 발전할 가능성이 높은 인물상이다. 반면 이런 점이 지나치면 이런 부류는 뭐든지 자기 탓을 하며 의기소침해지는 함정에 빠질 수 있다. 외부 요인이나 사회 구조적인 문제 때문에 일어난 일을 자기 탓으로 돌리며 현실에서 힘차게 나아가지 못하는 것이다.

벌어진 사건에 대한 귀속 요인을 타인 혹은 외부 환경에서 주로 찾는 후자의 부류를 좋은 쪽으로 해석하면 '상황 파악 능력이 뛰어나다'고 할 수 있을 것이다. 특정 상황에 대한 원인을 자신이 아닌 다른 요인에서 찾는 이들은 상황을 여러 각도에서 살피며 종합적인 판단을 내릴 수 있다. 그러나 이런 점이 지나치면, 이런 부류는 뭐든지 남 탓을 하는 무책임함에 빠질 수 있다.

사람들은 대부분 이 두 가지 경향 사이에서 왔다 갔다 한다. 때로는 원인을 제게서 찾고, 때로는 원인을 외부에서 찾으며 발생한 일에 그때그때 다르게 반응하며 살아간다. 가장 바람직한 것은 자신을 돌아보면서 동시에 외부 요인도 같이 고려하는 균형감각을 발휘하는 방식일 것이다. 그런데 간혹, 이 두 가지 중 한쪽 경향만 일관되게 드러내 보이는 사람들이 있다. 언제나 자기 탓만 하거나 반대로 남 탓만 하는 이런 이들은, 주위 사람과 불화를 일으키고 상황을 악화시킨다. 특히 이런 인물이 사회에서 영향력을 발휘하는 정치인이 되는 경우 문제는 심각해진다.

정치인의 주요 임무는 공동체 구성원들에게 내재한 다양한 욕망을 조율해 내는 일이다. 그 일을 잘 해내기 위해서 필수적으로 갖추어야 하는 것은 '사람'을 꿰뚫어 보는 시선이다. 사회에는 다양한 욕망을 가진 사람이 있고, 심지어 한 사람의 내부에도 상충하는 정반대의 욕망이 도사리고 있다. 정치인은 누군가가 표방하는 말이 실제 그 사람이 욕망하는 것과 다를 수 있다는 점을 파악하고 언제나 긴장감을 유지해야 한다. 자신이 상대하는 이가 진정으로 원하는 것이 무엇인지를 파악하는 기민함도 장착해야 한다. 상대의 내면에 도사린 진짜 욕망을 알아야 그 욕망을 충족시켜 주거나, 부분적으로 충족시켜 주거나 아예 억누르도록 유도할 것 아닌가.

그러기 위해서 선제적으로 갖추어야 할 것은 정치인 자신에게 내재된 다양한 욕망을 읽어내고 대면하는 능력이다. 제 안의 욕망을 읽어낼 줄 알아야 타인의 욕망도 읽어낼 수 있는 법이므로. 그런데 수많은 타인과 만나 그들의 욕망을 읽어내야 하는 정치인이 그들과의 관계에서 발생하는 일의 발생 원인을 정치인 자신에게서만 찾거나, 자신이 아닌 외부 요인들에서만 찾는다면, 그 정치인이 이끄는 공동체는 큰 혼란에 빠지게 된다. 정치인은 국가적·사회적인 차원에서 문제를 문제라 명명하는 사람이기도 하기에, 엉뚱하게 문제를 설정할 경우 문제가 아닌 것이 문제로 명명되거나, 진정 문제로 삼아야 할 일을 전혀 문제로 삼지 못하게 되는 것이다.

과오의 요인을 언제나 외부에서 찾았던 사람

전두환이라는 정치인은 두 부류 중에서 극단적으로 후자에 속하는 인물이었다. 사건의 원인을 자기 자신이 아닌 외부에서 발견하고 책임을 전적으로 타자에게 돌리는 인물. 전두환의 이런 특성은 청년 시절부터 나타났다. 전두환의 후배인 이영진(육사 12기 출신)은 미국 유학 시절 전두환과 함께 지내면서 겪었던 일을 수기로 남겼는데, 그 수기에 이런 대목이 나온다.

> "…원인은 자신이 만들어놓고 그걸 입에 올린다고 남에게 추궁하는 성격, 이것은 타고나지 않으면 아무나 할 수 있는 것이 아니다…"[46]

미국에서 함께 유학하던 시절, 이영진은 어느 날 요청을 받고 전두환에게 차를 빌려주었다. 전두환은 빌린 차를 몰고 나갔다가 두 시간 뒤에 돌아와서 "배터리가 나갔는지 시동이 걸리지 않는다."라고 말했다. 이에 이영진은 차를 서비스센터로 끌고 가서 고쳐놓았다. 며칠 뒤, 전두환이 다시 차를 빌려 갔다. 그리고 몇 시간 뒤 돌아와 예전과 똑같은 소리를 했다. 배터리가 나갔는지 시동이 걸리지 않는다고.

자신이 차를 고장 내놓고 그것이 마치 이영진의 책임인 양 태연하게 자동차 키를 넘겨주는 전두환의 뻔뻔함에 이영진은 울화를 터뜨렸다. 이영진은 비슷한 종류의 다른 일화들을 소개하며 전두환을 "일을 벌이기만 했지 뒷감당을 못 해 남까지 불안하게 만드는 그의 성품을 말해주는 대목이다."라고 표현했다.

이 일화에서 드러나는 전두환의 성향은 훗날 그가 12·12와 광주 학살을 저지른 뒤 보였던 태도와 똑같은 패턴을 보여준다. 1) 일을 저지르고, 2) 후과에 대한 책임을 다른 사람에게 돌리기. 이 과정에서 자신을 돌아보거나, 부끄러워하거나, 저지른 과오를 인정하고 사죄하는 일은 절대로 일어나지 않는다.

이런 특성은 전두환이 사람들과 나누었던 대화의 패턴을 통해서도 여실히 드러난다. 전두환은 폭포수처럼 말을 쏟아내는 사람이었다. 누군가와 마주 앉으면 시종일관 혼자서 말했다. 대화 도중 상대에게 넉살 좋게 농담을 건네고 근황을 물었지만, 상대가 충분히 답할 기회를 주지는 않았다.

물론 예외가 있긴 했다. 기능적으로 필요한 지식이 있을 때, 즉 경제 정책이나 군 정책, 정치적 방향 설정을 위해 전문가의 도움을 받아야 할 때는 인내심을 가지고 경청했다. 그가 경제학자인 김재익을 초빙해 집중적으로 가르침을 받았던 것이나, 검사 출신이면서 상황 판단 능력이 뛰어났던 박철언의 말에 귀 기울였던 것은 잘 알려진 일화다.

그러나 전두환이 누군가의 말에 진지하게 귀 기울였던 것은 그런 몇몇 경우에 한정되었다. 그는 현실에서 필요한 지식, 혹은 사회적 지위 향상을 위해 반드시 습득해야 할 노하우를 전달받는 경우가 아니면 타인의 말에 귀 기울이지 않았다. 대면한 이에게 넉살 좋게 농담을 건네거나 관심을 건넸지만, 상대가 답한 말에 진심으로 관심을 갖기보다 자신이 그에 대해 생각하는 바를 '가르쳐주고', '충고해주는' 방식으로 대화를 끌고 나갔다. 그러다 보니 타인과 주고받는 핑퐁식보다는 전두환 혼자 일장연설을 늘어놓는 방식으로 대화가 진행되었다.

외교관 출신으로 국회의원을 지낸 박동진은 "그분은 대화를 나눌 때 자신의 의견을 말하는 데 대부분의 시간을 보내고 상대방에게 의견을 표시하거나 반응할 수 있는 기회는 별로 주지 않았다."라고 말했고,[47] 주한미군사령관 위컴은 "주로 이야기를 한 쪽은 전두환이었으며 그는 매우 자신감에 넘쳐 보였다."라고 말했다.[48] 전두환은 자신과 다른 역사를 가진 타인의 마음을 들여다보고, 이해하고, 공감하는 방식의 대화를 하지 못하는 사람이었던 것이다. 그가 타인과 만날 수 있었던 최대치는 자신이 우위에 서 있는 관계에서, 자신이 베풀거나 가르쳐주고, 상대가 자신이 베푼 '넓은 도량에 감사하고', 그런 상대에 대해 자신이 뿌듯함을 느끼는 선에서 그쳤다.

오직 자신과 연관된 사람에게만 사랑을 베풀다

전두환은 어디든 동부인해서 다니기로 유명했다. 대통령 재임 시절, 저녁 9시 뉴스의 첫 꼭지에 등장한 화면 속 전두환의 옆에는 많은 경우 배우자인 이순자가 서 있었고, 대통령을 수행했던 이들 중 대부분이 전두환을 배우자를 자상하게 챙기고 배려해 주었던 인물로 기억한다.

당시 사회 분위기나 다른 대통령들의 사례와 비교했을 때, 실제로 전두환은 배우자를 상당히 위해 주었던 것으로 보인다. 이에 대해서는 다양한 추측이 있다. 전두환이 미국에서 교육을 받고 왔기에 부부를 중심으로 하는 미국식 사고를 했기 때문이라거나(주로 비화하고 싶어 하는 측근들이 이렇게 말한다), 가난했던 전두환에게 큰 백이 되어준 처가에 대한 고마움 때문이라거나(주로 비판하고 싶어 하는 이들이 이렇게 말한다).

양쪽 모두 어느 정도 영향을 미치는 요인이었을 것이다. 하지만 내가 보기에, 배우자를 배려하고 챙기는 전두환의 습성을 만든 가장 주요한 요인은 그의 천성이었다. 그는 낙천적이고 강인한 성품의 소유자였다. 한번 연을 맺은 사람은 웬만한 실수를 해도 눈감아 주고 끝까지 같이 갔고, 일단 일을 벌이고 나면 뒤돌아보지 않고 굳건하게 그 방향으로 나아갔다.

대상이 꼭 이순자라는 특정 인물, 즉 쟁쟁한 네트워크를 가진 육군 장성의 딸이 아니었어도, 제 반려자와 잘 지내기 위해 최선을 다했으리라는 말이다. 자신을 무척 사랑했던 전두환은 자신의 주변 사람들도 매우 사랑했다. 주변 사람들과 잘 지내는 것이 결국 자신에게도 최고의 결과를 가져온다는 사실을 본능적으로 체감했기 때문이리라.

보통의 경우, 이러한 특성은 매우 바람직하다고 여길 수 있다. 그러나 전두환이라는 특정 인물의 경우에는 이런 특성을 단순히 바람직하게만 여기고 넘어갈 수 없다. 미국에서 힘겨운 훈련을 거친 뒤 받은 돈을 모아 배우자에게 줄 비싼 겨울 코트를 산 전두환,[49] 사기를 당해 막대한 재산을 날린 장인에게 그동안 모아둔 돈이 전부 들어있는 통장을 통째로 넘긴 전두환,[50] 수감 시절 손주들에게 옛날이야기를 들려주기 위해 부지런히 동화책을 읽고 암기했던 전두환.[51] 그가 자상하게 아껴주며 대했던 이들의 범위가 꼭 가족에 국한된 것도 아니었다. 공수특전단 여단장 시절, 그는 겨울에 주변 논에 물을 부어 얼린 후 장병들과 가족들이 스케이트를 탈 수 있도록 해주고, 부대 내 교회에 유치원을 만들어 자녀들을 돌봐주도록 했다.[52] 그는 자신의 가족과 부하, 혹은 같은 조직에 속한 이들을 끔찍하게 챙기는 사람이었다.

문제는 정확히 이 지점에 있다. 전두환이 배려하고 사랑을 베푸는 사람의 범위가 자신과 직접적으로 연관된 경우로 한정된다는 것. 그는 광주 시민들이 공수부대의 대검에 난자된 데 대해 눈 하나 깜짝하지 않고 '용공 세력' 운운했고, 난데없이 갑자기 삼청교육대로 끌려가 희생당한 이들의 사례에 대해 '불량배 소탕'을 들먹이며 딴청을 부렸다.

1982년 2월의 '봉황새 1호' 군용기 추락 사건은 그런 전두환의 기질을 압축해 보여주는 듯한 사고였다. 대통령 재임 시절 제주도를 방문했을 때, 악천후 상황임에도 대통령 경호를 명분으로 헬기를 띄우게 했고, 그 결과 수십 명의 특전사와 공군이 사망했다. 하지만 전두환은 이를 모른 척하며 예정된 행사를 진행했다. 이렇듯 그는 자신 때문에 타인들이 희생된 사건 앞에서 거짓말을 하거나 모른 척하는 방식으로 책임을 회피해 버렸다. 자신과 얼굴을 본 적이 있는 가까운 이들에게는 지극정성을 다했지만, 얼굴을 본 적이 없는 타인에게는 공감하거나 연민을 느끼지 못하는 인물이었다.

전두환이 자신과 관련된 이들에게 아낌없이 베풀며 잘해주었던 정도는 자신과 관련 없는 이들에 대해 보였던 무관심과 무지, 잔인함과 정확히 반비례한다. 근본적으로, 자신과 가까운 이들에게 공감하고 그렇지 않은 이들에게 무관심한 것은 '인간'이라는 종에 보편적으로 내재된 성향이다. 하지만 전두환은 극단적이라고 표현할 수 있을 정도로 그 성향이 강했다.

대부분의 사람들은 '나'와 관련된 이들에게 상대적으로 더 관심을 갖고 잘 대해주지만, 그래도 같은 국민 중 특정 지역 사람들이 희생됐다는 소식을 들으면 가슴 아파한다. 같은 땅에 사는 사람으로서 고통을 느낀다. 그런데 전두환은 그렇지 않았다. 가슴 아파하기보다 희생된 이들을 타자화하기 바빴다. '무고한 시민들이 희생되어 가슴이 아프다'고 하기보다 '군경의 무기를 빼앗은 폭도들이었으니 진압할 수밖에 없었다'고 잘라 말했다.

이런 사람을 어떻게 보아야 할까. 보통 사람이 아니고 '지도자'였다는 점을 염두에 두어도, 이해하기가 쉽지 않다. 자신과 똑같은 팔다리, 얼굴, 몸, 호흡기를 가진 한 사람의 생사가 관련된 일인데, 어떻게 그런 태도를 보일 수 있는가.

이 문제는 상상력의 차원에서 답을 찾으면 한결 이해하기 수월해진다. 전두환은 상상력에 한계가 있었던 것이다. 나와 가까운 사람, 그래서 내가 잘해주면 결국 그 결과가 내게 보탬이 되는 방향으로 돌아오도록 되어 있는 사람이 아닌 '진정한' 타인을, 얼굴 한번 본 적 없는 낯선 생명체를 나와 같은 인간으로 인지하고 그의 희로애락을 떠올려 공명할 수 있는 능력의 한계가.

내 이익에 직접적으로 연관되어 있지 않은 이의 희로애락에 이입할 수 있는 마음은 그런 상상력에 바탕한 지성에서 나온다. 이런 지성을 잘 갖춘 이들일수록 내 가족을 넘어선 마을 공동체, 지역 공동체, 국가 공동체, 심지어는 바다 건너 다른 지구촌 공동체 구성원들에게 공명한다. 먼 곳에 있는 그들이 어려움을 당하면 가슴 아파하고, 도움이 될 만한 일을 찾아 나선다.

그러면 이제 이런 질문을 던질 차례다. 유난히 자신과 가까운 사람에게만 충실한 사람들, 생면부지의 타인에겐 놀라울 정도로 무관심하거나 무자비한 사람들은 왜 그런 성향을 띠게 되는 것일까.

그렇게 되도록 예정된 유전인자를 타고나는 것일까. 아니면 생의 특정 기간의 경험을 통해 후천적으로 그런 경향을 습득한 것일까. 나는 그 원인을 후천적인 요인인 '자기 성찰'의 습관에서 찾으려 한다. 이는 이 장의 서두에서 기술했던 전두환의 성격적 특성, 즉 특정 사건의 발생 요인을 자신이 아닌 외부에서 찾는 성향과 연결된다.

낙천적이고 강인하며 시작한 일을 결기 있게 밀고 나가는 특성은 인간으로서 갖추면 좋은, 바람직한 특성이다. 그런 기질이 있어야 비관에 빠지지 않고, 제가 가진 것에 만족하며 힘차게 인생이라는 배를 노 저어 갈 수 있다. 그러나 그런 특성이 그 사람이 가진 유일한 특성이자 기질이 된다면, 그것은 문제가 될 수 있다. 사람은 실수를 저질렀을 때 제 과오를 돌아보고 반성해야 향후 같은 일을 반복하지 않게 되는데, 돌아보고 잘못을 성찰해야 하는 순간에조차 '난 잘한 거야!' '괜히 기죽을 필요 없어!'라고 외치며 계속 앞으로 나아간다면, 그 사람은 이후로도 같은 실수를 반복하게 된다. 부끄러움을 통해 나의 유한함과 타인의 유한함을 나란히 놓고 연대감을 느끼는 인간종 특유의 특별한 화학작용도 일어나지 않는다. 나의 유한함을 직시한 사람만이 타인의 유한함을 알아보고 연민할 수 있는데, 자신의 결함과 마주 서서 정면으로 대결한 적이 없는 사람은 관성적으로, 그저 내게 이익을 가져다줄 수 있는 사람에게만 마음을 주게 되는 것이다.

스스로의 내면 깊숙한 곳과 만나지 못했기에

그러나 전두환은 기본적으로 사람을 좋아하는 인물이었다. 누군가 접근해 오길 기다리기보다 먼저 나서서 호감을 표하고 손을 내미는 편이었다. 백담사에 다녀오는 과정에서 분노하고 서운해했으면서도 노태우에게 만나자고 먼저 연락을 했고, 재임 당시 그토록 제거하려고 노력했던 '용공 분자' 김대중이 대통령으로 취임한 뒤 자신을 '전임 대통령' 자격으로 초대했을 때 반색하며 청와대로 달려갔다. 자신을 감옥으로 보낸 김영삼의 부고를 들었을 때도 장례식장에 가서 조의를 표했다.

이후 전두환은 틈날 때마다 '김대중 대통령 재임 시가 가장 좋았다'고 회고하며 전임 대통령으로서 초대받고 대접받은 것에 대한 기쁨을 노골적으로 드러냈다. 같은 자리에 초대받았던 김영삼이 전두환과 한자리에 앉게 된 것에 대해 노골적으로 불쾌감을 표하며 싸늘하게 앉아 있다가, 이후 다시 날아온 청와대 초청에 '쿠데타 세력과 함께하고 싶지 않다'고 말하며 응하지 않았던 것과는 대조적인 처사다.

국민의 입장에서 보면 두 명의 아이를 보는 느낌이다. 한 명은 그저 누군가 자신을 인정해 주면 좋아서 어쩔 줄 모르는 아이, 다른 한 명은 앙심을 품고 토라져서 절대로 마음을 풀지 않는 꽁한 아이. 대한민국의 11·12대 대통령 전두환은 그런 사람이었다. 과거에 어떤 일이 있었든 자신이 현재 어떤 지형에 서 있든 개의치 않고 무조건 자신을 환대해 주는 사람을 향해 활짝 웃는 사람. 두 팔을 벌리며 환호하는 사람.

사람을 향한 전두환의 이런 해바라기 성향은 그의 핵심 특성과 어떻게 연결되는가. 그 연결고리는 그가 자기 자신과 만나지 못하는 유형의 사람이었다는 데서 찾아야 하리라. 한 사람이 살면서 잘 지내야 하는 대상은 타인만이 아니다. 사람은 자기 안에 있는 수많은 '나'들과 만나 협상하고, 대결하고, 때로는 잘 보듬어야 한다. '잘못을 저지른 나'와는 특히, 공을 많이 들여서 만나야 한다.

대개 사람은 '잘못을 저지른 나'를 못 본 척하고 그건 내가 아니라고 말하고 싶어지는 법이다. 그럼에도 불구하고, 그런 '나'와 만나야 한다. 정면으로 마주 서 그것이 나를 이루는 수만 개의 자아 중 하나임을 인정하고, 그런 '나'가 생겨날 수밖에 없었던 상황을 면밀히 살펴야 한다. 그래야 나의 다른 자아들과 그 자아들이 행한 일들을 이해할 수 있다. 내 일부 자아의 잘못을 인정하고 성찰해야 '나'라는 복합적인 생명체를 제대로 인식할 수 있다.

이 과정을 잘 해낸 사람이, 타인과도 잘 만난다. 나의 못남을 직시하고 손으로 주물럭거려 본 사람만이, 못난 타인을 포용할 수 있다. 적대시하거나 악마화하지 않고 '결함이 있지만 그래도 존엄한 한 명의 인간'으로 받아들일 수 있다.

전두환은 이런 일을 해본 적이 없었다. 제 몸 바깥에 있는 수많은 사물, 사람, 환경과 접하고 교류했지만, 제 몸 안쪽에 있는 자신의 영혼과는 제대로 만난 적이 없었다. 자신과 만나기 위해서는 혼자만의 시간을 가지며 자기 내면 깊숙한 곳으로 침잠해 들어가야 하는데, 그가 가진 특유의 '가벼움'은 그런 시간을 허락하지 않았다. 그가 가진 수많은 자아 중 비교적 심각한 자아가 내면의 상층에서 일정 부분 내려갈라치면 중간에 쳐진 거대한 막에 부딪혀 다시 올라오기

일쑤였고, 그럴 때면 내면의 상층부에 감돌던 '가벼움'이 그의 '비교적 심각한 자아'를 붙잡아 '쓸데없는 생각 집어치우고 어서 앞으로 달려가라'고 다그쳤다.

이렇듯 자신과 대면해 해결해야 할 일을 하지 않았기에 언제나 불안정하고, 미심쩍고, 혼란스러웠던 전두환은 끊임없이 바깥세상을 향해 손을 뻗었다. 눈에 보이는 성과를 만들어내기 위해 분투하고, 사물과 사람들을 제게로 끌어모으기 위해 (무력 사용을 포함한) 갖가지 방법을 동원하고, 눈앞에 있는 사람에게 적극적으로 호감을 표하며 다가갔다. 하지만 그는 만족할 수 없었다. 진정으로 만나야 할 자기 내면의 인물과 만나지 못했던 그가 잠깐이나마 움켜쥐었던 외부 요소들, 재물과 직위와 영향력과 타인에게서 받던 호감은 시간이 지나면 썰물처럼 빠져나가 버렸고, 그는 시종일관 외부를 향해 손을 내밀며 버둥거렸다. 돈을 살포해 타인의 마음을 붙잡으려 했다.

전두환은 억울했을 것이다. 왜? 내가 그렇게 잘해줬는데, 그렇게 노력했는데, 왜 나를 이해하지 못하지? 왜 고마워하지 않지? 집권 과정에 '약간의' 잡음이 있었던 건 사실이다. 상황상 '어쩔 수 없이' 상관을 체포해야 했고, 북한이 쳐들어오고 김대중 같은 '용공 분자'들이 그에 호응해 나라를 뒤엎을 뻔한 백척간두의 위험에서 나라를 구해야 했다. 내가 하고 싶어서가 아니라 조국의 '운명'이 불러서 어쩔 수 없이 대통령 자리에 오른 것이다. 그런데 왜 툭하면 나를 비난하는가. 왜 자꾸 불러내 청문회를 하고, 법정에 세우고, 심지어 돈까지 토해내라고 난리를 치는가?

이제 끝났다 싶으면 다시 발생하는 또 다른 시비와 말썽, 송사 때문에 그는 골머리를 앓았다. 그리고 화가 나서 견딜 수 없었다. 내가 반란수괴라고? 정통성이 없다고? 그럼 노태우는! 김영삼은! 내가 태어나지 말았어야 할 존재였다면 내 피를 수혈받은 노태우와 노태우의 피를 수혈받은 김영삼은 태어나도 되는 존재였단 말인가!

집 앞 골목에서, 골프장에서, 고급 레스토랑에서 전두환은 목청 높여 외쳤지만 그에게 가해지는 단죄의 철퇴는 꾸준히, 사방에서 날아왔다. 자신과 만나는 데 한 번도 성공하지 못한 인물에게, 세상은 정말이지 이해할 수 없는 곳이었다.

7장

안 되는 일을 되게 했던 시절의 끝

5공화국 후반, 전두환 정권을 흔든 세 가지 사건이 일어난다. 부천서 성고문 사건, 박종철 사건, 이한열 사건이다.

그중 가장 먼저 일어난 것은 '부천서 성고문 사건'이다. 1986년 7월 3일, 대학생 출신 노동운동가 권인숙이 부천경찰서의 수사과 형사 문귀동을 인천지검에 고소했다. 문귀동이 5·3 인천항쟁 건을 조사하던 도중 성추행을 저질렀다는 혐의였다. 그날 권인숙은 공문서변조 및 동행사, 사문서변조 및 동행사, 절도, 문서파손 등의 혐의로 구속 기소되었고, 가해자인 문귀동은 권인숙을 명예훼손 혐의로 인천지검에 고발했다. 검찰은 문귀동을 조사하는 과정에서 성고문이 자행되었음을 이미 파악하고 있었음에도 "사건 당시 성 모욕 행위는 없고, 폭행만 있었다."라고 발표하며 진상을 감추려 했다.

이에 민주화운동단체와 여성단체, 종교단체가 단합해 '성고문

용공조작 범국민 폭로대회'를 열었다. 199명의 변호사들이 인천지검에 사건 재정신청을 하는 등 진상 규명과 가해자 처벌에 대한 요구가 빗발쳤다. 그러나 전두환 정권은 "운동권이 마침내 성까지 혁명의 도구화를 하고 있다."라고 역공을 가하며 '부천서 성폭행 사건'이라 하지 말고 '부천서 사건'이라 쓰라는 보도 지침을 내렸다. 재정신청과 재항고까지 냈으나, 당시 권인숙은 법정에서 승소하지 못했다.[53] 또한 공문서변조 등의 죄로 1년 6개월의 징역형을 받았다.

그러나 이 사건은 두 가지 측면에서 사회에 큰 파장을 남겼다. 첫 번째는 여성과 소수자의 침묵을 깼다는 점이다. 그때까지 여성을 비롯한 소수자들은 생활 속에서 부당한 일을 수없이 겪으면서도 권위나 관습의 이름 아래 이를 묵인하고 있었다. 권인숙이 공권력의 부당한 남용에 정면으로 이의를 가함으로써 이러한 관례에 금이 가기 시작했다. 여성에게 가해지는 성범죄는 가해자가 아닌 피해자를 탓하며 사건이 마무리 지어졌던, 우리 사회의 가장 부조리한 영역 중 하나였다. 이 사건을 시초로 우리 사회는 피해자에게 불이익을 주는 관례에서 벗어나 가해자에게 마땅한 단죄를 내리는 풍토를 형성하게 되었다. 두 번째는 민주화운동의 불씨를 만들었다는 점이다. 이 사건은 당국의 부당한 공권력 남용에 개인이 용감하게 항거하는 전례를 남김으로써 이후 일어날 대규모 민주화운동의 단초를 놓았다.

민주화의 아픈 길: 권인숙, 박종철, 이한열

두 번째 사건은 '박종철 사건'이다. 87년 1월 14일 자정, 서울대학교 언어학과 3학년 학생 박종철이 하숙집에서 치안본부 대공분실 수사관 6명에게 연행되어 물고문을 받다 사망했다. 1월 17일, 동아일보는 사체를 처음으로 검안한 의사인 오연상이 박종철이 고문을 받았을 가능성을 시사한 발언을 보도했다. 경찰은 "책상을 탁 치니 '억' 하고 죽었다."라는 황당한 거짓말을 내놓아 국민의 비웃음과 분노를 샀다.

사건에 대한 의혹이 증폭되자 경찰은 사건 발생 5일 만인 19일에 물고문 사실을 공식 시인했다. 그리고 조한경 경위와 강진규 경사를 고문치사 혐의로 구속했다. 야당과 종교단체, 재야단체는 정확한 사인과 진상 규명을 요구하며 농성과 추모 집회를 개최하였다.

그중 가장 큰 반향을 일으킨 것은 5월 18일 밤 명동성당에서 있었던 천주교정의구현전국사제단의 성명서였다. 홍제동 성당의 주임신부 김승훈이 사제단의 이름으로 "박종철 군 고문치사 사건은 조작되었다."라고 선언했던 것이다. 이 성명서가 발표된 날은 5·18 광주항쟁 7주년 기념일이었다. 20대 청년이 고문을 받다 사망했다는 소식은 들불처럼 번져나가 광주항쟁 진상 규명과 대통령 직선제 개헌을 요구하는 전국 시위를 촉발했다.

전두환은 사태를 제대로 파악하지 못했다. 4월 13일에 "평화적인 정부 이양과 서울올림픽이라는 양대 국가 대사를 성공적으로 치르기 위해서 국론을 분열시키고 국력을 낭비하는 소모적인 개헌 논의를 지양"해야 한다면서 간선제인 현행 헌법 고수를 천명한 것이다. 6월 10일에는 서울 잠실체육관에서 민정당 전당대회를 열어 새로운 민정당 대통령 후보로 노태우를 선출했다. 그러나 바로 그날, 대회장 밖 전국 22개 도시에선 박종철 군 고문 살인 및 호헌 철회 규탄 시민대회가 열리고 있었다. 역사에 한국 현대사의 대표적인 민주항쟁으로 기록되는 6·10항쟁의 시작이었다.

전두환이 대수롭지 않게 여겼던, 혹은 심각성을 알고도 강공책으로 깔아뭉개고 넘어가려 했던 6·10항쟁의 도화선이 된 것은 한 장의 사진이었다. 87년 6월 9일, 연세대에서 시위 중이던 학생 이한열이 경찰이 쏜 최루탄에 맞아 피를 흘리는 모습이 로이터통신 사진기자에 의해 촬영되었다. 이 사진이 신문에 보도된 다음 날부터 대학에는 대형 걸개그림이 걸렸고, 시위 학생들은 이 사진을 손수건·스카프 등으로 제작하여 국민에게 배포하기 시작했다. 결국 이 사진은 군사독재 정권에 종지부를 찍도록 촉매제 역할을 한 결정적인 사진이 되었다.[54] 이것이 5공화국을 흔든 세 번째 사건이다.

1987년 6월 26일, 6월 항쟁은 민주헌법쟁취국민평화대행진으로 정점에 올랐다. 전국 33개 시에서 180만 명이 시위에 참가했고, 경찰은 대규모 시위대의 위세에 밀려 손을 놓고 있다시피 했다. 이날 시위대에는 넥타이를 맨 회사원들이 대거 참여해 눈길을 끌었다. 지금까지 시위에 비판적이던 중산층 시민들이 동참한 것은 전두환 정권은 물론, 미국을 비롯한 전 세계 국가들을 놀라게 한 의미심장한 일이었다.

전두환은 한때 시위 진압에 군 병력을 투입할 방침을 세우기도 했지만 결국 방침을 철회했다. 6·10항쟁이 발발한 지 20일째 되던 6월 29일, 민정당 차기 대권 후보인 노태우가 직선제 수용 방침을 발표했다. 민정당 대표위원인 노태우가 건의하고 전두환이 이를 받아들이는 형식을 취했지만, 이는 전두환이 짠 각본에 따른 것이었다.[55]

'얼굴을 지닌 사건'의 폭발력

직선제 성취에 중요한 밑거름이 된 세 사건에는 공통점이 있다. 사건의 전말이 전 국민의 감각에 구체적으로 새겨졌다는 점이다.

세상에 정의롭지 못한 일은 수없이 일어난다. 그때마다 사람들이 모여들고, 소리치고, 깃발을 들지는 않는다. 심각한 일이 일어났음에도 아무 일 없다는 듯 모두가 침묵하는 경우도 종종 있다. 그러나 어떤 경우엔 주도한 사람이 없는데도 사람들이 이심전심으로 모여들어 왕성하게 의사 표현을 한다.

전자와 후자를 가르는 것은 사람들에게 사건이 구체적으로 감각되는가 여부다. 누가 어디서 갑자기 끌려갔다느니, 어떤 고문으로 몸이 어떻게 됐다느니 하는 풍문은 사람들을 행동하게 만들지 못한다. 소문은 마음에 의심을 뿌릴 뿐, 직접 들고 일어서도록 추동하지 못한다. 구체적인 사례가 눈앞에 나타났을 때, 사람들은 비로소 움직인다.

특정 개인이 이름과 얼굴을 공개하며 자신이 경찰에 의해 성적 침해를 당했음을 공개적으로 표명할 때, 특정 대학생이 고문을 당해 목숨을 잃었음이 주요 언론과 신뢰받는 종교 인사들에 의해 공개되었을 때, 신문에 최루탄에 맞아 사망한 젊은이의 사진이 선명하게 실렸을 때, 사람들은 자리를 박차고 일어선다. 눈과 귀에 들어온 구체적인 사실을 직접적으로 느끼기 때문이다. 희생당한 그 사람과 똑같이 눈·코·입이 달려 있고, 가족이 있으며, 평범한 국민인 내게도 언제든 그런 일이 일어날 수 있음을 자각하기 때문이다.

사람들에게 지도자들이 저지른 악행의 전말이 구체적으로 가닿을 경우, 많은 사람이 한데 뭉쳐 들고 일어날 것이고, 이는 곧바로 정권 퇴진 운동으로 이어질 것이다. 그걸 알기에 독재자들은 기를 쓰고 관련자들의 입을 틀어막고 언론 보도를 통제한다. 진실을 알고 있는 사람을 가두거나 고문하고, 그와 관련된 소식을 '유언비어'라는 딱지를 붙여서 통제한다.

전두환 정권은 그 일에 실패했다. 최루탄이라는 화학물질과 경찰이라는 공권력, 정권의 하수인이 되어버린 사법권력, 정권의 나팔수 노릇에 충실한 언론 권력을 이용해 비리와 부정, 인권유린 실태가 알려지는 사태를 막아보려 했지만, 정권 후반에 들어서서 일어나는 각종 사건들에 연타를 맞으며 결국 백기를 들었다. 권인숙, 박종철, 이한열, 세 젊은이는 국민들이 합심해 일어서는 데 중요한 단초를 제공했고, 국민은 세 젊은이들이 자기희생과 용기로 빚어낸 불씨를 넘겨받아 열렬히 호응해 직선제를 쟁취하는 역사를 써냈다.

6·29민주화선언과 뒤이은 전두환의 수락 발표는 이승만 이후 남한의 주요 지도자들에게 표표히 이어져 내려오던 전통이 대단원을 맞게 되었음을 의미했다. 이승만-박정희-전두환으로 이어져 내려오던 "안 되는 것을 되게 하는 무데뽀의 계보"가 끊기게 된 것이다. 이제 '안 되는 일'은 해서는 안 되게 되었다. 무엇이 '안 되게' 되었는가? 국민의 의사에 반해 멋대로 정권을 찬탈하는 일이었다.

그해 12월 직선제로 대통령 선거가 치러진 이후에도 우리 사회 곳곳에 뿌리내린 '안 되는 일을 되게 하는' 습속은 상당 부분 살아남았다. 하지만 1987년 6월 이후, 국가의 최고 결정권자를 국민이 직접 뽑는 일을 막는 것은 '절대로 안 되는' 일이 되었다. 민주국가의 가장 기본적인 뼈대인 '국민의 자유의사로 대표자를 선택한다'는 개념이 한국 사회에 뿌리내리게 된 것이다.

1980년대의 핵심 모순: 분단 상황

전두환이 쿠데타에 성공해 권좌를 차지하고 대통령으로서 임기를 채울 수 있었던 것은 분단국가라는 대한민국의 상황 조건 때문이었다. 1979년 12월 12일, 쿠데타가 발발했을 때, 군에 대한 통제권을 애매하게 공유하고 있던 한국 정부와 주한미군의 수뇌부가 최우선적으로 염두에 둔 것은 북한의 동향이었다. 남한에서 한국군 사이에 내전이 벌어지는 것만큼 북한에 좋은 빌미를 줄 수 있는 일이 없기에, 양국의 수뇌부는 전쟁 발발 가능성을 놓고 저울질하며 망설였다. 그 결과, 사욕을 채우기 위해 서슴없이 전방의 부대를 빼돌렸던 전두환에게 승리가 돌아갔다. 국민을 적으로부터 보호하는 것이 제일 임무인 군인이, 국민에게 가장 위험한 일을 하고, 그 대가로 권력을 거머쥐는 데 성공한 것이다.

전두환이 임의로 정한 임기를 채우고 무사히 퇴임하는 데에도 분단 상황은 도움이 됐다. 재임 기간, 북한은 전두환에게 모든 것을 해결해 주는 요술방망이로 기능했다. 누군가 대통령의 정통성에 대한 문제를 제기하면, 그 사람을 북한의 사주를 받은 것으로 만들어 감옥에 보내면 그만이었다. 정적을 물리칠 때도 '북한', '김일성의 지령', '간첩' 같은 개념을 동원하면 간단하게 해결되었다. 심지어 돈이 필요할 때에도 북한을 들먹이며 방위성금을 걷으면 그만이었다.

임기 중에 일어난 대형 사건들은 대부분 전두환의 대통령으로서의 위치를 '기정사실'로 만들어주는 결과로 이어졌다. 순방국이었던 버마에서 일어난 테러에 대한민국 관료들이 대거 희생당했을 때, 국민은 '북한'이라는 외부 적의 악행에 치를 떨며 애도 분위기에 잠겼다. 슬픔과 분노에 잠긴 국민에게, 기적적으로 살아남은 전두환은 북한이라는 사악한 적에 맞서 지켜내야 할 '우리' 대통령으로 다가왔다.

대한민국이 '88올림픽'의 개최지로 선정된 것도 같은 효과를 냈다. 국제적인 스포츠 행사의 주최국으로 선정된 순간, 전 국민이 대통령을 중심으로 똘똘 뭉쳐 국가적인 행사를 해내자는 결기를 다지게 되었다. '북한'과 '올림픽에 참가할 외국인들'이라는 강력한 타자들이 '조국'인 대한민국의 존재를 실감하고 그 수장인 대통령을 소중히 여기게 만들었던 것이다.

재미있는 것은 전두환이 임기를 무사히 채우는 데 도움을 주었던 이 같은 상황 조건들이 시간의 흐름과 함께 전두환을 몰락으로 이끌었다는 점이다. 1987년 6월 남한에서 대대적인 민주화 시위가 일었을 때, 미국은 전두환이 쿠데타를 일으켰던 1979년 12월과 똑같은 잣대를 갖고 우방국의 상황을 주시했다. 미국의 기준은 오직 하나, '남한의 안보에 위협이 될 만한 어떤 일도 발생하지 않도록 한다'는 것이었다.

1987년 6월 항쟁 당시, 대한민국 국민은 12·12나 5·18 때와 달라져 있었다. 전국 방방곡곡에서 각계각층이 모두 박차고 나와 민주화를 부르짖었다. 미국의 기준에서 남한 시민들의 이러한 대규모 항쟁은 동북아 안보에 커다란 위협이었다. 그러나 그보다 더 위협적인 것은 6월 항쟁을 무력으로 진압하겠다는 전두환의 의지였다. 탱크를 동원해 시민을 대량으로 살상하는 것은 내전을 의미했고, 내전은 북한의 침공을 부르는 강력한 유혹이 될 것이었다.[56]

대한민국 국민의 확고한 의지를 지켜본 미국은 시위 진압에 군을 동원하려는 전두환에게 무력 진압을 용납하지 않겠다는 시그널을 보냈다.[57] 주한 대사를 통한 미국 대통령의 친서라는 형태로 배송된 시그널 앞에서, 전두환은 망설였을 것이다. 올림픽이 한 해 앞으로 다가와 있는 때였다. 갈팡질팡하는 그의 마음에 올림픽이라는 행사가 이전과는 다른 의미로 떠올라 펄럭였을 것이다.

서울 한복판에서 시민과 정부군 사이에 대규모 유혈 사태가 벌어진다면 올림픽 개최의 꿈은 물거품이 될 터였다. 그것은 자신이 몇 년 동안 사활을 걸고 매달려 온 대형 이벤트가 실패로 돌아간다는 것을 의미했다. 국민과 맞붙었을 때 군부가 전두환의 편에 서줄지도 미지수였다. 군 장성 중 누군가가 국민의 편에 서서 쿠데타라도 일으키면 그야말로 모든 것이 끝장날 것이었다.

망설임 끝에 전두환은 국민의 뜻인 직선제를 받아들였다. 분단 상황이기에 운 좋게 권력에 올라탔지만, 또한 분단 상황이기에 장기 집권 기도에 실패했던 셈이다. 이것은 1980년대라는 시대에 내재된 핵심적인 모순이었고, 이 세상을 '적과 아군'으로 나누어 사고하는 방식 외에는 그 어떤 방식도 생각해 낼 수 없었던 단순 인격체 전두환에게는 죽는 날까지 풀리지 않는 수수께끼였다.

집권 중 전두환에게는 행운이 잇달았다. 뛰어난 인재들의 조력을 받았고, 아웅산 테러에서 운 좋게 살아남았으며, 국제적인 삼저 호황으로 경제 현장에서 훈훈한 봄바람을 맞았다. 올림픽 유치에 성공했고, 직선제를 받아들인 뒤 야당을 분열시켜 평생 친구인 노태우를 후임으로 만들 수 있었다. 하지만 그 모든 행운과 그로 인한 성과들에도 불구하고 국민은 줄기차게 전두환 퇴진 운동을 벌였다. 정통성이 없는 무인 대통령을, 대한민국 국민은 어느 한순간도 받아들이지 않았다. 집권 과정과 재임 기간 동안 온갖 행운의 도움을 받았지만, 전두환에게 자기 시대를 읽어내는 통찰력이 없었기에 국민의 마음을 얻는 데 실패한 것이다.

일보 전진을 위한 반보 후퇴

6·10 항쟁이 시작된 날부터 노태우에게 직선제를 받아들이자고 설득하던 6월 24일까지,[58] 전두환의 마음에선 복잡한 계산이 펼쳐졌을 것이다.[59] 전두환이 직선제 수용으로 가닥을 잡은 것은 낙관적인 전망 때문이었다.

그가 믿는 것은 두 가지였다. 하나는 후임자인 노태우에 대한 신뢰, 또 하나는 그 후에 자신이 계속해서 영향력을 유지할 수 있으리라는 전망이었다.

일단 직선제를 받아들인 뒤 김대중을 자유롭게 해주어 야당 진영의 분열을 초래하면 노태우에게 승기가 돌아갈 것이었다. 대통령 자리가 둘도 없는 친구인 노태우에게 넘어간다면 자신은 막후에서 영향력을 행사할 수 있지 않겠는가. 오랜 세월 군 지휘관으로 살아온 전두환은 그것이 전투에서 지고 전쟁에서 이기는 길이라고 생각했을 것이다. 지금 직선제라는 전투에서 한 번 져준 뒤 상왕이 되어 실질적 영향력을 이어가는 것이 진정한 승리라고 결론지었을 것이다.

마음의 결정을 내린 뒤, 전두환은 시원스럽게 행동에 돌입했다. 노태우에게 6·29 선언을 발표하게 하고, 그에 대한 수락 선언을 한 뒤, 단임 실천 이행을 강조하며 민주주의에 대한 의지를 과시했다. 한편으로는 치밀하게 퇴임 후에 대비했다. 군 인사와 내각 인사를 단행해 친위 세력을 심고, 국회에서 국가원로자문회의 규모와 위상을 강화시키는 법안을 통과시켰다.

그는 퇴임하는 날까지 서슬이 시퍼런 권력자였다. 매일 올림픽 종합운동장을 방문해 올림픽 준비 상황을 점검했고, '전직 대통령의 신분과 예우에 관한 법률'을 제정해 사무실을 차린다는 명목으로 사택에 정부 지원금이 들어가도록 했으며,[60] 일해재단을 호화롭게 꾸며 '제2의 청와대'라 불려도 손색이 없도록 만들어놓았다.

그는 민주주의라는 대의를 진정으로 받아들인 것이 아니라, 일보 전진을 위해 반보 후퇴한 것이었다. 일단 직선제를 받아들이고 단임을 실천했다는 명분을 내건 뒤, 움켜쥔 권력을 놓지 않고 계속 가져갈 생각이었다.

이러한 그의 야망은 일부분 실현됐지만, 대부분 수포로 돌아갔다. 평생 동지이자 친구인 노태우를 대통령으로 만드는 데는 성공했지만, 노태우 정부의 검찰은 전두환 일가에 대한 대대적인 수사에 돌입했다. 국민 여론을 등에 업은 6공화국은 국가원로자문회의의 권한과 규모를 대폭 축소했으며, 노태우는 측근을 보내 전두환에게 외국으로 나가 있으라고 종용했다. 물러난 무인 대통령은 상왕처럼 영향력을 행사할 수 없는 것은 물론이고, 광주 특위와 5공 비리 청문회에 불려 나가야 했다. 시간이 지나면서 상황은 더욱 악화되어 김영삼 정부 시기에는 감옥에 수감되어 사형선고를 받기에 이른다.

BRIDGE 2

두려움과 사랑

1982년 4월, 이철희·장영자 사건이 터졌다. 부부인 이철희와 장영자가 건설업체들에 돈을 빌려주고 빌려준 돈의 몇 배에 달하는 어음을 담보로 받아 사채시장에 내다 파는 방식으로 6,404억 원에 달하는 거액을 조성한 대형 사기 사건이었다.

이 일로 5공화국에 대한 민심이 급속도로 나빠졌다. 장영자가 대통령과 인척 관계임을 강조하며 거액의 사채를 조성했기 때문에, 국민이 보기에 이 사건은 영락없는 정권 수뇌 비리 사건이었다. 이순자는 장영자가 아주 어릴 때 얼굴 한 번 본 것이 전부인 먼 친척에 불과하며* 자신과 아무런 관련이 없다고 펄쩍 뛰었지만 그럴수록 국민의 시선은 싸늘해졌다.

* 장영자는 이순자의 작은아버지인 이규광의 처제였다.

서울 한복판에 탱크를 끌고 와 집권한 대통령을 어쩔 수 없이 인내하며 분노를 삭히던 국민들에게, 대통령 부인의 친척이 벌인 대형 금융사기 사건은 비난과 울분을 표출할 절호의 기회였다. 5공 정권이 내세우던 '정의 사회 구현'이라는 말이 그러한 미움과 조롱을 더욱 부추겼다.

전두환을 둘러싼 관료들은 모두 이 사건을 철저히 조사해야 한다고 주장했다. 장영자의 형부이자 전두환의 처삼촌인 이규광을 구속하고 명백하게 진상을 밝히지 않으면 5공의 존립이 위태로워질 것이라는 판단에서였다. 청와대 수석은 물론이고 검찰총장, 장관, 민정당 간부 모두 철저한 진상 규명과 결과 공개를 요구했다. 특히 정무수석인 허화평은 가장 강경하게 목소리를 냈다.

전두환의 곁을 끝까지 지킨 사람들

사건 발발 초기, 전두환은 버티기로 일관했다. 이철희·장영자 부부를 외환관리법으로 구속하고 피해를 입은 기업을 지원해 연쇄 부도를 막으라는 지침을 내렸다. 자신의 처삼촌, 즉 이순자의 아버지의 동생이자 광업진흥공사 사장인 이규광을 구속시키지 않고 사건을 축소시키려 했던 것이다.

하지만 그렇게 마무리 짓기엔 민심이 너무 좋지 않았다. 사방에서 이규광을 구속시키라는 건의가 들어왔다. 전두환은 이철희의 복잡했던 여자관계를 부각시키라는 지침을 내리고, 이규광을 구속하자는 검찰의 제안에 "정권 유지를 위한다는 구실로 '정치적 속죄양'을 만들기 위해 특정인을 구속하는 것은 있을 수 없는 일이다."라고 강변하고, 시중의 유언비어에 현혹되지 말라고 꾸중했다.

전두환이 노골적으로 '특정인 구속은 안 된다'고 잘라 말하자 '철저한 진상 규명'을 외쳤던 수석들과 관료들이 일순간 조용해졌다. 들끓는 민심을 가라앉히기 위해서는 이규광의 구속이 불가피했지만, 노골적으로 제 처삼촌을 감싸고 도는 대통령 앞에서 더 이상 같은 말을 반복할 수 없었다. 앞장서 이규광 구속을 부르짖던 허화평도 기세를 접고 주춤했다.

이때 법무비서관인 박철언이 나서서 대통령을 설득했다. 대통령과 독대한 자리, 박철언은 불도 켜지 않은 어두한 집무실에서 10분 동안 침묵하다가 어렵게 말문을 열었다. "각하! 용단을 내리셔야 합니다." 한참 침묵이 흐른 뒤 전두환이 대답했다. "그래! 구속해." 박철언은 "각하! 뼈아픈 결단에 감사드립니다."라고 말한 뒤 집무실을 빠져나왔고, 다음 날 이규광은 전격적으로 구속됐다.

이규광이 구속된 이후에도 전두환은 미련을 버리지 못했다. 법무부 장관과 검찰총장에게 '여론에 의한 인민재판을 하면 안 된다'고 되풀이해 말하고, 박철언에게 "얼마 전 장인어른과 점심을 했는데, 동생인 이규광이 굉장히 아프다고 말했다."라고 하소연하며 암묵적으로 보석을 호소했다. 뜻대로 일이 흘러가지 않고 해를 넘기자, 다시 박철언을 불러들여 '억울한 정치 재판이었으니 재심을 검토해 보라'고 말했다. 이에 박철언은 단호하게 반대 의사를 밝혔다. 처삼촌을 구속하는 용단을 내려 법치주의를 실현했는데 이제 와서 다시 국민들의 눈에 띄는 특혜 조치를 취하면 안 된다는 것이었다.[1]

이 밖에도 전두환이 억지를 부려서 밀어붙이려던 일을 박철언이 반대해서 막은 사례는 많다. 1983년 4·19 기념 대학가 행사를 금지하는 결정을 재고하게 만들거나 1985년 학원안정법 제정을 가까스로 말리는 등 박철언은 전두환이 민주주의와 법치주의를 노골적으로 파괴하는 결정을 내리기 직전에 나서서 이를 막아낸 경우가 많았다. 전두환은 그런 박철언에게 때에 따라 "그렇게 말하면 기분이 나빠!"라고 소리치며 불쾌감을 표하기도 했지만, 많은 경우 박철언의 의견을 수용해 결정을 철회했다. 그리고 박철언은 전두환 재임 기간 내내 중요 보직을 거치며 승승장구했다.

박철언의 케이스는 5공의 설계자로 불리는 허화평이 이규광 구속을 주장하다 요직에서 밀려났던 것과 또렷한 대조를 이룬다. 동일 사건에 똑같이 반대 의사를 냈지만 한 명은 초반에 축출당하고, 한 명은 제 의사를 관철시키며 끝까지 살아남았다. 어떻게 그럴 수 있었을까? 어째서 전두환은 쿠데타의 핵심 동지이자 같은 육사 출신인 허화평을 내치고 사사건건 반대 의견을 내놓는 박철언은 중요 보직을 주며 지근거리에 두었을까?

많은 요인이 작용했겠지만, 결정적인 요인은 두 사람의 스타일 차이였던 것으로 보인다. 후대에 3공의 김종필과 나란히 놓이곤 하는 '5공의 책사' 허화평은 자기 소신을 또렷이 드러내는 인물이었다. 주관이 강하고, 높은 이상과 야망을 품었으며, 제 뜻을 펼치기 위해 소신 발언을 마다하지 않았다. 금융실명제와 이순자의 심장재단 문제에도 에두르지 않고 직설적으로 발언해 전두환의 부아를 돋우었다. 그에 반해 박철언은 마음 깊숙이 품은 소신과 목표를 눈앞의 드센 무인의 기질에 맞게 요리해 조금씩 단계적으로 꺼냈고, 그렇게 시간을 들인 뒤엔 대부분 제 뜻을 관철시켰다.

이철희·장영자 사건이 발발했던 초반, 허화평은 대통령 친인척 관리를 본격적으로 문제 삼으며 제 영향력을 강화하려 했다. '선진 조국 창조'라는 5공의 이념 앞에서는 대통령도 예외가 있을 수 없다는 태도였다.[2] 박철언은 달랐다. 대통령의 심기를 살피며 묵묵히 들은 뒤, 대통령의 곤란함과 상한 마음에 일단 공감해 주었다. 그러다 조금 후에 슬쩍 구속 얘기를 꺼냈다. 일단 전두환의 마음을 알아주고 품어준 뒤, '당신의 마음은 알지만 상황이 이러이러하니 구속하는 편이 좋겠다'고 달래듯 말을 꺼낸 것이다.

회고록에서 박철언은 이를 이렇게 표현한다. "대통령 자리에 오르고 시간이 흐를수록 더욱 권위를 세우려 들고 독선적인 기분에 빠지는 듯하다. 때문에 충격적 대응이나 과격한 조치를 지시하는 일이 가끔 일어난다. 이런 때 핵심 참모들의 역할이 참으로 중요하다. 당장 확정 집행될 일이 아닌 경우에는 대통령의 뜻을 받들어 치밀하게 준비하는 자세를 보이고, 대통령도 차츰 장·단점, 문제점을 직접 느낄 수 있도록 몇 차례 요약·정리·보고하여 결국 대통령이 올바른 선택을 할 수 있도록 해야 한다."[3]

5공화국 시절, 요직을 맡으며 전두환의 지근거리에 끝까지 머무른 이들은 모두 박철언과 비슷한 특징을 보였다. 권력자 앞에서 굴하지 않고 당당하게 소신을 밝히기보다, 권력자의 욱하는 기질과 제 친인척을 감싸고 돌며 특혜를 더 안겨주지 못해 안달하는 마음을 어느 정도는 받아주는, 혹은 받아주는 시늉을 하는 이들이 오래 권력자의 곁에 머물렀다. 정계에서는 장세동, 노신영, 노태우, 박철언이, 언론계에서는 이원홍,* 이진희**가 '전두환 마음 알아주고 받아주고 얼러주기'의 대표 달

* KBS 사장, 문화공보부 장관, 대한무역진흥공사 이사장, 한국간행물윤리위원회 위원장을 역임했다.

** MBC 사장, 문화공보부 장관, 한국반공연맹 이사장, 서울신문 사장, 한국신문협회 회장을 역임했다.

인들이었다.

물론 이들 무리 간에도 차이는 있었다. 장세동이 '싸나이 의리' 혹은 '주군과 부하' 분위기로 무협지 속 등장인물처럼 전두환을 보위했다면, 문관인 노신영은 살아오면서 쌓아온 총기와 지성을 총동원해 전두환을 지극정성으로 보필했다. 노태우가 세월을 낚으며 전두환의 심기를 '크게 거스르지 않는' 은근한 방식으로 장수했다면, 박철언은 전두환이라는 '나이브한' 인물의 심리를 꿰뚫고 부드럽게 유도하는 방식으로 장수했다.

정계 대표 달인들의 나열 순서는 곧 그들이 제 '밸'을 유지한 정도에 따른 오름차순이다. 강자 앞에서 제 영혼의 엑기스 중 일부를 내놓아야 하는 상황에 처했을 때 장세동과 노신영이 자발적으로 기꺼이 엑기스를 통째로 들이부었다면, 노태우는 어정쩡한 태도를 유지하며 반쯤 쏟아부었고, 박철언은 융통성 있게 처신해 제 것을 최대한 사수했다. 그러나 정계의 대표 달인인 장세동과 노신영도 언론계 대표 달인인 이원홍과 이진희 앞에서는 조그마한 점으로 쪼그라들었다. KBS 사장인 이원홍과 MBC 사장인 이진희는 제 영혼을 통째로 뽑아 권력자에게 들이붓는 것은 물론이거니와 주위 사람들의 영혼까지 뽑아다가 독재자에게 부어주지 못해 안절부절못하며 5공화국의 나날을 보냈다.*

사적인 영역에서는 배우자인 이순자가 백 명분의 일을 해냈다. 이순자는 아버지와 아버지의 두 형제들이 모두 육군 고위직을 지낸, 쟁쟁한 군인 가문의 차녀였다. 집안 배경으로 전두환의 든든한 백이 되어주었을 뿐만 아니라 평생에 걸쳐 전두환에게 무조건적인 존경과 사랑을 바쳤다.

내면의 깊은 두려움을 달래기 위하여

재임 기간에 있었던 일화들을 보면, 전두환이 청와대에 있으면서 계속 불안에 시달렸음을 알게 된다. 1981년 12월, 전두환은 박철언을 불러들여 "임기의 3분의 1 이상을 마치고 임의로 퇴직하는 경우에도 예우와 혜택이 미치도록 하라"고 입법 작업을 촉구했다. 1984년 12월에도 "전직 대통령의 예우 문제, 법적 장치의 보완 필요성이 절실하다. 법적으로 전직 대통령 개념 규정이 필요하다. 예를 들어 임기 중 과반 이상을 근무한 자에 국한한다든지…", "전직 대통령에 대해서는 생존 기간은 물론이고 사후에도 직계 가족에 대해 형사 면책의 신분을 보장할 필요가 있다. 초안을 보고한 후에 청와대에서 토의하고, 당정 협의를 거쳐 총무처에서 정부 입법으로 추진하라." 같은 말을 되풀이했다.[4]

임기 초반부터 임기를 마치는 날까지, 자신이 언제 자리에서 쫓겨

* 이원홍은 1980년 7월부터 1985년 2월까지 한국방송공사 사장 겸 한국방송협회 회장을 역임하였다. 취임 후 그는 먼저 KBS 내의 정부 비판 성향의 기자 86명을 해직시켰고, 언론 통폐합으로 합병된 TBC와 DBS, 보도 기능만 폐지된 CBS로부터 방송 채널과 직원들을 받아 자리를 채웠다. 이동규, 이광형, 김기열 등 방송과 전혀 관계없는 인사들을 간부직에 꽂아놓고 '땡전뉴스'로 전두환 정권에 열렬한 충성을 바쳤다. 그는 취약한 정통성을 가리고 축제 분위기를 내기 위해 기획된 '국풍81'을 기획하고, 전두환과 닮았다는 이유로 탤런트 박용식을 출연 금지시키는 등 전두환의 마음에 들기 위해 살아가는 사람처럼 행동했던 '전두환 광신도'였다. 전두환을 섬기는 광신도로서의 기세는 MBC의 이진희도 뒤지지 않았다. 1980년 7월, 이진희는 공석이 된 (주)문화방송-경향신문 사장직에 임명되어 한국방송협회 부회장까지 맡았다. 취임 첫날부터 "새 시대 정립을 위해서 언론인은 국가관이 투철해야 하며 체제의 수호자가 되어야 한다"고 선언했고, 7월 15일에는 간부급 임원 177명의 사표를 받아 그중 41명을 쫓아냈다. 그로부터 며칠 뒤에는 차장 이하 전 직원의 사표를 받고 56명을 쫓아내며 신군부의 '언론 자율정화'에 적극 호응했다. 양대 언론의 사장인 이원홍과 이진희, 허문도(5공화국에서 문화공보부 차관, 정무수석, 국토통일원 장관 역임)는 5공화국 시절 '언론계의 3대 악당'으로 꼽힌다.

날지 모른다는 불안에 시달리고 사후에 제 가족이 단죄당하게 될 것을 두려워한 것이다. 대통령 자리를 꿰차는 과정에 보였던 폭력성과 야만성을, 그로 인해 자신이 한순간도 진정으로 대통령으로 받아들여지고 있지 않음을 마음속 깊은 곳에서 감지하고 있었음을 추론케 하는 대목이다.

이런 불안과 두려움을 안고 있는 사람이 타인을 너그럽고 폭넓게 수용하기를 기대할 수는 없다. 허화평처럼 소신에 가득 차 똑똑 부러지는 이들을 접하면 전두환은 바로 '배신과 축출'을 떠올렸을 것이다. 저 놈이 나를 배신하고 내 자리에 앉으려 드는구나! 모든 이에게 제 과거 행적을 투사하는 이 불안한 독재자에게는 자신을 수용해 주는 측근이 절실했다. 그렇기에 위에 나열한 대표 달인들을, 다양한 스펙트럼을 이루지만 전두환을 수용하고 달래준다는 면에서는 모두 한 범주로 묶일 수 있는 인물들을 가까이에 두며 두려움을 달래려 했을 것이다.

그러나 전두환의 두려움은 해결될 수 있는 성질의 것이 아니었다. 일정한 깊이 이하로 내려가지 않고 표면에서만 맴도는 전두환의 자아는 문제의 핵심부에 결코 다다르지 못했고, 끝없이 되돌아오는 문제들에 가격당했다. 문제의 원인과 결과를 파헤치지 않은 채 그저 잊어버리고 씩씩하게 나아가는 이는 동일한 문제를 영원토록 다시 맞게 되는 법이다.

이런 부류의 내면에 탑재된 정신세계는 사춘기 시절 인간이 통과하는 정신세계와 일맥상통한다. 생애 초기, '나'와 '타인', 그리고 '세상'을 구분하지 못했던 인간은 사춘기를 맞으며 강렬하게 '나'와 '타인'을 구분하게 된다. 나와 타인 사이에 경계선이 있다는 걸 알게 된 사춘기 시절의 인간은 '나'를 중심으로 세상을 바라본다. 구름처럼 많은 사람과 종류를 헤아릴 수 없을 정도로 다양한 생물체들, 대기와 바람과 하늘로 이루어진 널따란 우주에서 먼지에 지나지 않은 '나'를 모든 사물의 중심에 놓고 세상을 파악하려 하니 그것이 얼마나 얄팍하고 깊이가 없겠는가?

사춘기를 통과하는 인간은 그동안 보지 못했던 코끼리의 한쪽 발을 새롭게 발견하고 그것이 세상의 전부라고 착각한다. 그러다 차츰 세월과 함께 성숙하면서, 코끼리의 다른 부분들을 발견한다. 그리고 어른이 되어 정신의 성숙을 이루면서 알게 된다. 자신이 이때까지 보아온 것이 코끼리라는 생물의 지극히 일부에 지나지 않는다는 사실을. 평생 코끼리의 전체를 볼 수 없으리라는 사실을. 세상을 전체로서 볼 능력이 없다는 사실을 깨달은 '어른'에게 찾아오는 것은 '겸손'이라는 미덕이다.

그리고 겸손이라는 귀한 미덕을 얻기 위해 필히 통과해야 하는 것은 '자기 성찰'이다. 인간은 '나'의 못남, 비겁함, 동물성, 한계와 처절하게 대면할 때에야 비로소 '타인'을 깊이 있게 들여다보고 연민할 수 있다. 중년에 들어선 성인이 10대 시절을 돌아보며 그 시절 자신이 놀라울 정도로 편협했음을, 그렇게 편협했기에 덤벼들어 많은 일을 시도했음을, 그것이 젊음의 특권이자 함정이었음을 인식하고 씁쓸하게 미소 짓는 것은 자신이 유한한 미물에 지나지 않음을 통렬하게 절감하기 때문이다.

전두환에게는 이런 과정이 일어나지 않았다. 그는 평생 사춘기 소년으로 살았다. 자신을 중심에 놓고, '나는 옳고 너는 그르다'고 확신하며, 뜻한 일에 망설임 없이 덤벼들었다. '안 되는 것을 되게 하는' 경험이 쌓일수록, 사춘기 소년의 마음은 더욱 강화되고 고착되었다. 능력의 차원에서 '안 되는 것'과 윤리적 차원에서 '안 되는 것'을 구분하지 못하는 사람으로 평생을 살았다.

그렇기에 그의 마음엔 언제나 이해할 수 없는 불안과 두려움이 내재해 있었다. 막연하게 불안하고 막연하게 두렵지만 굳이 내면의 우물 깊은 곳을 들여다보고 싶지 않았기에, 그런 감정이 찾아오면 그는 즉시 외면했다. 벌떡 일어서서 몸을 움직이고, 사람들을 만나고, 사건을 일으켰다.

영원히 나이 들지 않는 소년을 감싸안으며

1987년, 대량 학살과 민주화라는 역사적 두 갈래 길 앞에 섰을 때, 결국 대한민국 사천만 국민이 승리를 거두고 직선제를 쟁취할 수 있었던 데에는 전두환의 이러한 특별한 기질도 일조했다. 사태를 깊이 숙고하는 인물이라면, 자리에서 내려간 뒤 자신에게 어떤 일이 일어날지를 통찰했을 것이다. 그런 통찰을 거친 뒤에는 섣불리 직선제를 수용할 수 없었을 것이다. 두 갈래 길 앞에 선 결단의 순간, 모든 일을 표면 차원에서 보고 자신에게 유리한 쪽으로 해석해 버리는 전두환 특유의 기질이 승리를 거두었다.

무력을 쓰기엔 너무 많은 국민을 살상해야 하고, 살상 과정에서 미국과 한국 군부의 저항이라는 양대 방해물에 가로막혀 비극적인 결말을 맞게 될 가능성이 크다는 판단이 선 순간, 그는 평생 해왔던 습속을 따랐다. 자신의 안위 보장에 좀 더 나은 선택지로 보이는 직선제를 받아들이고, 그에 따른 불안과 두려움을 외면하고, 새로운 사건과 인간관계에 덤벼들었다. 철저히 현재를 살며 긍정적으로 사고하고 행동한 것이다.

그는 '나는 경제발전을 이루고 단임을 실천했으니 퇴임 뒤에도 국민들에게 존경받을 것'이라고 굳게 믿기로 했다. 전두환의 특별한 가벼움이 의외의 순간에 빛을 발해 대한민국이 민주화라는 거대한 바다에 발을 담그도록 작용한 것이다.

박정희와 비교하면 전두환의 기질이 더욱 선명하게 드러난다. 박정희는 집권 시나리오를 치밀하게 짜놓은 다음 쿠데타를 일으켰기 때문에 곧바로 집권할 수 있었던 반면, 전두환은 세부적인 청사진 없이 일단 쿠데타를 저질렀기 때문에 다음 해 9월이 된 다음에야 집권할 수 있었다. 퇴임의 풍경도 대조적이다. 박정희는 타고 달리던 권력의 등에서 내려오지 못하고 종신 집권을 꿈꾸다 죽음으로써 자리에서 물러난 반면, 전두환은 미국의 의사와 한국군 내부의 쿠데타 가능성을 저울질하다 어느 순간 단번에 직선제를 받아들였다.

권력 무대에의 입·퇴장 장면에서 보인 두 사람의 방식 차이는 다양한 요인이 합쳐져 도출된 것이겠지만, 두 인물의 개인적 기질 차이도 일정 부분 기여했을 것이다. 치밀하게 생각한 뒤 행동으로 옮긴다는 측면에서 보면 박정희의 무거운 권력 무대 입·퇴장과 전두환의 충동적이고 가벼운 권력 무대 입·퇴장의 대비되는 성격을 부분적으로나마 이해할 수 있다.

전두환은 직선제를 받아들이며 했던 다짐을 남은 평생 행동으로 옮겼다. 예상과 달리 자꾸 여기저기서 철퇴가 날아왔지만, 심지어는 감옥이라는 얼토당토않은 공간에까지 발을 들여놓게 되었지만, 그래도 다시 오뚝이처럼 벌떡 일어서서 '경제발전과 단임 실천'이라는 셀프 평가를 내리며 양대 업적을 부르짖었다. 마음의 상층부와 하층부 사이를 가로지르는 막을 뚫고 내려가는, 평생 한 번도 해보지 않았던 일을 이제와서 새삼스럽게 시도한다는 건 상상에서조차 가능하지 않았다. 그러니 그저 다시 일어서서 열심히 몸을 움직이고 이 사람 저 사람에게 싹싹하게 다가가 농담을 건네면 될 것이었다.

그렇게 그는 제 내면의 막을 지켜냈다. 앞서 1부의 마지막 장에서 살펴본 것처럼, 자신의 표면 자아가 내면 깊숙이에 있는 진지하고 성찰적인 자아와 만나는 일이 일어나지 않도록 철저하게 막을 유지하고 보수했다. 그리고 그 막의 존재 덕에 영원히 나이 들지 않는 영혼을 가지게 된 이 놀라운 무인의 곁을 끝까지 지켰던 두 달인 장세동과 이순자는, 맑은 소년 무인이 생의 마지막 날까지 특유의 가벼움을 유지하며 부유하도록 깊은 사랑으로 뒷받침했다.

3부

몰락

(1988-2021)

1장

네 살 손녀를 안고….

퇴임하던 날, 전두환은 한쪽 팔에 네 살짜리 손녀를 안고 청와대를 나왔다. 측근과 지지자들에 에워싸인 채 당당하게 걸어 나왔고, 연희동 집 골목으로 들어갈 때는 동네 주민들에게 열렬히 환영받았다. 전두환 부부의 활짝 웃는 얼굴과 몰려든 환영 일파를 보면, 그날은 집권 기 간 동안 전두환이 외쳤던 '단임 실천'의 약속이 지켜진 아름다운 날, 이어질 평화로운 날들의 시작으로 보였다.

전날 밤, 청와대에서 마지막 밤을 보내던 전두환 내외는 잠을 이루지 못했다. 전두환은 이순자의 손을 잡고 이렇게 말했다.

"권력에서 스스로 물러나는 첫 경험인 만큼 누구도 퇴임 대통령이 어떤 대접을 받게 될는지 장담할 수 없는 상황이오. 다만 확실한 것이 있다면 이제 우리는 우리를 보호해 주던 권력의 갑옷을 벗어버리고 황야로 나서야 한다는 사실이요."[1]

이순자는 어둠 속에서 건너오는 남편의 말을 들으며 놀랐지만, 과한 걱정이라 생각하고 넘어갔다. 다음 날이면 대통령 자리에 오를 인물이 전두환의 둘도 없는 친구인 노태우이고, 대통령 부인이 될 인물 또한 오랜 세월 막역하게 지낸 김옥숙이 아니던가.

표면에 드러난 상황만 보면 전두환의 걱정이 기우로 보일 만도 했다. 전두환은 퇴임하기 몇 개월 전에 군 장성들을 대거 새로 임명했고, 후계자인 노태우도 당분간 전임자가 기용한 이들을 그대로 쓸 것처럼 보였다.[2] 무엇보다도 국가자문원로회의에 대한 사항을 법으로 못 박아 놓은 것[3]이 가장 큰 안심 요소였다. 자문회의 위원 수를 대폭 늘리고 전직 대통령이 의장을 맡게 해놓음으로써 퇴임 후 전두환이 국정에 영향력을 행사할 길을 확보해 놓았다. 버마 아웅산 사건 이후 설립된 일해재단을 제2의 청와대처럼 꾸미고 막대한 지원금까지 확보해 놓았으니,[4] 자신은 분명 오랜 기간 실권자로 군림할 수 있을 것이었다. 쿠데타로 집권해 대통령을 지내다가 사임했던, 그렇지만 버마 사회주의 계획당(BSPP) 의장으로 취임해 계속해서 국정 운영 전반에 영향력을 행사했던 버마의 네 윈(Ne Win)처럼.

전례 없는 '절반의 제헌 상황'

그런데도 전두환은 잠을 이루지 못했다. 어쨌든 현직에서 내려오는 것 아닌가. 몇 가지 장치를 마련했다곤 하지만 그 장치가 효과를 발휘하리란 보장은 없었다. 자꾸 불안한 마음이 들었다. 청와대에서의 마지막 밤에 배우자에게 건넸던 이 말은 그가 퇴임 전부터 사태가 자신이 예상한 대로 흘러가지 않으리라는 걸 예감했다는 사실을 보여준다.

문제는 그 예감의 폭이다. 상황이 예상과 다르게 흘러갈 가능성을 염두에 두었다곤 하지만, 그 최대치를 어느 정도로 잡았을까? 전두환의 머릿속에서는 반대파에게 끌려가 총살되고 광장에 시신으로 내걸렸던 무솔리니의 모습, 국민에게 끌려 내려진 뒤 하와이로 망명했던 마르코스의 모습이 스쳐 갔을 것이다. 설마 그렇게야 되겠느냐 싶으면서도 최악의 경우 그렇게 될 수도 있으리라는 가능성이 아스라하게 뇌리를 관통해 갔을 것이다.

다시는 입성하지 못하게 될 공간에서 뒤척였던 이날 밤 전두환의 뇌리를 스쳐 갔던 상념들에는, 이후 그가 33년 동안 맞게 될 광활한 시공간이 압축되어 있었다. 무정형성과 무규칙성이라는 말로 요약될 수 있는 시공간. 선례가 없고, 어떻게 해나가야 할지 규정하거나 한계선을 확정할 수 있는 사람이 없으며, 앞으로도 그 상태가 지속되리라는 예감으로 채워진 시공간.

전두환이 퇴임 후 맞게 될 상황은 그런 것이었다. 전임자인 박정희가 측근이 쏜 총탄에 갑작스럽게 생을 마감했을 때 우리 사회가 하루아침에 모든 것을 새롭게 만들어내야 하는 '제헌 상황'에 처했던 것처럼, 피 묻은 손으로 권좌를 훔친 육군 소장이 평화로운 외양으로 권좌에서 내려왔을 때 우리 사회가 그를 어떻게 대해야 하는가의 문제도 완전한 백지상태에 놓여 있었다.

그것은 누군가가 어떤 말이나 행동을 하면 그것이 곧 전례가 되어버리는, 완전히 열린 공간이었다. 1987년 6월, 들불처럼 일었던 민주화 항쟁의 여파로 대한민국 사회가 합의한 것은 주로 권력 교체에 관한 것이었고, 대통령을 국민의 손으로 직접 뽑는다는 한 가지 규칙을 성립시킨 것 외의 다른 사안들은 손대지 못한 채 그대로 남아 있었다. 심지어 국가원로자문회의에 관한 법조차 존속시킨 채, 여차하면 손에 피를 묻힐 준비가 되어 있는 서슬 퍼런 무인 대통령을 일단 자리에서 내려가게 하는 데 급급했다.

그러니 전두환의 퇴임 이후에 펼쳐진 상황은, 민주주의의 가장 중요한 주춧돌을 놓았지만 나머지 영역들은 애매하게 기득권과 관례의 영역에 고스란히 놓인 채 변화를 기다리고 있는 무정형의 상태, 박정희 사후 상황과 비교하면 '절반의 제헌 상황'이라 정의할 수 있는 상태에 놓여 있었다. 그 상황의 한가운데에 시뻘겋게 도사리고 있는 것이 내란을 일으켜 최고 권력자 자리를 꿰찬 '전임 대통령'의 처리 문제였으며, 이후 대한민국 사회는 그 문제에 대해 당면한 정치적 상황에 의해 즉흥적으로 대처하며 33년의 세월을 흘려보내다가 그 전임 대통령이 자유로운 상태로 지상에서의 삶을 마감하는 장면과 맞닥뜨리게 된다.

규칙이나 한계가 정해지지 않은 상태에서 인간이 느끼는 불안이 극대화된다는 점을 고려해 보면, 이는 당시 전두환이라는 특수한 인물의 마음에 매우 불리한 요건이었을지도 모른다. 퇴임 후 전만큼 영향력을 행사할 수 없게 될지라도 어느 정도 예우와 존경을 받으며 여생을 보내리라 기대했던 것으로 보이는 전두환은, 이후 불시에 날아드는 단죄의 일격에 시달렸다.

노태우의 손을 잡고 대통령 자리를 꿰차는 데 성공한 김영삼에 의해서는 '역사 바로 세우기' 재판으로 수의를 입고 감옥에 갔다가, 자신의 최대 정적이었던 김대중의 의지에 힘입어 사면됐다. 김대중으로부터 '전임 대통령'으로 예우를 받으며 평화롭게 살다가, 어느 날 대통령이 된 박정희의 딸이 '전두환 추징법'을 추진했을 때는 전 국민 앞에서 세간살이와 기르던 진돗개까지 압류당하는 망신을 당했다. 퇴임 후 여생이 단죄받기와 일상에 복귀하기의 반복된 사이클로 채워졌던 셈이다.

자애로운 할아버지의 모습을 연출할 수 있었던 건

한국 사회가 전두환을 대하는 방식엔 왜 그렇게 일관성이 없었을까. 전두환은 누군가 공개적으로 존경한다고 함부로 입에 담기 힘든 인물이었지만, 그럼에도 전 국민이 들고일어나 감옥에 보내 제대로 죗값을 치르게 하자고 나서게 만드는 인물도 아니었나. 최근 몇 년 동안에는 그를 존경한다고 공개적으로 밝히는 일군의 사람들이 팬클럽과 유튜브 방송을 만드는 현상이 생겨났다.

극과 극의 대접을 받으며 당시에 힘 있는 자리에 있는 정치인의 의도에 따라 불쑥 단죄받거나 다시금 예우를 받는 상황에 번갈아 놓였던 이 문제 인물이 놓인 맥락은 아마도, 유산상속을 두고 펼쳐지는 자식들의 싸움과 동일선상에 놓고 보면 이해하기 쉬울 것이다. 많은 재산을 소유했던 부모가 유명을 달리하면, 자식들 사이에 유산 분할에 대한 분쟁이 벌어진다. 그런데 이 분쟁의 정도는 사례에 따라 천차만별이다. 합리적인 선에서 합의하는 데 성공하는 자식들이 있는가 하면, 온 세상에 다 알려질 만큼 시끌벅적하게 싸움을 벌이는 자식들이 있다.

이는 부모가 소유했던 부가 근본적으로 부모 자신에 의해 형성된 것이기 때문에 일어나는 현상이다. 자식들은 재산 형성에 특별히 기여한 바가 없는데도 그저 핏줄이라는 이유로 재산을 받는 것이기 때문에, 불로소득의 전형인 그 유산을 어떤 성별을 가진 몇 번째 자식이 얼마만큼 받는 게 정당한지를 가려낼 방법이 없는 것이다. 부모의 재산을 둘러싼 다툼이 가장 극렬하고 추한 방식으로 전개되고, 법적 판결이 내려진 다음에도 두고두고 원한에 찬 뒷말이 나오는 것은 이 때문이다. 본래의 정당성과 그로부터 파생되는 규칙과 제한 요건이 없었기에, 어떤 결정이 나도 구성원 모두가 만족할 수 없는 것이다.

전두환이라는 인물의 퇴임 후 33년이 이와 같았다. 형법상 가장 큰 범죄를 저질렀기에 당연히 법정 최고형을 받아야 했지만, 그는 이미 8년 동안 한 국가의 최고 결정권자로 군림하며 곳곳에 제 세력을 형성해 놓았던 터였다. 그 때문에 대한민국 사회가 그를 최고형을 받도록 하기가 어려웠고, 받게 한다 해도 그대로 형을 다 살게 할 수 있을 가능성이 높지 않았다.

전두환은 동향의 육사 출신들을 정관계, 군부, 재계, 국가기관과 국가출연기관의 수장으로 속속들이 박아놓았고, 언론을 탄압하고 조정하여 8년 동안 국민을 왜곡된 정보에 노출시켰다. 그런 가운데 단군 이래 최대 호황이라고 자화자찬했던 물질적 풍요의 시기에 퇴임했으며, 그의 권세에 힘입어 고위직에 오른 한국 사회의 의사결정권자들은 그를 단죄해야 한다고 당당히 외칠 수 없었다. 전두환이 손녀를 안은 자애로운 할아버지의 모습으로 연희동으로 귀환할 수 있었던 것은 그 때문이었다.

퇴임 이후 시작된 급속도의 몰락

그런 상황에서 전두환을 처벌하자고 외치는 것은 규칙도, 한계도, 선례도 없는, 단발적이고 위험한 일이었고, 그렇기에 극과 극의 대응이 동시다발적으로 터져 나올 수밖에 없었다. 한국 사회가 가진 재화를 배분하는 권한을 가진 이들 중 상당수가 그 권한을 자기 능력만으로 손에 쥐었다고 말하기 힘든 상황이었기에, 전두환에 대한 단죄의 범위와 강도를 정하는 규칙을 설정할 수 없었던 것이다.

이 점을 잘 알았던 전두환은 재임 당시 퇴임 후의 안위를 위해 다양한 종류의 보험을 들어놓았다. 그렇기에 청와대를 떠나기 전날 밤, 배우자에게 추상적인 염려의 말을 하는 정도의 불안만을 느끼며 보낼 수 있었던 것이다.

그러나 이후 펼쳐진 사태는 그의 예상을 훌쩍 뛰어넘는 것이었다. 그는 순간순간 날아오는 타격에 당황했고, 급격하게 무너져 내렸다. 퇴임 후 한 달 만에 동생인 전경환이 구속되는 모습을 지켜보아야 했고, 국가원로자문회의라는 막강한 안전장치를 포기해야 했으며, 외딴곳에 있는 절로 유배 가게 되었다.

그렇다면 이제 반대의 질문을 던져야 할 차례다. 탄탄한 안전판을 권력층 곳곳에 심어 놓았음에도 불구하고, 심지어 정치적 안전판인 국가원로자문회의와 경제적 안전판인 일해재단까지 마련해 놓았음에도 불구하고, 전두환은 어째서 급속도의 몰락을 맞았을까? 전임 대통령으로서 영향력을 행사하기는커녕 왜 강원도의 외딴 절로 쫓겨가게 되었을까?

그 원인은 대한민국 역사의 흐름에서 찾아야 할 것이다. 산업화와 시장경제 체제를 이룬 뒤 민주화를 향한 거대한 장정을 시작한 신생 독립국 대한민국 역사의 큰 흐름에서. 그리고 그러한 역사적 흐름의 물꼬를 트는 역할을 맡은 것은 전두환 가까이에 있던 한 사람이었다. 전두환만큼이나 특별하고 독보적이었던 사람, 전두환의 가장 가까운 친구였지만 전두환이 가장 파악하지 못했던 인물, 노태우라는 사람.

2장

가장 무서운 적, 노태우

5공의 2인자로 지내는 동안 노태우는 어떤 마음이었을까. 조직에서 2인자 자리를 차지한 이의 내면에는 상반된 감정이 피어난다. 2인자는 1인자의 신뢰와 총애를 바탕으로 자리를 꿰차는 경우가 많기에, 기본적으로 1인자에 대한 감사의 마음을 갖는다.

그러나 2인자 자리에 익숙해져 그 자리를 원래부터 제 것이었던 양 여기게 될 즈음부터는 슬며시 의문을 품게 된다. 1인자 자리를 차지하고 있는 저 인간, 저 인간이나 나나 큰 차이가 없는 것 같은데, 어떻게 보면 내가 저 인간보다 더 뛰어난 것 같은데, 왜 저 인간은 내 머리 꼭대기에 앉고 나는 이렇게 애매한 자리에 서 있어야 하는가? 1인자의 치세가 언제 끝날지 알 수 없는 데다가, 언제까지 자신이 2인자 자리를 지킬 수 있을지 알 수가 없기에 늘 마음이 불안하다.

많은 이들이 2인자 자리를 노리며 호시탐탐 1인자 주변을 맴도는 것도 신경 쓰인다. 2인자는 조직의 실력자로서 일을 잘 해내어 자신이 미래의 리더감임을 증명해야 하는 동시에 1인자의 심기를 살피며 충성심을 표하는 데도 매진해야 한다. 그러니 언제나 마음이 분주하다. 두 가지 미션이 상충할 때는 어느 쪽에 우선순위를 두어야 할지를 놓고 계산하느라 고역을 치른다.

이 미션을 끝까지 수행한 뒤 성공적으로 일인자의 자리에 앉았던 이들이 있다. 히데요시에게 머리를 숙였던 이에야스는 인고의 세월 끝에 일인자 자리에 올라 일본 통일을 완성하고 후손들에게 대대손손 권력을 물려주는 영광을 맛보았으며, 마오쩌둥 치하에서 굴욕을 감내했던 덩샤오핑은 마오쩌둥 사후 일인자 자리에 올라 십 년 남짓한 기간 동안 최고 실권자로서 중국을 이끌어나갔다. 이에 반해 오랜 세월을 버텼음에도 일인자 자리에 오르지 못한 채 비참한 죽음을 맞거나, 기약 없는 대기 상태에 처해진 이들이 있다. 전자의 예시로는 영조의 장자였던 사도세자를, 후자의 예시로는 영국 왕실의 왕세자인 찰스 윈저를 들 수 있을 것이다(2022년 9월, 그는 74세의 나이로 왕위에 올랐다).

처음부터 차기 권력자로 확실하게 점지되지 않았다는 측면에서, 노태우는 사도세자나 찰스 윈저보다 도쿠가와 이에야스나 덩샤오핑의 경우에 가깝다고 보아야 할 것이다. 전두환은 후계자에 대해 마음을 드러내지 않다가 국민들 사이에 민주화를 열망하는 기운이 무르익은 1987년 3월에 이르러서야 노태우를 후계자로 지목했다.

노태우는 어떤 '2인자'였는가?

훗날 기술한 회고록에서 전두환은 일찌감치 노태우를 점찍어 후계자 수업을 시켰다고 기술하지만,[5] 당시 전두환이 초반부터 노태우를 후계자로 내정했다고 볼 만한 근거는 없다. 장세동과 노신영도 5공화국 내내 유력한 차기 주자로 입길에 오르내렸다.

앞뒤 정황을 봤을 때, 노태우를 차례로 요직에 기용한 것은 능력이나 충성심 면에서 믿고 맡길 만한 인물이 그리 많지 않았다는 면에서 이유를 찾는 게 합당해 보인다. 김복동이나 정호용 등 육사 출신 강성 장성들의 발호(跋扈)를 은근히 제압해야 하는 상황에서, 전두환은 후계자를 일찌감치 공표하기보다 모호하게 놓아두면서 측근들의 세력 균형을 유지하는 편이 더 낫겠다고 판단했을 것이다.

왜 노태우였을까. 능력이나 리더십 면에서 노태우가 여타의 장성들을 앞섰다고 볼 만한 근거는 찾기 힘들다. 그보다는 오히려, 노태우의 기질이 다른 장성들과 달랐다는 점에 더 무게를 두어야 할 것이다.

노태우는 육사 출신 타 장성들과 달리 유순하고 인내심이 있었다. 상대의 말을 경청할 줄 알았고, 단칼에 결심하고 저지르기보다 여러 번 곱씹으며 신중하게 의사결정을 내리는 유형이었다. 틈만 나면 비장하게 '단임 실천'을 외쳤던 전두환으로서는, 뱉어놓은 말이 있으니 형식적으로 권좌를 넘기기는 해야 했지만, 우회로를 통해 계속 실권을 쥐고 있을 작정이었다. 같은 동기이지만 카리스마가 강한 김복동이나 정호용보다 잘 흥분하지 않고 인내할 줄 아는 노태우에게 상대적으로 더 마음이 갔을 것이다.

게다가 두 사람 사이에는 언제나 앞서간 동기가 먼저 맡았던 자리를 뒤따라오는 동기가 넘겨받아 성실하게 해냈던 입증된 역사도 있지 않았던가! 노태우는 육군참모총장 수석부관, 청와대 경호실 작전차장보, 국군 보안사령관 등 전두환이 맡았던 자리를 넘겨받아 수행해 왔다. 그럴 때마다 노태우의 마음을 채웠던 정동(情動)은 무엇이었을까? 친구에게 자리를 넘겨받을 때 그는 마냥 기쁘고 감사한 마음이었을까?

그랬다고 보기엔, 전두환은 존재감이 너무 큰 인물이었다. 전두환은 어떤 자리에 있든 맹렬하게 덤벼들어 최선을 다하는 유형으로, 한 가지 일을 시키면 필요한 일 열 가지를 찾아내 해치우는 인물이었다. 낙하 훈련 때면 가장 먼저 나서서 낙하산을 타고 뛰어내렸고,[6] 새로운 자리에 발령받으면 백 일 동안 집에 가지 않고 부대에 머물며 중대장들의 이름을 외우고 주변 지형을 탐색해 머릿속에 새겨 넣었다.[7] 수도경비사령부 대대장으로 발령받았을 때는 청와대 주변 보안 정책의 허점을 발견해 틈새 없이 보완함으로써 북에서 김신조 무리가 침투해 왔을 때 혁혁한 공을 세우기에 이르렀다. 후임자가 비교 대상이 되어 비판받기 쉬운 전임자였던 것이다. 이런 점을 감안하면, 노태우는 아마도 대통령 자리를 물려받기 한참 전부터 전두환에 대해 복잡한 마음을 품었을 것이다.

또 한 가지, 두 사람이 기질상 너무나 다른 유형이었다는 점도 유념해 보아야 한다. 전두환은 말이 곧 행동인 사람이었다. 항상 새로운 일을 도모하고, 가능성이 보이는 일은 모든 수단을 동원해 성공시켰으며, 이미 한 일에 대해 뒤돌아보거나 반성하지 않는 극강의 행동파였다. 노태우는 신중하고 사색적인 사람이었다. 의사를 또렷하게 말로 표현하지 않고, 어렵게 내뱉은 말을 행동으로 옮기는 데에도 많은 시간을 들였으며, 망설임 끝에 행동으로 옮긴 일도 중간에 뒤집기 일쑤였다. 매사에 애매한 태도를 보이며 경우의 수를 따져보다가, 누구에게도 내비친 적이 없던 결정을 내리는 경우가 많았다.

전두환이 보이는 게 전부인 단순 투명형 인간이라면, 노태우는 겉으로 내보이는 무엇도 본심이라고 믿을 수 없는 의뭉 안개형 인간이었다. 전두환은 기능적인 지식 습득에 뛰어난 반면 인문학이나 예술 쪽에는 두각을 나타내지 않았지만, 노태우는 육사 출신 군인으로서 갖추어야 할 기능적인 지식을 소화해 내면서도 인문학과 예술 쪽에 상당한 조예를 보였다.[8] 이는 어느 정도 두 사람이 타고난 기질에서 비롯되었겠지만, 일부는 두 사람이 걸었던 인생 여정에서 강화되고 고착되었을 것이다. 그리고 이런 상반된 경향이, 두 사람을 반복적으로 직위를 넘겨주고 전진해 나가는 1인자와 그것을 받아 뒤쫓아 가는 2인자의 관계로 만들었을 것이다.

전두환과 노태우의 역전된 관계

두 사람이 박정희와 맺었던 관계를 보면 이러한 차이점이 더욱 또렷하게 드러난다. 박정희는 두 사람 모두 각별히 아꼈는데, 각각을 대하는 방식은 조금 달랐다.

전두환은 1987년 4월 12일 청와대 관저 식당에서 수석비서관들과 점심을 먹는 자리에서 박정희와의 관계에 대해 이렇게 말한 적이 있다. "내가 어디 가 있어도 골치 아픈 일이 있으면 나를 불렀어요. 군대 얘기도 물어보고 그랬어. 나는 항상 그 양반한테 희망적인 얘기를 많이 했어요. 1년에 한두 번씩은 부르셨어요."[9] 회고록에서는 5·16 쿠데타 뒤 박정희가 자신에게 국회의원 출마를 권유한 이야기, 1967년에 수도경비사령부 대대장으로 전임되어 청와대의 마지막 방어선을 지키는 임무를 부여받은 이야기, 박정희가 군단장과 수령 사령관 등을 거친 다음에나 맡을 수 있는 보직인 보안사령관직을 소장인 자신에게 파격적으로 맡긴 이야기 등 주로 박정희가 자신에게 얼마나 큼직한 '일'을 맡겼는지를 강조한다.[10]

노태우는 회고록에서 1956년에 사단장이었던 박정희와 함께 점심을 먹으며 현실과 이상의 차이에 대해 이야기를 하거나, 박정희가 함께 오리 사냥을 가자고 했는데 받아주지 못한 점을 아쉽게 회고한다. 1978년 청와대 경호실에서 작전차장보로 근무했던 시절에 대해서는 박정희의 아들인 박지만의 육군사관학교 생활에 대해 상담해 주거나, 박정희에게 한국의 산림과 토양에 대해 설명해 주고 칭찬을 받았던 일, 휴가지에서 박정희의 배드민턴 상대가 되어주고 박정희의 생일 때 쓸쓸하지 않게 챙겨주었던 일 등 배우자를 잃고 혼자 정상을 지키고 있는 독재자의 마음을 다독여 주었던 일들을 주로 회고한다.[11]

두 사람의 육성 기록과 회고록에 비친 박정희는 전두환에게는 중책을 맡겨 큰일을 해내게 만든 반면, 노태우는 사적으로 불러 같이 술을 마시거나 이야기를 나누는 것을 즐겼던 것으로 보인다. 박정희의 내면에 힘으로 밀어붙이는 무인 기질과 시인이나 화가 같은 예술가로서의 기질이 동시에 들어 있었다는 점을 생각해 보면, 전두환과 노태우가 박정희의 어느 면에 조응하며 충족시켰을지를 짐작해볼 수 있다. 박정희가 보기에 저돌적이고 맹렬한 전두환은 친위대로서 활용 가치가 높고, 음악과 문학을 즐겼던 노태우는 정서적인 공감이 필요할 때 가까이 두고 싶었던 후배가 아니었을까?

박정희의 인간적이고 예술적인 자아에 조응했던 노태우에게, 전두환은 양가감정(兩價感情)을 품게 되는 친구였을 것이다. 독서와 음악감상을 좋아하고 시를 즐겼던 노태우, 오래 생각하고 신중하게 행동하는 노태우에게, 빠르게 마음을 정한 뒤 맹렬하게 덤벼들어 상황을 장악하는 전두환은 감탄의 대상이면서 동시에 지적 깊이가 없고 어린아이 같아 보이는 친구이지 않았을까. 내향성이 강한 인물은 사람을 모으고, 설득하고, 이벤트를 만들어내는 외향형 친구와 가까이하며 그 친구가 쟁취해 낸 기회와 그에 따른 인맥을 공유하고 싶어 하면서도, 마음 한편으로는 그 친구의 생각 없음과 사려 깊지 못함을 비판하게 되기 마련이다.

5공화국 내내, 노태우는 목표물을 발견하면 곧바로 돌진해 서슴없이 손에 넣는 친구의 등에 업혀 다니며 권력의 중심부에서 획득할 수 있는 다양한 과실을 맛보았다. 이 기간 동안 오갔던 말을 보면 두 사람의 관계가 어땠는지 짐작할 수 있다.

> 노태우: 영광스런 자리를 마련해 주셔서 감사합니다. (…) 충성을 다짐, 끝까지 모시고 중단 없는 전진, 각하와 더불어 모든 영광 나누기를 다짐합니다.
>
> 전두환: 앞으로는 나를 신민당 총재와 만나게 하지 마시오. 사면복권을 시켜도 좋고 모든 권한을 줄 테니 노 대표가 알아서 해요.[12]

노태우: (이 잔은) 각하를 통일 영도자로 모시는 잔입니다. 오늘 민정당을 위해서는 영광스런 자리인데 감기 드시면 어쩌나 걱정했었습니다.

전두환: 오늘 추위는 내가 군 생활에서도 못 느낀 추위였습니다. 오늘 낮 육사 졸업식에서 내가 사실은 혀가 얼지 않도록 혀를 계속 입 속에서 움직였어요.[13]

1987년 3월 25일 저녁, 전두환이 민정당 당직자들을 청와대 상춘재로 불러 만찬을 베푸는 자리에서 노태우와 전두환 사이에 오갔던 말들이다. 한쪽은 '각하', '영도자', '충성', '모시는', '감기 드시는'과 같은 단어를, 다른 한쪽은 '노 대표', '나를', '알아서 해요'와 같은 단어를 쓰는 것으로 보아 두 사람의 관계는 친구라기보다 군신(君臣) 관계에 가까웠던 것으로 보인다.

이렇듯 깍듯이 충심을 바치던 노태우의 마음이 바뀐 것은 그가 직선제로 치른 선거에서 당선된 순간부터였다. 내란을 일으켜 국권을 찬탈한 대통령의 운명은 6·29 선언이 나오던 순간부터 이미 정해진 것이나 마찬가지였지만, 전두환은 그걸 알아차리지 못했다. 어쩔 수 없이 직선제를 수용하긴 했지만 그건 형식적인 절차일 뿐이고, 자신은 상왕 노릇을 하며 후임자를 뜻대로 좌지우지할 수 있을 거라 착각했다.

후임자 자리를 확보한 노태우의 생각은 달랐다. 그는 직선제 요구를 수용한 뒤 선거에 대비하느라 전국을 돌아다니며 민심을 접했고, 더 이상 한반도 남쪽 구역에서 권위주의적 철권통치가 가능하지 않다는 사실을 알게 되었다. 김영삼과 김대중이라는 당대의 걸출한 정치인들과 분투 끝에 어렵게 승리를 거머쥔 노태우에게, 전두환은 더 이상 존경스러운 친구도, 위대한 영도자도 아니었다.

'정통성 있는 지도자'라는 자아

가끔 생각해 본다. 노태우가 당선된 것이 당시의 전두환에게 가장 좋은 옵션이었을까? 그런 것 같기도 한데, 달리 생각하면 그렇지 않은 것 같기도 하다. 초점을 어디에 두느냐에 따라 다른 답이 나올 것이다. 인간 대 인간으로 맺은 관계에 초점을 두고 보면, 노태우의 당선은 두 사람 사이를 영원히 갈라놓은 거대한 일격이었다.

노태우의 당선이 두 사람의 관계에 왜 그렇게 큰 의미를 갖는지를 알기 위해서는 1988년이라는 시대 상황을 톺아보아야 한다. 1988년은 미·소로 대변되는 냉전 체제가 허물어지기 시작하는 때였다. 소련을 비롯한 동구 공산권의 몰락 조짐이 보이고, 시장경제와 민주주의를 선택한 나라들의 우위가 가시적으로 드러났다. 미국을 중심으로 한 자본주의 진영에서 '절대 선'으로 통용되고 있던 체제, 즉 물건을 만들어 사고파는 일을 개인 자유에 맡기고(자본주의 시장경제) 모든 국민의 의사를 물어 대표자를 뽑는 체제(민주주의)에 대한 신뢰와 선호가 이제는 공산권에까지 번져가고 있었다.

자본주의 진영에 속하지만 서유럽이나 영미권 국가들처럼 온전하게 민주주의를 실행하지 못하고 있던 국가들에도, 시장경제와 민주주의가 이미 현대인이라면 반드시 추구해야 할 제도로서 윤리적 권위를 획득하고 있었다. 이런 상황에서 '국민의 손으로 뽑은 지도자'가 된다는 것은 일종의 자격증을 획득하는 것이었다. 세계적으로 통용되고 인정받으며, '정통성 있는 지도자 클럽'에 들어가 동급으로 어울릴 수 있는 자격증.

반란을 일으켜 권좌를 찬탈한 쿠데타의 핵심 인물 중 한 명이었던 노태우가 이제 그 자격증을, 미국이나 서유럽 같은 '선진국' 지도자들이 모인 '명예 공간'에 들어갈 수 있는 통행증을 따낸 것이다. 이것은 노태우나 전두환 두 사람에게뿐만 아니라 대한민국이라는 국가 공동체에 치명적인 영향을 미치는 사건이었다. 그 의미를 가장 먼저 알아챈 것은 노태우였고, 그 의미를 선거 결과가 나오던 당시에도, 이후에도, 죽기 직전까지도 알아채지 못한 인물이 전두환이었다.

이제 노태우의 내면에는 새로운 자아상이 생겨났다. 국민이 뽑아준 대통령. 국민의 부름으로 국가수반이 되어 정정당당하게 국가를 운영할 수 있는 대통령. 새로운 자아상은 들불처럼 번져나갔다. 혈통에 근거해 나라를 통치할 권위를 얻었던 왕조 체제가 이제 역사책에만 존재하게 된 시대, 모든 인간은 평등하게 태어났으며 권력은 국민에게서 나온다고 선명하게 새겨진 법전을 가슴에 품고 살아가는 현대인들의 사회에서, 국민에게 선출된 대통령보다 더 정당한 지도자는 없었다.

국체(國體)를 흔드는 중범죄를 저지르지 않는 한 선출된 대통령은 임기 동안 굳건히 1인자 자리를 보장받을 것이며, 내리는 모든 결정과 선택에 자동으로 권위가 따라붙을 것이었다. 그런 권위와 세상에서 가장 거리가 먼 인물, 꿈에서조차 그런 권위를 가질 수 없을 단 한 사람이 있다면 그것은 전두환이었고, 노태우 자신은 이제 그런 전두환과 완전히 다른 급에 속했다.

'정통성 보유 지도자 자격증'을 손에 쥔 노태우는 이제 손에 넣은 자격증을 높이 평가해 주는 민주주의를 향해 두 팔을 활짝 벌린다. 국민의 손으로 대표자를 뽑는다니, 이 얼마나 세련되고 고급스러운 제도란 말인가! 그는 이제 자신의 새로운 자아, 민주주의를 택한 나라의 정통성 있는 지도자라는 자아를 전면에 내세우고 싶다.

회고록에서 노태우는 6·29 선언 이후 미국을 방문했을 때 자신이 '한국의 민주화와 인권문제로 골머리를 앓던 미국의 염려를 말끔히 씻어준 사람'으로서 얼마나 따뜻한 환대를 받았는지 나열하며 '민주화라는 것이 이렇게 큰 힘을 가지고 있구나'라고 생각했다고 강조한다. 1988년 2월에 있었던 취임식을 스케치한 후에는 "우리 현대사에서 세계 여러 우방국들의 축복 속에 취임식을 가진 대통령은 내가 처음이었다."라고 자랑스럽게 기술한다.[14]

허황된 야망, 그리고 원망

1987년 12월 직선제로 대통령에 당선됨과 동시에, 노태우는 하극상을 벌여 불법으로 국가를 뒤집어엎었던 어두운 기억을 잊고 싶었을 것이다. 그 기억을 대표하는 전두환이라는 존재는 아아, 생각만 해도 부담스럽고 골치 아프지 않았을까. 그 얼굴, 그 목소리, 그 경직되고 촌스러운 어법이라니! 떠올리는 것만으로 눈살이 찌푸려졌을 것이다. 그렇게 파렴치하고 무지한 인간을 내가 그동안 어떻게 견뎠을까, 생각하며 혀를 찼을지도 모른다.

노태우가 얻게 된 새로운 정체성과 그에 따른 심경의 변화는 전두환의 희망을 고꾸라뜨렸지만, 이에 대한 전두환의 대응은 놀라울 정도로 단순했다. 그는 자신에게 가해지는 압력의 귀속 요인을 노태우라는 개인의 인성에서 찾으며, 두 사람의 신뢰 관계가 깨졌다는데 초점을 맞추었다. 전두환은 자신과 배우자가 집을 떠나 어딘가로 은둔해야 하는 문제가 온전히 노태우의 의지에 달린 일인 양, 신의를 저버린 친구를 향해 폭포수 같은 원망의 말을 쏟아냈다.[15]

그러나 당시 전두환이 빠른 시간 내에 힘을 잃고 은둔지로 쫓겨가야 했던 동인(動因)을 노태우 개인의 심경 변화나 '친구 사이의 의리'에서만 찾을 수는 없었다. 당시 전두환이 쥐고 있던 권력을 급격하게 박탈해 가는 동력은, 근본적으로 국민들의 의지에서 나오고 있었다. 실행 시기나 방법에 어느 정도 영향을 미칠 수는 있었겠지만, 노태우가 방향성 자체를 좌지우지할 수는 없었다.

국민 다수가 압도적으로 전두환을 단죄하길 바랐고, 설사 노태우에게 전두환과 권력을 나누어 가질 의지가 있었다 해도 전두환을 전임 대통령으로서 예우하며 국정 운영에 개입하게 해주는 것은 불가능했다. 그랬다가는 전두환과 같은 뿌리를 가진 노태우 자신의 자리마저 흔들릴 수 있었다.[16]

하지만 전두환은, 역사의 장기 말이 직선제 위에 놓인 1987년 6월 29일 이후에 보낸 잔여 임기 동안 막후의 실력자로 군림하겠다는 허황된 야망을 버리지 못했던 것과 마찬가지로, 퇴임 뒤 자신이 어떤 상황에 놓여 있는지 제대로 파악하지 못했다. 시대가 변해 더 이상 자신이 설 자리가 존재하지 않다는 사실을 애써 외면하면서, '단임을 실천한 전임 대통령'에 대한 예우를 보장해 주지 않는 후임 대통령에 대한 원망으로 부들부들 떨었다.

사회적 지위에 지진과도 같은 변화가 일던 이 시기, 퇴임에서 백담사에 들어가기 전까지의 기간에 전두환이 보여준 대응 방식에는 이후 살아가는 33년의 여생 동안 반복될 패턴이 고스란히 등장한다. 1) 실제 있었던 일을 모른 척하고 당시 겉으로 내세웠던 그럴싸한 명분이 실체였던 양 내세우기('국민의 의지와 미국의 압력에 밀려 강제로 직선제를 받아들인 것이 아니라 내가 선심을 써서 민주화를 허용해 준 것이다!'), 2) 자기가 한 행동의 반향으로 일어난 일에 대해 상대에게 책임을 뒤집어씌우며 비난하기(전두환이 국가원로자문회의 의장직을 단념하려 하지 않자 노태우 측이 고육지책으로 전경환 구속의 칼을 빼든 것인데, 전두환은 이를 노태우의 인성과 의리 부족으로 맹렬하게 비난했다).

전두환 친인척에 대한 구속과 백담사행

그렇다면 노태우가 제 의지로 할 수 있었던 것은 어디까지였을까? 마음먹었다면 어느 선까지 전두환을 보호할 수 있었을까?

그것은 누구도 알 수 없다. 당시 전두환의 거취가 어떻게 될지는, 중범죄를 저질렀지만 7년 반 동안 대통령직에 머물며 한국 사회의 많은 부분을 만들어낸 자가 퇴임 뒤 공동체 내에서 어떤 위치를 차지해야 하는가에 대해서는, 누구도 예측하거나 범위를 어림잡을 수 없었다. 분노하는 세력과 지지하는 세력이 극렬하게 반대되는 메시지를 낼 뿐, 어떤 것도 정해지지 않고 앞으로 일어날 일의 윤곽선도 보이지 않는 극한투쟁이 횡행하고 있었다.

그런 혼란 속에서 제 입지를 공고히 하는 데 심혈을 기울여야 했던 노태우에게, 자신이 선 지형을 제대로 보지 못한 채 엉뚱한 자아상을 외쳐대는("본인은 민주화의 아버지야!") 쿠데타 출신 전임 대통령의 존재는 묵직하게 노태우를 내리눌렀을 것이다. 결국 노태우는 단순한 사고의 틀 바깥으로 나올 생각이 없는 전임 대통령에게 다소 야박하게 느껴질 수 있는 수단을 동원해서라도 현실을 직시하도록 만들어주어야 했고, 그렇게 해서 실행된 것이 급격한 전두환 친인척 구속과 백담사행이었다.

만일 전두환이 현실을 조금이라도 직시했다면, 노태우와 긴밀한 협상을 통해 그보다는 덜한 방식을 채택해 그 단계를 지나갈 수 있었을지도 모른다. 그러나 그 전에도, 그 당시에도, 그 이후로도 결코 현실을 직시하거나 인정하는 법이 없었던 전두환은 막무가내로 공허한 말잔치에 매달렸고, 결과적으로 가장 가까웠던 친구를 가장 무시무시한 적으로 돌리고 말았다.

3장

몰락의 휴지기

급물살을 타는 듯 보였던 독재자의 몰락 과정은 그러나, 어느 시점부터 완만한 평행곡선에 진입했다. 전두환·이순자 부부가 안정적으로 외딴 절의 생활에 적응해 갈 즈음 백담사로 찾아오는 인파가 불어나기 시작했다. 이빨 빠진 호랑이가 된 전두환과 그 배우자를 만나기 위해 전국 방방곡곡에서 찾아오자 갑작스러운 몰락에 어쩔 줄 몰라 하던 독재자 부부는 간만에 햇살을 쪼이며 행복해했다.

금세 이해하고 고개를 끄덕이게 되는 일은 아니다. 자국민 학살에 대한 책임을 인정하지 않고 국체를 뒤엎은 범법 행위를 반성하지 않는 사람을 그 피해자였던 국민이 보듬어 안으려 했다는 것은, 쉽게 받아들일 수 있는 사실이 아니다.

이해하기 힘든 이 장면, 일부 국민이 백담사로 찾아가 위로와 지지를 표명했던 장면의 전후를 살펴보자. 이런 현상의 원인은 어디서 찾아야 할까. 시간이 흐르면서 힘을 잃은 독재자에 대한 동정 여론과 집권 시절 치적에 대한 고평가가 흘러나와 강화되고 급기야 하나의 조류를 형성하는 것은, 기본적으로 인간의 내면의 보편 심성인 측은지심(惻隱之心)에서 찾아야 할 것이다.

언제 어떤 일을 당할지 알 수 없는 운명 앞에 선 유한한 인간들은 크고 강해 보였던 사람이 갑자기 초라한 신세가 되었을 때, 그 사람에게 급격히 공명하게 된다. 이러한 심성은 주로 대상이 되는 인물이 저지른 과오를 들여다보지 않았던, 혹은 그 인물이 저지른 과오를 들여다볼 필요가 없었던 사람들에게서 발현된다. 누군가를 가엾게 여기고 어루만지는 것은 그 행위를 하는 자신에게도 위안이 되는 행동이기에 약자로 변한 강자의 과거 행적에 대해 '잘' 알지 못했던, 혹은 '잘' 알 필요가 없었던 이들은 기꺼이 하게 되는 일이었다.

유배지의 작은 절에 갇힌 이빨 빠진 호랑이를 찾아갔던 이들이 주로 그 호랑이에게 물어뜯기지 않았던 지역의 사람들, 더 구체적으로는 그 호랑이가 성장기를 보냈던 지역의 사람들이었다는 사실이 이를 잘 보여준다. 자신 혹은 자신과 가까운 이들이 팬티 차림으로 고문당하거나 대검으로 난자당하는 경우를 겪지 않았던 사람들은 마음 편히 머리카락을 잃은 삼손을 가엾게 여길 수 있었던 것이다.

전(全)과 노(盧)는 동일한 뿌리를 갖고 있었기에

독재자의 몰락이 주춤하며 평행선을 이루게 된 또 하나의 원인은 이빨 빠진 호랑이의 절친, 노태우라는 존재와 관련돼 있다. 움켜쥐었던 권력을 내놓지 않으려 안간힘을 쓰는 전임자의 철딱서니 없는 마음을 깨우쳐주기 위해 다소 과격하게 칼을 휘두르긴 했지만, 근본적으로 노태우는 전임자를 완전히 벨 수 있는 입장이 아니었다.

그 자신이 전임자와 한배에서 나온 형제였기에, 쿠데타라는 DNA를 공유한 혈친이었기에, 전임자인 전두환을 베는 것은 노태우 자신의 목을 베는 것과 다름없었다. 막상 전두환이 강원도의 산골짝으로 들어가 눈앞에 보이지 않고 여소야대 상황에서 우위를 점한 야당들이 5공 비리에 대해 포화를 퍼붓기 시작하자, 노태우는 외딴 절로 추방된 인물과 자신이 결코 떨어질 수 없는 사이라는 사실을 실감했다.

12·12 쿠데타, 광주 학살, 뇌물 착복 등 5공이 저지른 모든 범죄의 핵심에 서 있었지만, 이제는 '직선제로 선출된 대통령'이라는 새로운 페르소나를 갖게 된 노태우는 몸은 짐승이나 머리는 인간인, 매 순간 모순된 상황에 빠져 이도 저도 하지 못하게 운명 지워진 켄타우로스였다. 정권 이행기에는 권력을 넘겨주지 않으려 뻗대는 탐욕스러운 전임자가 적이었지만, 전임자에게서 정권을 빼앗아 오는 데 성공한 지금은 김영삼과 김대중과 김종필이라는, 낯선 스타일과 힘을 가진 막강한 삼인방이 적이었다.

커다랗게 울려 퍼지는 '광주 학살 진상 규명'과 '책임자 처벌'이라는 시대 명령 앞에서 노태우에게 허락된 선택지는 많지 않았다. 야당의 요구를 들어줄 것처럼 두루뭉술하게 넘어가면서 시간 끌기, 전두환 측과 연락을 주고받으며 상징적인 희생양이 될 인물을 물색하기, 3김(三金)이라는 프로페셔널 정치인들의 속내를 살피며 때로는 기분을 맞춰주고 때로는 협박하고 그러는 도중 틈틈이 셋 사이를 이간질하기 정도가 노태우에게 허락된 옵션이었다. 그러나 절대로 할 수 없는 한 가지가 있었으니, 그것은 5공 정권의 양대 핵심 범죄, 즉 12·12와 5·18을 제대로 조사해 책임자를 처벌하는 일이었다. 제대로 처벌하면 현 정권의 핵심인 자신이 감옥에 가야 하는데, 어떻게 그럴 수 있겠는가!

집권기 동안 노태우가 보였던 오락가락 행보와 3김 포석 노력, 그리고 3당 합당이라는 거대한 정치적 사건은 이런 맥락에서 보아야 이해할 수 있다. 아무리 원해도 짐승의 형상을 한 몸을 온전한 인간의 몸으로 바꿀 수 없었던 노태우는 제 임기를 무사히 마치기 위해 12·12와 5·18을 단죄할 치명적인 병기(국회 내 의석이라는)를 가진 인물 중 누군가를 포섭해 자기와 같은 켄타우로스로 만들어야 했고, 그렇게 해서 탄생한 것이 김영삼이라는, 제2의 켄타우로스였다.

물론 이 새로운 켄타우로스를 원조 켄타우로스와 동급으로 놓는 것은 무리일 것이다. 전방에 있어야 할 탱크를 몰고 서울 한복판으로 진격하거나 국민에게 총격을 가한 사건에 가담하지 않았으므로. 그러니 이렇게 정리하기로 하자. 김영삼이라는 이 신종 켄타우로스는 몸의 4분의 1만 짐승이었던 다소 기형적인 켄타우로스였다고. 켄타우로스 종에 속하긴 하지만 인간인 면적이 원조 켄타우로스보다 훨씬 넓었던 변종 켄타우로스였다고.

독재자가 물러난 자리의 비극

독재자의 몰락이 주춤하며 평행선을 이루게 된 또 다른 원인은

5공 정권에서 승승장구했던 이들의 존재였다. 손에 피를 묻힌 거친 집권이었지만 전두환 정권은 현실에서 '정부처럼 보이는' 정부로 자리 잡는 데 성공했다. 국민의 내면에서 우러나오는 인정은 얻지 못했지만 어쨌든 국가를 통치하며 외관상의 질서를 제공했던 것이다.

독재자가 물러나고 독재자의 악행에 대한 성토가 넘쳐나던 시기, 독재자의 통치기에 유리한 고지에 올랐던 이들이나 단체, 지역에 대한 성토가 봇물 터지듯 일어났다. 6공화국 당시 국가의 수장이 독재자의 범죄사적 혈친인 상황이라 5공 시절에 대한 제대로 된 규명과 처벌이 이루어지지 않았기 때문에 이런 성토는 더 감정적이고 과격한 형태로 전개됐다.

국민은 저마다 선 자리에서 서로를 손가락질했다. 5공 정권에 적극적으로 부역하며 승승장구했던 이들이 전임 대통령을 옹호한 것은 말할 것도 없다. 당시 전두환의 범죄를 가슴 깊은 곳에서 비난하면서도 선 자리에서 묵묵히 제 능력을 발휘해 일했던 이들은, 6공화국 이후 과도한 비난에 시달리게 되자 제 지난날을 옹호하기 위해 전임 대통령에게 우호적인 태세로 돌아섰다. 일부는 전임 대통령 집권 당시에는 입 안의 혀처럼 굴던 사람들, 즉 언론계 종사자들이 이제 와서 퇴임한 인물을 극렬하게 비난하고 헐뜯는 데 질려서 침묵을 지키기도 했다.

이런 요인들에 힘입어 전두환은 첫 번째 파고를 넘어갔다. 백담사로 내쳐지는 과정이 예상보다 과격하고 빠르게 진행되어 겁을 먹었지만, 2년 후 서울에 돌아왔을 때, 최대치의 파고는 넘어간 것처럼 보였다. 백담사에서 2년을 보내고 서울로 귀환하기까지의 이 시기, 전두환은 국회 증언대에 서거나 산발적인 비난의 외침 혹은 시위대와 맞닥뜨리는 수난을 겪었다. 하지만 그런 일들의 파급효과는 크지 않았다. 국회에 나가서 준비해 간 발표문을 기계적으로 읽기만 하면 다시는 지난 시절에 대해 묻지 않겠다는 약속을 후임자인 노태우에게 받아놓았기에, 그리고 그 약속은 노태우와 3김 사이에 암묵적인 합의를 거쳐서 나온 것이기에, 근본적으로 크게 타격을 입을 만한 일은 일어나지 않을 것으로 보였다.

국민들의 비난이나 시위대의 움직임이야 뭐, 이미 수없이 겪어본 일이 아니던가? 마음대로들 하라지. 본인은 조국이 위험 상황에 처한 것을 두고 볼 수 없어서 어쩔 수 없이 대통령직을 수행했던 것뿐이야. 광주? 그건 폭도들이 일으켰던 폭동이야. 본인이 폭도들에게서 그 지역을 구해낸 거라고. 이렇게 되뇌며 전두환은 시간이 흐르기를, 그리하여 자신에 대한 일부 '용공 세력'들의 '일시적인' 비난 여론이 수그러들기를 염원했다.

4장

단죄의 날, 그리고 김영삼

1990년 12월 30일 백담사에서 돌아온 이후 전두환이 다시 철퇴를 맞기까지는 5년의 세월을 기다려야 한다. 그사이 재판이 있었고, 크고 작은 규탄시위가 있었지만, 그가 저지른 범죄의 규모에 어울리는 대응들은 아니었다.

1995년 7월, 5·18 관련 고소·고발 사건을 수사해 온 서울지검이 전두환·노태우 전 대통령을 포함 피고소·고발인 58명 전원에게 '공소권 없음' 결정으로 불기소처분했다고 발표했을 때,[17] 전두환은 이제 발을 뻗게 되었다고 생각했을 것이다. 노태우에게서 백담사에 다녀오기만 하면 다시는 5공화국 시절을 문제 삼지 않겠다는 약속을 받아놓았는데도 자꾸 오라 가라 해서 짜증이 났는데, 이제야말로 끝을 맞았구나, 하며 안도했을 것이다. 하지만 그로부터 4개월이 지난 1995년 11월, 대통령 김영삼이 불쑥 5·17 쿠데타 관련자 처리를 위한 특별법 제정을 지시하면서, 결국 전두환은 법정 구속을 당하게 되었다.

전두환이 백담사에서 돌아온 뒤부터 '역사 바로 세우기'라는 타이틀로 진행된 대대적인 재판에 수의를 입고 등장하기까지의 기간을 간단히 요약하면, 군 출신 대통령 노태우와 민주화 투사 출신 경력을 가진 양 김 세력의 기 싸움이 전개된 시기라고 할 수 있다. 쿠데타 출신 정치인이지만 동시에 국민의 손에 선출된 대통령이라는 이중 정체성을 가진 노태우는 정권 유지에 용을 쓰고, 민주화 투사 출신인 김영삼과 김대중은 각각 차기 대선에서 유리한 고지를 점하기 위해 안간힘을 썼다.

국민의 손에 뽑혀 행정부 수장 자리에 앉긴 했으나 여소야대 국회라는 초유의 상황 아래 국정 동력을 확보하기가 쉽지 않았던 노태우는 양 김 중 한 명을 제 편으로 끌어들이는 데 혼신의 힘을 다했다. 국회에서 다수 의석을 차지한 야당들 때문에 국정을 뜻대로 이끌기 힘들다는 문제도 있었지만, 그보다 야 3당이 하는 대로 끌려가다가는 12·12라는 자신의 원죄에 빨려들어가 몰락을 맞을 위험이 있었다.

3당 합당, 노태우와 김영삼이 손잡다

노태우가 김영삼과 김대중이라는 야권의 투톱(two top) 중 한 명과 손잡아 제 살길을 도모한 것은 학습에 의한 것이었다. 전임자인 전두환이 노태우 자신을 보험 삼아 감옥행을 면했던 것처럼, 노태우도 같은 경로를 거쳐 집권 기간의 권위 유지와 퇴임 후의 안녕을 보장받으려 했다. 그런 목적하에 김영삼과 김대중에게 줄기차게 러브콜을 보냈고, 가늘고 길게 이어진 작업 끝에 마침내, '김영삼'이라는 대어를 건져 올리는 데 성공했다.

노태우가 드리운 낚싯줄의 미끼를 물어 3당 합당을 단행한 것이 김영삼이었다는 점은 이런저런 의문을 남긴다. 당시 김영삼이 강원도 보궐선거 후보 매수 사건*으로 정치생명이 위태로운 상황에 내몰리지 않았다면, 김영삼이 노태우의 피를 수혈받아 제2의 켄타우로스가 되는 운명을 비껴갈 수 있었을까? 당시 김영삼이 노태우가 내민 손을 잡지 않았다면 그 후 김영삼은 정치인으로서의 행보를 이어갈 수 있었을까? 만일 당시에 궁지에 몰린 것이 김대중이었다면? 그랬다면 김대중은 노태우가 내민 떡밥을 향해 입을 내밀었을까?

김영삼과 김대중은 '민주화 운동'이라는 공통점을 제외하면 비슷한 점을 찾기 힘든, 매우 다른 성향의 정치인이었다. 김영삼이 외향적이고 사람들을 모아 함께 조깅하는 것을 즐기는 외향형이었다면, 김대중은 독서와 토론, 식물 키우기를 즐기는 내향형이었다. 두 사람 모두 우주의 중심이 자신이어야 한다고 믿었지만, 전자는 그 믿음을 한결같이 고수했고, 후자는 필요할 때 그 믿음을 잠깐 옆으로 밀어놓기도 했다(늘 그랬던 것은 아니지만, 김영삼과 비교했을 때 상대적으로 그럴 여지가 있는 인물이었다*). 현실 세계에서 위기를 맞았을 때 그를 타개하기 위해, 즉 자신이 주인공인 상황을 계속 유지하기 위해 무릎

* 통일민주당이 공화당 후보 이홍섭에게 후보직을 사퇴하는 조건으로 5,000만 원을 제공한 사건. 이 사건으로 김영삼의 최측근이었던 서석재 사무총장이 총장직을 사퇴하고 통일민주당을 탈당했으며, 김영삼은 정치 인생에 큰 위기를 맞았다.

쓸 수 있는 일의 범위가 서로 달랐던 것은 이런 차이 때문이었다.

그에 더해 김영삼은 보수적인 성향이었고, 노태우와 비슷한 억양을 구사하는 지역에서 나고 자란 인물이었다. 이를 파악한 노태우는 김영삼을 끌어들이는 데 더 많은 공을 들였다. 그리고 성공해 3당 합당의 거사를 이루었다.

훗날 수의를 입고 법정에 섰을 때, 노태우의 머릿속에 어떤 생각이 오갔을까? '그때 김영삼 대신 김대중을 끌어들였다면'이라는 생각을 잠깐이라도 하지 않았을까?[18] 당시 김대중이 노태우의 손을 잡았을 가능성은 낮아 보이지만, 만일 김대중이 그 손을 잡았다면, 아마도 김대중은 반란의 수괴들을 법정에 세우지 못했을 것이다. 김영삼과 달리 김대중은 자신이 노태우와 손잡은 것의 의미를 또렷하게 인식했을 것이고, 그 인식 때문에 차마 자신에게 피를 수혈해 준 전두환과 노태우를 법정에 세우지 못했으리라. 김대중은 한번 인식에 들어온 일을 눈 딱 감고 해치울 수 있는 인물형이 아니었다.[19]

다시 3당 합당 장면으로 돌아가자. 1990년 1월, 김영삼은 자신

* 김대중의 자기중심 성향이 가장 강하게 나타난 것은 1987년 대선 당시 김영삼과 야권 단일화를 이루지 못했을 때였다. 그러나 그 이후 김대중은 신념을 지키기 위해, 혹은 야권 전체의 이익을 위해, 비켜서서 양보하는 모습을 간간이 보여주기도 했다. 첫 번째 예시로는 노태우로부터의 합당 제의를 거절한 것을 들 수 있다. 그는 여소야대 상황에 몰린 노태우가 합당 제안을 해왔을 때 딱 잘라 거절했다. 민주화 지도자로서 군부 세력과 합당할 수 없다는 신념에 충실했던 것이다. 두 번째 예시로는 3당 합당으로 민자당이라는 거대 여당이 탄생했을 때, 그에 대한 대응으로 '꼬마 민주당'에 합당을 제의하면서 통 크게 양보한 일을 들 수 있다. 당시 신민당과 민주당의 국회의원 의석 비율이 신민당 67석에 민주당 8석으로 큰 차이가 있음에도 불구하고, 김대중은 당 대표를 이기택과 공동으로 맡고, 최고위원을 김대중계와 꼬마 민주당계가 똑같이 4명씩 맡는 데 동의해 합당을 성사시켰다.

이 이끄는 통일민주당이 김종필의 신민주공화당, 여당인 민주정의당과 합당했음을 발표했다. 불과 7년 전 23일간 곡기를 끊어가며 목숨 걸고 대항했던* 세력의 핵심 인물인 노태우와 손을 맞잡은 채, 자신이 '새로운 시대에 맞는 구국의 결단'을 내렸다고 천명했다. 이어 집권 여당인 '민주자유당'의 당 대표가 되고, 노태우의 친인척이자 실세인 박철언과 후계자 자리를 놓고 치열한 격전을 벌인 끝에 승리했으며, 1992년 대통령에 당선되었다.

김영삼이라는 정치인에 관하여

연희동에 있던 누군가는 3당 합당에서 김영삼이 대통령 당선까지의 과정을 지켜보며 회심의 미소를 지었을 것이다. 김영삼이 민정당과 한 몸이 되는 것은 전두환 자신과 한 몸이 되는 것이었다. 대한민국을 대표하는 민주투사였던 인물이, 곡기를 끊어가며 자신의 권위에 도전했던 맙상이 품 안으로 들어왔다. 이제 더 두려워할 것이 무엇이겠는가?

온 국민이 들고일어나 자신을 비난해도 단 한 사람, 김영삼이 조용히 있으면 괜찮을 것이다! 자신에게 수혈받은 노태우, 그런 노태우에게서 수혈받은 김영삼. 내 피의 수혈자가 대통령에 당선되다니! 그것은 상상할 수 있는 최상의 보험이었다. 연희동에서 이를 지

* 1983년 5월 18일, 야당 지도자였던 김영삼은 민주화 5개 항을 요구하는 성명을 발표한 뒤 23일 동안 단식 농성을 벌였다.

켜보았을 이빨 빠진 호랑이, 쿠데타 출신의 전직 대통령은 가슴을 쓸어내렸으리라.

대다수 국민들의 예측도 이와 다르지 않았다. 물론 그 예측에 대해 품은 감정의 색깔은 쿠데타 출신 전직 대통령과 완전히 달랐을 것이지만. 군부 세력과 손잡은 김영삼을 보며 국민들이 절망했던 것은 단순히 민주 진영의 거물 정치인에 대한 인간적인 실망감 때문만은 아니었다. 이제 단죄할 수 없게 되었다는 것. 억울하게 희생된 이들의 유가족들이 시퍼렇게 살아있는데, 희생자들의 죽음에 가장 큰 책임이 있는 이가 감옥이 아닌 곳에서 여유롭게 사는 것을 그저 쳐다만 봐야 하게 되었다는 것. 그것은 권선징악은 동화 속의 일일 뿐 현실에서는 절대로 일어나지 않는다는 사실을 보여주는 명징한 상징으로 비쳤고, 인간의 선량함을 믿고 바르게 살아가려는 대다수 시민들의 의지를 가혹하게 꺾어놓았다.

그러나 그 후에 일어났던 깜짝 사건, '역사 바로 세우기' 재판을 겪은 뒤에 다시 돌아보면, 3당 합당 뉴스를 보며 가슴을 쓸어내리거나 반대로 안타까움으로 어쩔 줄 몰라 했던 이들은 특정 인물의 특성을 파악하는 데 실패한 것이었다. 김영삼이라는 인물, 중학생 때부터 대통령이 되겠다는 꿈을 품고 줄기차게 한길을 걸어온 일편단심 정치인, 세상 모든 일이 자신을 중심으로 돌아가야 하며, 자신을 중심에 놓게 하기 위해서는 무슨 일이든 다 할 수 있다는 뱃심을 가진 프로페셔널 직업인의 내면을 제대로 읽어내지 못한 것이었다.

김영삼은 궁지에 처하면 무엇이든 할 수 있는 인물이었고, 그가 할 수 있는 '무엇이든'의 범위는 평균치의 상식을 지닌 이들의 기대치를 훌쩍 뛰어넘었다. 정치는 결코 단선적인 윤리로 돌아가는 것이 아니며, 정치에 뛰어드는 사람은 '사람'이라는 생물 종의 내면에 도사린 다양한 욕망을 있는 그대로 직시할 줄 알아야 한다는 사실을, 일찍이 마키아벨리가 꿰뚫어 보고 막스 베버가 탄탄한 논리로 뒷받침한 진리를[20] 한반도 남쪽 구역에서 김영삼보다 더 잘 보여주는 정치인은 없었다.

'세상 만물은 나를 중심으로 돌아야 한다'는 생각은 모든 정치인들에게 기본적으로 내장되어 있는 전제이다. 그런 생각이 권력의지를 낳는 것이며, 강력한 권력의지가 있어야 만인을 제치고 올라가 제 말이 현실에서 실현되게 하는 힘을 손에 넣게 된다. 링컨도, 케네디도, 김대중도, 만델라도 모두 이런 권력의지를 갖고 있었고, 그렇기에 지도자의 반열에 올라 평생 벼려온 뜻을 펼칠 수 있었다. 그러니 자기를 중심에 놓고 사고하는 정치인의 습성을 꼭 그르다고만은 할 수 없을 것이다.

문제는 김영삼이라는 정치인이 자신을 중심으로 놓으려는 욕망에 너무나 투명하게 투신하는 인물이었다는 점이다. 그에게는 자신이 주인공이 되어야 한다는 욕망이 모든 것에 우선하는 절대 가치였다. 그의 의지력이, '아무리 내가 주인공이 되고 싶다 해도 차마 시민들의 피를 묻히고 집권한 군부 세력과 손잡는 건 좀….'이라는 사고로 눈을 돌리기 힘들고, 눈을 돌렸다 하더라도 순식간에 잊게 되는 환경에 놓여 있었다는 말이다.

이것은 때에 따라 자기중심성을 잠깐 내려놓고 반드시 지켜야 하는 가치를 일시적으로나마 우선시할 줄 알았던 다른 (보기 드문) 정치인들과 김영삼이 확연하게 갈라지는 지점이었고, 그 지점 덕분에, 한반도의 남쪽 구역에 거주하는 이들은 대한민국 현대사에서 유일하게 성립했던 어퍼컷(uppercut), 전두환과 노태우가 수의를 입고 법정에 선 장면을 목도할 수 있었다.

그 장면을 신이 대한민국이라는 국가에 뿌려준 단비라 해도 좋으리라. 그 비가 예상 가능한 경로로 내려오지 않았다는 점, 즉 대한민국 현대사의 대역 죄인인 전두환과 노태우에게 수의를 입히는 장면을 자기중심성이라는 특성을 철옹성처럼 지켜온 단순한 캐릭터의 김영삼이 연출했다는 사실을 보면 대한민국을 담당하는 신은 무척 장난을 좋아하는 부류이리란 추측을 하게 된다.

'역사 바로 세우기'의 막전막후

김영삼은 공과(功過)가 뚜렷한 인물이다. 그는 형식상 민주주의가 실시되지만 아직도 군부의 입김이 강하게 서려 있던 대한민국에서 '하나회'라는 군부 내 사조직을 뿌리 뽑고, 청와대 주변에 널려 있던 '안가'[21]들을 불도저로 밀어내 밀실정치의 그림자를 걷어냈으며, 자신의 재산을 공개한 뒤 고위 공직자들의 재산을 공개하는 관습을 정착시켰다. 금융실명제를 실시해 보이지 않는 곳에서 이루어지던 뒷거래들이 공개적으로 이루어지게 만들었다.

그러나 여론을 너무 의식한 나머지 보여주기 위한 '이벤트성 정치쇼'를 자주 했고, 모든 일을 시스템이 아닌 대통령 개인의 인치(人治)로 해결하는 경향이 강했으며, 경제에 대한 인식과 관심이 부족했다. 요약하자면 그는 특유의 과단성으로 부패 문화와 군부의 막강한 영향력을 일소했지만, 전문성과 장기적인 안목이 필요한 분야에 대한 무지로 국가 경제를 파탄에 빠뜨린 대통령이었다.

이러한 공(功)과 과(過)는 모두, '자기중심성'이라는 그의 어린아이 같은 특성에서 기인했을 것이다. 생각하기에 따라서는 지도자로서 매우 적합하지 않게도 보이는 이 인물은 그러나, 모든 공과를 초월한 이 하나의 장면, 피 묻은 손으로 정권을 가로챘던 두 명의 중범죄자들이 수의를 입고 나란히 선 장면을 국민에게 선사해 준 것으로 제 존재 가치를 증명한 것인지도 모른다.

그리고 이 지점에 이르면 우리는 인간이라는 특수 종을 만들어낸 절대자의 의도에 대해 생각하지 않을 수 없는 것이다. 언제나 주인공이 되고 싶어 하는 유아적 심성의 소유자, 만사를 경쟁심이라는 강력한 프리즘으로 바라보았던 이 독특하고 맹렬한 인물을 대한민국에 태어나 대통령 자리에 오르게 한 것은 바로 이 한 장면을 위한 것이 아니었을까? 식민지, 분단, 전쟁, 쿠데타와 같은, 구성원 개개인들의 삶을 후려치는 거대한 일격을 연속으로 퍼부었던 것에 미안함을 느낀 절대자가 그래, 너희도 살아야지, 하고 김영삼이라는 캐릭터를 통해서만 흘러나올 수 있는 사이다를 뿌려주었던 것이 아닐까?

그러나 수의를 입고 법정에 서게 된 전두환에게는, 이보다 더 어처구니없는 일이 있을 수 없었다. 그토록 없애버리려고 안간힘을 썼던 김대중도 아니고, 군부 내 다른 세력이 쿠데타를 일으킨 것도 아니고, 한배를 탔다고 믿었던 김영삼에게 이런 망신을 당하다니! 내가 만든 당과 합당하고, 내가 후계자로 키운 인물의 덕을 보고, 내가 모은 자금으로 이룩한 수많은 제도적·관습적 혜택에 힘입어 대통령이 된 인물이 감히 나를 감옥으로 보내다니!

그러나 김영삼은 눈 하나 깜짝하지 않고 제 갈 길을 갔다. '역사 바로 세우기'를 부르짖으며 두 전임 대통령을 감옥으로 보내게 된 제1 계기가 김영삼 자신의 선거자금 문제로 쏠리는 관심을 분산시키겠다는 의도에 있었다는 건 정치에 관심이 있는 사람이라면 모두 아는 사실이었지만, 김영삼에게 그것은 조금도 문제 될 게 없었다. 죄인들을 단죄하고 그들이 빼돌린 검은돈을 회수한다는 너무나 정당한 명분을 내세워 국면을 전환시키는 데 성공했고, 이제 아무도 자신이 선거자금으로 쓴 천문학적인 돈의 출처에 대해 왈가왈부하지 않는다. 그런데 굳이 그 문제에 신경을 쓸 필요가 있겠는가? 누군가 다시 그 문제를 들고 일어난다면, 그때 가서 국면 전환용으로 뭔가를 또 하면 될 일이었다.

두 명의 대역 죄인을 벌하는 과정에서 행정부의 수장이 검사들에게 직접적으로 압력을 넣어 자기 입맛대로 움직이게 했다는 원론적인 비난이 간간이 들려오기도 했지만 역시, 그런 비난이 떠들썩하게 언론을 타지 않는 한, 크게 관심 가질 필요가 없었다. 그런 자신에 대해 하늘색 수의를 입고 감옥에 들어간 전임 대통령 중 한 명이 뭐라고 뭐라고 해대는 것 같았지만, 워낙 먼 데서 지껄이는 중얼거림이라 잘 들리지도 않는 데다가, 그 인물이 뭐라 하든 이제 아무도 귀기울이지 않는 것 같으니, 그저 자신은 뚜벅뚜벅 앞으로 나아가기만 하면 될 일이었다.

어떤 경우에도 자신을 중심에 놓는 특성의 강도 면에서, 김영삼은 대한민국 현대사에 등장했던 지도자들 중 전두환에 비견될 만한 유일한 인물이었다. '역사 바로 세우기' 재판의 막전막후를 따라가다 보면, 전두환이라는 악인에게 수의를 입히는 과업은 오직 그 악인만 한 '기(氣)'를 가진 인물만이 할 수 있었던 것이 아닐까 하는 생각을 해보게 된다. 김영삼 특유의 자기중심적 기질이 한국 현대사 최고의 악인을 투옥하는 결과로 이어지는 장면은, 전두환의 특별한 가벼움이 의외의 순간에 대한민국 민주화 과정의 촉매제로 작용했던 1987년 6월의 장면에 결코 뒤지지 않을 지독한 아이러니였던 것이다.

그렇게 전두환은 감옥에 갇혔고, 그 안에서 2년을 살았다. 그가 1심에서 사형 판결을 받고 2심에서 무기징역을 받은 것은, 대한민국에 사는 이들의 가슴에 잊을 수 없는 시원한 일격으로 맺혔다. 수감 기간 동안 가족들과 주고받은 편지에서, 전두환은 줄기차게 '국가', '안위', '희생', '구국', '운명', '북한' 같은 말을 들먹였다. 재임 전과 재임 기간, 그리고 퇴임의 순간에 줄곧 입에 올린 레퍼토리의 반복이었고, 이는 이후 그가 감옥에서 나와 민가에서 살다 죽음을 맞는 순간까지 굳건하게 입에 올리게 될 단골 수사였다.

5장

수감 생활

우리는 종종 극한상황에 처한 이에게서 그 사람의 정수(精髓)가 흘러나오는 것을 보게 된다. 천재지변이나 사고, 갑작스러운 경제적 파산을 맞았을 때 사람은 평소 보여주지 않던 존재의 핵심 기질을 드러낸다. 재력, 사회적 지위, 사람들과 만날 기회를 잃고 혼자 남겨진 채 24시간을 보내야 하는 감옥 생활은 그런 극한상황의 대표적인 예이다. 안토니오 그람시는 투옥된 이후 왕성한 지적 탐구를 통해 헤게모니 이론을 완성했고, 넬슨 만델라는 27년의 복역 기간 동안 민주화 투쟁을 지속해 인권운동의 상징으로 떠올랐다.

1995년 12월에서 1997년 12월까지 2년 남짓했던 수감 생활 동안, 전두환 역시 자기 내면의 핵심을 보여주었다. 전두환은 수감 생활을 단식으로 열었다. 곡기를 끊고 자신에게 죄가 없음을, 자신은 김영삼이라는 위선적인 정치인의 위기모면용 희생양임을 호소했다. 체중이 줄고 갑상선 기능 저하로 인한 오한과 탈수 증세가 나타났음에도 굳건히 이어졌던 단식은 27일째 되던 날 화장실에서 쓰러져 혼절하면서 멈췄다. 병원 측은 산소호흡기와 정맥주사를 처치했고, 전두환은 다시 음식을 입에 대기 시작했다.[22]

단식이라는 강력한 거부의 몸짓으로 시작한 수감 생활의 전반기는 '역사 바로 세우기' 재판에 대응하느라 정신없이 지나갔다. 전두환의 회고록에서 이 시기는 온통 재판에 대한 내용으로 채워져 있다. 변론을 준비할 시간이 충분치 않았던 전두환은 변호인들과 대응 전략을 짜는 데 골몰했고, 사형선고를 받은 1심에 이어 무기징역으로 감형된 2심까지, 재판을 포기했다가 다시 대응 전략을 짜는 등 수차례 심경 변화를 보였다.[23]

재판에서 그가 펼친 논리는 무엇이었는가

재판에서 전두환과 변호인단이 펼쳤던 주장은 두 가지로 요약된다. 1) 12·12는 '어쩔 수 없는' 상황에서 단행된 조치였고, 2) 5·18에 전두환은 책임이 없다는 것. 전두환과 변호인단은 이 두 가지 주장을 반복하며, 틈만 나면 소급입법 행위가 법치국가에서는 해서는 안 될 일이라는 점을 강조한다. 회고록 3권은 이와 관련해 220페이지 분량을 할애한다. 조목조목 법적 논리로 뒷받침하는데, 얼핏 들으면 모두 합리적이고 옳은 말처럼 들린다. 그리고 오직 법리로만 따져 자신을 변호하는 220페이지의 서술에서, 전두환이 그때껏 해왔고 재판이 끝난 뒤에도 반복적으로 내보이게 될 그의 내면의 핵심 특성 중 하나가 엑기스 형태로 드러난다.

그것은 '자신이 저지른 잘못의 책임을 상대에게 뒤집어씌우기'이다. 12·12 당시 전두환은 대통령의 재가를 받지 않고 군 병력을 동원해 상관이었던 정승화를 체포했다. 상황이 긴박하게 돌아가던 당시 전두환을 위시한 쿠데타 세력을 진압하기 위해 장태완, 정병주 같은 장성들이 손을 쓰려다 실패했는데, 전두환은 이들을 '반란군'이라 칭하며 불같이 화를 냈다. 보안사령관인 자신은 박정희 대통령 시해 사건을 조사하기 위해 정당하게 (김재규와 공모한 것으로 보이는) 정승화를 연행했을 뿐인데, 그런 정당한 업무 수행을 방해하려 했으니 장태완과 정병주가 반란군이라는 것이었다.[24]

재판에서 전두환은 장태완과 정병주 두 장성이 나서게 만든 동기, 즉 신군부 세력이 불법으로 병력을 동원해 지휘 체계를 교란시킨 부분은 '정당한 업무 수행'이라고 억지를 부리면서, 불법적인 행동을 막으려 했던 이들을 반란 세력으로 몰아붙였다. '적반하장'이라고 요약할 수 있는, 평생에 걸쳐 전두환이 내보였던 핵심 성향이 이 재판에서 극명한 형태로 전시됐다.

5·18에 대한 변명도 같은 패턴을 띠었다. 5·18은 처음부터 신군부가 공수부대를 투입해 과잉 진압을 했다는 것이 핵심이었고, 그 책임은 당연히 신군부의 수장이었던 전두환이 져야 했다.하지만 전두환은 시민들의 시위 진압에 '공수부대'를 파견한 것을 당연히 해야 했던 '질서유지 조치'로 간단히 일축한 뒤, 광주 시민들이 무기를 탈취하고 폭력을 행사했다는 점을 되풀이해 강조했다. 원인이 된 부분은 거들떠보지도 않고, 그 원인으로 인해 일어난 일들에 기계적으로 '준법성' 여부만을 들이대 책임을 추궁한 것이다. 얼마나 집요하

고 강력하게 주장하는지, 그 말을 듣고 있으면 마치 공수부대가 아무 일도 하지 않고 가만히 서 있는데 광주 시민들이 갑자기 덤벼들어 무기를 빼앗고 부대원들을 살해한 것처럼 여겨질 정도다.

감옥 안의 삶을 한순간도 헛되이 보내지 않으며

전두환을 이루는 또 하나의 핵심 특성은 수감 생활의 후반부에 흘러나온다. 재판이 끝난 뒤 수감 생활에 적응해 나가면서, 그는 살아있는 동안 한 번도 잃은 적이 없었던, 그를 이루는 것 중 가장 강력하고 뛰어난 특성을 선명하게 드러내는데, 그것은 근면함, 타의 추종을 불허하는 근면함이었다.

그는 한순간도 가만히 있지 않았다. 운동 시간이 돌아오면 제한된 공간에서나마 움직여 몸을 단련했고, 제 호실에 갇혀 있을 때는 책을 읽거나 편지를 썼다. 그가 읽었던 책은 두 종류였다. 하나는 『한비자』, 『조선왕조실록』, 『강대국의 흥망』, 『한국의 통일정책』 같은 정치·역사 관련 책이었고, 다른 하나는 『걸리버 여행기』, 『엄지왕자』, 『아서 왕의 모험』 같은 이야기책이었다.[25]

그가 군인이고 정치인이었다는 점을 생각하면 그가 전자의 책들을 즐겨 읽었던 이유를 이해할 수 있다. 특이한 건 『걸리버 여행기』 같은 동화적인 성격을 띤 책을 읽었다는 점인데, 그는 이 책들을 손자·손녀들에게 이야기를 들려줄 소스로 삼기 위해 읽었다. 회고록에서 그는, 자신이 감옥에 있는 동안 손자·손녀들이 옛날이야기를 들려달라고 할 때마다 이야기 밑천이 부족했다는 사실을 떠올리며 부지런히 옛날이야기들을 읽어 내용을 기억하려 애썼다고 설명한다. 또한 그는 직접 만날 수 없는 손자·손녀들에게 잊히지 않기 위해 매일 편지를 썼다. 월요일은 손자, 화요일은 손녀, 수요일엔 자녀들…. 이런 식으로 요일을 정해놓고 번갈아 가며 썼다.[26]

전두환이 지난 수감 생활을 어떻게 회상하는지 잠깐 들여다보자. 그는 옥외 운동 시간에 공터로 나가서 교도소 뒤편의 산을 내다보며 알록달록 등산복을 입은 시민들을 보았던 시간을 이렇게 정리했다.

> "… 우리는 흔히 과거에 고생하던 곳은 두 번 다시 쳐다보기도 싫다고 말하곤 하는데, 나는 안양 교도소가 정이 들어서인지 그런 느낌이 들지 않았다 …"[27]

이어서 그는 감옥 생활이 자기에게는 전혀 힘들지 않았다고 말한다. 어린 시절 움막집에서 살며 의식주의 부족과 불편함에 단련이 되었고, 육사 생도 때와 군인으로서 했던 병영 생활, 미국 연수 때 혹독한 생존 훈련을 거쳤기에 감옥에서의 생활이 힘들다는 생각이 전혀 들지 않았다는 것이다. 다만 힘들었던 것은 사위의 정치적 시련을 지켜보던 장인의 와병 소식, 함께 재판을 받았던 유학성 장군의 별세 소식이라고 말한다.[28]

1997년 12월 22일, 대통령 특별사면으로 출소하던 날, 전두환은 모여든 기자들 앞에 서서 "최근의 경제대란으로 국민 여러분이 얼마나 놀라시고 불안해할 것인지 걱정이 많다."라고 일장 연설을 한 뒤 "여러분은 교도소에 올 생각일랑 하지 마시오."라고 넉살을 부려 폭소를 유발했다.[29] 엄청난 낙천성과 배짱, 변죽과 여유를 보여주는 장면이다.

전두환은 감옥에서의 생을 사랑하고, 그곳 생활에 최선을 다했다. 출소하던 날도 완벽하게 양복을 갖춰 입고 교도소 문 앞에 서서 심각한 얼굴로 '국가 경제'에 대한 심려의 변을 늘어놓았다. 그가 그런 말을 입에 담을 자격이 있는가 하는 문제와 별개로 전두환이라는 인물의 내재적 시선으로 보면, 그는 선 자리에서 제 사고 수준에서 떠올릴 수 있는 최선의 각본을 짜고 그에 맞게 행동했다.

이는 전두환의 인생 모든 구간에서 일관되게 나타나는 특성인데, 그는 생의 어느 순간에도 허투루 임하지 않았다. 늘 운동으로 몸을 단련했고, 맡은 일을 열정적으로 해냈으며, 처한 상황을 기민하게 살폈다. 그러다 유리한 고지를 차지할 기회가 오면 재빨리 낚아챘다. 필요성을 느끼면 전문가를 초빙해 왕성한 학습력으로 목표한 지식을 익혔고, 항상 사람들에게 먼저 다가가 손을 내밀었다. 엄청난 생명력으로 자신에게 부여된 하루하루를 살았던 것이다. 그는 끔찍하게 자기 자신을 사랑하는, '자기 사랑의 일인자'라 할 수 있는 인물이었다.

6장

대한민국 현대사의 극과 극, 전두환 VS 김대중

무기징역수인 전두환을 감옥에서 꺼내준 사람이 그의 손에 목숨을 잃을 뻔한 정적 김대중이었다는 사실은 우리 현대사의 대표적인 아이러니다.

전두환에게 치명적인 단죄의 칼날을 들이댄 이들이 모두 그와 같은 팀인 '보수 진영'의 정치인들이었다는 점과 함께 놓고 보면 이 아이러니는 더욱 흥미로워진다. 전두환은 자신의 피를 수혈받은 직계인 김영삼이 자신을 감옥에 보낼 거라고 상상하지 못했듯, 평생 갇혀 있을 뻔한 자신을 감옥에서 꺼내준 손길이 김대중에게서 오리라는 예측 역시 하지 못했을 것이다.

전두환과 김대중은 우리 현대사의 상반된 경향을 보여주는 양극단의 인물이다. 왕조 시대에서 곧장 식민지 시대로, 식민지 시대에서 곧장 분단국 시대로 들어서야 했던 대한민국에서 전두환은 왕조 시대의 잔재인 권위주의를 온몸으로 체현했던 인물이고, 김대중은 외국에서 갑작스럽게 이식된 민주주의 이념을 한국에 정착시키기 위해 인생을 걸어 투쟁한 인물이다. 전자가 무력, 물질, 승자 우선, 편법, 전근대를 상징한다면, 후자는 지성, 인권, 근대, 평화를 상징한다.

그런데 후자가 전자를 풀어주는 데 가장 크게 기여함으로써 대한민국 현대사는 전두환이라는 인물에게서 비롯된 1980년대의 모순에서 벗어나지 못하게 되었다. '민주화 투사'를 주요 페르소나로 장착한 인물이 자신이 대적해 싸웠던 대상이 죗값을 치르는 과정에 적극적으로 개입해 수감 생활을 중단시킴으로써, 이후 그 대상이 사과는커녕 자신을 구국의 영웅이라 주장하며 수십 년간 국민에게 모멸감을 선사하도록 만들었던 것이다.

전두환과 김대중이 보여주는 대한민국의 스펙트럼

너무나 다른 성향의 두 사람이 대한민국 현대사의 중요한 지점에서 국가를 통치하는 역할을 맡았다는 사실은 대한민국을 이루는 힘들의 스펙트럼 너비를 보여준다. 상하 위계가 철두철미한 조직에서 청년기를 보낸 전두환은 대한민국을 '겉과 속이 다른 공동체'라고 보았다. 대한민국 사회에서 '속'은 순전히 '힘'의 향배에 따라 결정된다고 보고, 시종일관 '힘'을 추구했다. 입으로는 '민주주의', '정의사회'를 말했지만, 현실에서는 제 뜻대로 나라를 운영하면서 사회 구성원들이 공동으로 소유한 재화를 제 친지와 측근들에게 멋대로 배분했다.

어차피 세상은 힘을 가진 자가 마음대로 하는 것이라고 생각했기에, 불법적으로 획득한 힘을 휘두르며 공동체를 좌지우지했다. 그가 이해한 근대국가란 그런 것이었다. 실제로는 힘 가진 자가 마음대로 하면서 입으로 명분만 그럴싸하게 둘러대면 되는 공동체. 그에게 있어 '겉'에 해당하는 민주주의는 하등의 쓸모가 없는, 그럴싸한 장식품에 불과했다.

대한민국을 겉과 속이 다른 공동체로 파악한 건 김대중도 마찬가지였다. 김대중은 서구에서 몇백 년 동안 숙성된 제도를 갑작스럽게 이식해 와야 했던 아시아 변방의 분단국, 분단을 겪은 지 얼마 되지 않아 모든 것을 초토화시키는 전쟁을 겪은 신생독립국가 대한민국의 구성원들이 완전히 반대되는 두 가지 사상(왕조 시대의 수직적 신분제와 만민평등사상에 바탕한 민주주의라는) 사이에서 혼란과 갈등을 겪고 있다는 사실을 꿰뚫어 보았다.

그러나 그는 어느 한쪽이 현실 세계를 모두 지배한다고 생각하지 않았다. 힘을 가진 자가 권력을 차지하는 경우가 왕왕 발생하지만, 그것이 '절대'는 아니며, 얼굴 한번 본 적 없는 타인이 '나'와 똑같이 존엄하다고 여기는 마음들이 뭉치면 때로는 힘을 가진 자를 몰아내기도 한다는 사실을 알았다. 그렇기에 공동체 구성원들이 그런 가치에 눈을 돌리고 그에 대한 믿음을 키워가도록 하는 데 힘을 쏟았다. 반대되는 성격의 두 힘이 격돌하는 가운데 더 발전된 형태의 힘이, 더 많은 사람이 같이 잘살게 만드는 쪽의 힘이 승리하도록 공동체를 이끄는 데 인생을 걸었다.

역사에서 전두환이 패자가 되고 김대중이 승자가 된 것은 이런 차이 때문이다. 전두환은 자신이 선 시대를 관통하는 정신이 무엇인지 읽어내지 못했다. 물리적인 '힘'이 승리를 거두는 과정은 가시적이다. 힘을 쥐고 권좌를 차지하는 절차는 빠르고 선명하게 이루어지며, 독재자가 그렇게 손에 넣은 권력을 휘두르며 모든 분야를 장악해 가는 걸 목격한 이들은 힘이야말로 절대 진리요 운명이라고 믿게 된다.

절대적이고 영속적일 것처럼 보이는 이 힘은 그러나, 보이지 않게 진행되는 다른 힘에 의해 조금씩 부식되어 간다. 물속에 머리를 집어넣어 숨 쉬지 못하게 하고 천장에 매달아 전기고문을 가해 조용하게 만들어놓았던 인간은 풀려난 뒤 꼿꼿하게 일어서 야만적으로 자행된 고문 과정을 증언하며, 총칼로 목숨을 끊어놓은 이들의 유가족은 그 무엇으로도 꺼뜨릴 수 없는 불꽃이 되어 암흑을 밝힌다.

전두환은 대한민국이라는 분단국에 왕조 시대의 권위주의가 남아 있지만 동시에 민주주의와 천부인권사상이 줄기차게 세를 넓혀가고 있다는 사실을 간과했다. 국민들의 내면에 권위주의와 민주주의라는 상반된 사고가 함께 들어 있으며, 시대정신의 추동과 더 높은 차원의 가치를 추구하고 싶어 하는 인간의 타고난 본성에 힘입어 권위주의보다 민주주의가 더 강력하게 설득력을 얻어가고 있다는 사실을 간파하지 못했다. 그는 눈에 보이는 것만 믿고 쫓아갔다. 눈에 보이지 않는 이면에 훨씬 더 많은 것들이 존재하며, 보이지 않는 수많은 요인이야말로 사회를 움직이는 거대한 동력이라는 것을 파악할 만한 지성이 없었다.

김대중이라는 정치인에 관하여

김대중이 독특했던 것은 이상과 현실을 놓고 치열하게 저울질하는 능력을 갖추었다는 점이었다. 이 점이 그가 대한민국 현대사에 등장했던 다른 정치인들과 구분되는 지점인데, 그는 민주주의의 실현을 추구하면서도, 너무 이상에 치우친 주장을 내놓아 다수 시민들에게 외면받는 결과가 나오지 않도록 심혈을 기울였다.

'서울의 봄'이라 불렸던 1980년 5월, 재야 지도자들이 "모든 군인들은 무기를 놓고 병영을 나와라. 모든 노동자들은 해머를 놓고 공장을 떠나라. 모든 상인들은 문을 닫고 철시하라. 모든 국민들은 가슴에 검은 리본을 달고 장충단공원으로 모여라."라는 성명서를 발표하려 했을 때 김대중은 펄쩍 뛰며 말렸다. 그렇게 과격한 성명을 내면 혼란을 원하지 않는 대다수 국민이 돌아설 테고, 이는 호시탐탐 기회를 노리는 신군부에게 무력을 동원할 빌미를 주는 결과로 이어지리라는 이유였다. 결국 재야인사들은 기존의 과격한 주장을 접고 "계엄령 즉시 해제", "전두환·신현확 퇴진"으로 수정해 성명서를 냈고, 신군부에게 빌미를 주지 않은 채 무사히 행사를 마칠 수 있었다.[30]

김대중의 이런 행보는 흔히 '상인의 현실감각과 서생의 문제의식'이라는 문구로 표현된다. 그런 균형감각이 있었기에 김대중은 일부 진보 진영 인사들이 빠지기 쉬운 함정, 즉 현실에서 실현 가능성이 없는 과격한 주장을 펴는 일과 거리를 둘 수 있었다. 김대중이 종종 보수 진영 인사들에게서도 인정받고 평가받는 것은 이러한 특성 때문일 것이다.

보수와 진보의 차이는 '변화 속도에 대한 믿음의 차이'라는 말이 있다. 보수는 사회의 변화가 '제도 신설'에 의해 단번에 이루어질 수 없으니 기존의 사회적 관례를 급하게 바꾸기보다 현실에서의 실현 가능성을 살펴가며 차근차근 바꾸자고 주장하고, 진보는 그렇게 늑장을 부리다가는 기득권 세력의 현상 유지 기도 때문에 영원히 바뀌지 않을 테니 제도를 바꾸어 단번에 확연하고 큰 변화를 이루자고 주장한다는 것이다.

보수는 인간의 내면이 선이나 악, 둘 중 한 가지로만 이루어져 있지 않으니 복잡한 인간 심성을 고려해 제도적 강제를 실현하는 데 신중을 기하자고 하는 반면, 진보는 인간의 선한 의지를 강화시키는 방향으로 제도를 설정해서 이끌지 않으면 이미 많은 것을 가진 기득권층의 내면에 있는 악이 승리해 사회가 영원히 변하지 않으리라고 전망한다. 양쪽 다 일리가 있는 주장이고, 사회가 건전하게 돌아가려면 보수와 진보 양측의 논리 모두가 힘을 얻어야 한다. 양 진영의 날개가 균형을 이루며 함께 펄럭여야 특정 부류의 사람들이 억울해지지 않을 것이다.

불행히도 대한민국은 자본주의 세력과 공산주의 세력의 싸움터가 되어 동족끼리 총부리를 겨누었던 비극에 대한 기억이 있기에, 보수와 진보가 가진 본연의 정신을 제대로 파악하거나 실행할 기회를 갖지 못했다. 양극단이 나뉘어 반대 진영의 언행을 '가장 나쁘게' 해석하며 악마화하는 습속을 쌓아왔다. 김대중은 그렇게 나뉜 정치인들 가운데 드물게 존재했던 '합리적인' 정치인이었다. 척박한 정치 현실 때문에 '용공', '극좌'로 분류되고 이미지화되었을 뿐, 현실에서 김대중은 매우 보수적이면서 한편으로는 매우 진보적인, 균형

감각을 갖춘 정치인이었다.

박정희와 전두환 같은 '힘 만능주의' 신봉자들이 김대중을 두려워한 것은 이 때문이었다. 다른 반대 진영 정치인들은 현실과 동떨어진 과격한 주장을 펼쳐 대중들의 신망을 잃는 일이 빈번했는데, 김대중은 그렇지 않았다. 김대중은 올바른 말을 하는 행위 자체에 중점을 두기보다, 그 말이 현실에서 어떤 파급력을 지닐지 면밀히 짚어보고 치밀하게 준비한 뒤에 말을 내놓았다. 그렇기에 다수 국민의 마음을 얻을 수 있었다. 회고록에서 김대중은 이를 "중산층이 고개를 돌리면 어떤 투쟁도 성공할 수가 없다"[31]고 표현하며 예시로 직선제 쟁취에 성공했던 6월 항쟁을 든다. 세상은 오직 강자가 휘두르는 힘에 의해서만 돌아간다고 믿는 독재자들에게, 시대정신을 꿰뚫어 보며 현실에 맞는 실용적이고 꼼꼼한 정책을 내놓는 김대중처럼 무서운 인물은 없었다.

바로 그것이 박정희와 전두환이 김대중 제거에 혈안이 되었던 이유였다. 이는 또한 자신과 아무런 관련이 없는 타국의 한 정치인을 구하기 위해 지구상의 많은 이들이 들고 일어났던 이유이기도 했다. 얼핏 해당 국가만의 이익으로만 보일 수 있는 민주주의의 실현은 같은 시대 공기를 흡입하며 살아가는 이웃 국가, 때로는 대양 건너 머나먼 타국에도 강력한 영향을 주게 마련이다. 이 사실을 간파한 세계적인 인사들은 인간의 얼굴을 하고 태어난 누구도 함부로 죽임을 당하거나 자유의지를 빼앗겨서는 안 된다는 근대정신을 아시아 변방의 작은 분단국에서 실현할 탁월한 인재를 잃는 걸, 제가 속한 인류의 커다란 손실로 인식했던 것이다.

김대중은 왜 전두환을 풀어주었는가

탁월한 식견과 현실에서 사람들을 모아내는 저력이 있었던 정치인 김대중은 그러나, 한국 현대사에 두고두고 아쉬움으로 남을 장면을 연출하는 데 결정적으로 기여했다. 대통령 당선자 신분으로 현직 대통령이던 김영삼을 설득해 전두환을 특별사면하도록 한 것이다.

그렇게 해서 투옥된 지 22개월 만에 전두환이 자유의 몸이 되는 일이 일어났다.[32] 자신의 잘못을 인정하지도, 희생자와 유족에게 용서를 구하지도 않았던 범죄자를 단번에 풀어준 이 조치는 현대사를 곱씹을 때마다 탄식하게 되는 아쉬운 선택이다.

전두환이 감옥 밖으로 나와 환하게 웃으며 '국가 경제' 운운하는 장면을 본 국민은 이후 계속해서 되풀이하게 될 의문을 품게 되었다. 왜? 왜 그를 풀어주었는가? 왜 반성하지 않는 내란 수괴를 사면하여 자유롭게 살게 했는가? 왜 국민의 피를 묻히고 집권한 세력이 부정하게 축재한 돈을 자자손손 물려주며 풍요롭게 살도록 내버려 두었는가?

김대중이 그런 선택을 한 근본적인 원인은 1987년의 야권 대선 후보 단일화 실패에서 찾아야 한다. 국민이 피를 흘려가며 획득한 값진 열매인 직선제에 단일화를 이루지 못한 채 각자 따로 임했다는 것은 김영삼과 김대중이라는 두 거물 정치인이 저지른 씻을 수 없는 원죄였다.

이후 두 사람은 이에 대해 혹독한 대가를 치렀다. 김영삼은 3당 합당이라는 형태로, 김대중은 김종필 세력과의 연합이라는 형태로 죗값을 치렀다. 그리고 전두환·노태우에 대한 사면은, 김영삼과 김대중이 함께 나누어 들었던 공통의 죄과였다.

양 민주 세력의 단일화 실패로 군부 세력 청산이 미루어지고 노태우라는 켄타우로스가 대통령으로 당선되면서, 전두환과 신군부 세력은 과거에 저지른 불법적인 행적들을 흐릿하게 만들 5년의 세월을 확보했다. 그 여파는 훗날 김영삼도 김대중도 자력으로는 당선될 수 없는 결과로 이어졌다. 5년 뒤인 1992년 대선 때라도 두 사람이 연대했다면 그나마 군부 세력의 손을 빌리지 않고 민주 세력의 당선을 이룰 수 있었을 텐데, 두 사람은 물과 기름처럼 따로 행보하다가 결국 둘 중 열세를 보이던 한쪽이 군부 세력과 손을 맞잡으면서 전두환과 노태우를 온전히 단죄할 수 있는 동력을 잃어버리고 말았다. 이후 터져 나온 노태우 비자금 사건과 김대중의 20억 수수 인정, 그리고 김영삼의 수천억대 선거자금 수수설은 두 사람이 권좌를 향해 달려가는 과정에서 민주화 운동가라는 본래 정체성의 상당 부분을 잃어버렸음을 보여주었다.

김대중의 정치 역정에서 과오로 기록될 만한 이들은 대부분 '1987년 단일화 실패' 이후에 일어났다. 앞서 언급한 전두환·노태우 사면 건의, 외환위기 직전에 시급한 경제 관련 법안을 통과시켜 주지 않았던 일,[33] 당선 전 정치 보복을 하지 않겠다던 당초 약속과 달리 김영삼 정부의 안기부 인사들을 구속한 일,[34] 당선 뒤 IMF에 대한 책임을 물어 강경식 경제부총리와 김인호 경제수석 두 사람을 구속한 일[35] 등은 대통령 선거에서 연이어 고배를 마신 김대중이 대중의 마음을 얻어 권좌에 앉기 위해, 권좌에 앉은 뒤에는 국가를 경영할 동력을 얻기 위해 벌인 일들이다. 김영삼과 단일화를 이루지 않았던 한순간의 선택이, 이후 정치를 하는 과정에서 자신이 그동안 비판해 왔던 편법을 사용하도록 추동하는 강력한 불씨가 된 것이다.

1997년 12월, 사수생으로 대통령에 도전하던 고령의 김대중에게 선거 판세는 녹록지 않게 돌아갔다. 당선 가능성이 있었지만 압도적이지 않았고, 당선된 후에 국회에서 다수 의석을 확보할 가능성도 낮았다. 더구나 두 명의 독재자와 투쟁하는 과정에서 생겨난 '빨갱이' 이미지나 '독한 사람'이라는 평판, '전라도만 편애하는 지역주의자'라는 편견이 두터운 막으로 둘러싸 그의 운신의 폭을 좁혔다.

지역주의는 김대중이 아니라 독재자들이 조장했고, 김대중은 지역주의자가 아니라 지역주의에 타격을 입은 피해자였지만, 31년 동안 지속된 군부 세력의 언론 플레이와 정보 조작으로 상당수 국민이 김대중에 대해 왜곡된 이미지를 갖고 있었다. 대통령에 당선된 뒤에도 '지역주의자'라는 소리를 들을까 봐 몇 개월을 기다렸다가 광주를 방문했을 정도로[36], 김대중에게 씌워진 지역주의자 이미지는 강했다.

바로 이 '지역주의자 이미지'가, 김대중이 전두환 사면을 선택하게 만든 두 번째 요인이다. 오랜 기간 지역주의자라는 선입견에 시달려온 김대중에게 전두환을 사면하는 행위는 커다란 반전 상징이 될 수 있었다. 자신을 죽이려 했던 정적을 용서하고 그 용서를 통해 지역 간 화합을 추구하는 정치인. 그에게는 오랜 기간 쌓여온 강성 이미지를 뒤집을 드라마틱한 장면이 절실했고, 전두환 사면은 그에 딱 맞는 구도를 제공할 것이었다.

전두환 사면, 인치(人治)의 그늘

세 번째 요인은 김대중이라는 인물의 인격적 성숙이다. 김대중은 청년 시절부터 제 손으로 물건을 사고팔며 생계를 유지했고, 그 과정에서 정치에 눈을 떠 정계에 입문했다. 이른 나이에 상업에 몸담아 현실감각을 몸에 익힌 김대중은 정계에서 빠르게 두각을 드러냈다. 단숨에 박정희라는 강력한 리더의 맞수로 떠올랐다. 그 결과 일본 체류 중 납치되어 바닷속에 던져지기 직전 일촉즉발의 위기에서 구사일생으로 살아났는데, 뒤이어 집권한 전두환에 의해서 다시 한번 생사의 기로에 섰다. 사형선고를 받고 언제 형 집행이 이루어질지 모르는 상황에 처했던 것이다.

김대중은 그런 험한 여정을 거치면서도 뜻을 꺾지 않고 민주주의를 향한 투쟁을 지속했다. 엄청난 강도의 시련을 연이어 겪으면서 그에게는 기존의 자신을 뛰어넘을 인격적 성숙의 기회가 왔을 것이다. 그리고 그 결과, 전두환이라는 무지막지한 어린아이를 진심으로 용서하게 되었을 것이다. 강인한 외피를 두른 악인의 내부에 웅크린 작고 쭈글쭈글한 영혼을 들여다볼 수 있는 도량을 갖게 된 자는 더 이상 상대를 미워할 수 없게 되는 법이므로.

네 번째 요인은 김대중이라는 정치인의 이해득실이다. 1997년, 광복절을 앞두고 두 전직 대통령의 사면 문제가 정치권의 핵심 쟁점으로 떠올랐다. 오랜 기간 집권의 꿈을 키워온 김대중은 “영·호남의 해묵은 지역감정을 해소하는 지름길은 전·노 사면을 통해 5·18 민중항쟁 문제를 깔끔하게 매듭짓는 것밖에 없다.”라고 주장했다.[37] 당시 유력한 대통령 후보들은 모두 두 전직 대통령에 대한 사면 의지를 내비쳤다. 득표를 위해, 혹은 당선 뒤 국정 운영의 동력을 확보하기 위해 천편일률적인 선심성 공약을 내걸었던 것이다.

네 가지 요인을 짚다 보면 김대중이 왜 전두환에 대한 특별사면을 요청했는지 이해할 수 있다. 그러나 여전히, 납득할 수는 없다. 특별사면에 대한 동의는 김대중 개인의 입장에서 비롯된 것이고, 공인으로서는 다른 행보를 보였어야 하지 않은가. 전두환은 자국 국민에게 최강의 전투 요원을 보내 학살을 유발한 사람이었다. 그런 사람이 여생을 자유롭게 제집에서 살게 한다는 것은 누가 보기에도 '법치'를 표방하는 국가에 어울릴 만한 일은 아니었다.

김대중이 전두환 사면에 힘을 실어준 것은 대한민국이라는 국가가 시스템과 법치가 아닌 지도자 개인의 심기를 따라 움직이고 있음을 보여준 대표적인 예시였다. 또한 이후 후임자로 오는 대통령들에게 하나의 참고 사례가 되어, 그들이 전두환에 대한 단죄를 개인적 동기로 이용하거나 이용하지 않는 데 영향을 미쳤다.

7장

한국 현대사의 극과 극, 전두환 VS 노무현

1947년 3월 1일, 제주 북국민학교에서 3·1절 제29주년 기념행사가 열렸다. 행사 도중 경찰의 말발굽에 어린아이가 치이는 사건이 일어났고, 이에 대한 대응으로 경찰이 발포(發砲)를 하면서 파장이 커졌다. 미군정과 경찰은 공산주의자들이 개입되어 있다 보고 수천 명의 주민을 잡아 가두거나 고문했다.[38]

주민 탄압이 계속되자 이듬해인 1948년 4월 3일, 제주 도민들이 무장을 한 뒤 미군 즉시 철수와 단독선거 반대를 요구했다. 경찰과 군이 봉기한 주민들을 거칠게 진압했고, 이에 맞서 봉기 세력의 일부는 한라산에 들어가 유격대 활동을 벌였다. 군인과 경찰이 한라산의 유격대를 강경하게 진압하는 과정에서 수많은 주민이 희생당했으며, 산간 마을의 95%가 불에 타는 피해를 입었다. 50여 년 뒤 제정된 '제주 4·3 특별법'에 의한 조사 결과 사망자가 1만 4,000여 명(토벌대에 의한 희생 1만 995명, 무장대에 의한 희생 1,764명, 기타)에 달할 정도의 대형 사건이었다. 이 일은 제주 4·3 사건으로 불린다.

1949년 6월, 좌익운동을 하다 전향한 사람들을 대상으로 '국민보도연맹(國民保導聯盟)'이라는 단체가 조직되었다. 국가는 좌익 경력을 인정하고 전향을 맹세하면 선처해 주겠다고 약속한 뒤 이들에게 '대한민국 정부 절대 지지와 북조선 정부 절대 반대'를 중심으로 하는 사상 교육을 했다. 1950년 초 연맹원 수는 약 30만 명이었는데, 적극적인 가입 독려와 공무원들의 실적주의 때문에 전향자들은 물론 일반 농민들까지 다수 가입했다.

1950년, 한국전쟁이 발발하자 보도연맹원들이 전국에서 조직적으로 학살되는 일이 일어난다. 학살은 주로 국군과 서북청년단을 비롯한 극우 폭력단체에 의해 자행됐다. 당시 연맹원 중에는 공산주의자가 아닌 평범한 민간인들이 포함돼 있어 이 사건은 대량 민간인 학살 사건으로 알려지게 됐다. 이 일은 보도연맹 사건으로 불린다.[39]

국가가 곧 폭력이었던 시대

이 두 사건 외에도 해방 이후 대한민국에는 대구 10월 항쟁과 여순사건 등 이념 갈등 소용돌이 속에서 발생한 민간인 집단학살, 군사정권 통치 아래에서 발생한 시국 사건, 간첩 조작 사건, 의문사 사건 등 다수의 인권 탄압 사례들이 있었다.

대한민국 현대사 구석구석에 박힌 이런 사건들을 한마디로 줄이면 '국가폭력'이라 할 수 있다. 식민지 경험과 분단, 민족 간 전쟁을 겪는 과정에서 대한민국 정부는 무고한 시민들을 희생시켰다. 납치, 감금, 구타, 고문, 살해를 서슴지 않았다. 국가를 세우는 단계였던 이승만 정권 때는 이러한 폭력이 광범위하게 노골적으로 자행되었고, 박정희·전두환 두 군인 대통령 통치기에는 제한적이고 비가시적인 방식으로(숨기려는 노력이 실패할 때는 가시적이 되고, 이에 대한 반대 시위가 일어났다) 교묘하게 자행되었다.

이승만·박정희·전두환 세 대통령 중 더 후대에 속한 지도자일수록, 국민에게 '억울하게 희생당했다'는 느낌을 강하게 주었다. 이는 민주주의의 정착과 그에 따른 의식 각성에 따른 사안으로, 추운 날 실제 온도와 체감 온도가 다른 현상에 비유할 수 있을 것이다. 희생자의 수는 전쟁과 극심한 이념 갈등이 있었던 이승만 통치기에 압도적으로 많았지만, 국민 일반이 의식하고 억울함의 정동을 갖는 것은 박정희·전두환 통치기가 더 강했으리라는 말이다.

국가폭력을 겪은 당사자와 유족들은, 국가에 대한 마음의 변화를 경험하게 된다. 그들은 더 이상 국가폭력을 겪기 이전에 가졌던 추상적이고 모호한 애국심을 품지 못한다. 자신에게 가장 크고 잔인한 주먹을 날린 상대가 '국가'이기에 예전처럼 무조건적인 소속감을 느낄 수 없게 되는 것이다.

물론 이는 사람에 따라 다른 양상을 보인다. 희생자와 유족 중 일부는, 분노와 회한을 폭력을 휘두른 권력자와 그 수하들에게만 투사하고 국가에 대한 애국심을 별도로 유지한다. 또 다른 일부는, 권력자와 국가를 동일시한 나머지 '국가'라는 이름으로 행해지는 모든 일에 치를 떤다.

시계를 일제강점기까지 넓혀보면, 현재 대한민국을 살아가는 이들이 '국가'라는 이름으로 행해지는 일에 불신감을 보이고 정치인이라면 자동으로 적의를 보이는 이유를 이해하게 된다. 한반도의 영토와 거주민을 철저히 자원 수탈과 노동력 착취의 수단으로 활용했던 36년의 일제강점기를 거치면서, 한반도에 사는 이들은 '관'과 '정치'의 이름으로 벌이는 모든 일을 불신하게 되었다. 내세운 명분 뒤에 숨겨진 저의를 의심하고, 다른 꿍꿍이가 있을 거라 믿게 됐다. 해방을 맞은 뒤에 들어선 신생독립국 '대한민국'의 위정자들은 일제가 물러간 뒤 갑자기 맞게 된 지도부의 커다란 공백을 서둘러 채우고, 발발한 전쟁에 대응하고, 전쟁 종료 뒤 폐허가 된 국가를 수습하는 과정에서 일제강점기에 뒤지지 않을 다양한 편법과 만행을 저질렀다.

국가를 세우고 유지하는 과제를 수행해야 했던 초대 대통령 이승만은 신생국 대한민국의 존속은 오직 자신에 의해서만 가능하다는 강력한 확신을 가진 인물이었다. 개인의 권력을 유지하기 위해 서슴없이 편법을 동원했고, 그 과정에서 향후 대한민국 위정자들이 본받게 될 악성 유전자를 생산해 냈다. 그중에서도 1952년, 자신의 대통령 재선을 위해 계엄령을 동원해 개헌을 해치운 부산정치파동은 가장 치명적인 악성 유전자였다.

전쟁이 한창이고 미국의 막대한 지원을 받는 군부의 파워가 거세지던 시점이었다. 군인들은 제 권력을 유지하기 위해 수단과 방법을 가리지 않는 노회한 정치인을 몰아내기 위해 입을 열고 손을 뻗었다. 결과적으로 노회한 정치인 이승만을 이기지 못하고 실패했지만, 군부 인사들은 이때의 경험으로 정치에 눈뜨게 되었다. 자신들에게 어떤 능력과 가능성이 있는지를 알게 된 것이다.[40]

특히 부산정치파동 당시 이용문 작전국장을 대리하여 육군본부 훈령 217호 "육군 장병에게 고함"의 초안을 작성했던 작전차장 박정희는 이 사건을 잊지 않았다.[41] 그는 물리력으로 국가를 전복한다는 야망을 무럭무럭 키우다가 1961년 쿠데타를 일으켜 권력을 손에 넣었다. 이러한 박정희를 지근거리에서 보고 배우다가 기회가 왔을 때 유사한 방식으로 쿠데타를 일으키고 국가권력을 접수한 이가 전두환이다.

전임자들의 가장 무자비하고 이기적인 측면만을

이승만의 수제자인 박정희와 전두환은 스승이 보여준 방식을 차용하되, 각자 쌓아온 생의 역사와 개인의 기질을 덧입혀 독특한 방식으로 권력을 장악하고 유지해 나갔다. 권력을 유지하기 위해 물불 가리지 않는 이승만식 롤모델은 그 후계자들에게로 가면서 정교하고 극악한 형태로 변해갔다. 사람을 구타하고, 고문하고, 죽이는 행위 자체는 다를 바가 없었다. 그보다 그 행위를 둘러싼 시대 분위기와 간접적인 암시를 통해 아랫사람들이 실행하도록 만드는 최고 권력자의 노련한 기술의 측면에서 그랬다는 말이다.

전두환은 이승만·박정희에게 있었던 이기적이고 무자비한 면모를 정제해 그 특성으로만 주조해 낸 듯한 인물이었다. 전두환에게는 독립운동가였던 이승만의 젊은 날에 있었던 패기와 민족에 대한 사랑이 없었고, 박정희에게 있었던 '반드시 국민을 배불리 먹이겠다'는 결기가 없었다. 이승만과 박정희의 인생 어느 시점까지 있었던 일말의 정의감, 나를 넘어선 타인(국민)에 대한 연민, 내가 나고 자란 땅에 사는 이들을 배불리 먹이고 자립하게 만들고야 말겠다는 결심 같은 공화주의적 마인드가 없었다.

물론 두 전임자들의 마음에도 제 영광과 안녕을 추구하는 사적 욕망이 도사리고 있었을 것이다. 어느 시점부터는 그 욕망에 점령당해 독재자의 길을 갔지만, 이 두 인물의 시작점에는 분명히 자신만을 위하는 것이 아닌, 더 큰 가치를 향한 해바라기와 그에서 흘러나오는 일말의 미학이 있었다.

전두환에게는 그런 면모가 없었다. 잠재력을 발휘할 수 있도록 부하 직원을 독려하는 유능한 대대장이자 여단장, 사단장이었지만, 그보다 더 큰 선에서 공동체의 역사와 미래를 스케치하는 사고를 하지 못했다. 가족과 친지, 제 휘하 부하 대원들을 지도하고 이끄는 사인(私人)이었을 뿐, 더 큰 공동체의 안녕과 이익을 염두에 두고 행동하거나 업적을 달성한 공인(公人)으로서의 경력과 오라(aura)가 없었다. 두 전임자들에게 인생의 어느 순간까지 깃들어 있던 공인으로서의 페르소나가 없었던 전두환은 두 지도자들의 공·과 중 '과'로 남은 부분에서 타산지석의 교훈을 얻지 못한 것을 물론, 두 전임자들이 썼던 악한 수단을 때와 장소를 가리지 않고 마구 휘둘렀다.

1987년 12월, 직선제로 대통령 선거가 실시된 뒤, 국가폭력은 지도자가 쉽게 가용할 수 있는 통치 수단의 자리에서 내려오게 되었다. 1987년의 직선제 실시 이후 취임한 대통령들은 더 이상 전임자들이 여차하면 꺼내 들었던 고문과 살인이라는 수단을 쓰지 못했다. 하지만 간접적인 방식의 사찰과 감금, 비밀리에 행하는 고문이 은근하게 이어졌고, 1987년 이전에 있었던 국가폭력을 체계적으로 재조명하고 전말을 밝히는 작업은 제대로 이루어지지 않았다. 김영삼·김대중 정부 시절에 현대사의 굵직한 사건들에 대한 산발적인 조사와 대처가 있었지만, 요소요소에 박혀 있던 국가폭력을 일괄적으로 밝히고 선별해 정리하는 방식은 아니었다.

그 결과 '국가' 혹은 '관'에 대한 반감은 국민의 가슴 깊이 내면화되었고, 이로 인한 정치 불신과 냉소는 정치 문화의 성숙이 더욱 더뎌지는 결과로 이어졌다.

전두환과 노무현, 데칼코마니를 이루는 두 정체성

노무현은 오랜 국가폭력의 역사에 정면으로 대응한 첫 지도자였다. 그는 반공·산업화·애국의 기치 아래 억울하게 희생자를 냈던 사건의 진상을 규명하고 희생된 이들의 명예를 바로잡는 데 심혈을 기울였다. 2005년 5월 〈친일 반민족 행위 진상규명위원회〉를 설립하고, 같은 해 12월에는 〈진실·화해를 위한 과거사 정리위원회〉를 세웠다. '빨갱이', '간첩', '용공', '국가전복세력'으로 낙인찍혔던 희생자와 유가족의 누명을 벗겨주고, 공식적으로 피해자의 명예를 회복시켜주었다.

이를 계기로, 억울한 일을 겪고도 국가에 해를 끼친 인물로 손가락질받았던 희생자들과 유족들이 떳떳하게 자신을 드러낼 수 있게 되었다. 남한에 단독정부가 들어섰던 1948년으로부터 57년 만에야 비로소, 잘못을 저지른 이를 가해자로, 피해를 입은 이를 피해자로 명명할 수 있게 된 것이다.

노무현이 바꾸려 했던 것은 과거사에 대한 인식만이 아니었다. 그는 암묵적으로 당연하게 받아들여졌던 특권과 관례를 수면 위로 드러내 '문제'로 명명하고, 그 문제를 근본부터 흔들었다. 무조건적인 미국 사대주의, 수도권에 대한 지방의 종속과 희생, 지역주의로 인한 정치 문화의 왜곡, 공식적인 책임은 지지 않으면서 여론을 조성해 정치에 막대한 영향을 끼치는 언론의 행태를 공개적으로 언급하며 개혁을 시도했다.

흥미로운 것은 노무현이 정치인으로서 국민들 사이에 존재감을 갖게 된 것이 1988년 5공 청문회에서의 발언 덕분이었다는 점이다. 5공 비리의 핵심인 전두환이 국회 증언대에 서서 앵무새처럼 판에 박힌 말을 반복했을 때, 노무현은 참지 못하고 명패를 집어 던졌고, 패기에 찬 정치인의 이름과 얼굴은 시청하던 국민들의 가슴속 깊이 새겨졌다.

이후 노무현은 죽 그 기세를 이어갔다. 군부 독재자가 만든 민정당과 합당하려는 김영삼에게 공개적으로 반기를 들고, 가능성이 없는 것을 알면서도 1995년 부산시장에 출마했으며, 정치인 최초로 공개적인 자리에서 '반미(反美)'라는 말을 입에 올렸다. 대통령에 당선된 뒤에도 노무현의 기세는 수그러들지 않았다. 수도권 중심 구도 타파를 위해 행정 수도 이전을 추진하고, 지역주의 타파를 위해 선거제도 개혁을 시도했다.

만일 '한국 정치판'이라는 게임을 설계한 프로그래머가 있다면, 그는 전두환이라는 플레이어를 고안할 때부터 노무현이라는 플레이어의 밑그림을 그렸을 것이다. 전두환과 노무현은 양극단을 데칼코마니의 대칭으로 뽑아낸 것처럼 정확하게 반대되는 인물들이었다.

기득권 세력과 적극적으로 영합하고 권력 유지를 위해 국가가 보유한 폭력을 행사하는 데 망설임이 없었던 전두환은 표면으로 선명하게 드러나는 물질적인 세계를 중시했다. 그동안 해온 관례라는 이유로 행해지는 부당한 모든 일에 반기를 들고 거대한 기득권의 카르텔을 깨는 데 전력을 기울였던 노무현은 물질 너머에 놓인 세계, 보이지는 않지만 분명히 존재하는 '정신'의 세계를 중시했다. 전두환이 물질적 풍요로 정신을 다스리고 제압할 수 있다고 믿었다면, 노무현은 정신적인 세계를 온전히 바로잡아야 장기적이고 지속 가능한 물질적 풍요를 이루어내리라 믿었다.

모든 문제의 출발점을 자신에게서 찾았기에

하지만 의도를 품는 것과 그것을 현실 세계에서 실현하는 것은 다른 문제다. 노무현이 시도했던 일들 중 과거사를 규명하거나 권위주의적 잔재를 청산하는 일은 뚜렷한 족적을 남겼지만, 행정 수도 이전이나 지역주의 청산처럼 제도를 뼈대부터 바꾸는 일은 실패로 돌아갔다. 60여 년 동안 기득권을 쌓아온 이들의 강력한 저항이 있었던 데다가, 노무현이라는 개인이 가진 고유한 기질이 복잡다단하게 얽힌 사회의 난맥상을 뚫는 작업에 불리한 변수로 작용했다. 최고 결정권자의 자리에 오른 이는 자신이 대표하는 수많은 이들의 내면에 자리한 다양한 선과 악에 때로는 명쾌하게, 때로는 에둘러 넘어가며, 다양한 페르소나를 동원해야 하는데, 그렇게 하기에 노무현의 기질은 너무 순도가 높고 색깔이 또렷했다.

전두환과 노무현은 '자기성찰'이라는 프리즘을 투과했을 때 극과 극의 정신세계를 보여주는 인물들이다. 전두환이 내면 깊은 곳의 자신과 대면하지 못한 채 자꾸만 외부 세계로만 나가려 했던 무지한 리더였다면, 노무현은 자신을 지나치게 들여다보았던, 그래서 외부 세계를 입체적으로 통찰하고 냉철하게 대응하지 못했던 불운한 리더였다. 전두환이 자신이 속한 집단의 논리(힘의 논리)를 순수하게 내면화해 대통령 자리에 오른 뒤에도 그 논리에 머물며 힘으로 세상을 움직이려 했듯, 인권변호사이자 민주화 운동가였던 노무현도 대통령 자리에 오른 뒤 원래 속했던 집단의 논리를 벗어나지 못한 채 저항의 시선으로 세상을 보았다.

커다란 사건에 직면했을 때 자신을 돌아보고, 과오를 바로잡으려 하고, 이전보다 나은 모습이 되기 위해 노력하는 성향은 사람이라면 반드시 갖추어야 할 고귀한 특성이다. 그러나 모든 종류의 일에 이러한 성향으로 대응한다면 그것은 문제로 비화할 수 있다. 인간 세상의 일은 본시 수십·수백 가지의 인과관계가 합쳐져 일어난다. 그렇기에 사회적 문제를 파악하고 해결하려면, 가장 핵심적인 요인을 가려내 사안마다 다른 잣대와 융통성을 가지고 대응해야 한다. 어떠한 문제도 백 퍼센트 한 개인이 유발한 문제일 수 없고, 또한 백 퍼센트 외부 요인이 유발한 문제일 수도 없기 때문이다.

노무현은 모든 문제의 출발점을 자신에게서 찾으려 했던 인물이다. 대통령이 된 뒤에는 자신과 외부 환경을 나란히 놓고 저울질하며 입체적으로 상황을 파악하는 쪽으로 방향을 틀었어야 하는데, 그렇게 하지 못했다. 균형감 있게 자신과 외부 요인을 같이 들여다보며 자신이 선 자리를 파악하지 못하는 경우, 과한 자기성찰은 '나만 바뀌면 다 된다'는 착각으로 이어질 수 있다. 문제를 자기 자신에게서만 찾기에, 자신만 바뀌면 다 해결될 거라고 믿게 된다. 달리 말하면, 자기도 모르는 새 자신의 능력을 과신하게 되는 것이다. 이런 유형의 사람들은 종종, 현실에서 실현하기 어려운 이상적인 방안을 내놓은 뒤, 그에 동의하지 않은 이들을 옳지 못하다고 몰아세우며 홀로 막다른 골목으로 질주한다.

노무현이 대통령 취임 2주 만에 치밀한 준비 없이 '평검사와의 공개토론'을 추진한 것이나, 취임 3년 차인 2005년에 갑작스레 대연정 제안을 내놓았던 것은 이러한 심리적 메커니즘에서 기인한 것으로 보인다. 그는 정치적으로 검찰을 이용하지 않겠다는 자기 다짐에 골몰한 나머지 외부 환경, 즉 수사권과 기소권을 한 손에 쥔 비대한 검찰 권력을 분산시키지 않은 채 행정부에서 검찰을 독립시킬 때 초래될 수 있는 결과를 예상하지 못했다.

대연정 제안도 마찬가지였다. 자신이 권력을 양보하면 선거제도를 바꾸는 역사적 과업을 달성할 수 있으리라는 생각에 골몰한 나머지, 다른 이들이 그 제안을 어떻게 받아들일지를 예측하지 못했다. 자당(自黨)에 아무런 이득을 안겨주지 않을 선거구 변경에 눈곱만큼도 관심이 없었던 야당은 대연정 제안을 콧등으로도 받아들이지 않았고, 노무현의 지지자들은 갑작스러운 대연정 제안에 배신감과 공허함을 느꼈다. 자기성찰에 골몰한 대통령이 갑작스럽게 설익은 제안을 내놓아, 현실적으로 성과를 얻지 못한 채 지지자들만 떠나가게 만든 셈이다.

대한민국의 불행한 대통령들

자신의 내면을 들여다보지 못하고 끊임없이 바깥으로만 향했던 전두환은 조직 관리에 능했다. 끝까지 자신을 보위할 사람들의 규모를 적정 범위에서 유지해야 권력을 빼앗기지 않으리라는 걸 지나칠 정도로 꿰뚫고 있었고, 돈과 특권을 아낌없이 살포해 일정 규모의 사람들의 든든한 뒷받침을 받았다. 자신의 내면에 골몰했던 노무현은 조직 관리에 만전을 기하지 못했다. 리더 혼자 마음먹는다해서 일이 일사천리로 이루어지는 게 아니라는 사실을 간과했다.[42]

그는 특정 사안에 대한 결심이 섰을 때, 우선 그 일을 함께할 사람들을 설득하고 규합하기보다, 홀로 나서서 용감하게 덤벼드는 쪽을 택했다. 자신을 지지하는 이들의 마음을 움직여 함께 가는 일이 혼자 깨닫고 결단하는 일만큼 중요하다는 사실을 간과한 채 불나방처럼 혼자 덤벼들어 정치 문화를 바꾸려 했다.

이 부분이 씁쓸한 아이러니로 남는 것은, 노무현이 자신이 이끄는 행정부를 '참여정부'라 명명할 정도로 국민의 참여와 지지를 중시했던 리더였기 때문이다. 민주주의 체제가 우월한 이유 가운데 하나는 "강제력이 국민에 '대해서' 행사되는 게 아니라 국민의 의사라는 강제력에 '의해서' 체제가 유지된다는 점이다." 대통령이 국민의 목소리에 귀를 기울이고 그를 반영하면 국민은 국정에 공동으로 관여한다는 느낌을 갖게 되고, 리더와 '함께' 가고 있다고 생각하는 국민의 존재는 행정수반에게 강력한 리더십을 부여한다.[43] 이러한 민주주의 특성을 알지도 못하고 실현할 생각도 없었던 전두환은 물리적 폭력으로 강제력을 발휘하려 했던 반면, 그러한 민주주의의 특성에 천착해 우선적으로 가치를 두었던 노무현은 국민의 의사로 형성된 '자발적인 강제력'을 형성하려 했다. 그러나 기득권 세력과 그를 엄호하는 언론의 비토를 받으면서, 노무현은 점점 국민의 의사라는 '자발적인 강제력'에 기대기보다 혼자만의 외로운 싸움을 벌이는 방향으로 나아갔다.

두 사람이 아닌 다른 대통령들도, 대부분 극단적인 양 스펙트럼의 한쪽에 속하는 모습을 보여주었다. 이는 한반도가 극단적인 이념 싸움의 전장이었던 데서 기인한 각박한 정치 현실에, 대통령에게 '왕'의 권한을 부여하는 경향이 강하게 남아 있는 역사·문화적 경향이 더해져서 빚어진 현상이다.

이런 환경에서 새로 취임한 대통령들은 임기 내에 나라를 새로 세우는 수준으로 바꾸어 놓겠다는 허황된 꿈을 꾸었다. 대한민국은 북한이라는, 형제이자 적인 모순적인 존재와 국경을 맞대고 있는 데다가 지정학적으로 세계 최강대국들에게 둘러싸여 있다. 이런 조건에서는 어떤 인물이 대통령으로 취임해도 극적인 변화를 이루어내기 힘들다. 이런 점을 고려하면, 새롭게 취임하는 대통령이 우선적으로 해야 할 일은 5년 임기의 단임 대통령이 할 수 있는 일과 할 수 없는 일을 냉정하게 파악하는 작업일 것이다.

역대 대통령들은, 그저 의욕에 넘쳐 국가를 '개조'하려 했다. 이 현상은 '군부정권'에서 '문민정권'으로 넘어갔던 김영삼 정부와, '보수'에서 '진보'로 최초로 정권이 넘어갔던 김대중 정부 때부터 특히 심해졌다.[44] 대통령들은 취임 후 내각의 구조와 명칭을 바꾸고, 전임 정권과 차별화하는 데 혼신의 힘을 다했다. 이러한 근시안적인 움직임은 대부분 정책의 일관성을 깨고, 국가 차원의 일들을 예측할 수 없게 만들며, 약속을 지키지 못해 타국과 맺은 신뢰를 깨뜨리는 결과로 이어졌다.

호시탐탐 극단적인 기사를 뽑아낼 기회를 노리는 언론에 둘러싸여 있고, 양당 구조하에서 패자가 된 정당의 정치인들이 모든 걸 잃게 되어 있는 정치적 환경에서, 진영을 지키려는 측근들이 만들어내는 움직임도 대통령들이 균형 잡힌 판단을 내리지 못하게 하는 데 큰 역할을 했다. 그런 상황에서 역대 대통령들은 국민 전체를 대표하는 통합의 리더십은커녕 철저히 나뉜 진영 싸움의 흙탕물 속에서 제 진영이 무너져 내리는 걸 막는 일에 에너지를 쏟다가, 퇴임 후엔 일신상의 안녕조차 지키지 못하는 운명에 처했다.

세상에 존재하는 모든 정치인은 전면에 '윤리'를 내세운다. 그 윤리는 대부분 말에서 그친다. 말과 실제 삶을 일치시키려 노력하는 순간, 정치인은 그 삶의 진행을 막으려는 갖가지 힘에 휩싸인다. 틈만 나면 '정의사회 구현'을 외쳤던 전두환은 삶에서 한순간도 정의로운 적이 없었다. '특권과 반칙이 없는 사회'를 외쳤던 노무현은 자신이 외친 말에 일치되는 삶을 살려 노력했다. 입으로만 윤리를 외칠 뿐 현실에서 그를 실현하는 데 전혀 관심을 기울이지 않았던 전두환은 '민주화의 아버지'였던 자신을 자랑스러워하다가 91세에 지병으로 세상을 떠났다. 자신이 말한 대로 살고 있는지 끊임없이 자문했던 노무현은 제 말과 삶을 일치시키지 못했음을 부끄러워하다가 62세의 나이에 스스로 생을 마감했다. 전두환과 노무현은 우리 사회에 혼재된 폭력과 비폭력, 야만과 문명, 물질과 영혼, 말과 행동을 비추는 한 쌍의 거울이었다.

8장

박정희의 딸이 날린 철퇴

전두환에게 가해진 또 한 번의 강력한 철퇴는 박근혜 정부에서 날아왔다. 2013년 6월 11일, 취임 4개월 차였던 대통령 박근혜는 국무회의에서 이렇게 말한다. "전직 대통령의 추징금 문제는 과거 10년 이상 쌓여온 일인데 역대 정부가 해결 못 하고 이제야 새 정부가 의지를 갖고 해결하려고 하고 있다." 이 발언이 나온 16일 뒤, 여당인 새누리당이 국회 본회의에서 '공무원 범죄에 관한 몰수 특례법', 이른바 '전두환 추징법'을 통과시켰다. 소급입법과 연좌제에 대한 위헌 시비 때문에 진척되지 않던 일이 대통령의 말 한마디에 일사천리로 진행된 것이다.

이후 일은 급물살을 탔다.[45] 같은 해 8월, 검찰이 전두환의 장남 전재국이 운영하는 시공사와 허브 빌리지를 압수 수색했고, 전두환의 3남 전재만의 와인 농장과 전재만의 장인이 운영하는 동아원 그

룹이 다음 압수 수색 대상이 될 것이라고 엄포를 놓았다. 같은 해 9월 6일, 검찰이 전두환의 처남이자 전두환 일가의 돈세탁을 도맡은 것으로 알려진 이창석을 구속하자 전두환 일가는 백기를 들었다.

9월 10일, 전두환의 장남 전재국이 대국민 사과에 나섰다. 기자들 앞에서 굳은 표정으로 사과의 말을 하면서 1,672억 원의 미납 추징금을 대납하겠다고 선언했다. 국세청이 추적을 벌인 지 16년, 검찰이 수사를 시작한 지 110일, 압수 수색이 시작된 지 50일 만에 나온 결과였다. 이어 전두환의 가족들이 추징금을 대납하기 시작했고, 국민들은 뉴스 화면을 통해 전두환이 키우던 개들이 '압류대상'이 되어 끌려가는 장면을 보며 허탈감에 빠졌다. 저렇게 순식간에 할 수 있는 일을 검찰은 왜 지금까지 하지 않고 있었단 말인가!

놀라움을 표하는 이들도 있었다. 박근혜가 왜 저렇게까지 할까? 전두환과 박근혜는 같은 팀 이지 않았던가? '박정희'라는 인물을 구심점으로 한 원팀 소속이 아니었던가? 이에 대한 답을 찾기 위해서는 박근혜와 전두환, 두 인물의 입장이 되어 지나온 역사를 톺아보아야 한다.

박정희의 두 후계자: 박근혜와 전두환

박근혜는 어떤 인물인가. 박정희 대통령의 둘째 딸이자, 박정희가 두 번째 결혼에서 육영수와의 사이에 얻은 첫 번째 자식이다.* 어머니를 흉탄에 잃고 23세에 대한민국의 퍼스트레이디 역할을 했고, 아버지 박정희가 사망한 뒤 18년간 은둔 생활을 했으며, 1997년 한

나라당 대선 후보였던 이회창의 부름을 받고 정치권에 입성, 1998년 4월 대구 달성군에서 한나라당 소속 15대 국회의원에 당선되며 화려하게 세상에 재등장했다.

이회창의 대선 패배 뒤, '차떼기당'이라는 오명을 쓰고 몰락하던 한나라당의 당 대표로 취임해 천막당사를 세우고 당을 일으켜 세웠다. 지원 유세를 다닌 선거마다 승리를 거두어 '선거의 여왕'이라는 별명으로 불리다가, 2013년 대통령 선거에서 승리해 대한민국 18대 대통령으로 취임했다. 그리고 2016년 겨울, "대통령의 지위와 권한을 남용해 헌법, 국가 공무원법, 공직자윤리법을 위반"한 혐의로[46] 탄핵을 당해 헌정사상 최초로 탄핵으로 자리에서 물러난 대통령이 되었다.

박근혜의 인생 역정을 죽 따라가 보면, 그가 했던 일과 맡았던 자리들이 모두 다른 사람의 후광에서 유래한 것임을 알 수 있다. 박근혜는 자신만의 능력으로 어딘가에 취직을 하거나, 조직에서 역할을 맡은 적이 없었다. 20대에는 어머니인 육영수를 대신해서 영부인 노릇을 했고, 은둔 기간에는 박정희·육영수가 남긴 재단 혹은 조직의 이권을 관리하는 역할을 맡았으며, 박정희의 딸이라는 오라로 정치권에 입성해 승승장구했다.

꼿꼿한 몸가짐과 절제심, 인내심과 신중함이라는 특성을 보여주었지만 그러한 특성은 '누군가의 딸'이라는 정체성을 제거했을 때 막중한 책임을 맡길 만한 독립적인 '능력'에 해당하지는 않았다. 박

* '장녀'로 호칭되고 그렇게 알려져 있지만, 박정희가 첫 번째 결혼에서 얻은 딸보다 아래 연배이니 아버지 쪽으로만 따졌을 때는 '둘째 딸'이라고 해야 할 것이다.

근혜는 공식적인 자리에 등장할 때는 반드시 육영수가 했던 '올림머리'를 하고 나타났는데, 이것은 박근혜가 자기 자신이 아닌 다른 사람의 후광으로 살아가고 있음을 보여주는 외면적 상징이었다.[47]

이번에는 시선을 전두환 쪽으로 돌려보자. 은둔에 들어갔다 정치권에 재입성해 승승장구하는 박근혜를 지켜보며 전두환은 어떤 마음이었을까. 전두환은 물질적이고 눈에 보이는 것을 전적으로 신뢰하는 인물이었다. 특정한 일을 추진하고 끈질기게 밀어붙여 끝까지 '제대로' 해내는 것을 인생의 보람으로 삼았다.

대통령 취임 뒤 과잉 의전을 요구해 주위 사람들을 피곤하게 하기도 했지만,[48] 그것은 정통성 없이 대통령 자리에 올랐다는 사실에서 오는 열등감의 발로였고 기본적으로 그는 소탈하고 형식에 얽매이지 않는 인물이었다. '탁 터놓고', '친형제처럼', '오랜 친구처럼'이라는 말을 즐겨 사용하며 처음 만난 사람에게도 격의 없이 대했다.[49] 형식적인 의례나 언어유희보다 일의 핵심적인 내용에 주력했던 그에게, 박근혜는 온통 껍데기만으로 이루어진 인간으로 보였을 것이다.

어쩌면 이것은 두 사람이 박정희와 맺었던 관계에서 운명적으로 예정되어 있던 결과인지도 모른다. '박정희의 후계자'라는 점에서 일종의 쌍생아라 볼 수 있을 두 사람은 각각 다른 측면에서 박정희를 계승했다. 전두환이 박정희의 실리주의, 힘, 밀어붙이는 저돌성을 계승했다면, 박근혜는 전두환이 계승한 것을 제외한 다른 모든 것을 물려받았다. 박정희의 신체적 특질, 즉 생물학적 유전자와, 대통령 박정희에게 부가적으로 따라붙었던 부록들, 이를테면 의례와 추상적 이미지 등 권력에서 비롯되는 막강한 오라를 이어받은 것이다.

박정희에게 신체적 특질을 조금도 물려받지 않은 전두환이 박정희라는 인물이 대한민국의 대통령으로 18년을 버티게 한 핵심인 '힘'을 통째로 물려받았다면, 박정희에게 신체적 특질을 물려받은 유전적 '적통'인 박근혜는 그런 '힘'에서 비롯되었던 비본질적인 특성들, 즉 대통령으로서 박정희가 누렸던 명성과 재벌들에게 강탈해 얻은 재력, 통치자로서의 위엄, 18년간 한 국가의 일인자로 군림하며 몸에 붙이게 된 우월감과 특권을 당연시하는 습성을 물려받았다. 정통성이 없었던 전두환이 7년 반이라는 임기를 끝까지 채우고, 87년 민주화 체제 이후 대선 최다 득표율(51.55%)를 기록하며 정통성의 현현이 되어 대통령 자리에 오른 박근혜가 임기를 채우지 못한 채 '탄핵당해 물러난 첫 번째 대통령'이라는 오명을 쓰게 된 아이러니는 이러한 측면에서 들여다보면 맥락을 잡을 수 있게 된다.

전(全)과 박(朴)이 경쟁자가 된 순간

가정환경과 성장 과정 측면에서도 두 사람은 서로 다른 행성에서 온 이들처럼 달랐다. 박정희가 5·16 쿠데타를 일으켜 정권을 잡은 것은 1961년, 박근혜가 열 살이 되던 해였다. 태어난 이듬해에 이미 육군 장성의 딸이었던 박근혜는 세상에 대한 관점을 막 형성하는 시기인 초등학교 3학년 때 대통령의 딸이 되었다. 대한민국 누구보다 높고 강한 남자를 아버지로 두게 된 것이다. 스물세 살의 나이에는 영부인 노릇까지 했으니, 아주 어릴 적에는 가난했을지 모르나, 기억을 제대로 할 수 있게 된 시점부터는 물질적 풍요에 휩싸여 자랐으리라. 생애를 통틀어 일반 시민으로서 살아본 경험을 거의 해보지 못한 인물이었던 것이다.

전두환의 경우, 가난해서 학교도 제대로 다니지 못하는 환경에서 성장했다. 집안이 빈한했던 것은 물론, 사회적 지위나 내세울 만한 명예도 없었다. 하지만 악바리처럼 노력해 대구공고를 졸업하고, 육군사관학교 입학에 성공했다. 육사를 졸업한 뒤엔 대한민국 대표로 선발돼 미국 유학을 다녀오며 군 내 정예 엘리트로 자리매김했다. 집안 배경의 도움 없이 오직 자신의 노력, 근성, 사교성으로 사회적 사다리를 타고 올라갔던 전두환에게 박근혜는 그저 황금 수저를 물고 태어난 세상 물정 모르는 어린아이로 보였을 것이다.*

박정희 생전, 전두환에게 박근혜는 같은 세상을 살아가는 한 명의 '사람'이라기보다 다른 세상에 속한 '반은 사람이고 반은 보석 같은' 존재였으리라. 박정희를 왕으로, 전두환을 변방의 힘센 장수로 친다면, 박근혜는 주군의 딸, 넘볼 수 없는 곳에서 찬란하게 빛나는 공주님이 아니었을까. 그랬던 박근혜의 존재 의미가 변한 것은 전두환이 쿠데타에 성공해 박정희가 앉았던 자리를 차지했을 때였을 것이다.

최순실의 이부오빠 조순제의 녹취록을 풀어쓴 『또 하나의 가족』[50]이란 책에는 조순제가 박정희가 남긴 돈을 몰래 빼내 옮기는 장면이 나온다.

* 전두환은 1931년생, 박근혜는 1952년생으로, 두 사람 사이에는 21년이라는 나이 차가 있다.

"… 금덩어리도 나왔고 달러와 채권 뭉치도 나왔다. 외국 은행의 비밀 계좌에서도 돈이 나왔다. 조순제는 자금을 은밀하게 옮기기 위해 태권도 체육관을 운영하는 손아래 동서를 시켜 미리 사범과 유단자 몇 명을 이 은밀한 물건을 옮길 중간 도착지에 미리 배치했다. 평소에 잘 알고 지내던 중앙정보부의 직원들도 동원했다."[51]

이 서술이 사실이라면, 박근혜는 아버지의 죽음을 맞은 이후 아버지가 남긴 비자금을 빼돌리는 데 심혈을 기울였다. 훗날 청와대를 점령했을 때 전두환은 알았을 것이다. 청와대에서 발견된 대형금고, 세간에는 그저 6억이 들어 있었다고만 알려진 그 금고가 박정희가 굴리던 막대한 재화의 극히 일부분에 지나지 않는다는 사실을.

그리고 그 순간, 전두환의 뇌리에서 박근혜는 비로소 '온전한 사람'으로 바뀌었을 것이다. 매우 주의해서 대해야 할 한 명의 인간으로. 박정희라는 강력한 자장이 사라져 버린 자리에 남은 29세 여성 박근혜는 더 이상 동화 속 공주님이 아니었다. 대한민국의 1인자 자리를 향해 장애물들을 제거해 가며 나아가던 전두환에게, 박근혜는 전임자가 손에 쥐었던 것을 놓고 겨루어야 할 강력한 경쟁자였다.

회고록에서 전두환은 "그 후 근혜 양이 구국봉사단(새마음봉사단의 예전 명칭) 등의 활동을 계속할 수 있도록 해달라고 요청해왔지만 나는 받아들이지 않았다. 시대 상황에 비춰볼 때 적절치 않다고 판단했기 때문이다."라고 간단하고 깔끔하게 회고한다.[52] 하지만 실상은 그렇게 간단하지 않았다. 전두환의 조치는 철저히 전임 정권의 세력을 흩어놓기 위한 것이었다.

박근혜가 최태민 곁을 떠나지 않으려 했던 것은 세간에 알려진 대로 최태민과의 '친밀한 관계' 때문이기도 했겠지만, 그보다 더 중요하게는, '새마음봉사단'을 이끌며 전국적으로 수백만 조직원들에게 영향력을 행사하고 싶기 때문이었다. 박근혜는 많은 이들의 마음을 움직일 수 있는 정치적 영향력을 계속 유지하고 싶어 했는데, 전두환이 이를 막아 버렸던 것이다.

전두환은 박근혜에게 금고에 들어 있던 (박정희가 쓰다 남은) 비자금을 건네주고 영남대학교에 계속 이사로 있다가 훗날 이사장이 될 수 있도록 힘을 써주었다.[53] 박정희가 남긴 MBC 지분도 보전해 주고, 육영재단 이사장도 맡게 해주는 등 '모시던' 어른의 자녀에 대한 '배려'를 해주었다. 하지만 박근혜가 삼백만에 달하는 유권자들의 마음을 움직일 수 있는 '조직'(새마음봉사단)을 계속 운영하는 것은 단호하게 막았다. 이는 전두환의 후임이었던 노태우가 전임자의 영향력을 제거하기 위해 전임자의 동생을 구속함으로써 전두환이 '국가원로자문회의'를 포기하게 만든 것과 같은 맥락의 일이었다. 전두환에게 박근혜는 반드시 제거해야 할 전임자의 '잔재'였던 것이다.

박근혜가 전두환의 비자금 추징에 매달린 이유

이제 전두환에게서 빠져나와 박근혜의 마음속으로 들어가 보자. 이 기간 동안 일어났던 일들이 '왕의 딸'이었던 박근혜에게 어떻게 남았을까. 더할 수 없는 박탈감으로 남았을 것이다. 아버지 사후 전두환이 정권을 잡아가던 기간은 박근혜가 아버지의 것으로 여겼던 모든 것들—물질과 정신적 유산, 심지어 세간의 인심까지—을 아버지가 부리던 힘센 부하가 난폭하게 약탈해 가는 것을 그저 보고만 있어야 했던 절망의 시간이었을 것이다.

그나마 후임자가 적법한 절차를 밟아 국민의 선택을 받은 이였다면 박탈감이 덜했으리라. 하지만 후임자는 적법은커녕 대량 학살을 저지른 범죄자였다. 하필이면 아버지가 아끼던 부하였기에, 그 부하가 저지르는 무지막지한 범죄행위들이 아버지의 이미지에 먹칠을 하는 효과로 이어졌다. 엄연히 국민의 손에 선출되었던 아버지와는 차원이 다른데, 사람들은 아버지와 무도한 학살자를 도매금으로 취급했다.

게다가 이 대량 학살자는 아버지의 재임 시절을 '부패', '관치'라는 말로 싸잡아 매도하며 위대한 업적들을 깎아내렸다. 당시에는 너무나 힘든 일이었지만, 지나고 보니 아버지가 돌아가신 직후에 막대한 재화를 놓고 아버지가 총애했던 부하와 신경전을 벌였던 것은 그저 별것 아닌 서막에 불과했다. 시간이 흐르면서 위대한 아버지가 폄하되고 비난받는 것을 지켜보는 형벌은 그보다 몇 배는 더한, 참을 수 없는 고통이었다.

안타깝게도 박근혜와 전두환 사이에 있었던 일들에 대해 남아 있는 자료는 매우 부족하다. 이 시기에 있었던 일은 대부분 '카더라' 하는 소문으로만 남았을 뿐, 증거로 삼을 만한 자료가 거의 없다. 왜 그럴까. 왜 두 인물 사이에 오간 일에 대한 팩트가 남지 않았을까. 박근혜의 부친인 박정희와 그 후임자인 전두환, 박근혜 사이에 오간 유산의 상당 부분이 적법하지 않기 때문일 것이다. 박정희의 유산에 관해서는 스위스에 거액이 든 계좌가 있다는 설에서부터, 전두환이 박근혜에게서 6억만 주고 다 빼앗아 갔다는 설, 박근혜가 청와대에 머물던 마지막 며칠 동안 트럭으로 빼돌려 전두환이 아쉬워했다는 설까지 다양하다.

후세인 우리는 지금도, 앞으로도, 알 수 없을 것이다. 실제 액수가 얼마였는지, 소문의 어디까지가 사실이었는지. 하지만 청와대가 보이지 않게 거악의 재화가 모여들었다가 여기저기로 흘러 나가는 장물 거래소처럼 기능하는 것이 당연시되었던 시절이라는 점을 고려해 보면 박정희가 남긴 비자금이 세상에 알려진 6억을 훌쩍 넘었으리라는 것을 능히 예상해 볼 수 있다.[54]

정사(正史)에 남지 않은 이러한 사정, 하지만 박정희의 껍데기와 박정희의 주요한 '힘'을 물려받은 두 인물에게는 결코 잊을 수 없는 사건으로 맺혔을 이 기간의 일들을 상상하고 추정하면, 박근혜가 왜 취임한 지 채 몇 개월이 지나지 않아 그토록 맹렬하게 전두환 비자금 추징에 매달렸는지를 이해할 수 있게 된다.

최고 권력자의 '사적 동기'가 지닌 힘

대통령 자리에 오른 박근혜는 사적인 동기로 공적인 자원과 기구를 움직이는 일을 아무렇지도 않게 여겼다. 이는 대한민국이라는 국가 공동체를 제 아버지의 사적 소유물로 여겼던 특별한 개인이 걸었던 불행한 길이었고, '전두환 추징법'은 그 길에 놓인 매끈한 외양의 문이었다.

같은 인간으로서, 총탄으로 아버지를 잃은 뒤 하루아침에 청와대를 나와야 했던 20대 여성, 18년간 누려온 모든 권력과 의전을 내려놓아야 했던 여성이 갑작스러운 지위 변화와 주변 사람들의 낯선 태도에 어떠한 강도의 충격과 배신감을 느꼈을지는 충분히 짐작이 간다. 특히 자기 손에 권력을 쥐여주었던, 즉 대통령의 딸임을 이용해 조직을 만들고 이를 통해 이권을 취하는 방법을 가르쳐주었던 최태민과 자신을 갈라놓고 새마음봉사단이라는 권력의 요새를 빼앗아 간 전두환에 대해서는, 이를 갈며 복수를 다짐했을 것이다.

그러나 박근혜가 공인으로서 진정 공동체를 위해 전두환의 불법자금을 추징하려 했다면, 자신부터 돌아보는 게 순서였다. 불법적으로 조성해 빼돌린 자금을 내놓지 않는다고 전두환에게 호통을 친 박근혜였지만, 정작 그 자신은 내놓아야 할 몫, 즉 전두환이 자신에게 건네주었던 6억 원에 대해서는 입도 뻥끗하지 않았다. 2012년 대선 전 진행되었던 토론에서 통합진보당 대선 후보 이정희에게 추궁당한 뒤 당시 받은 이 돈을 사회에 환원하겠다고 약속했지만, 대통령에 당선된 이후 그 재산을 환원하지도, 환원하겠다는 계획을 내어놓지도 않았다.

그뿐만 아니라 여전히 (아버지인 박정희가 부일장학회를 강탈해서 설립한) 정수장학회의 대주주로 있다.[55] 또한 영남대학교의 이사직은 사임했지만 이사 선임에 관여하는 등 한동안 강력한 영향력을 행사했다. 이렇듯 자신의 과오를 인정하지도, 반성하지도 않는 인물이 정의의 이름으로 전두환의 추징금만 환수하겠다니, 이 얼마나 코미디 같은 일인가. 그러나 박근혜는 태연하게 이 일을 해치웠고, 그 과정에서 자신도 '부정축재재산'을 갖고 있다는 사실을 인식조차 하지 못한 듯 보였다.

역대 대통령 중에서 전두환의 인생에 가장 큰 영향력을 행사했던 인물은 김영삼, 김대중, 박근혜다. 이 중 둘은 철퇴를 가하는 방식으로, 하나는 가해졌던 철퇴를 거두는 방식으로, 퇴임 후 전두환의 인생에 극적인 롤러코스터를 선사했다. 시스템과 법치가 아닌 개인의 사적 동기로 행했다는 점에서, 각기 다른 방향을 향했어도 세 사람이 했던 조치는 동일선상에 놓일 수 있다.

전두환을 향한 단죄와 용서가 이처럼 최고 결정권자의 사적 동기로 가해졌다는 사실을 따라가다 보면, 한국 사회가 아직도 특권층의 사회이며, 결정권을 쥔 소수 인물의 사적 동기에 따라 꼭 이루어져야 할 일이 이루어지거나, 이루어지지 않기도 한다는 사실을 깨닫게 된다. 선거로 정권을 교체하는 단계를 넘어갔음에도 그다음 단계로의 도약을 이루지 못하고 있는 것이다.

9장

한 번도 자기 자신과 만나지 못했던 사내의 말년

수감 생활 중 전두환은 손녀에게 이런 내용의 편지를 써서 보냈다.

> "이 할아버지는 OO이가 태어나기 전 용감하고 정의로운 일을 했단다. 그런데 16년이 지난 지금 큰 잘못이라도 저지른 사람처럼 OO이의 생일도 축하해줄 수 없는 곳에 와 있다. (…) 잘 모르는 아이들이 학교에서 놀리면 화내거나 싸우지 말고 우리 할아버지는 나라가 어려울 때 최선을 다해 훌륭한 대통령이었고, 어린이를 몹시 사랑한 대통령이었다고 자랑스럽게 말해다오."[56]

살면서 견디기 힘든 순간과 마주쳤을 때, 사람은 무의식적으로 창조적 행동을 한다. 순간을 모면하고 자신을 지키기 위해 마음속에서 특별한 방법을 만들어내는 것이다. 정신분석학은 이러한 내면의 적응양식들에 '자아의 방어기제'라는 이름을 붙였다. 외부현실을 인정하지 않는 '부정', 자신이 인정하지 못하는 감정을 다른 사람에게 귀속시키는 '투사', 의식상에 감정만 남기고 생각은 없애버리는 '억압', 분출되는 본능 충동을 다른 사람에게 봉사하면서 만족시키는 '이타주의'가 방어기제의 대표적인 예시들이다.[57]

힘든 상황에 맞닥뜨렸을 때 사람들이 가장 쉽게 사용하는 방어기제는 '부정'과 '왜곡'이다. 외부현실을 인정하지 않거나, 내적 욕구에 맞게 외부현실의 모습을 바꾸어 버리는 것이다. '부정'과 '왜곡'은 주로 5세 이전의 어린이들에게서 많이 나타나는 미성숙한 방어기제다. 어린 시절과 청소년기를 지나 차츰 삶의 경험을 쌓아나가면서, 사람들은 무조건 부정하거나 왜곡하는 방어기제에서 벗어나 '유머', '이타주의', '승화'와 같은 기제를 발달시켜 나간다.

이들은 다양한 방어기제 중 가장 바람직하다고 여겨지는 기제들이다. '성숙한 방어기제'라고 불리는 이 세 기제를 몸에 익히기 위해서는, 문제를 정면으로 직시하는 과정을 거쳐야 한다. 문제가 무엇인지, 그 문제가 어디에서 비롯되었는지를 직시한 후에야 그것을 웃음과 해학, 혹은 다른 이들에 대한 사랑으로 승화시킬 수 있기 때문이다.

'유머', '이타주의', '승화' 같은 성숙한 기제들을 거치면서, 사람은 이미 일어난 일을 삶의 한 과정으로 받아들이고 생의 다음 단계로 넘어간다. 그런 다음에야 혼란스러웠던 마음을 추스르고 사건이 지나간 뒤의 나를 끌어안게 된다. 이전과 달라진 새로운 버전의 나를.

오로지 과거에 대한 부정으로 일관하며

12·12와 5·18, 대통령 취임, 퇴임, 수감, 사면, 재산 압류, 재판 회부를 거치는 동안, 전두환은 자신을 보호하기 위해 오직 한 가지 방어기제만을 동원했다. 있었던 일을 없었다고 부인하는 무책임한 기제, '부정'을. 그는 저지른 잘못을 부정하고, 그에 대한 후과(後果)로 일어난 일들을 부정하고, 그 잘못으로 희생된 이들의 존재를 부정했다.

믿고 싶지 않은 일이 일어났을 때 "그런 일은 일어나지 않았어!", "그것 내 잘못이 아니야."라고 외치는 것은 주로 어린아이들이 하는 일이다. 나이가 들고 내면의 성숙을 이루면서 사람은 일어난 일을 일어나지 않았다고 부정하는 횟수를 줄여나간다. 되돌릴 수 없는 일을 현실로 받아들이고, 잘못했음을 시인한다. 기정사실이 된 현실과 자신이 저지른 잘못의 무게를 받아안은 뒤 고통스러워하며 소화한다. 그리고 다음 단계로 나아간다.

그러나 12·12를 일으킨 1979년 이후 42년 동안, 전두환은 현실을 직시하거나 잘못을 인정한 적이 없었다. 법원과 언론, 대다수 국민이 12·12를 군의 지휘 체계를 무너뜨린 내란이라고 했지만 전두환은 시종일관 "아니야! 내가 위기 상황에서 나라를 구한 거야!"라고 외쳤다. 광주항쟁이 군부독재에 반대하는 민주주의 시민운동이었다는 평가에 대해서는 "아니야! 그건 용공 세력의 폭동이었어!"라고 사실을 적극적으로 왜곡했다.

전두환에게 가해진 마지막 단죄의 철퇴는 광주지방법원으로부터 왔다. 회고록에 5·18 당시 헬기 사격 목격을 증언한 조비오 신부를 거짓말쟁이라고 써서 허위사실유포죄로 고발당한 것이다. 당시 전두환은 87세였다. 죽음을 예감했기 때문일까. 그는 자신의 행적을 세세히 기록해 남기길 원했다. 진실에 바탕한 것이 아니라 듣기 좋게 윤색된 버전으로. 후대에 남기는 회고록에까지 거짓말을 남발했다는 것은 그가 죽음을 목전에 둔 순간에까지 진실을 침소봉대(針小棒大)할 수 있다 여겼음을 보여준다. 퇴임 후 30여 년이 흘렀건만, 크고 작은 수많은 매질을 당했건만, 전두환은 한 발짝도 나아가지 못했다. 조악한 거짓말로 역사의 심판을 비껴갈 수 있다고 믿었다.

전두환은 제 말을 진짜라고 믿었을까? 나라를 위해 어쩔 수 없이 정승화를 체포했다는 억지 논리를 진심으로 믿었을까? 초반엔 믿지 않았지만 자꾸 되풀이하다 보니 자신조차 속아 넘어가게 되었을까? 의식 차원에서는 그랬을지도 모른다. 하지만 그의 무의식은, 혹은 의식과 무의식의 경계선상에 있는 완충지대(프로이트는 이를 '전의식'이라 불렀다)에서는 분명히 이를 알았을 것이다.

그러나 전두환은 이미 일어나 버린 사건을 무조건 '부정'하는 단계에서 한 발짝도 앞으로 나가지 못했고, 평생 아이처럼 "왜 나만 갖고 그래! 난 잘못이 없어!"라고 외쳤다. 12·12와 5·18에 대한 거짓과 과장으로 범벅된 세 권짜리 회고록은 손바닥으로 하늘을 가릴 수 있다고 믿었던 그의 아이 같은 정신 수준이 물질로 구현된 결정체였다.

어쩌면 이는 12·12를 단행하던 순간부터 예정된 길이었을지도 모른다. 결국 형법상 가장 큰 범죄를 저지르지 않았던가. 그는 과거 행적을 일관되게 부정해야만 살아남을 거라 생각했을 것이다. 인정하는 순간 극형에 처해질 테니까. 저와 제 가족, 자신을 도왔던 신군부 세력과 그의 가족 모두의 인생이 부정당하게 될 테니까.

단 한 번도 사죄하지 않은 살인마로 눈을 감다

상상해 본다. 전두환이 운명의 순간으로 되돌아간다면. 대통령 취임과 재임, 퇴임을 거쳐 '예우를 받을 수 없는 전임 대통령'으로 살았던 기간에 대한 기억을 유지한 채 다시 돌아간다면, 다시 한번 전임 대통령이 암살당하고 권력에 커다란 공백이 생긴 때로 돌아간다면, 그때도 그는 12·12를 일으키는 쪽을 선택할까?

아마도, 선택하지 않을 것이다. 한 번도 겉으로 표현하지 않았지만 내면 깊숙이에서 그는 알았을 것이다. 권력을 손에 넣기만 하면 그다음부터는 모든 게 없던 일이 되는 게 아니라는 사실을. 열심히 무력으로 짓눌러도 사람들의 의지는 질기게 다시 피어올라 거대한 힘으로 뭉치게 마련이라는 사실을.

그러니까 전두환은 윤리와 양심의 작용 때문이 아니라, 저지른 행위에 뒤따라오는 후과가 무엇인지를 알게 되었기 때문에, 그 후과가 생각처럼 간단히 처리할 수 있는 게 아님을 체험했기 때문에, 세상에는 '힘'만으로 될 수 없는 게 있다는 것을 알았기 때문에, 쿠데타를 일으키지 않는 쪽을 택할 것이다.

그러나 역사에 가정은 없는 법이고, 현실에서 그는 쿠데타를 일으켰다. 그리고 쿠데타를 일으킨 후 40년 동안 하루도 자신이 저지른 일에서 벗어난 적이 없었다. 4개 필지, 3개 건물로 이루어진 1,652㎡(약 500평) 규모의 집에서 한쪽 벽면 전체를 취임식 때 했던 연설문으로 뒤덮은 채 틈만 나면 제 무고함을 강변했다. 과거의 행적을 변명하고 미화하며, 여생을 억울함과 적대감에 휩싸여 살았다.

광주지방법원으로 출석하는 도중 광주 시민들의 비난의 포화에 휩싸인 것과, 골프장으로 찾아온 당시 마포구 구의원 임한솔에게 광주 학살에 대한 책임을 인정하느냐고 추궁당한 것이, 전두환이 말년에 맞았던 굵직한 공적·사적 철퇴였다. 이 두 사건에서도 그는 눈을 부릅뜨며 왜 이러냐고 고함을 지르는 것으로, 혹은 추징금을 네가 대신 내달라고 조롱하는 것으로, 40년 동안 보여온 일관된 자세를 고수했다. 자기 죄를 직시하지 않고 외면하는 '무성찰 무반성 전략'에 끝까지 매달린 것이다.

그리고 얼마 지나지 않아 지병으로 사망함으로써, 내면에 남아 있었을 전두환의 선량한 자아들도 함께 사망했다. 언제 공격당할지 몰라 겁에 질렸던 여린 자아, 저질렀던 일의 실체를 짚어보고 싶었던 지성적인 자아, 그때는 그렇게 해도 될 거라 생각했는데 지금 생각해보니 너무 큰 잘못이었다고 인정하고 사죄하고 싶은 자아, 화통하게 무릎 꿇고 사과한 뒤 용서받고 싶다고 생각했던 자아들(나는 전두환의 내면에도 그런 게, 극소량이나마, 있었으리라 생각한다)도 세상을 떠났다. 한 번도 세상에 모습을 드러내지 못한 채, 씨앗인 상태로 91세 무인의 신체에 잠재해 있다가, 고스란히 생명력을 잃었다.

그리고 이제 그 무인은 영원히 용서받을 수 없는 자로 역사에 이름을 새겨넣었다. 무고한 시민을 학살했으나 한 번도 사죄한 적이 없는 살인마로.

BRIDGE 3

독재자의 배우자로 산다는 것

'대통령 부인'은 직업일까 아닐까. 직업이기도 하고, 아니기도 하다. 공식적인 직무나 보수가 없지만, 실질적인 의무와 권한이 있다는 점에서 그렇다.

이는 여성이 맡아 하는 일의 대부분이 책임과 한계, 보상의 범위가 모호한 것과 밀접하게 연관된다. 여성이 맡은 양육자의 자리, '엄마'라는 자리는 직업인가 아닌가? 여성이 맡은 '부인'이라는 자리는 직업인가 아닌가? 양쪽 모두 공식적인 직업은 아니다. 그러나 현실에서 '엄마' 혹은 '공직자의 부인' 자리에 있는 이들에게는 일정 수준의 사회적 기대가 형성되어 있고, 그 기대가 충족되지 않는 경우에는 직·간접적으로 압력과 비난이 가해진다. 비공식적인 압력과 비난은 때로 공식적인 단죄와 형벌보다 거세기에, 엄마이거나 부인인 한 여성이 제 인생행로를 결정할 때 종종 가장 크게 고려하는 인자로 작용한다.

'대통령 부인'은 그러한 여성의 자리를 모두 모아 집대성하고 상징성을 얹어 부풀려 놓은 자리다. 공적인 책임이 없지만 실질적인 책임이 막대하고, 일에 대한 결정권이 없지만 일이 잘못될 경우 우회로를 통해 책임을 뒤집어쓰는 경우가 왕왕 발생한다. 책임과 인과관계가 모두 비공식적인 경로를 따르기 때문에, 비판과 단죄도 비공식적이고 감정적이며 예측 불가능한 통로를 통해 온다. 바꿔 말하면, 대통령 부인이라는 자리는 그 자리에 앉은 개인의 대처 방식에 따라 성격이 판이하게 바뀔 수 있다는 뜻이다.

한결같았던 '한국형 모범 주부'

이순자가 맡았던 '대통령 부인' 역할은 그중 가장 어려운 케이스였다. 이순자는 대한민국 현대사에 등장한 리더 중 유일하게 국민의 선택을 받은 적이 없는 리더의 배우자였다.* 국민이 이미 비난하고 책임을 추궁하기로 작정한 등장인물의 배우자였던 셈이다. 서울 한복판으로 탱크를 끌고 와 집권한 리더가 다스리던 때, 공포 분위기를 조성해 국민의 입을 틀어막았던 시절이었다. 그럴 때 국민이 품은 울분과 미움이 누구를 향하겠는가?

이순자가 뒤집어쓴 굴레는 이중적이었다. 전두환은 직접 무력을 운용해 그 자리를 차지하기라도 했다. 옳지 않은 행위였지만 어쨌든 목숨을 걸고 직접 뛰어들어 모험을 단행했다. 그렇지만 이순자는? 번쩍이

* 이승만은 두 번(1952년과 1956년), 박정희는 세 번(1963년, 1967년, 1971년) 투표로 국민에게 선택받았다. 헌법상 정당한 절차를 거쳤다는 점에서, 내각제를 실시한 2공화국의 윤보선과 실권 없는 형식상 리더였던 최규하도 국민의 선택을 받은 것으로 간주한다.

는 한복을 입고 매일 뉴스에 등장하는 저 중년 여성은 대체 무엇을 했단 말인가? 무엇을 했기에 저 높은 곳에 앉아 저런 의상을 입고 행세를 하는가? 전두환이 제 자리가 아닌 자리를 훔쳐간 도둑이었다면, 이순자는 아무것도 하지 않다가 도둑의 등에 업혀 갑작스레 신분이 상승한 무임승차자였다. 가정에서 여성이 수행하는 가사노동과 양육의 가치를 높게 쳐주지 않는 사회 분위기에서, 이순자는 더더욱 '노력 없이 공짜로' 부귀를 누리는 사람으로 보였다.

비극은 이순자가 자신이 맡은 자리를 둘러싼 배경을 조금도 이해하지 못했다는 데에 있었다. 이순자는 남편의 말을 액면 그대로 믿었다. '나라를 위해' 하극상으로 상관을 잡아 가두고, '어쩔 수 없이' 대통령 자리를 수락했다는 남편의 뻔뻔한 거짓말을 곧이곧대로 받아들였다(혹은 받아들인 척했다). 남편이 '애국심'에서, '운명에 이끌려' 대통령이 되었으니, 부인인 자신이 '영부인' 자리에 오르는 것은 마땅하고 옳은 일이었다.

청와대 입성을 준비하는 순간부터, 이순자의 관심은 온통 '영부인' 자리를 어떻게 하면 잘 해낼까에 있었다. 어떤 옷을 입고, 어떻게 연설하고, 어떻게 청와대 살림을 할까 고민했다. 예정된 자리가 자신이 앉아도 되는 자리인가에 대한 고민은 한순간도 하지 않았다. 전두환이 퇴임하는 날까지, 이순자는 대통령 부인 역할을 제대로 해내기 위해 열과 성을 다했다. 협소하기 그지없는 제 사고 범위 내에서.

이순자가 했던 말과 썼던 글을 따라가다 보면 사치와 허영과 부동산 투기의 대명사처럼 여겨졌던 인물이 생각보다 인간적이고, 솔직하고, 따뜻한 사람이라는 데 놀라게 된다. 청와대에 입성하기 전, 이순자는 군인의 아내로 살며 낡고 지저분한 집을 도배·장판하고, 옆집 우물에서 물을 길어와 밥을 안치고, 아픈 시부모를 간병하기 위해 바로 옆방에서 자다가 기척이 들리면 곧바로 뛰어가는 '억척 주부'였다. 빠듯한 군인 월급에 보탬이 되고자 편물 기술을 배워 가정경제에 톡톡히 보탬이 되기도 했다. 여기에 의대에 다니다가 전두환과 결혼하기 위해 자퇴했다는 '희생' 에피소드까지 얹으면, 이순자는 가히 당시 한국 사회가 기혼 여성에게 권장하는 모든 미덕을 갖춘 '완벽한 주부'라 할 수 있을 것이다.

대통령의 부인이 된 이순자가 그 자리에 충실하기 위해 열과 성을 다했던 것은 '억척 주부'였던 이순자의 과거 모습의 연장선상에 있다. 이순자는 남편이 부임지를 옮길 때마다 부른 배를 안은 채 이삿짐을 싸고 새로 들어간 집의 지저분한 마룻바닥을 열심히 걸레질했던 것처럼, 영부인 역할을 잘 해내기 위해 최선을 다했다. 남편이 대위에서 소령이 되고 중령이 되는 것을 당연하게 받아들였듯, 대통령이 된 것도 (조금 특별하게 느끼긴 했지만) 당연하게 받아들였다.

이순자는 10대 시절 '아저씨'로 만나 좋아하게 된 전두환과 결혼하던 스물한 살 때에도, 군인의 아내로 여기저기 옮겨 다니며 가난과 사투를 벌일 때에도, 대통령 부인이 되어 최고의 의상과 의전을 누릴 때에도, 한결같은 태도를 보였다. 남편의 말을 따르고, 남편을 존경하고, 남편을 마음 깊숙이 사랑하고, 그 마음에 따라 삶을 영위했다. 사람을 죽이고 권좌를 훔친 자의 아내라는 부분을 지우고 본다면, 나무랄 데 없는 한국형 모범 주부였던 셈이다.

이순자는 당시 한국 사회가 교육과 관습, 방송과 지면을 통해 여성에게 불어넣던 환상과 기대와 역할을 적극적으로 받아들여 내면화한 인물이었다. 저와 제 가족, 친척, 그리고 최대한 뻗는다면 제 '인척'까지를 관심 대상으로 삼고, 철저히 그 테두리 안에서 삶을 영위했다. 제 가족의 육체적·정신적 건강을 지키는 데 혼신의 힘을 다하고, 그 너머의 영역에 대해서는 가급적 관심 갖지도, 관여하지도 말 것을 요구하는 사회 분위기, 여성에게 철저히 사적 영역 혹은 한 남성의 보조자 역할에 머무르기를 기대하는 사회의 암묵적 권고에 충실히 부응한 것이다. 그러한 전통적 가치를 실현하는 것을 인생 최고의 보람으로 삼고 살아온 여성이 청와대에 입성한 순간 갑자기 개안해 사회의식을 갖고, 남편의 행적을 비판적으로 보고, 제가 선 자리에 대해 회의감을 갖고 성찰하기를 기대하는 것은 무리일 것이다.

이순자와 육영수의 공통점과 차이점

이순자가 제가 맡게 된 매우 폼 나지만 매우 부담스러운 자리, 즉 대통령 부인 자리를 당연한 소명으로 받아들인 데에는 전임자였던 육영수의 영향이 크게 작용한 것으로 보인다.* 이순자의 단순하고 나이브한 세계관에서, 군인이 쿠데타로 정권을 잡는 것은 나라를 위해서 행한 '혁명'이었다. '5·16혁명'을 통해 집권하고 대통령이 된 박정희의 부인인 육영수가 대한민국의 영부인이자 국모였던 것처럼, '12·12혁명'을 통해 집권한 이의 부인인 자신이 대한민국의 영부인이자 국모가 되는 것은 지극히 정상적이고 옳은 일이었다.

그리고 바로 그 점이, 이순자가 그 자리에서 가장 최악의 모습을 연출하도록 만들었다. 이순자가 몰랐던 사실, 그렇지만 가장 알아야만 했

* 실권 없는 대통령의 배우자였던 홍기(최규하의 배우자)는 그다지 영향을 미치지 않았던 것으로 간주해 언급하지 않는다.

던 사실은, 자신과 육영수가 너무나도 다른 기반 위에 놓여 있었다는 점이었다. 육영수와 이순자는 얼핏 보면 비슷한 위치에 놓인 듯 보인다. 배우자의 권력 획득의 근거 측면에서, 두 사람에게는 분명히 유사점이 있다.

그러나 육영수는 이순자와 달랐다. 가장 먼저 들 수 있는 차이점은 육영수의 배우자, 즉 박정희의 정통성이다. 박정희는 세 번에 걸쳐 국민의 선택을 받은 대통령이었다. 쿠데타로 집권했지만 민정 이양을 한 상태에서 직선제를 실시했고, 국민의 투표로 대통령이 되었다. 향후 단행한 삼선개헌과 유신 때문에 '독재자' 이미지가 강해지긴 했지만 분명히, 민주주의의 뼈대인 선거를 세 번 실시하고 국민의 의사로 세 번 대표 자리에 오른 인물이었다. 전두환과 이순자는 말년의 박정희가 펼쳤던 독재의 풍경을 전범으로 삼았을지 모르나, 전반기의 박정희와 후반기의 박정희는 상당히 다른 존재였다. 그리고 전반기의 박정희에게는, 관권 선거와 부정 선거의 정황을 고려하면 물론 완벽하지는 않았지만 부분적으로나마 정통성이 있었다.

다음으로 꼽을 만한 요인은 육영수와 이순자의 개인적 성향이다. 육영수는 고위 공직자 부인들의 봉사활동 모임인 양지회, 서울대 기숙사인 정영사, 어린이를 위한 복지재단인 육영재단, 불우 청소년의 직업교육을 위한 정수직업훈련원 등을 설립해 향후 '영부인 사업'으로 분류될 분야의 기틀을 확립했다. 나환자, 어린이, 빈자, 고학생, 노인 등 사회의 사각지대에 놓인 이들을 지원하는 시설과 제도를 세워 활발하게 활동했으나, 언제나 자신이 앉은 자리의 한계를 인식하고 있었다.

"나는 비록 그들에게 어떤 혜택을 줄 아무런 권한도 없으나 그들의 생각과 뜻을 열심히 들어보고 성의껏 그 뜻을 전달해 주겠다고 약속했다.", "대통령이 들어두셔야 할 말을 내가 대신 들어두자는 것이었어요.", "내게는 그 어려운 문제를 해결할 수 있는 힘도 능력도 없어요. 해결할 수 없는 일은 해결할 수 없는 대로 성실하게 회답을 보내주고 격려해 주는 그것이 국민과의 따뜻한 대화를 나누는 길이 아니겠어요?"[1] 민원을 접수할 때마다 했던 말들을 곱씹어 보면, 육영수가 제가 선 자리의 지형을 정확하게 파악하고 있었음을 알 수 있다.[2]

박정희가 군 장성이던 시절, 너무 허름한 집에 사는 걸 보다 못한 한 장교가 시멘트 다섯 포대를 갖다주었을 때 육영수가 일단 받았다가 다음 해 그만큼 분량의 시멘트를 그대로 사서 갚은 것이나, 대통령 부인이 된 뒤 자신이 채용한 비서에게 전화 가설 신청서를 내라고 하면서도 전화국에 제 비서라고 특별히 빨리 해달라고 청탁을 넣지 않고 9개월이나 기다려 전화를 가설하게 한 것 등,[3] 육영수가 공과 사를 구분하기 위해 지나칠 정도로 조심했던 일화들은 오늘날까지도 세인들에게 회자되는 단골 메뉴다.

이렇듯 육영수는 대통령 부인에게 공식적으로 어떠한 권한도 없음을 헤아리고 있었다. 자신을 '대통령과 국민 사이의 전달자'로 상정하고, 대통령에게 가장 가까이 있는 '특수 관계자'로서의 임무를 설정해 실천했다. 육영수는 어떤 자리에서도 '모든 걸 다 해결해 주겠다'고 하거나 '내가 누구누구에게 이러이러한 일을 해주었다'고 생색내지 않았다. 도움 요청을 받으면 주로 '알아보겠다'거나, '관계 부처에 전달하겠다'는 말로 응수했다.

권력을 남용하지 않되, 제게 주어진 모호한 권력을 정부의 손길을 받지 못한 약자들을 조명하고, 그들에게 시선이 쏠리게 만들고, 그 결과 약자들에게 공동체의 자원이 배분되도록 하는 데 활용한 것이다. 그 결과 육영수는 '청와대 내 야당'으로 불리며 당대 국민들의 사랑을 받았고, 사후에도 두고두고 존경받는 '공인'으로 남았다. '사인'으로서의 한계를 철저히 지키며 공적 마인드를 발휘한 덕에 역설적으로 한국 현대사에서 가장 사랑받는 '공인'으로 남은 것이다.

1980년대의 한국판 마리 앙투아네트

불행히도 이순자는 제 배우자와 박정희라는 인물의 차이점을 간파하지 못했다. 대통령의 부인 자리가 갖는 복잡성도 이해하지 못했다. 공적으로 아무런 권한이 없으면서도 불행한 사건이 발생하면 가장 큰 책임 소재로 지목될 수 있는 자리라는 걸 파악하지 못하고, 그저 최고 예우를 받는 걸 기뻐하며 화사하게 웃었다. 그 화려함의 밑바닥에 얼마나 오래고 교묘한 덫이 있는지를 알지 못한 채, 유사 이래 카트린 드 메디치*와 마리 앙투아네트와 장희빈 같은 여성들이 삶으로 깨우쳐 준 교훈을 체득하지 못한 채, 화려한 한복을 입고 미국 대통령 레이건의 팔짱을 낀 것을 자랑스러워했다.

이순자가 조금이나마 제가 선 자리의 위험성을 인식한 것은 '이철희·장영자 사건'의 유탄을 맞은 다음이었다. 장영자가 이순자의 인척이라는 사실에 국민은 기다렸다는 듯 증오심을 터뜨렸다. 서슬 퍼런 무력

* 카트린 드 메디치(1519~1589). 피렌체 공화국 출신으로 앙리 2세의 배우자이자 샤를 9세, 앙리 3세의 모후였다. 쇠약해진 왕권을 되살리기 위해 폭정을 저지른 인물로 평가받아 왔다. 특히 성 바르톨로메오 축일의 학살 사건으로 주범으로 지목되며 잔인한 이미지로 각인돼 왔다. 그러나 최근 들어 실제로 카트린은 바르톨로메오 축일의 주범이 아니며, 평생 가톨릭과 위그노 사이의 갈등을 봉합하려 한 중재자로 살았다는 평가가 나오고 있다. 그동안 혼란과 학살의 주범으로 지목되어 온 것은 카트린이 외국 태생이고 여성이라는 조건에서 기인했다는 것이다.

과 독재의 나날을 인내하고 벼르던 와중 마침 이순자의 이름이 나왔고, 국민은 그간 참아온 울분을 독재자의 배우자를 향해 폭발시켰다. 최근 한 유튜브 매체와의 인터뷰에서, 팔순을 넘긴 이순자는 당시를 회고하며 이렇게 말했다.[4] "그때는 너무 어려서 그저 예쁘게 보이는 데만 신경 썼어요." 장영자 사건을 겪은 뒤에야, 컬러텔레비전에 비친 자신의 모습이 너무 사치스러워 보인다는 사실을 알고 수수하게 보이려 노력하기 시작했다는 것이다.

그러나 이순자의 인식은 딱 거기까지였다. 제 친족(작은아버지인 이규광은 이 사건으로 감옥에 갔다)에게 포탄이 떨어지자 순간적으로 움찔했을 뿐, 이후엔 다시 예전의 자세로 되돌아갔다. 자신과 제 친인척의 안녕과 행복에만 모든 신경을 곤두세우는 생활로 회귀했다.

육영수와 비교했을 때 이순자에게 치명적으로 불리한 점은 이순자·전두환 부부가 살아남아 퇴임 후의 나날을 맞았다는 점이다. 육영수는 박정희 암살을 기도한 재일교포의 총탄에 희생됐고, 박정희는 권력의 자리를 지키기 위해 유신과 인혁당 사법살인 등 기상천외한 악행들을 밀어붙이다가 측근이 쏜 총에 생을 마감했다. 갑작스럽게 맞은 죽음으로, 부부 모두 살아서 권좌에서 내려온 이가 맞게 되는 치욕, 특히 정통성 없었던 지도자가(유신 이후의 박정희에게는 정통성이 없었다) 맞게 될 드라마틱한 추락과 단죄를 면할 수 있었다. 일말의 정통성조차 없었던 전두환과 이순자는, 살아서 퇴임한 뒤, 다양한 종류의 단죄와 사회적 추락을 겪었다.

'이순자'라는 이름을 들으면 대뜸 떠오르는 장면이 있다. 전두환을 대신해 추징금을 내며 "알토란 같은 내 돈"[5] 운운하며 억울해하거나, 몰려든 기자들에게 당시 거두어들였던 돈을 모두 정치자금으로 써서 "그 돈을 우리가 낼 수가 없다"며 눈을 크게 뜨고 손을 양옆으로 흔드는 장면이다.[6] 자신과 남편이 섰던 자리의 대표성과 특수성을 고려하지 못한 채 그저 억울한 감정에만 몰두했던, 제 손에 움켜쥔 재화를 내놓아야 하는 아쉬움을 해맑게 드러내던 그 천진난만한 표정과 손짓이 강렬하게 남아 있는 것이다.

그리고 육영수와 이순자를 나란히 놓고 단상을 써 내려가는 지금, 이런 의문을 품게 되는 것이다. 만일 살아서 퇴임과 추락을 맞았다면 육영수는 어떻게 반응했을까? 추징금 대납의 순간에 이순자가 지어 보였던 표정과 말이, 육영수라는 인물에게서도 나오게 되었을까?

이순자에 대한 비난은 주로 이순자의 친인척들과 관련된다. 이순자의 친인척은 역대 대통령 부인의 친인척 중 가장 득세했던 것으로 평가된다.[7] 전두환이 대통령이 된 뒤 이순자의 아버지와 두 동생은 대한노인회 회장, 민정당 당무위원, 광업진흥공사 사장이 되었다. 이순자의 남동생인 이창석은 자형이 통치권자가 된 뒤 빛의 속도로 승진해 다니던 회사의 사장((주)동일)이 되었고, 이순자의 첫째 여동생의 남편은 대한통운 사장이 되었으며, 둘째 여동생의 남편은 호주대사에 임명되었다. 이순자 자신도 새세대육영회와 새세대심장재단을 이끌며 거액의 기부금을 받아 투명하지 못하게 운영했다.[8] 불법적인 방법으로 집권한 남편의 권력과 그에서 흘러나오는 혜택을 제 가족 친지들과 함께 아무런 거리낌 없이 향유하고 남용한 것이다.

그러나 이순자라는 한 명의 여성의 입장에서는, 최선을 다한 삶이라고 항변할 수 있을 것이다. 이순자의 인생은 어떠한 일이 있어도 남편과 시집을 정성껏 받들라는 한국 사회의 정언명령(定言命令)에 충실히 복무한 여정이었다. 이순자가 속했던 시대에, 한국 사회가 결혼한 여성에게 보내는 메시지 어디에도, '공동체의 정의', 혹은 '사회 전체의 이익'을 살피고 그에 맞게 행동하라는 암시가 섞여 있지 않았다.

한국 사회가 기혼 여성에게 제시하는 '바람직한 여성상'은 그저 두말 않고 남편을 보필하고 시집을 섬기라는 훈계로 단단히 빚어져 있었다. 여성이 제 생각을 갖거나, 제 생각을 표출하거나, 남편이 하는 '바깥일'에 대해 이견을 내면 곧바로 그에 응당한 훈수와 눈총, 불이익을 받기 마련이었다. 이순자는 그런 시대의 메시지에 가장 충실하게 복무한 여성이었다. 철없고, 계산 없고, 제 삶을 무척 사랑했던 여성, 그렇지만 특별한 지적 소양을 갖고 있지는 않아서 스스로 공동체 의식이나 타인에 대한 공명심을 발현시키지 못한, 그 결과 공인으로서의 자신을 인식하고 만들어나가는 데 이르지 못한, 그런 여성이었다.

이순자에게 잘못이 없다는 의미가 아니다. 다만 한국 사회가 권고하는 여성상을 충실히 내면화한 한 여성이 전두환이라는 특별한 악과 만나 1980년대 한국판 마리 앙투아네트로 자리매김되어 가는 과정을 추적해 볼 필요가 있다는 것이다.

비슷한 시대적 배경에 놓이기는 육영수도 마찬가지였다. 육영수 또한 무조건 남편을 믿고 따르라는 한국 사회의 가르침에 충실했다. 그러나 육영수는 그러한 범주에 머물면서 차츰 사회의식을 발현시켰다. 배우자에 대한 사랑을 점차 배우자가 속한 국가 공동체 전체에 대한 사랑으로 확장시켰다. '내조'와 '배우자에 대한 사랑'이라는 안전한 외피를 두르고 조심스럽게, 공동체의 손길이 공동체 내의 약자에게 가닿을 수 있도록 특유의 지략을 발휘했다. 육영수가 자신을 열어젖혀 수많은 타인으로 자아를 확장해 간 것은 당대의 가르침이나 분위기에서 나온 것이 아니었다. 개인의 특별한 지성과 노력에서 나온 것이었다.

'영원한 국모(國母)'와 '연희동 복부인'의 차이

물론 육영수와 이순자를 공인 의식이 있었던 사람 vs. 공인 의식이 전무했던 사람으로 나누는 것은 지나친 흑백논리일 것이다. 이순자에게도 저와 제 가족이 아닌 다른 이들에게 봉사하며 보람을 느끼는 순간이 있었다. 이순자가 이끌었던 심장재단은 수많은 심장병 환자들에게 수술비를 지원하고 기부 문화를 정착시키는 데 기여했다. 이 재단의 활동 덕에 대한민국 흉부외과 의료 기술이 크게 도약할 수 있었다.

육영수에게도 저와 제 가족의 안녕을 지키는 데 골몰해 공동체 전체의 안녕을 외면한 순간이 있었다. 박정희가 삼선개헌과 유신이라는 퇴행적인 제도를 만들어 밀어붙일 때, 인권 탄압적인 조치를 남발할 때, 육영수는 어떠한 행동도 하지 않았다. 육영수가 이끌었던 재단들 또한 자금 운영 상황을 투명하게 밝히지 않았고, 개인이 자의적으로 운영했다. 두 사람 모두 공인 의식이 있는 순간과 없는 순간을 복합적으로 겪으며 자신이 살아온 인생의 역사가 형성해 놓은 사고에 기대 순간순간에 임한 것이다.

다만 이순자의 경우, 공적인 존재로 머무는 때보다 사적인 존재로 머무는 때의 비중이 더 컸던 데다가, 국민에게 제 마음을 나타내고 소통하는 일에 관심을 두지 않았다. 육영수는 자신과 친족이라는 테두리를 벗어나 자신과 직접적으로 관련되지 않은 타인들과 공명하는 행위에 비교적 더 큰 비중을 두었고, 그런 마음을 국민에게 나타내고 소통하는 데 심혈을 기울였다.

그 결과 두 사람은 국민에게 완전히 상반된 이미지의 인물로 각인되었다. 근본적인 차이는 배우자인 각 대통령의 정통성에서 기인했지만, 그에 더해 대통령 부인 자리에 임하는 개인의 각성과 성찰 능력의 차이가 두 사람 사이의 간극을 크게 벌려 놓았다. 자신이 선 자리의 역할을 끊임없이 성찰하고 의문을 가졌던 육영수는 박정희가 하는 일에 쓴소리를 마다하지 않아 '청와대 내 야당'이라 불린 반면, 자신이 선 자리를 아무런 의문 없이 받아들이고 남편에게 무조건적인 지지를 보낸 이순자는 '빨간 바지 입은 복부인'으로 불렸다.

육영수는 전임자였던 프란체스카*를 의식하고 같은 실수를 반복하지 않으려고 노력했다. 목에 라디오를 걸고 다니며 온종일 국민의 사연을 청취하거나 직접 찾아가 만나는 식으로 민심을 접하려 했고, 그렇게 알게 된 민심을 박정희에게 전하려고 노력했다. 박정희가 바르지 않은 길로 가고 있다고 판단할 경우 직설적으로 쓴소리를 하기도 했다. 국민과 대통령 사이의 중재자를 자처했던 육영수의 그런 올곧음은 박정희가 권력을 마구 휘두르며 자폭하지 않도록 제어했지만, 동시에 박정희가 재떨이를 집어 던지며 화를 내게 만들기도 했다. 그리고 육영수 사후, 박정희는 제어장치를 잃고 무섭게 권력의 함정으로 빠져들어가 자폭하고 말았다.

이순자는 전임자인 육영수에게서 교훈을 얻지 못했다. 육영수처럼 한복을 입고 봉사활동을 다녔지만, 겉모습에 그칠 뿐, 육영수의 내면에서 작동하던 자기성찰과 그에서 비롯된 서릿발 같은 절제력을 읽어내지도, 배우지도 못했다. 제 가족과 친인척의 테두리에만 머물렀던 이순

* 대한민국 초대 대통령이자 2, 3대 대통령인 이승만(1875~1965)의 배우자. 풀 네임은 프란체스카 도너 리(Francesca Donner Rhee), 한국 이름은 이부란이다. 오스트리아 출신으로 1900년에 태어나 1992년에 사망했다. 이승만의 재임 시절, 노년에 접어든 이승만의 정신 건강을 염려해 좋지 않은 소식을 전달하는 이들이 대통령과 만나는 것을 막으려 했다. 이에 대해 배우자를 지키기 위한 세심한 배려였다는 평가도 있지만, 한편으로는 인의 장막을 쳐 이승만을 민심과 유리시켰다는 평가도 있다.

자의 얕은 사고와 선택적 무지성은 전두환이 특유의 결단력과 행동력을 발휘해 물가안정 시책을 밀어붙이고 올림픽 개최를 추진하는 데 힘이 되어준 반면, 무고한 시민을 희생시키고도 반성할 줄 모른 채 똑같은 악행을 다시 저지르게 하는 데에도 일조했다.

2023년 현재, 우리 사회는 가정을 꾸린 여성에게 무엇을 기대하는가? 아이가 있는 여성에게 최우선으로 강조하는 미덕은 무엇인가? 아이가 있는 남성에게 최우선으로 강조하는 미덕은 무엇인가? 엄마라 불리는 여성에게 사회의식을 함양해야 한다고 기대하거나 권고하고 있는가? '대통령 부인'이 해야 하는 역할을 무엇이라 상정하는가? '영원히 존경받는 국모'와 '연희동 빨간 바지'로 또렷한 대조를 이루며 기억되는 두 '영부인'의 행적과 후세의 평가를 비교하는 것은 인간에 대한 근본적인 물음이면서, 동시에 우리 사회가 여성을 대하는 방식을 더듬어보는 복합적인 여정이다.

4부

악의 기원

1장

역사의 제단에 놓인 제물

전두환의 가족과 친지, 혹은 전두환 덕에 부를 축적한 측근들이 생각하기에 전두환은 역사의 제단에 놓인 희생양일 것이다. '각하께서 이룬 업적은 보지 않고 잘못한 것만 본다'는 것이 이들이 하는 생각의 핵심이다. 경제발전을 이루었고, 북한의 침입에 맞서 안보를 튼튼히 했는데 왜 집권 과정에서 있었던 '사소한' 일을, 더구나 각하의 책임도 아닌 일을 가지고 왈가왈부하느냐. 전두환의 단죄에 관한 직·간접적 대응을 통해 그들의 억울한 마음이 고스란히 배어 나온다.

전두환이 역사의 제단에 놓였다고 생각한다는 점에서, 그들과 나의 결론은 같다. 그러나 그 결론에 이르는 과정은 완전히 다른 경로를 통한다. 내가 생각하기에, 전두환은 '희생양'이 아니라 마땅히 제단에 놓여야 할 '제물'이다. 전두환은 저지른 죄를 인정하지 않음으로써 제물로서의 부피를 스스로 키웠다.

전두환은 집권 과정에서 돌이킬 수 없는 원죄를 지었다. 외부적의 침입에 맞서 국민을 보호해야 할 군인이 총부리를 시민에게 들이대고 살상한 것이다. 집권한 뒤에는 그 원죄에서 파생된 다양한 범죄행위를 저질렀다. 고문, 납치, 사법권 남용, 언론 탄압 등 그가 저지른 범죄는 손에 꼽을 수 없을 만큼 다양하다. 그중 현재 그의 유족과 친인척, 측근에게 가장 큰 영향을 미치는 요소는 5공 시절 이루어졌던 '친인척 비리'다. 전두환의 가족과 친인척이 지금도 국민들의 지탄을 받는 것은 받는 것은 이 부분과 떼놓고 생각할 수 없다.

전두환이 5공화국을 시작하면서 내건 기치는 '정의사회 구현'이었다. 그런 기치를 내걸었다면 우선 자신부터 그에 걸맞게 행동해야 했다. 그러는 대신, 전두환은 제 가족과 친인척, 측근들을 요직에 임명해 이권을 몰아주기 바빴다. 제 형제들, 제 부인의 남동생, 제 부인의 자매의 배우자들, 장인, 장인의 동생들 등 전두환은 자신과 가까운 친인척들을 공직 또는 국가기관과 연관된 기관·기업의 장으로 앉혔다. 한 명이라도 빠질세라 꼼꼼히 챙겨 앉혀 가까운 친인척이 마음껏 금력(金力)을 누리고 위세를 부리도록 했다.

5공화국 시절 전두환의 친인척들이 펼친 활약상을 보면 그 시절 대한민국이 잠깐 부족국가 시대를 살다 온 것이 아닌가 싶어진다. 머나먼 옛날, 부족끼리 모여 살던 때, 손도끼와 돌도끼로 싸움을 벌이고 그 싸움에서 이겨 부족의 수장이 된 사람과 그의 친인척들이 당연한 듯 부족의 재화와 이권을 나눠 먹던 때로 돌아갔었다는 인상이 드는 것이다.[1]

6공화국 시절, 5공 시절 새마을운동본부 회장을 지낸 전경환이 거액의 공금을 횡령했다는 사실과 (주)동일 회장 이창석이 천문학적 금액의 탈세 행위를 했다는 사실이 밝혀졌을 때,* 국민은 허탈감에 빠졌다. 세상에, 겨우 그런 짓을 하려고 그 참극을 벌였단 말인가. 수많은 시민의 피를 묻히고 얻은 권력으로 한다는 짓이 겨우 청동기시대에나 했을 법한 '끼리끼리 나눠 먹기'였단 말인가.

만일 그가 진심으로 반성했다면

전두환이 퇴임 뒤에라도 반성했다면, 진심으로 용서를 구했다면, 그는 자신의 죄를 태워 재로 만들 수 있었을 것이다. 지은 죄를 없던 것으로 되돌릴 수는 없었겠지만, 까맣게 태워 다시 소생하지 못하도록 만들 수 있었을 것이다. 그랬다면 역사에서 제단에서 차지하는 자리가 그토록 커지지 않았을 것이다.

그런데 그렇게 하기는커녕 전두환은 제 죄과를 통째로 부인했다. 자신이 휘두른 무력에 자식을, 부모를, 배우자와 친구를, 제자와 스승을 잃었던 이들에게 사죄하거나 무릎 꿇지 않았다. 친인척에게 국가의 요직을 맡겨 특혜를 누리게 한 일에 대해서도 전혀 반성하지 않았다. 그렇게 함으로써 전두환은 과거의 죄가 현재의 죄를 낳도록 했다. 원래의 죄가 자가 증식을 하며 무한대로 뻗어나가게 만들었다. 그 결과 제단에 놓여야 할 다른 제물들의 자리를 모두 차지하는 압도적 크기의 제물이 되고 말았다.

광주민주화운동(혹은 삼청교육대, 혹은 녹화사업)의 희생자들과 유

* 전경환은 전두환의 동생, 이창석은 전두환의 배우자인 이순자의 동생이다.

족들은 가까운 이를 잃은 일차적인 고통에 더해, 그 고통을 유발한 자가 아무런 죄의식 없이 세상에 활개치고 다니는 모습을 두 눈으로 보는 생지옥을 겪어야 했다. 그것은 죄를 지은 자가 처벌받지 않는 비정한 세속의 진리를 확인하는 데서 오는 지옥이기도 했지만, 한편으로는 살아있는 내내 누군가를 증오하며 살아야 하는 자신에 대한 절망감에서 오는 지옥이기도 했을 것이다. 오죽했으면 5·18 유족들이 피켓을 들고 전두환의 집 앞으로 찾아가 제발 사죄해 달라고, 그러면 용서하겠다고 울부짖었겠는가.

죄를 지은 자가 용서를 구하고 피해자가 그런 죄인을 용서하는 순간에만 이루어지는, 오직 인간종들끼리만 나눌 수 있는 미덕을 실현할 수 있는 가능성이 있었다. 전두환이 살아있던 동안에는. 물론 희생자들과 유족들의 반응은 제각각 달랐을 것이다. 용서하는 사람이 있고, 용서하지 않는 사람이 있었을 것이다. 하지만 그건 문제가 아니다. 핵심은 피해자들에게 '용서'라는 선택지가 생겨날 수 있었다는 점이다.

권좌에서 내려온 뒤 전두환이 지상에서 보냈던 33년은 온통 그 선택지를 만들어낼 수 있는 기회로 점철된 시간이었다. 부나 명예, 권력 획득과 같이 선명하게 만져지는 직접적인 열매가 아니면 들여다보지도, 가치를 평가하지도 못했던 무인 전두환은, 그 기나긴 기간 동안 한 번도 그 선택지에 눈길을 주지 않았다. 그럼으로써 자신이 사후에 어떤 인물로 박제될지, 그렇게 박제된 제 모습이 후손들에게 어떤 영향을 미칠지에 관해서도 전혀 생각해 보지 않았다. 눈에 보이는 것만 보았던, 눈에 보이지 않는 것들이 엄습해 올 때면 손사래를 치며 부정하는 것으로 일관했던, '선택적 무지성'이 연출한 최후 모습이었다.

여생을 감옥에서 보내거나, 감옥에서 보내지 않아도 스스로 죄과를 인식하고 조심하며 회개하는 길을 걸었다면, 전두환은 그의 가족들과 측근들이 그렇게도 부르짖는 '정당한 평가'를 받았을지도 모른다. 최고 등급의 결정권을 가진 이의 인격은 자신만의 것이 아니다. 헌법상 최고 통치권자의 자리에 오르는 순간 그는 그가 속한 사회의 공기에 영향을 받고, 그 사회 수준에 맞는 언행으로 자신을 변모시키게 된다.

전두환이 집권했던 당시 대한민국은 물질적으로, 정신적으로 도약하는 시기였다. 시민의 의식도 상당 수준에 이르러 있었다. 아무리 무도한 자라 해도, 그런 국가의 수장으로 7년 반을 버티면서 시종일관 수준 이하의 언행만 하는 것이 불가능했으리라는 말이다.

다르게 말하면, 전두환이 정책을 잘 펴서 대한민국이 잘살게 된 게 아니라, 대한민국 국민의 수준이 높아져 있어서 전두환이 그에 업혀 간 것이라고 볼 수 있다는 것이다. 그의 치세에서 경제 정책을 폈던 김재익, 강경식, 서석준 같은 고위 행정 관료들이 그런 '국민 수준'을 보여주는 대표적인 예시가 아니겠는가. 뛰어난 관료들이 정책을 잘 펴고 전두환이 이들에게 전적으로 힘을 실어주어 경제가 순항을 탔다는 사실은 관점에 따라 전두환의 공으로도, 국민의 공으로도 볼 수 있다.

문제는 전두환이 제 원죄에 대해 전면 부정함으로써 그가 영원히 '공'에 해당하는 사항을 인정받을 수 없게 되었다는 점이다. 너무나 큰 죄를 저질러놓고 그에 대해 일말의 사죄도 하지 않음으로써 그의 정체성은 오직 하나, '살인자'로 귀결되어 버렸다. 그가 세상을 향해 "내가 잘한 점도 있었잖아!'"라고 외칠 때마다, 세상은 그가 저지른 극악무도한 죄를 인식했다. 죄를 인정하지 않는 행위가 더 커다란 죄를 낳고, 걷잡을 수 없이 커져가는 죄의 부피에 압도되어, 전두환이 한 명의 인간으로서 갖고 있었을 '부분적인 미덕'이 완전히 가려지게 되었다.

공동체에 남은 상흔

만천하에 드러난 죄를 손바닥으로 덮으려 했던 전두환의 미숙한 행위는 그의 후손들에게 복잡하고 풀기 어려운 영향을 미치고 있다. 그의 후손들은 탄생의 순간부터 대한민국 역사와 반목하는 운명에 처했다. 전두환이 자신에게 죄가 없다고 가르쳤기에, 후손들은 자신에게 유전인자를 전해준 인물에 대해 잘못된 인식(훌륭한 일을 했는데 억울하게 매도당하고 있다는)을 갖게 되었고, 그들은 성장 과정에서, 그리고 살아가는 내내 수없이 많은 국면에서 자신이 갖고 있는 신념과 반대되는 맥락에 부딪히며 살아가게 되었다.

전두환의 후손들이 물려받은 유산은 잘못된 역사 인식만이 아니다. 그들은 전두환이 부정한 방법으로 모은 막대한 부(富)를 물려받았다. 후손들이 소유한 법인, 건물, 토지, 차명 보유 의혹을 빚고 있는 국내외 사업체들은 전두환이 국민의 피를 묻힌 손으로 그러모은 돈뭉치가 후손들에게 흘러갔음을 동시대인들에게 시시각각 알려주고 있다.

1988년 5공 비리 청문회와 1995년 재판에서 나온 증언에 따르면, 전두환은 재임 기간 동안 재벌들로부터 7,000억 원의 상납금과 2,517억 원의 기부금을 걷었다. 약 1조 원에 달하는 금액을 걷은 것이다. 당시 서울 아파트 한 채가 평균 1,200만 원이고 2021년 서울 아파트 한 채가 평균 6억 5천만 원임을 감안하면, 요즘 시세로 약 53조 1,300억 원에 달하는 비자금을 거둬들인 셈이다. 추징금으로 2,205억 원을 선고받았으나 그중 1,005억 원을 내지 않았고 이후에도 956억 원 가까운 추징금이 미납금으로 남았으니, 현재 시가로 53조 원에 달할 총 비자금 중 얼마나 많은 금액이 보이지 않는 곳에서 유통되고 있을지 짐작할 수 있다.[2]

만일 '기억'에 형태와 색깔이 있고, 기억을 담은 물건에 그 물리적 형태의 기억이 새겨진다면, 전두환의 후손들이 소유한 거액의 현금과 토지, 건물들은 전부 시뻘겋게 물들어 있을 것이다. 시뻘건 색을 자세히 들여다보면 광주를 비롯한 여러 곳에서 무고한 시민들이 고통으로 몸부림치는 모습을 발견할 수 있을 것이다. 현실에서 기억은 물리적 형태를 띠고 나타나지 않기에, 전두환 후손들이 보유한 재화는 말끔한 외양을 하고 있다. 그러나 그 매끈한 외양 아래에는 비물리적 형태의 흔적이 있고, 국민들의 정신은 시시각각 그것을 들여다보고 있다.

전두환은 재로 남겨질 수 있는 일들에 생명력을 불어넣어 영원히 타오르도록, 그리하여 제 후손들이 그 불 속에서 빠져나오지 못한 채 고통받도록 만들었다. 후손들에게 흘러간 피 묻은 돈뭉치는 그 불이 더 활활 타오르게 만드는 휘발유가 될 것이었지만, 그것을 간파할 만한 통찰력이 없었던 전두환은 후손들에게 영원히 족쇄로 따라다닐 물질적 풍요를 물려주는 우를 범했다.

반성 없이 살다 간 전두환의 33년이 남긴 후과는 그러나 후손에게만 돌아간 것이 아니다. 임기를 무사히 마친 전두환이 반성하지 않은 채 삼십여 년을 살다 갔기에, 국가 공동체 곳곳에 그의 흔적이 강력하게 남았다. 그의 흔적은 구성원 각자가 저질렀을 잘못을 덮어서 보이지 않게 만드는 거대한 검은 천이 되었다. 범죄자가 받아 마땅한 죄과를 받았다면 걷혀서 사라졌을 검은 천이 사회 전체에 묵직하게 드리워져, 신군부에 가담했던 이들이 여전히 누리고 있는 물질적·사회적 혜택을 찾아내고 회수하지 못하게 만든 것은 물론, 반대편에서도 부작용이 일어나게 만들었다.

정치에는 선악의 문제와 능력의 문제가 복합적으로 섞여 소용돌이치게 마련인데, 한쪽 진영에서는 선악을 따지며 윤리의 잣대만 들이대고, 한쪽 진영에서는 유능·무능을 논하며 성과의 잣대만 들이대는, 그리하여 제가 속한 진영을 옹호하는 데 핏대를 올리는 행태가 도돌이표처럼 반복되도록 만들었다. 제대로 단죄되지 않은 악은 결국 사회에 유령처럼 맴돌며 양극단에서 강력한 흑백논리가 먹히게 만든다는 것을 보여주는 씁쓸한 예시들이다.

전두환이 자신에게, 후손들에게, 국가 공동체 전체에게 끼친 세 가지 불행 중 가장 치명적인 것은 단연코 마지막 요소, 국가 공동체 전체에게 끼친 영향이다. 뉘우치지 않고 간 거악(巨惡)의 존재 때문에 우리 사회는 상황을 있었던 그대로 들여다보고 정확하고도 면밀하게 각각에 대한 책임을 묻는 법, 과거와 현재를 구분해 과거를 미래지향적인 방향으로 나갈 토대로 삼을 수 있게끔 방향을 설정하는 법, 이상과 현실 간의 간극을 파악하고 현실에 적합한 선에서 이상을 지혜롭게 실현하는 법, 누군가를 '절대 악'으로 설정해 희생양으로 삼고 싶은 유혹을 물리치고 냉정하게 사태를 직시하는 법과 같은, 건강하고 성숙한 사회로 가기 위해 반드시 보유해야 할 능력을 잃어버린 것이다.

2장

영광이 사라진 시대

유튜브 영상을 보다 놀란 적이 있다. 국군의날 행사에서 장병들에게 "부대 열중쉬어!" 구령을 붙이는 전두환의 영상이었다. 영상 밑으로 줄줄이 댓글이 달려 있었다. '전땅크', '엔젤 두환' 같은 닉네임과 함께 그가 '진짜 애국자'라거나 '카리스마 장난 아님', '경제 대통령', '강하고 유능한 군인 대통령'이라는 말들이 오가고 있었다.

그의 팬클럽이 생겼단 말을 들은 적이 있었지만, 그렇게 노골적인 흠모의 말을 직접 본 것은 처음이기에, 충격을 받았다. 한동안 화면 속 글자들을 응시했다. 주저의 흔적이 없는 매끈한 호감의 말들을. 어떤 이들이 저런 댓글을 다는 걸까. 왜 저런 댓글을 달게 됐을까. 경제 호황을 들먹이며 "그래도 전두환 때가 좋았지."라고 말하는 이들을 본 적은 있지만, 유튜브라는 새로운 매체에 나열된 호감의 말을 보니 느낌이 또 달랐다.

언제부터 이런 경향이 생겨났을까. 독일의 젊은 세대들 사이에 히틀러에 대한 재평가가 인다는 뉴스를 접했던 게 떠오르면서 '과거'에 대해 생각하게 됐다. 시간과 함께 사라지는 것은 무엇인가. 시간이 흐름에도 남는 것은 무엇인가.

전두환 시절을 그리워하는 사람들에게 작동하는 키워드는 두 가지다. 하나는 전두환 시대의 '경제'다. 그를 그리워하는 사람들은 그 시절을 '살기 좋았다' 회고하고, 그 이유를 전두환이라는 '강한 대통령'의 포스에서 찾는다. 전문가를 등용해 뚝심 있게 밀어붙이고 좌고우면하지 않았기에 우리나라가 잘살게 될 수 있었다는 것이다.

또 하나는 전두환이라는 인물의 '성격'이다. 그의 성격에 찬사를 보내는 이들은, 매 순간 말을 바꾸며 유권자에게 아부하는 정치인들에게 치를 떨며, 표의 향방에 상관없이 '나라가 잘되는' 방향으로 힘 있게 이끌었던 탱크 스타일의 대통령을 그리워한다. 전두환이 인기에 연연하지 않는 참된 지도자이자 애국자였다는 것이다. 여기서 더 나아가, 주위 측근들에게 한 번에 몇억씩 쥐여주었다는 일화를 들먹이며 '통 큰 남자'라고 추켜올리는 사람도 있다.

이런 반응을 어떻게 봐야 할까. 전두환 시절에 경기가 좋았던 것은 1985년의 플라자 합의를 계기로 나타난 3저(저유가, 저환율, 저금리) 호황이라는 외부 요인이 받쳐주었기 때문이라고 외쳐보았자 이들은 귓등으로도 듣지 않는다. 오히려 당시 같은 조건에 처해 있던 지구상의 다른 나라들은 왜 우리처럼 잘살게 되지 않았느냐고 반문한다.

"전두환 집권 시절에 대한민국이 경제적으로 발전했는가?"라는 물음에는, 그렇다고 고개를 끄덕일 수밖에 없다. 그런데 "그 발전은 누구 덕분이었는가?"라는 각론으로 들어가면, 그때부터는 의견이 분분해진다. 대통령의 뛰어난 리더십 덕분이었다는 주장부터, 실력 있는 경제 관료들이 포진해 있었기 때문이라는 주장, 3저 호황이라는 외부 요인 때문에 운 좋게 순항했다는 주장, 열심히 공부하고 부지런히 일한 국민들의 국민성 때문이라는 주장 등 다양한 의견이 튀어나온다.

세계화 패러다임 이후의 '반쪽짜리 정부'

5공화국 시절 '단군 이래 최대 호황'을 맞은 것은 위에 열거된 모든 주장을 포함한, 그러면서도 더 많은 요인을 아우르는, 좀 더 넓은 차원에서 원인을 찾아야 할 것이다. 특정 대통령이 통치했던 시기는 그 전후의 시절과 다양한 인과관계로 연결되며, 그 전후의 시절은 또 그 시절의 앞뒤 시절과 다시 연결된다. 1980년에서 1987년에 있었던 일의 원인을 찾으려면 그 시기를 포함한 더 큰 단위의 세월을 통째로 훑어보아야 한다.

대한민국의 경제는 이승만 정부 시절에 '자본주의 시장경제'로 방향을 설정했고, 박정희 정부 시절에 '양적으로 팽창'했으며, 전두환 정부 시절에 '민간 자율과 시장에 의한 경제체제'로 도약했다. 노태우 정부 시절에 북방 정책으로 '시장의 확대'를 이루었으며, 김영삼 정부 시절에 '세계경제의 한 축'으로 진입했다. 김영삼 정부 말기에 외환위기를 맞은 순간을 제외하면, 건국 이래 죽 경제발전이 이루어져 온 셈이다. '국가 세우기' 단계에 속했던 이승만 정부 시절과 박정희 정부 시절 전반엔 절대적으로 살림살이가 어려웠지만, 그때부터 한국 경제는 서서히 '발전'해 나갔다. 가난한 순간에조차 항상 '어제보다 나은 오늘'이 펼쳐졌다.

사람들이 그 시절을 그리워하는 첫 번째 이유는 여기에 있다. 언제나 '나아지고 있는 중'이라는 느낌이 있었다는 것. 사람은 차츰 나아지리라는 희망이 있으면 당장 먹을 것이 부족해도 기운이 꺾이지 않는 법이다. 참고 견디면 오늘보다 배불리 먹을 내일이 올 것을 믿기에. 이승만의 '남한 단독정부' 시절에서 김영삼의 '문민정부' 시절에 이르기까지, 국민에게는 '국가'의 존재감이 있었다. 더 잘살기 위해 합심해서 같이 뛰고 있다는 느낌이 있었다. 국가가 무언가를 하고 있다는 느낌, 나뿐만이 아니라 다른 사람들도 모두 희생하며 노력하고 있다는 느낌이 있었다.

그 느낌이 꺾인 것은 외환위기가 있었던 1997년 말부터였다. 정치적으로는 1998년 '통일신라 이래 최초의 정권 교체'라 불리는 '야당으로의 정권 교체'가 있었던 때부터였다. 그때 이후, 보수 세력과 진보 세력은 정권을 주거니 받거니 하며 그때마다 국가의 지향점을 정반대로 뒤집었다. 외환위기로 외국자본의 도움과 규제를 동시에 받는 과정에서 그동안 정부가 개입해 자의적이고 재량적으로 정책을 결정하던 관행이 깨졌고, 기업이 혼자 힘으로 살아남아야 하는 시대를 맞았다.

그 시기는 소비에트연방(1922~1991)이 무너지고 냉전의 한 축을 이루던 공산권 블록이 해체된 이후 시기와 맞물렸다. 1991년부터 2000년 초반까지, 공산권 국가들은 그동안 매달려 온 공산주의를 포기하고 자본주의 시장으로 물밀듯 편입해 들어왔다. 예전에는 지구의 일부만 속해 있던 자본주의 체제에 이제 거의 지구 전체가 속하게 된 데다가, 통신 기술의 폭발적인 발전이 이루어져, 지구는 그야말로 하나의 '마을'이 되었다. 지구촌 전체가 하나의 시장이 되어 규모의 경제를 이루는 때를 맞이한 것이다. 외환위기로 휘청이던 대한민국은 자본주의에 본격적으로 편입하기 시작한 중국 특수를 맞아 수출을 늘리며 다시 도약하기 시작했다.[3]

줄이자면, 보수당이 죽 집권하며 일관된 정책과 국가 색깔을 냈던 문민정부(1993~1998) 시절까지의 국가와, 보수당과 진보당이 정권을 주고받게 된 외환위기 이후부터의 국가가 완전히 다른 성격을 띠었다는 말이다. 외환위기 이전까지의 정부들, 즉 1948년 이승만 정부부터 1993년 문민정부까지를 '개발연대 시절의 힘센 정부'라고 한다면, 외환위기 이후의 정부들은 '지구촌 시대의 반쪽 정부'라 할 수 있다.

전자와 후자의 '다름'을 만들어낸 것은 1991년 소련의 패망과 함께 이루어진 '냉전 시대의 종언'이었다. 미국과 소련이라는 두 강대국이 자웅을 겨루던 냉전 시기, 대한민국은 자본주의 체제의 우월성을 증명해 내야 하는 미국 진영의 대표 선수였다. 그렇기에 안보와 경제 측면에서 미국이라는 패권국의 지원을 받았다.

전쟁의 폐허에서 출발했던 1950년대부터 수출 주도 산업화 정책에 박차를 가하던 1970년대까지, 대한민국 경제는 대통령 한 명의 뚝심으로 일사불란하게 꾸려갈 수 있을 정도로 규모가 작았다. 경제가 시장 원리에 의한 방식이 아닌 대통령 한 명 혹은 대통령과 핵심 측근 몇 명의 의지에 따라 임기응변식으로 운영되었기에, 규모가 큰 기업들이 부도 직전까지 가거나 국가 차원에서 외환위기를 맞을 뻔한 순간들이 종종 발생했다.

그럴 때면 권위를 가진 대통령 혹은 우방국인 미국의 뒷배에 힘입어 그럭저럭 위기를 넘길 수 있었다. 1972년 대기업들이 사채 이자 압박으로 비명을 지르자 대통령인 박정희가 나서서 사채 이자를 동결시켜 버린 것이나, 1981년 미국이 일본을 압박해 한국에 '안보차관'을 내주도록 한 것이 대표적인 예시에 해당할 것이다.[4] 외환위기 이전까지 대한민국에서 당연하게 여겨졌던 조건들, 즉 1) 일자리의 대부분이 정규직이라거나, 2) 한번 들어간 회사에서 정년퇴직 때까지 근무하는 관례가 지켜지고, 3) 기업이 꼭 필요한 규모보다 넉넉하게 일자리를 만들어 제공할 수 있었던 것은, 여차하면 국가가 나서서 구멍을 메워주고 지원해 주리라는 믿음이 암암리에 있었기 때문이었다.

그런데 외환위기와 함께 그 복합적인 체제가 끝나버렸다. 대한민국의 개발연대 시절, 한국의 '벨 에포크'라 불릴 수 있을 그 시절은 바람과 함께 사라져 버렸다. 사실 대한민국은 김영삼 정부 시절(1993~1998)에 이미 그 시절을 지나와 있는 상태였다. 1991년 12월 소비에트연방이 68년간의 존속을 마치고 해체되었을 때 세계 질서의 판이 바뀌었고, 대한민국이 소련(1990년)·중국(1992년)과 수교를 시작했다는 사실은 앞으로 이전과는 완전히 다른 세상이 펼쳐지리라는 명징한 예고였다.[5]

그러나 김영삼 정부는 이러한 판세를 읽어내지 못했다. 세계화를 부르짖었지만 치밀하게 설계하고 추진해 예측 가능한 시스템을 구축하지 못했다. 준비 없이 서둘러 마구잡이로 개방정책을 폈고, 그러면서도 공무원의 봉급을 동결하고 공산품 가격 인상을 억제하는 등 기존의 권위주의 정부들이 했던 행정지도 관례에 의존했다.[6] '먹고사는 일'이라는 가장 중요한 분야에 지진과도 같은 변화가 일었는데, 그 사실을 인지하지 못한 채 경제를 정치적인 측면에서만, 즉 문제의 표면에서만 바꾸려고 시도했던 것이다.[7]

통치자의 권위와 후광이 사라진 시대

1997년, 대한민국 경제에 커다란 위기가 닥쳤다. 이후 IMF라 불리며 치욕스러운 기억으로 남게 될 외환위기의 시작이었다. 미국은 이전과 달리 냉랭한 태도를 보였다. 미국이란 국가에 이제 대한민국은 '반드시 잘살게 만들어야 할' 최우방국이 아니었다.

남한 단독정부를 수립했던 1948년부터 1997년까지, 근 50년에 가까운 기간 동안 여러 경로로 도움을 주며 투명하게 시장경제를 해야 한다고, 즉 국내시장을 개방해 한국 물건을 수출하는 만큼 미국 물건을 수입해야 한다고 그토록 충고했건만 들은 척도 하지 않았던 대한민국이었다. 원조를 받으면서도 말을 듣지 않는 게 참으로 얄미웠지만, 그래도 대한민국이 번듯한 근대국가로 존속하는 것이 미국의 이익에 부합했기에 애써 참아왔던 터였다. 하지만 이제는 달랐다. 소련이라는 강적이 사라지지 않았는가. 이제 지구촌 유일의 강대국으로 우뚝 선 마당에, 미국이 한반도 남쪽 구간에 굳이 돈을 쏟아부어야 할 필요가 어디에 있단 말인가?[8]

문민정부 시절 닥쳤던 외환위기에 IMF가 혹독한 조건을 들이대고 대한민국이 엄청난 고통을 겪으며 그 조건을 감내해야 했던 것은, 근본적으로는 그러한 미국의 입장 변화에서 비롯된 것이었다. 외환위기라는 커다란 사건을 겪으면서 대한민국의 경제와 정치는 근본적이고 총체적인 변화를 겪게 되었다. 이제 기업은 국가의 보호 혹은 개입을 벗어던지고 냉혹한 경쟁의 세계에 온전히 몸을 담그게 되었다. 개발연대 시절의 성장으로 인해 경제 규모가 커진 데다가 '지구촌 단일경제'의 형성으로 더 이상 경제활동이 한 국가 안에서만 이루어지지 않았기에, 한 명의 대통령이 권위를 발휘해 경제를 쥐락펴락하는 일이 원천적으로 불가능해졌다.

김영삼 정부는 일종의 '깍두기'였다. 경제 환경이 변해 이미 일국의 대통령이 국내 기업들을 이전처럼 손에 쥐고 컨트롤할 수 없게 되었지만, 그동안 해왔던 대로 하면 되리라 오판하고 주먹구구식 행태를 지속했다.[9] 규모와 성격에 있어 이전과 너무도 달라진 대한민국 경제를 지휘하면서, 문제가 생길 때마다 장관을 경질하거나 깜짝 발표를 하는 식으로 상황을 무마하려 했던[10] 김영삼의 시대착오적인 행태는 IMF라는 외피를 두른 미국의 '더 이상 봐주지 않는 게임 방식'에 의해 철저히 응징당했다.

정치적인 환경도 완전히 달라졌다. 개발연대 시절 대통령들은 다음 정권도 자기가 속한 진영, 즉 보수 진영에서 나오리라는 확신이 있었기에, 혹은 자신이 죽을 때까지 나라를 좌지우지할 거라는 내밀한 계획이 있었기에 정책을 펼 때 (외환위기 이후의 대통령들에 비해) 비교적 쫓기는 심정에 처하지 않을 수 있었다. 선거를 통해 자신, 혹은 자신이 속한 진영이 전부 다 쫓겨나고 통치 기간에 했던 일에 대한 갑론을박에 시달리리라는 걱정을 하지 않아도 되었으므로 좀 더 거시적인 관점에서 자원 배분을 결정할 수 있었다.

언론 환경도 마찬가지였다. 개발연대 시절의 지도자들이 훨씬 더 단순하고 유리한 환경에 놓여 있었다. 개발연대 시절에는 언론을 통제하며 통치자로서의 권위를 지킬 수 있었기에, 대통령이 내리는 판단의 대부분이 국민에게 무게 있게 받아들여졌다. 외환위기 이후 대통령들이 맞은 언론 환경은 그와 완전히 달랐다. 스마트폰과 SNS의 발달로 전 국민이 1인 방송국이자 신문사가 되어 있었다. 이제 어떤 위인이 대통령이 되어도 권위를 지키는 것이 불가능했다. 대통령의 말실수, 행동, 과거사가 하나하나 까발려져 전 국민의 입에 오르내리고 웃음거리가 되는 상황에서, 개발연대 시절의 대통령이 가졌던 권위와 오라를 기대하는 것은 바다 한복판에 나무가 자라길 기대하는 것과 다름없었다.

총체적으로, 차기 정권이 자기 진영에서 나온다는 보장이 없는 것은 물론이고, 심지어 재임 중에도 언제든지 탄핵을 당할 수 있다는 사실을 알고 있는 외환위기 이후의 대통령들과 외환위기 이전의 대통령들은 완전히 다른 입지에 놓였던 셈이다.

'단군 이래의 최대 호황'을 가능케 했던 것은

이러한 역사를 훑어보면 사람들이 그리워하는 것은 전두환이라는 특정 인물이라기보다, 그 인물로 대표되는 한 시대라는 생각이 든다. 국가가 '있다'는 느낌이 확실히 들었던 때. 강하고 유능하고 모범적인 지도자상이 국민의 내면에 심기고 통용될 수 있었던 때. 국민의 마음속에 열심히 일하는 내가 '대한민국'의 일원이라는 소속감이 뚜렷이 있었던 때. 길을 가다 초록 눈과 노란 머리를 한 외국인을 흔하게 보거나, 특정 국가 사람들이 명동 거리를 가득 메운 광경을 목격하거나, 대한민국을 대표하는 기업들이 자꾸만 공장을 외국으로 이전시켜 나가거나, 법을 어기는 대기업 총수들을 대통령도 어찌하지 못하고 쩔쩔매는 꼴을 보거나 하지 않을 수 있었던 그때가 그리운 것이다.

그때의 대한민국과 지금의 대한민국은 거의 '다른 나라'라 할 수 있을 정도로, 완전히 다른 환경에 놓여 있다. 1948년에서 1997년 말까지가 대한민국 1기라면, 외환위기 이후인 1997년 말부터 2023년 현재까지를 2기라 할 수 있다. (2022년 2월, 러시아와 우크라이나 사이에 전쟁이 발발하면서 지구촌이 분할되어 다시 블록화될 조짐이 보이니 어쩌면 지금 대한민국은 3기의 새벽을 맞고 있는 것일지도 모른다)

2023년, 지금은 어떤 이가 대통령이 되어도 개발연대 시절처럼 강력한 리더십을 발휘할 수 없다. 개발연대 시절의 대통령들과 비교하면 외환위기 이후의 대통령들은 경제 상황에 대한 재량권을 이전의 절반도 행사하지 못하는 상황에 놓여 있다. 그런 상황에서 대통령과 정부가 시장 상황에 직접적인 영향력을 행사하거나, '뚝심 있게 밀어붙이'는 일은 더 이상 가능하지 않다. 그러니 "전두환이 경제'는' 잘했는가?"라는 물음은 아무 의미가 없는 물음이다.

1980년대가 살기 좋았던 것은 전두환이 뛰어난 리더였기 때문이 아니라, 그 시절 대한민국이 개발연대 시절의 정점에 서 있었기 때문이다. 지도자의 강력한 리더십이 통용될 수 있었던 권위주의적 정치 문화, 행정 관료들의 탁월함, 근면한 국민성, 3저 호황과 엔화 절상이라는 세계경제의 흐름, 한국이 외환위기에 처하지 않도록 뒷받침해 주는 최강대국 우방의 존재라는 다양한 요소가 모여 한 시대를 만들어냈고, 그런 시대가 다시 지도자와 관료와 국민과 우방국에 입김을 불어넣어 '단군 이래 최대 호황'을 연출했던 것이다.

3장

누가 왜 그를 그리워하는가

1990년대 중반 이후와 2000년대에 출생한 Z세대들은 종종 부모 세대(1960년대 중반~1980년 이전에 출생한 X세대)에 대한 부러움을 표한다. 그 시절엔 대학에 입학하기만 하면 마음 편히 시간을 보낼 수 있었고 졸업 후 취업하는 데에도 큰 어려움이 없었는데, 지금은 전혀 그럴 수 없다는 것이다. 이들은 대학 입학과 동시에 학점 관리에 신경을 곤두세워야 하고, 자격증을 따야 하며, 어학 시험 점수도 챙겨야 한다. 각종 스펙을 갖춘 뒤에도 취업의 길은 요원하다. 이런 사정에 귀 기울이다 보면 Z세대가 제 부모 세대의 지난날을 '꿀 빨던 시절'이라 여기는 데에 공감하게 된다.

1975년생인 내가 맞았던 이삼십 대 시절은 확실히, 지금과 달랐다. 대학 생활도, 졸업 이후의 취업도, 취업 뒤에 보냈던 회사원으로서의 나날도 지금과 비교했을 때 분명 여유 있고 풍요로웠다. 회사가 인력을 충분히 고용해 썼으므로 한 명 몫을 넘겨 과하게 일을 할당받는 일이 드물었고, 갈 만한 일자리가 여기저기 보였기에 여차하면 이직하겠다는 마음을 보험처럼 품고 출퇴근의 나날을 견딜 수 있었다.

요즘 20대들의 상황을 보면 눈을 둥그렇게 뜨게 된다. 이들은 정규직 월급의 일부만을 주는 3개월짜리 인턴 자리에 들어가기 위해 치열한 경쟁을 벌이고, 인턴이 된 뒤에는 '살아남은 단 한 명'의 정규직이 되기 위해 함께 들어간 동기생 인턴들과 눈치 싸움을 한다. 이들이 갖춘 자격 조건을 보면 더욱 놀랍다. 토익·토플 같은 어학 시험 점수가 만점에 가깝고, 영어가 아닌 다른 외국어도 수준급으로 구사하며, 각종 자격증과 다양한 기관에 참여해서 일한 '서포터즈' 경력을 줄줄이 달고 있다. 이들의 이력을 보고 있으면, 내가 이 시대에 20대로 살았다면 어디에도 취직하지 못했겠다 싶어지면서 숙연한 마음이 든다.

글로벌 자본주의의 거센 흐름

내가 속한 세대와 내 자식뻘인 이들이 속한 세대의 삶은 왜 이렇게 다를까? 두 세대 모두 같은 공간, 같은 언어, 같은 역사를 가진 채 살아왔다. 차이라면 내가 속한 세대가 30년 먼저 태어났다는 점밖에 없다. 그런데 왜 이렇게 다른 일상을 접하게 되는 걸까.

내가 첫 직장에 들어갔던 1998년, 대한민국의 1인당 국민총소득(GNI)은 7,355달러였다. 2021년 대한민국 1인당 국민총소득은 35,373달러였다.[11] 수치로 비교했을 때, 2021년의 대한민국이 1998

년의 대한민국보다 5배 정도 잘살게 된 셈이다. 그런데 왜 다섯 배 정도 잘살게 된 국가에 귀속된 2020년대의 젊은이들의 생활이 1990년 말의 내 생활과 비교할 수 없을 만큼 각박할까. 왜 일자리를 구하지 못해 전전긍긍할까.

그에 대한 답은 일자리 구도의 변화에서 찾아야 할 것이다. 1인당 국민소득이란 개념은 국가 전체의 소득을 합산해 나눈 평균치이기 때문에[12] 개개인의 일상 경험을 반영하지 못한다. 1인당 국민소득이라는 개념보다 일자리의 종류와 변화 경향을 살피는 편이 다수 국민의 일상 경험을 추측하는 데 더 유용할 것이다. 우리가 체감하는 '잘산다'는 느낌은 내가 속한 회사, 내가 받는 월급, 내가 영위하는 생활의 수준에서 오는 것 아니겠는가. 그러므로 일자리를 얻거나 잃은 사람이 얼마나 많은지, 일자리의 종류에 따라 배분되는 보수가 어떤 비율로 차별화되었는지 보는 것이 국민이 체감하는 '잘산다'는 느낌의 원인을 파악하는 데 근접할 것이다.

『좋은 불평등』의 저자 최병천은 이런 현상의 원인을 글로벌 차원의 환경 변화에서 찾는다. 1991년, 소련의 해체와 함께 미·소 냉전 체제가 해체됐다. 그 이후 공산주의를 채택했던 국가들이 앞다투어 자본주의 시장경제에 합류했다. 냉전 시대에 지구의 1/3이 자본주의 시장경제를 채택하고, 1/3이 공산주의경제, 나머지 1/3이 농업경제 수준에 머무는 제3세계에 속해 있었다면, 냉전 체제 이후에는 공산주의경제에 속했던 국가들이 모두 시장경제의 영역으로 들어오게 되었다.

이는 글로벌 자본주의의 시장 규모를 넓히고 노동 공급량을 획기적으로 변화시켰다. 1990년 시점에 약 14.6억 명에 달하던 전 세계

노동력 규모가 2000년에 29.2억 명이 되었다. 10년 사이에 가용 노동력의 규모가 두 배로 늘어난 셈이다. 이는 무엇을 의미하는가. 일자리를 놓고 벌이는 경쟁이 이전과는 비교도 할 수 없을 만큼 치열해졌음을 의미한다. 노동력을 팔아 생활하는 '노동자'들의 입지가 좁아지고 노동력을 사서 사업을 하는 '자본가'들에게 풍부하고 다채로운 선택지가 마련됐다는 말이다.[13]

1997년의 외환위기 이후부터 현재에 이르기까지 1인당 국민총소득이 몇만 달러를 넘어섰다는 말이 풍문처럼 들려오지만, 대다수 국민에게 '살림살이가 나아졌다'라는 느낌이 들지 않았던 것은 이 때문이다. 기업들이 중국과 베트남 같은 과거 공산국가였던 곳으로 공장을 이전시켜 저임금 노동력을 활용한 덕에 기업들의 이익은 늘어났지만, 그 기업들에 종사하며 월급을 받았던 국내 노동자들은 무더기로 일자리를 잃었다. 일자리를 잃지 않은 이들 가운데에서도 값싼 노동력을 찾아 해외로 공장을 이전한 기업에 다니는 수출 중심 기업과 내수 중심 기업 소속 노동자들 사이에 임금 격차가 커졌고, 이는 극심한 양극화를 낳았다.

부에 대한 체감은 절대적인 소득 액수보다 주변 사람들과의 비교에서 온다는 점을 고려하면, 구(舊) 공산권 국가의 시장경제로의 편입이 본격화되던 시점인 1990년대 말과 2000년대 초반부터 다수의 국민이 '잘사는 나라가 되었다는데 내 삶은 왜 이렇게 팍팍한가'라고 느꼈던 이유를 이해하게 된다. 2020년대에 일자리를 구하는 이들은 이제 같은 국적을 가진 이들만이 아니라 전 세계인들과 경쟁해야 한다. 지금 20대와 30대를 통과하고 있는 이들이 고학점과 다양한 자격증, 빼어난 어학 실력을 갖추고도 일자리를 구하지 못하는 현상은 이러한 글로벌 차원의 환경 변화와 연계해 생각해야 한다.

모두가 어딘가에 소속되어 타인과 어울리던 시절

일자리 구도의 변화는 생활상의 변화를 낳는다. 노동시장에서의 경쟁이 격화되면 이윤을 추구하는 시장의 영역이 넓어지고, 이는 사람 간의 유대를 갈라놓는다. 마을 단위로 함께 사용하던 텔레비전과 전화기가 각 가정당 한 대씩 소유하는 것으로 바뀌고, 가정당 한 개씩 소유하던 전자기기가 가정의 각 구성원당 한 개씩 소유하는 것으로 바뀌는 과정에서, 사람들이 모여들어 다른 사람의 모습과 말소리, 웃음소리, 내밀한 사정을 나누며 함께하는 시간이 극적으로 축소됐다.

모든 분야에서 사적 소유의 개념이 공고해지면서 공동체 차원의 화합이 사라지고, 사람들은 철저히 원자화되었다. 이전에는 시장의 영역에 속하지 않던 의료·교육·에너지 부문이 차츰 시장의 영역에 포함되고, 인간의 몸(다이어트 산업)과 인간이 사는 장소('국가경쟁력'의 상징으로 떠오른 도시의 존재)가 브랜드화되는 것도 첨단화되어 가는 자본주의가 낳은 현재진행형 양태이다.

전두환 집권기였던 1980년대, 사람들은 전화를 빌려 쓰기 위해 옆집에 찾아가고,* 아래윗집이 만나서 함께 김장을 했으며, 일정 기

* 1980년 당시 유선전화 보급률은 7.2%였다.

간마다 '반상회'라는 이름으로 여러 가구가 모여 앉았다.* 부모가 집을 비우면 아이들은 옆집이나 윗집, 아랫집에 가서 저녁을 먹고, 옆집 아줌마와 아저씨에게 한문과 산수를 배웠다. 공휴일이 끼어 연휴가 생기면 이웃한 다른 가족과 함께 여행을 떠났다. 해외순방을 다녀온 대통령을 환영하기 위해 학교나 지역 단위 모임 구성원들이 대거 동원되었고, '국풍 81', '86아시안게임'과 '88올림픽' 프로그램 준비를 위해 각계각층이 모여 연습과 훈련을 했다. 그 시기에 새롭게 만들어진 프로야구는 각 지역 사람들이 한데 모여 함께 환호하고, 응원하고, 슬퍼하는 관례를 만들어냈다.

이렇듯 80년대 사람들의 삶은 그룹 단위로 묶여 함께 해내야 하는 일로 채워져 있었다. 이러한 생활상의 일정 부분은 자본주의 발달 단계상 자생적으로 발생했고, 일정 부분은 독재정권에 의해 강제되었지만, 어떤 경로를 통했든 사람들은 생의 많은 시간을 타인들과 어우러진 상태로 보냈다. 그룹 단위로 함께 삶을 나누면서 때로는 얼굴을 붉히고 언성을 높였지만, 종종 개인의 시간과 자유를 침해당하는 데서 오는 울분을 토로했지만, 그럼에도 사람들은 자신이 어딘가에 속해 있다는 강력한 소속감을 느꼈다.

대형 행사에 동원되어 노래나 춤을 연습하는 동안 커다란 집단의 일부가 되어 안정감을 느끼고, 독재자를 향해 강제로 손을 흔들

* 반상회는 정부 주도로 유지되었던 지역 주민 모임이다. 반상회에 대해서는 정부 시책을 전달하고, 민원을 접수해 시행하고, 지역 모임을 활성화한다는 측면에서 긍정적으로 보는 시각과, 정부 주도로 사람들의 가치관을 획일화하고, 정치적으로 이용하며, 개인의 사생활을 침해한다는 측면에서 부정적으로 보는 시각이 대립한다. 전두환이 집권한 1980년대는, 정보통신의 발달과 함께 연락책 혹은 정책 하달 차원의 기능을 잃으면서 반상회가 점차 기능과 영향력을 잃어가기 시작하던 때였다.

며 '나와 똑같이 부당한 일을 강요받은 운명에 처한' 타인들과 피억압자로서의 동병상련을 나누었다. 정권에 대한 항거 의식이 있는 사람도, 별다른 의식 없이 그저 당면한 일과성 이벤트로 받아들였던 사람도, 무리 속에 들어가 타인과 부대끼며 웃고 우는 일상을 살았던 것이다.

이러한 일상이 깨진 것은 1997년 말의 외환위기 이후부터였다. '한강의 기적'을 이루어 기뻐했던 한국 사회는 이제 IMF로부터 채찍질을 받으며 가혹한 구조조정과 해고를 단행해야 했다. 한번 입사하면 정년 때까지 일하는 '평생직장'의 개념과 기업이 필요로 하는 것보다 '넉넉하게' 직원들을 고용하는 관행이 순식간에 사라져 버렸다.

외환위기와 함께 노동시장에서 흘러넘치던 다양한 혜택과 잉여가 사라진 것, 그 이후 한국 경제가 중국 특수를 누리며 회복해 가는 동안 수출 기업과 내수 중심 기업 종사자들 간 소득 격차가 커진 것. 이 두 요인이 합쳐 효과를 내면서 사람들은 더 이상 모여서 타인과 부대끼지 않게 되었다. 꼭 필요하지 않은 행사와 모임이 하나둘 자취를 감추었고, 사람들은 '돈이 되지 않는' 일에 시간과 노력을 들이려 하지 않았다.

공적 영역, '중간 결사체'가 사라진 사회

그와 함께 진행된 민주화의 진전도 이러한 생활상의 변화를 가속화시켰다. 한국 사회가 외환위기라는 거대 사건과 맞닥뜨리고 통과하는 시기는 단군 이래 최초로 '야당으로의 정권 교체'가 이루어진 시기였다. 노태우 정권과 김영삼 정권을 거치면서 단계적으로 연성화되던 '권위주의 정치 문화'가 이 시기에 상당 부분 자취를 감추었고, 이런 변화는 국민 생활 구석구석으로 스며들었다.

민주주의는 다층화된 특성을 갖고 있다. 민주주의는 개인의 평등과 자유를 보장하여 누구든 노력하면 지금보다 나은 경제적·사회적 상승을 이룰 수 있도록 공평하게 기회를 준다. 하지만 동시에, 개인이 '기회'를 잡기 위해 물질적 이익에만 골몰하여 다른 사안에 관심을 두지 못하는 편협함에 빠지게 만들기도 한다. 민주주의의 명(明)과 암(暗)에 대해 가장 풍요로운 통찰을 보여주었다는 평가를 받는 19세기 프랑스의 사상가 토크빌은 이를 "민주주의 시대의 평등은 인간을 단지 자기 자신에만 몰입하도록 고립시킨다. 결국은 인간의 정신을 물질적 향유를 향한 길로 이끈다."라고 표현했다.[14]

그는 국민이 각자의 사적 이익 추구에만 골몰하면 공적인 영역이 축소되고, 이는 민주주의 정신에 반하는 전제정을 낳게 된다고 말하면서, 민주주의 제도 자체에 들어 있는 역설적 기능에 경고를 보낸다. 이를 경계하기 위해 토크빌이 강조하는 것은 개인과 국가 간에 존재하며 공공성을 확보할 수 있는 '중간 결사체'이다. 개인의 자유도 중요하지만 그와 동시에 공동체의 공공성도 함께 추구해야 민주주의가 안정적으로 영위될 수 있는데, 이를 위해 기능할 수 있는 것이 지역 공동체, 교회, 길드, 직업 결사체와 같은 중간 조직들이다.[15]

1993년 '문민정부'와 1998년 '국민의 정부' 집권 기간을 거치면서, 한국 정치는 급격하게 민주화되었다. 그러나 또렷하게 민주화된 것은 정치제도라는 기본적인 뼈대, 즉 선거를 비롯한 각종 제도의 차원이었고, 생활 습속으로서의 민주화는 더디게 실행되었다. 민주주의라는 대의에 대한 합의는 이루어졌지만, 민주주의에 따르는 풍부한 문화적·일상적 함의가 함께 따라오지 못했던 것이다.[16]

행정과 치안, 교육 분야에 대한 결정권을 갖고 온전하게 지방자치를 실현하는 국가에서는 자본주의와 민주주의의 첨예한 발달이 불러올 원자화로 인한 피폐함을 상당 부분 상쇄할 수 있다. 국민 개개인이 자신이 사는 지역에서 발생하는 교육, 치안, 인력 선발에 관여하면서 공공성을 창출하는 과정에 참여할 수 있기 때문이다. 마을의 일을 도맡아 해줄 사람(행정)을 선발하거나 마을 구성원들을 안전하게 보호해 줄 인력(치안)을 뽑고, 아이들에게 전달할 교육 내용을 논의하는(교직원·학부모 회의를 통한 교육정책을 창출하는) 과정에 참여함으로써 개인의 물질적 이익만 추구하면서 파편화되고 무지성화되는 경향을 방지하게 된다. 그 과정에서 타인들과 부대끼며 소속감을 느끼고, 자연스럽게 각 지역에 특수한 지방색과 공동체 문화를 발달시키게 된다.

한국에는 이러한 종류의 지방자치 문화가 안착하지 못했다.[17] 선거와 형식으로서의 자치제가 있지만, 실질적으로 지방자치제도는 지역 기반 정당(그러나 철저히 수도권 중심 중앙 정치에 패권이 쥐어진)이 각각의 지역 시민사회에 깊숙이 침투하는 제도적 기반이었다. 따라서 지방자치단체나 지자체 수준의 정치는 '최종심급'에서 중앙 권력에 예속될 수밖에 없었고, 지역 시민사회 내부의 이해관계는 '중앙정부가 가진 자원에의 접근'이라는 목표로 수렴되었다.[18]

이렇듯 중앙정부에 소속된 몇몇 공무원이, 혹은 중앙당에서 활동하는 소수 정치인이, 실제로 한 번도 가본 적이 없거나, 자신이 잘 알지 못하는 지역의 행정, 치안, 교육에 대해 결정권을 갖고 있는 구도가 이어지다 보니, '지방소멸'을 논할 만큼 지방 상황이 피폐해졌다. 각 지역의 문화와 연동되어 생겨나고 존속되기 마련인 마을 단위의 공동체도 소멸하고 있다. 개인과 거대한 국가조직 외의 '중간 결사체'를 찾아보기 힘든 사회가 된 것이다.

그나마 강력한 형태로 남은 중간 결사체가 종교조직일 텐데, 종교조직에서 큰 비율을 차지하는 개신교 주류 대형 교회 또한 중앙에 본거지를 둔 채 강력한 중앙본부-지국 체제로 운영되며 직·간접적으로 정치와 연계성을 강화하고 있는 형편이다.* 이런 상황에서 독립적으로 기능하는 유일한 중간 매개 집단은 '기업'이다. 그러나 기업은 이윤을 매개로 할 때만 소속되었다가 이윤의 자장에서 벗어나면 바로 소속 자격을 잃는다는 점에서 온전한 사회적 결사체로 보기 힘들다.

전두환을 낭만화하는 심리의 근원에는

2023년의 대한민국이라는 시공간을 살아가는 이들은 이렇듯 자신을 타인들과 연결해 주는 중간 집단이 부재한 상태에서, 이전과는 비교할 수 없을 만큼 정교해지고 막강해진 자본주의의 강풍에 시달리며 하루하루를 살아내고 있다. 전두환이 대통령으로 있었던

* '여의도순복음교회'는 15개의 직할 지교회와 25개의 독립 지교회, '온누리교회'는 11곳의 지교회, '은혜와진리교회'는 42개의 지교회를 운영하고 있다.

1980년대보다 정치적·경제적으로 나은 상황에 있지만, 그때보다 훨씬 더 소외되고 피폐한 느낌을 가질 수밖에 없는 사회·문화적 환경에 처해 있는 것이다.

삶으로 직접 그 시절을 거쳐 온 '나이 든' 세대가 그 시절과 판이하게 달라진 현재의 생활상을 비교하며 지난 시절을 그리워한다면, 그보다 젊은 층은 '가져보지 못한 시절'에 대해 환상을 갖고 막연하게 그리워한다. MZ세대,* 혹은 그보다 어린 10대들에게, 1980년대는 서사가 또렷하게 있었던 시대로 보인다.

그 시절은 반상회가 있고, 이웃사촌이 있고, 사촌과 육촌이 자주 만나던 때였다. 반상회라는 말을 한 번도 들어본 적이 없고, 옆집에 누가 사는지 알고 있거나 궁금하지 않으며, 사촌 형이나 오빠를 일 년에 한두 번 만날까 말까 하는 시대를 사는 젊은 세대에게, 학교와 학원 외에는 가족 이외의 사람들을 만날 기회가 거의 봉쇄되다시피 한 코로나 시대를 통과하고 있는 10대들에게, 그 시절은 지금과는 다른, 풍요와 낭만이 있던 시절로 보인다. 성실히 노력해 실력을 쌓으면 직장을 구할 수 있고, 절약하며 부지런히 일하면 '내 집'을 살 수 있었던 너그럽고 풍요로웠던 시절로 보인다.

전두환을 그리워하고 낭만화하는 이들의 심리는 이러한 사회적·문화적 상황 변화에 뿌리를 두고 있다. 먹고살 길을 도모하며 1인분의 책임을 해내기도 벅찬 시절을 사는 원자화된 개인들이, 표면에 맺히는 현상들을 비교하며, 지나가 버린 시절의 향기를 그 시절

* 1980년대 초반에서 2000년대 초반에 출생한 밀레니엄 세대와 1990년대 중반에서 2000년대 초반에 출생한 Z세대를 통칭하는 말.

의 지도자였던 한 인물에게서 기원한 것으로 오인하는 것이다. 이러한 피상적인 감정은 그 시절의 사회상과 전두환이라는 개인에 대해 총체적이고 복합적으로 이해할 기회가 없는 이들에게서 주로 피어난다.

가까운 가족이나 친구가 어느 날 갑자기 잡혀 들어가 뼈가 으스러지도록 고문받거나 아무도 모르는 새에 죽임을 당할 수 있는 체제에서 벗어난 것은 커다란 진전이다. 야만 세계에서 문명 세계로 건너온 것과 같은 확연한 진보이고 축복이다. 당연히, 그 시절로 되돌아가 전두환과 같은 무도한 리더를 다시 맞아들이는 일은 없어야 할 것이다. 시대의 흐름상 그런 일은 가능하지도 않고, 일어나서도 안 된다. 그러나 그와 별개로, 그 이후에 우리가 맞은 시대는, 아직 민주주의에 포함되어야 할 다양한 요소들이 채워지지 않은 채 물질 만능주의와 승자 독식주의가 횡행하는 황량함으로 가득 차 있다. 아직 갈 길이 먼 것이다.

사회가 치밀하게 설계한 교육과 정책을 통해 가까운 시절의 역사, 즉 근·현대사에 대한 체계적이고 정교한 설명과 지향점을 제공하지 않는다면, 또한 지금 우리가 통과 중인 시대의 명과 암이 무엇인지를 입체적으로 보여주지 않는다면, 사람을 천장에 매달아 '통닭구이'를 하는 일이 일상적으로 벌어지던 시절의 독재자를 그리워하는 현상은 갈수록 증폭되며 변종을 낳을 것이다.

4장

살아있는 자의 천형(天刑)

인간의 마음엔 많은 것이 들어 있다. 다양한 색과 무게를 지닌 덩어리들이 엉켜 소용돌이치며 시시각각 다른 생태계를 만들어낸다. 밖으로 꺼내져 언어로 표현되는 것은 이 중 극히 일부분, 발화자 자신이 사회적으로 용인될 거라고 생각하는 범주로 국한된다. 발화된 일부분조차, 원래 마음속에 있던 덩어리를 그대로 담아내지 못한다. 인간의 마음에 들어 있는 덩어리와 인간이 만들어낸 소통 수단인 '언어'가 완전히 다른 질료로 이루어져 있기 때문이다. '언어'의 형태로 코딩되는 순간, 마음에서 움직이던 덩어리는 일그러지고 변형된다. 그래도 인간은 계속 언어를 사용한다. 마음을 꺼내 타인에게 건네는 데 그보다 나은 방법이 없다 여기기 때문이다.

현대를 살아가는 인간이 수많은 마음 덩어리 중 언어로 만들어 내보낼 대상을 선별하기 위한 경연 대회를 열 때, 자꾸만 탈락하고 미끄러져 내리는 화두가 있다. 마음속에 늘 큰 영토를 차지하고 있지만, 이 화두는 꺼내어 밖으로 표현하기가 꺼림직하다. 드러내지 못하고 마음속으로 유폐시키길 반복하다 어느 시점부터 자동으로 표현 욕구를 폐기하게 되는 화두 중 쌍두마차를 이루는 두 주자가 있다. '성(性)'과 '죽음'이다. 우리는 이 두 화두에 대해 끊임없이 생각하지만 쉽사리 밖으로 꺼내놓지 못한다.[19]

현대사회에서 한 인간의 탄생과 종말에 관련된 이 두 화두를 현실에서 실현하는 동시에 은폐하는 역할을 맡은 조직은 가족이다. 근대의 체제를 이룬 사회는 일부일처제를 통해 성을 단속하며, 그 범주를 벗어난 언행을 '비윤리'로 치부하는 방식으로 '성'이 가진 강력하고 파괴적인 에너지를 제어한다. 현대의 부모들이 '성'의 결과로 만들어진 자식들에게 그들의 생물학적 탄생 과정을 있는 그대로 말하지 못해 쩔쩔매고, 어린 자식들을 되도록 '죽음'의 현장에서 멀리 떨어뜨리려 노력하는 것은 근대국가 성립 과정에서 있었던 역사적·문화적 변천사가 빚어낸 복잡한 소산이다.

근대에 속하는 현대인들이 공통으로 떠안게 되는 이 두 가지 뜨거운 감자 외에도, 가족들은 각각 제 가족에게만 해당하는 특수한 감자를 떠안게 된다. 현재 가족들이 누리고 있는 사회적 위치와 재력의 근원, 즉 부모나 조상의 과거 행적 중 당대 사회에서 '윤리적'이라고 받아들여지지 않았던 부분이 이에 해당한다. 후손들은 조상 덕에 누리게 된 현실적인 특혜는 당연하게 누리면서도 그 특혜의 기원에 대해서는 모른 척하거나 부정하고 싶어 한다. '부모덕'(혹은 조부모 덕)에 잘산다는 말은, 설령 부모가 이룬 업적이나 금력이 당대 사회가 받아들일 만한 공정한 경로를 거쳐 형성된 것이라 할지라도 후손에게는 가급적 피하고 싶은 개념이다. 사람은 스스로 노력해 이룬 산물을 누리고 사는 것이 공정하다는 생각이 근대 민주주의 국가에 사는 이들의 마음에 기본적으로 깔려 있기 때문이다. 마리 앙투아네트의 연인이었던 한스 악셀 폰 페르센의 후손들이 앙투아네트와 페르센 사이에 오간 편지를 훼손해 내용을 알아보지 못하게 만든 것이나, 살리에리의 후손들이 영화 〈아마데우스〉의 창작자에게 명예훼손죄로 소송을 제기한 것은 이런 맥락에서 보아야 이해할 수 있다.

조상의 비윤리적 행각에 대해 보다 개방적인 태도를 갖게 되는 것은 그 조상으로부터 혈연적 밀도가 떨어지는 정도, 즉 세월이 흐르는 정도와 비례한다. 대개 3대 혹은 그 이상의 세월이 흐른 뒤 후손들은 조상의 부덕 혹은 불행에 대해 덤덤하게 기술한다. 물론 이는 가족마다 다양한 편차를 보인다. 5대 조상의 부정한 행적과 후손들이 누리는 혜택의 연관성이 현재 시점에서도 선명하게 드러나는 경우, 후손들에게 5대 조상의 특정 행적은 강력한 금기로 남는다. 반면 직계 부모의 비윤리적인 행적이 뚜렷이 남은 경우에도, 그 자식들이 누리는 재력이나 권력이 제 손으로 일군 것일 경우 자식들에게 직계 부모의 행적은 큰 금기로 남지 않을 수 있다.

전두환의 후손들이 감당해야 했던 금기

대한민국 가족들에게는 어떤 금기들이 있을까. 내 아버지 쪽 가족의 경우, 북한과 관련된 금기가 있었다. 조부의 형제 중 한 명이 한때 잠깐 '남로당'에 소속된 적이 있었는데, 한국전쟁에서 국군이 서울을 수복한 직후 동네 사람들 앞에서 공개적으로 희생되었다. 그 일화는 금기가 되어 전해 내려왔다. 가족은 물론 친인척 누구도, 그 이야기를 입에 올리지 않았다. 하지만 그 이야기는 깊은 밤에 훔쳐 보았던 아버지의 수첩 속 모호한 몇 개의 문장으로, 어른들끼리 주고받는 두려움 섞인 눈빛으로, 그 얘기를 꺼내는 아이에게 가해지는 과한 꾸짖음으로 마음에 흐릿한 스케치로 남았다가, 내가 20대에 접어들던 어느 시점, 사촌의 무심한 발설이라는 경로를 통해 또렷한 형체를 완성하며 질긴 존재감을 과시했다.

나중에 알게 된 바에 의하면, 내 아버지와 아버지의 형제들은 작은할아버지의 과거 일시적인 행적 때문에 사회 진출에 불이익을 겪었고, 연좌제의 몸서리치는 기억 때문에 가급적 그분의 존재를 감추려고 했다. 투박하게 분류하면 '빨갱이 금기'로 묶일 이 금기는 아마도 한국 가족들 사이에 가장 흔하게 존재하는 금기일 것이다. 현대 한국사에 있었던 수많은 역사적 사건들을 생각하면 국가폭력과 관련한 다양한 금기가 가족들에게 스며들어 뿌리내렸으리라 짐작할 수 있다.

우리 가족에게 있었던 금기를 '빨갱이 금기'라 한다면, 빨갱이를 소탕하는 쪽에 가담했던 이들의 후손들에게는 '학살자 금기'가 있을 것이다.* 공직 생활 중 뇌물을 착복하다 들통난 조상을 둔 후손은 '뇌물 사건 금기'가 있을 것이며, 불륜 스캔들 때문에 가정이 파탄난 조상을 둔 후손에게는 '불륜 사건 금기'가 있을 것이다.

* '빨갱이'들이 저지른 양민 학살과 만행에 초점을 두고 보면 용어를 서로 바꾸어 사용할 수도 있을 것이다. 집단으로 통칭할 경우, '빨갱이'도, '빨갱이'를 처단한 세력도, 무고한 양민을 학살한 혐의에서 자유로울 수 없다.

전두환의 후손들에게는 어떤 금기가 있을까. 광주, 삼청교육대, 군사반란…. 다양한 금기가 있을 것이다. 후손들의 현재에 미치는 영향력에 초점을 맞추고 보면, 그중의 으뜸은 '비자금 금기'일 것이다. 우리가 사는 넓은 집, 호화로운 가구, 값비싼 음식, 명품 옷은 어디서 오는 것인가? 그런 물음은 가족 식사 자리에서 누구도 꺼낼 수 없는 화두였을 것이다. 화제가 풍요의 출처에 조금이라도 가깝게 가면 약속한 듯 일제히 입을 다물지 않았을까.

풍요로운 생활을 당연하게 받아들이는 척하며 일상을 영위하지만, 후손들의 가슴 깊은 곳에는 의문이 넘실거렸을 것이다. 대체 이 많은 돈이 어디서 나오는 것일까? 그 의문은 탄생의 순간부터 존재하다가, 시간의 흐름과 함께 조금씩 커지고 뚜렷해졌을 것이다. 현대인들의 보편적 금기인 '성'과 '죽음'도 이들에게는 특수하게 변주되어 존재하지 않았을까. 보편적 금기로서 통용되는 두 화두의 강력한 오라에, 할아버지와 관련된 여러 버전의 스캔들, 특정 지역 시민들의 대규모 죽음이 어우러져 두 화두는 범접하기 힘든 기운을 뿜어냈을 것이다.

전우원이 맞닥뜨려야 했던 이중의 질곡

2023년 3월 13일, 전두환의 손자 전우원이 제 가족들의 범죄를 폭로하는 영상을 올렸다. 그는 조부인 전두환을 '학살자'라고 정의하며, 자신과 가족들이 조부의 '검은돈'으로 호의호식해 왔다고 고백했다. SNS에 자신과 친인척들의 비리를 실명으로 폭로했고 이는 다양한 반응을 낳았다. '살인자 집안에 이런 위인이 나오다니', '용기를 내줘서 고맙다'는 반응부터 '누릴 거 다 누리다가 형이 먼저 치니까 복수심에 찔렀다', '의인이 아니라 마약쟁이에 불과하다'까지, 넓은 스펙트럼의 반응이 쏟아져 나왔다.

전우원은 어쩌다 그런 일을 하게 됐을까. 가족들 사이의 내분, 유명 여배우와 바람을 피우며 가정을 소홀히 한 아버지에 대한 원망, 물질적 풍요에서 느꼈을 권태, 신앙의 힘, 젊은 혈기, 마약 복용으로 인한 충동…. 수많은 요인이 합쳐져 일어난 일이었을 것이다. 잇달아 영상을 올린 뒤 그는 언론사들의 인터뷰 요청에 응했는데, 기자들과의 질의응답 과정에서 '죄'라는 말을 쉴 새 없이 입에 올렸다. 그는 자신을 '죄인', '악마 새끼'라 칭했다. 자신은 죄인이라 스트레스를 받을 자격도 없다거나, 가족들과 함께 처벌받겠다고 말했고, 죄책감, 죄인, 범죄자, 심판, 회개와 같은 말을 들이붓듯 쏟아냈다.

그의 성장 과정이 응축되어 랜선을 타고 넘실넘실 넘어오는 듯한 영상이었다. 정체성을 형성해 가는 시기에 이 젊은이가 맞닥뜨렸을 사막이, 가차 없이 눈과 코로 들어왔을 모래바람이 눈앞에 휘몰아치는 것 같았다. 자아에 대한 의식이 생겨나면서, 자신을 이루는 모든 것들의 기원을 깨달아 가면서 얼마나 절망스러웠을까.

그것은 이중의 질곡이었을 것이다. 교육과정에서 배운 천부인권사상에 충실하자니 가족을 버려야 하고, 가족에게 충실하자니 '바람직하다'고 배운 인류의 고급스러운 사상을 외면해야 하고. 이쪽으로도 저쪽으로도 갈 수 없는 진퇴양난의 나날이었을 것이다. 용기를 내어 가족을 버리고 싶어도 그럴 수 없었으리라. 10대 소년이 가족을 떠나면 대체 어디에 가서 의식주를 연명한단 말인가? 누구에게 의탁한단 말인가?

그의 성장 과정은 청의 마지막 황제 푸이*의 성장 과정에 빗댈 만한 종류였을 것이다. 푸이는 세 살의 나이로 황위에 오르는 순간부터 거짓과 기만에 휩싸여 살았다. 현실에서 청조는 거의 끝난 것과 다름없었지만, 푸이는 청국이 천하를 다스리는 강국으로 존재하고 있고, 자신이 그러한 국가를 다스리는 천자라는 세뇌를 받으며 자라났다.

푸이의 성장 과정은 허수아비 황제가 있어야만 생계와 특권을 유지할 수 있는 환관들 천여 명의 감시와 견제를 뚫고 서서히 자신의 정체성을 깨달아 가는 길고 거친 여정이었다. 누구와도 공유할 수 없고, 누구에게도 이해받을 수 없는, 지구상 누구도 경험해 보지 못한 외로운 여정. 둘러싼 이들의 의지를 뚫고 어렵게 진실을 발견해 나가야 했다는 점에서, 전우원의 성장 과정도 그와 유사했을 것이다. 어른들의 의지와 기만으로도 끝끝내 감추지 못한 조부의 정체가 어린 전우원에게 서서히 스몄을 테고, 그때마다 그는 몸서리쳤을 것이다.

* 푸이(1906~1967). 연호는 선통(宣統). 중국 공산당 정부에서는 손제(遜帝) 혹은 푸이라는 이름 그대로 불렸다. 1908년 3세 나이에 즉위해 청조의 마지막 황제가 되었다. 1911년 신해혁명이 일어나고 1912년 중화민국이 선포되자, 황태후는 선통제 푸이의 퇴위를 결단했다. 황실의 명칭을 유지하고 자금성에 거주하는 조건이었다. 이후 중화민국과 맺은 협약에 따라 푸이는 외국 황제의 예우를 받으며 자금성 안에서 청나라 소조정의 황제로 지냈다. 1917년, 군벌의 난립 속에서 한때 복위 소동을 벌이기도 했으나 결국 1924년에는 자금성을 떠났다. 1932년, 푸이는 일본이 세운 만주국의 황제로 창춘의 궁에서 세 번째 제위(帝位)에 올랐다. 1945년, 2차 세계대전 종전과 함께 전범으로 체포됐다. 훗날 중국 공산당에게 사면을 받고 베이징 식물원의 정원사로 일하다가 1967년 62세의 나이로 세상을 떠났다.

푸이에게는 천여 명의 환관과 극소수의 진실 발설 세력*이 있었을 뿐이지만, 전우원에게는 진실을 전해오는 공교육 제도, 언론, 책, 영상이 도처에 깔려 있었다. '네 할아버지는 살인자이고, 네 가족들이 쓰는 돈은 피 묻은 돈'이라고 말해주는 목소리가 사방에서 불시에 날아오는 가운데, 오직 그와 피를 나눈 가족들이 인위적으로 만든 섬처럼 그를 둘러싸고 있었던 셈이다.

전두환의 후손이 안은 질곡은 한국의 어떤 후손이 안은 것과도 다르다. 본시 유력 정치인 혹은 경제인의 후손은 일반인들보다 행복할 가능성이 낮다. 왜 그럴까. '결핍'이 결여되었기 때문이다. 행복은 기본적으로 '만족감'에서 나오고, '만족감'은 결핍이 있어야만 생겨난다. 그런데 유력 가문의 후손들은 날 때부터 사회 구성원들 대부분이 갖고 있는 '물질에 대한 결핍'이 없다. 이는 이들이 날 때부터 행복을 느끼는 데 불리한 조건에 처해짐을 의미한다.

사회 구성원들 대부분은 작은 물질적 조건만 채워져도 행복해질 수 있다. 내 경우, 갑자기 백만 원이 생긴다면 못해도 한 달 동안 입가에 웃음을 걸고 다닐 것이다. 그러나 유력 가문의 후손에게, 그 돈이 같은 효과를 발휘할까? 그들에게 그런 규모의 재화는 단 1분의 만족감도 주지 못할 것이다. 그러니 이렇게 말하기로 하자. 특권을 타고난 이들은 어쩌면 그 특권으로 인해 행복에 대한 일부 기회를 박탈당하는 것이라고. 특권은 행복으로 향한 프리패스가 아니라고.

* 1919~1924년까지 푸이의 영어 개인 교습을 맡았던 레지널드 존스턴(1874~1938)이 대표적인 인물이다. 영국령 홍콩의 관료, 청나라 마지막 황제인 선통제의 영어 교사, 영국령 웨이하이의 고등 판무관을 지낸 존스턴은 푸이와 그 주변의 환관 세력에 대해 생생히 기록한 저서 『자금성의 황혼』(김성배 옮김, 돌베개, 2008)을 남겼다.

그것을 이 땅의 수많은 '2세'와 '3세'들이 타락한 삶과 기행으로 보여주고 있다고.

그가 광주에서 무릎을 꿇었을 때

전두환의 후손은 이러한 '물질적 결핍의 결여'에 더해 '물질적 풍요에 대한 정당성의 결여'라는 조건까지 안고 있다. 무결핍 상태를 가져다준 물질적 풍요가 모두 범죄에서 비롯되었음을 알게 되면서 10대 소년 전우원은 얼마나 창피했을까. 그냥 '훔친 돈'도 아니고 '살인하고 훔친 돈'이라니. 그것도 나라를 통째로 훔친 도둑의 돈이라니.

'폼'이 중요한 10대에게, 자신과 제 일족(一族)보다 구린 이들이 없는 것처럼 느껴졌을 것이다. 세상에서 제일 구린 가족. 제일 지질한 가족. 그에게는 주위 어른들이 그런 느낌으로 다가오지 않았을까. 정당성 없는 풍요에 기대 살아가는 제 가족들을 '구리다'고 인식할 지성이 있는 후손일수록 더 괴로웠을 것이다. 돈의 출처 같은 건 전혀 궁금하지 않은 척 연기하며 사는 일상이 점점 더 고통스럽게 다가왔을 것이다.

일견 이 젊은이의 몸짓은 남은 전두환 일족의 집단 무의식의 표출 같아 보이기도 한다. 모른 척 건너왔던 지난 모든 순간들, 주변 어른들의 거짓말과 물질에 대한 저급하고 충실한 사랑, 그런 어른들에 기생해 살아온 자기 자신에 대한 증오심을 폭발시킨 거대한 한풀이로 보인다. 이런 심리적 메커니즘을 생각하면 전두환의 후손들이 마약과 범죄에 빠져드는 것이 놀랍지 않다. 인간의 마음속 양심의 목소리는 결코 소멸시킬 수 없고, 그 목소리가 들려올 때마다 후손들은 귀를 막기 위해 무엇이든 동원해야 했을 테니까.

전우원은 양심이 가리키는 쪽을 택해 용감하게 발을 내디뎠다. 앞으로 그는 어떤 삶을 살게 될까. 그것은 누구도 알 수 없다. 다만 한 가지, 어느 길로 가도 쉽지는 않을 것이다. 세월과 함께 가족에 대한 죄책감과 회한이 맹렬하게 따라붙을 것이다. 전두환의 악행을 모른 척하며 살던 때와는 완전히 다른 종류의 고뇌가 나타나 가차 없이 그를 타격할 것이다.

확실한 것은 전우원이 목소리를 냄으로써 한국 사회라는 거대한 강에 새로운 미생물이 들어왔다는 사실이다. 한국 사회가 그가 내디딘 어려운 발걸음을 뒷받침해 줄지는 미지수다. 혹자는 전우원에게는 사과할 자격이 없으며, 사과해야 할 사람은 당사자인 전두환과 신군부 세력이라고 주장한다. 전우원의 행보에 과하게 의미를 부여하는 것을 경계하는 목소리다. '대리 사과'가 불가능하다는 측면에서 일리 있는 말이고, 고개가 끄덕여지기도 한다.

하지만 내가 보기에, 전우원의 고백은 그것과 조금 다른 문제다. 시스템과 법치로써 전우원의 행보를 뒷받침하는 것, 그렇게 해서 남은 신군부 세력이 죗값을 받게 만드는 것은 당연히, 가장 바람직한 시나리오일 것이다. 그러나 당장 그렇게 되지 못한다 하더라도, 전두환 손자의 행보가 무의미해지는 것은 아니다. 전두환의 눈을 한 청년이 광주로 가 무릎을 꿇는 순간, 5·18로 자식을 잃은 유족이 그를 끌어안으며 눈물을 흘리는 순간, 한국 사회에는 새로운 미생물이 퍼져나가기 시작했다. 전우원은 범죄, 나태함, 이기심, 미움, 적대감이라는 미생물로 가득 차 있던 강에 새로운 미생물을 방생했다.

그가 영향을 미친 것은 그런 영역이었다. 감정, 느낌, 정서, 무의식으로 불리는 영역. 숫자나 법규로 명확하게 규정되어 있지 않지만 언제나 내면에 들어앉아 우리를 움직이는 비언어적 덩어리들. 수치화하고 양형 내릴 수 있는 영역보다 때로 힘이 더 센 그 비언어적 영역은, 새로운 성분을 만나면 반색하며 기세를 늘려나가다가 어느 순간 법과 제도를 바꿔놓기도 한다.

사회를 강에, 그 안에 사는 우리를 물고기에 비유한다면, 이제 우리가 사는 강에는 새로운 성분이 들어왔다. 강물에 사는 물고기는 아무리 발버둥 쳐도 강물을 먹지 않을 수 없는 법, 전우원을 제외한 전두환의 다른 모든 후손들(수천억대 자산가가 된 전두환의 측근과 그 측근의 후손들을 포함해서)은 전우원이 풀어놓은 이 새로운 성분이 담긴 물을 마시게 될 것이다. 분량의 차이는 있겠지만 극소량이나마 마시지 않을 수 없을 것이고, 그렇게 들이켠 물이 그들의 몸속 성분을 바꿔놓을 것이다. 전우원이 앞으로 어떤 행보를 펼치든, 그가 내디딘 첫 발걸음의 의미는 변치 않을 것이다. 한번 풀린 미생물은 영원히 퍼지며 대한민국에 번식할 것이므로.

5장

선이 지켜지는 사회

2020년 5월 25일, 미국 시민 조지 플로이드가 경찰에 목이 눌려 사망했다. '위조수표 사용' 혐의로 경찰이 조지 플로이드를 연행하던 중에 일어난 일이었다. 경찰이 과잉 진압으로 한 시민을 죽게 만드는 현장이 담긴 영상이 미국 전역으로 퍼져나갔다.

희생당한 시민이 흑인이고 과잉 진압을 한 경찰이 백인이라는 사실은 명징한 상징이 되었다. 그동안 흑인을 대상으로 한 유사한 사건들이 빈번히 발생했던 터라 이 사건은 거센 인종차별 반대 시위를 일으키는 기폭제가 되었다. 사건 이후 미국 전역에서 대규모 시위가 벌어졌는데, 경찰이 이에 강경하게 대응하면서 사태가 걷잡을 수 없이 악화되었다. 당시 대통령이던 도널드 트럼프는 폭동 진압을 위해 연방군을 동원하겠다고 엄포를 놓았다.

그러자 미국 국방부 장관인 마크 에스퍼가 공개적으로 반대 의사를 표했다. 에스퍼는 "민간 시위대 진압을 위한 현역 병력의 투입은 최후의 수단이며, 내란법 발동을 지지하지 않는다."라고 못 박았다. 군 서열 1위인 마크 밀리 합참의장도 전군 지휘관에게 서신을 보내 연방군 투입 반대 의사를 밝혔다. 행정부 수반인 대통령이 '법질서'를 강조하며 군 동원을 시사한 데 대해 국방부 장관과 합참의장이 정면으로 반대 의사를 밝힌 것이다.

폭동과 방화로 시위 양상이 격렬해지던 와중이었다. 트럼프의 연방군 동원 전략이 미국의 국익에 복무하는 최선의 복안이었는지에 대해서는 다양한 평가가 있을 것이다. 이 사건에 대해 멀리서 매체를 통해 들을 수밖에 없는 국외자인 내 눈에 들어왔던 것은, 자신들의 인사권을 쥔 행정부 최고 수반이 내린 결정에 대해 군 고위 장성들이 매우 공적인 방식으로 반대 의사를 표명한 점이었다.

합참의장 밀리는 서신에서 "모든 미국 군인들은 헌법과 헌법에 내재한 가치를 지키고 수호하겠다는 맹세를 한다.", "헌법은 미국인들에게 표현의 자유와 평화적 집회의 자유에 대한 권리를 부여한다. 제복을 입은 우리는 헌법에 내재한 국가적 가치와 원칙에 헌신한다."라면서 현역병 투입 반대 의사를 밝혔다.[20]

미 고위 장성, 대통령을 향해 반대 의사를 표명하다

태평양 건너편 고위 장성들의 공개적인 발언을 보면서 생각했다. 저 나라에는 '선(線)'이 있구나. 미국에는 공동체 구성원들이 합의하고 대대로 지켜온 선이 있었다. 그 이상을 넘어가면 안 된다고 다수가 머릿속으로 확신하고 그에 따라 행동을 조율해 나가는 선이. 그리고 군 서열의 꼭대기에 있는 이들이 그 선을 지키기 위해 직을 걸고 소신 발언을 하고 있었다. 같은 해 11월 9일, 트럼프 대통령은 트위터로 에스퍼에 대한 해임을 통보했다.

소신 발언을 하기 전까지, 국방부 장관 에스퍼는 평소 트럼프의 '충성파'로 분류되는 인물이었다. 하지만 대통령이 선을 넘는 발언을 한다고 판단했을 때, 에스퍼는 서슴없이 반대 의사를 표명했다. 속한 진영이나 사적 감정에 구애받지 않고 제가 옳다고 생각하는 신념에 충실했던 것이다. 트럼프에게 맞섰던 고위 장성들이 지키고자 했던 '선'은 '자유'였다. 시민이 집회를 통해 자신의 의사를 표현할 자유.

지구상에서 이렇게 선을 지킬 수 있는 국가가 얼마나 될까. 아마도 손에 꼽을 것이다. 지구상에 존재하는 대다수의 국가에서, 공동체가 지켜야 할 '선'이 아닌 막강한 권한을 지닌 권력자 개인의 '심기'가 우선시된다. 결정권을 가진 사회 각계각층의 인사들은 권력을 쥔 한 사람의 동향에 촉각을 기울이고, 그가 말하는 바에 따라 소신을 뒤집으며 궤변을 늘어놓는다.

풍경으로 비유하자면 사회적 '선'이 지켜지는 곳은 평화로운 풀밭에 비유할 수 있을 것이다. 각자의 자리가 정해져 있고, 그 자리를 넘을 수 있는 예외에 대한 규칙이 있으며 모두 그 규칙에 따라 제 자리를 지키거나, 넘어가려다가 눈치를 보며 다시 돌아오는 풀밭. 누군가 그 규칙을 위반하려 들면 압도적인 수의 양 떼가 일어서서 눈을 부릅뜰 거라는 믿음이 도처에 박혀 있는 풀밭.

그러한 풀밭에 서식하는 양들은 공동체의 가치를 파괴하려는 이가 나타날 때 담대함을 발휘하게 된다. 용감하게 일어서서 그것이 규칙에 어긋나는 일임을 외치게 된다. 그 용기는 믿음에서 온다. 자신이 외치면 뒤이어 많은 이들의 외침이 따라올 거라는 믿음에서.

사회적 '선'이 지켜지지 않는 곳은 구역이 나뉘지 않은 거친 들판에 비유할 수 있을 것이다. 형식상 양들이 서식할 구역이 나뉘어 있긴 하지만, 실제로는 그때그때 그 무리에서 가장 강한 양이 멋대로 돌아다니며 풀을 독차지한다. 강자가 나타나 공동체가 규정해 놓은 '선'을 넘어가는 행동을 할 때 다른 양들은 일제히 강자의 행동을 옹호한다. 누군가 나서서 선을 넘은 강자에게 선을 넘었다고 말하는 경우 그 양은 곧바로 따돌림을 당한다. 현실에서는 아무도 그 선을 지키지 않고 있다거나, 더 멋있는 풀밭을 만들기 위해 지금은 잠깐 선을 넘어도 되는 때라는 궤변이 사방에서 날아오고, 용감하게 발언했던 양은 가졌던 영토와 발언권을 모두 뺏기고 들판에서 추방된다.

이러한 사례를 목격한 양들은 결국 입을 다물게 된다. 용감하게 발언해 '선'을 사수하고 싶은 마음이 불쑥 들기도 하지만, 그 마음을 표출했을 때 어떤 일을 당하게 되는지를 봤기에 용기를 내 발언해야겠다는 결기를 꺼뜨린다. 아무 소용이 없을 것이란 암울한 전망과 체념은 들판 전체로 퍼져나가 누구도 '선'에 대해 발언하지 못하는 결과로 이어진다.

첫 번째 예로 들었던 풀밭이 삼권분립과 민주주의가 법과 관습 양쪽에서 모두 제대로 실현되고 있는 이상적인 근대국가라면, 두 번째 예로 든 곳은 홉스가 말한 '자연 상태'[21]에 놓인 사회일 것이다. 홉스적인 의미의 '만인의 만인에 대한 투쟁' 상태에 놓인 사회는 국가가 생기기 이전 상태에도 해당되지만, 생성된 국가가 부패하고 쇠

퇴해 제대로 기능을 발휘하지 못하게 된 상태에도 해당될 수 있다.

'근대'라는 생물을 본능적으로 수용하며

한반도에 사는 주민들도 그런 상태에 놓였던 적이 있다. 19세기 말에서 20세기 초, 조선왕조가 무너지고 일제 식민지 치하로 접어들기 직전 시기에 해당하던 기간, 이 땅에 사는 이들은 지도층의 부패와 무능으로 국가가 전혀 기능하지 않게 된 상태에서 제 일신을 지키기 위해 각자도생해야 했다.

임진왜란(1592~1598)과 병자호란(1636~1637)을 겪은 뒤 체제 개혁을 이루는 데 실패한 왕조 국가 조선은 공동체가 보유한 자원을 사적으로 전유하는 세도정치하에 접어들었고, 이는 1866년 프랑스가 강화도로 공격해 들어온 병인양요가 발생할 때까지 지지부진하게 이어졌다. 이에 발생한 것이 동학혁명(1894년)이다. 지도층 개개인의 사적 탐욕과 전횡만 있을 뿐 질서유지와 안전보장이라는 국가의 기본 기능이 완전히 무력해진 상태를 견디다 못한 민중이 들고일어나 커다란 힘을 형성했던 것이다.

당시 국가의 수장인 고종은 자신과 국가를 동일시하는 인물이었고, 자신과 제 일족을 지키기 위해 외세를 끌어들여 조선 민중의 거대한 힘과 열망을 꺼뜨렸다. 임진왜란과 병자호란이라는 두 전쟁 이후의 기간을 조선이 망해가는 기나긴 과정으로 본다면, 그중 19세기 말과 20세기 초, 동학농민운동이 청과 일본이라는 외세의 다툼으로 귀결되어 버린 뒤부터 한일 합병이 되는 1910년까지의 기간은 국가가 전혀 기능하지 않는, 홉스적 자연 상태에 놓인 기간이었다. 껍질만 남은 국가의 왕과 왕비가 노골적으로 매관매직을 하고, 매관매직으로 자리에 오른 국가의 관리들이 적극적으로 국민의 고혈을 빨아먹던 시기, '대한제국'이라는 국가 공동체에는 어떠한 합의나 규칙도 존재하지 않았다.

누군가가 타인의 물건을 훔치거나 신체에 위해를 가해도, 사기를 치거나 납치를 해도, 국가가 마땅한 벌을 주거나 같은 일이 반복되지 않도록 막아주지 않았다. 공동체의 의미가 조금도 남아 있게 되지 않은 시대에 사람들은 일개 분자로 뿔뿔이 흩어져 자신을 지키기에 급급했다. 자신을 제외한 누구도 믿을 수 없는, 심지어 가족끼리도 생명과 이권을 놓고 다투는 아비규환의 장이었다.[22]

1894년 12월, 동학군의 장수였던 전봉준이 관군에 잡히면서 동학혁명이 막을 내렸다. 이후 한반도는 식민 지배와 분단, 전쟁, 쿠데타, 시민혁명 등 인류 근대사에서 상상할 수 있는 모든 '격변'을 연이어 맞았다. 한반도라는 공간에 세상이 뒤집히고, 뒤집혔던 세상이 다시 뒤집히는 드라마가 펼쳐지는 동안, 20세기 내내 끊이지 않고 꾸준히 등장하며 존재를 알린 등장인물이 있었으니, 그것은 '근대'라는 생물이었다.

근대는 한반도에 사는 이들이 연이어 천지개벽의 몸살을 겪는 동안 착실하게 솟아나 제 영역을 넓혀나갔다. 원래 어떻게든 이 땅에 심기게 되어 있는 운명이었던 근대는 제가 통과하는 매개체의 특성을 개의치 않았다. 저를 실현하는 매개체인 인간(혹은 인간들)이 선인이건 악인이건 가리지 않았다. 제가 깃드는 땅이 어떤 상황에 놓여 있는지도 개의치 않았다. 장애물을 만나면 잠깐 잠잠해졌지만,

숨을 고르다가 작은 틈새가 보이면 재빨리 솟아올라 활동 영역을 넓혀갔다.

한 명의 독재자에게서 다른 독재자로 정권이 넘어가던 1980년, 한국을 방문한 외국의 역사학자, 외교관, 주한미군사령관이 "왜 이 나라 국민들은 독재자에게 저항하지 않는가?"라고 고개를 갸우뚱했던 것은 자연발생적으로 근대화를 이루었던, 혹은 시간을 두고 단계적으로 근대화를 이식해 심고 가꾸어 온 국가에서 나고 자란 이들의 사고의 한계를 보여주는 일이었다. 분단과 전쟁 이후 한국인들이 이승만, 박정희, 전두환이라는 강력한 지도자들을 감내했던 것은 이 인물들에게 내재된 '악'을 몰라보거나 동조해서라기보다, 이 인물들을 통해 제 존재를 드러내었던 '근대'를 본능적으로 수용했기 때문이다.[23]

통치의 어느 시점부터, 혹은 통치 기간 내내, '독재자'라 불릴 수 있을 각각의 인물들은 단일한 성격을 지닌 한 개인이라기보다 한반도에 서린 역사와 습속, 토양과 공기, 구성원들의 성향과 바람을 체화해 형성된 복합 인격체였다. '대한민국'이라는 공동체의 구성원들은 각자 살아온 인생 내력에 따라 그 인격체에서 각각 다른 부분을 추출해 의미를 부여하고 평가했다. 한국의 정치인을 평가할 때 미국이나 유럽의 정치인을 평가할 때와는 완전히 다른 틀에서, 다른 시선을 가지고 보아야 하는 이유다. 체제와 문화를 이미 형성해 놓은 뒤 그것을 다른 국가에 이식해 주는 입장에 있는 이들의 시선을 기계적으로 적용시키는 방식으로는 한반도에 있는 어느 한 땅덩어리의 토질도 제대로 설명할 수 없다.

12·12 때 자신의 임무에 충실했던 이가 있었는가?

전두환은 '근대화'를 정성적인 방법으로, 탄탄한 대로를 통해 달성할 수 없었던 대한민국의 토양에서 탄생하고 사멸한 인물이었다. 정치인 전두환의 등장과 퇴장은 완벽하게 같은 이유에서 기인했다.

공동체 구성원이 다 같이 지켜가겠다고 합의해 일정한 '선'을 만들고 그 선을 지켜나가는 것은 '근대화'에 포함된 여러 요소 중 가장 정신적이고 고급스러운 요소이다. 그것은 물질적 풍요와 그에서 기인하는 기본적인 자유가 선행된 이후에 오기도 하고, 때로는 함께 오기도 한다.

1979년 박정희가 갑작스럽게 세상을 떠났을 때, 한반도 남쪽 영토에 실현돼 있던 근대화에는 이러한 종류의 요소가 포함되어 있지 않았다. 갑작스레 외국에서 유래한 정치·경제 제도를 이식해 심어야 했던 한반도 남쪽 구역의 거주민들은 각자의 영역을 지키며 합의한 '선'을 지키기보다, 최고 지도자인 한 개인의 변덕스러운 인격에 충성을 바치며 그 대가로 개개인의 기본적인 '자유'를 지켜내기 바빴다.

전두환이라는 뱃심 좋은 야심가가 등장했을 때 한국 사회 구성원들이 각자의 자리에서 합의된 '선'을 지키는 데 충실했다면, '전두환'이라는 이름이 우리 역사에 11·12대 대통령으로 기록되는 일은 일어나지 않았을 것이다. 쿠데타 발발 소식을 들은 국방부 장관 노재현이 미군 벙커로 도망가는 대신 자리를 지키고, 대통령 최규하가 육군참모총장 체포 재가 서류에 대한 승인을 끝까지 거부하고, 수경사령관 장태완과 특전사령관 정병주가 병력을 동원해 쿠데타군을 진압했다면, 쿠데타는 단번에 진압되었을 것이다. 전두환은 형장의 이슬로 사라지거나 남은 평생을 감옥에서 보냈을 것이다. 그러나 당시 그 자리에서 제 역할을 해낸 사람은 한 명도 없었다.

육군참모총장이던 정승화와 수경사령관 장태완, 특전사령관 정병주는 쿠데타를 저지하려 노력했고, 그 일로 전두환과 신군부에게 치욕을 당하고 고초를 겪었다. 개인적인 야심으로 국체를 뒤엎은 전두환과 신군부에 비해 군인정신에 충실했던 이들로 높이 평가받아 마땅할 것이다. 하지만 이들에게 전두환과 신군부를 제압할 '권한'이 있었다는 사실에 방점을 두면 이들에게도 책임을 묻지 않을 수가 없다.

이들은 군 내에서 서열을 다투는 자리에 앉아 있었다. 전두환이 아무리 똑똑하고 배포가 컸다 해도, 고위 지휘관인 이들이 직책상 아래인 대대장·연대장들을 잘 관리하고 조직 관리에 만전을 기했다면, 사전에 쿠데타 계획을 눈치채고 예방할 수 있었을 것이다. 전두환이 군 수뇌부를 체포하는 하극상을 벌였을 때, 수경사령관 장태완과 특전사령관 정병주의 '바른' 명령에 목숨을 걸고 따른 대대장이나 연대장은 한 명도 없었다. 전두환의 '바르지 않은' 명령에 목숨을 걸고 따른 이들의 수와 면모와 비교하면, 이 세 장성의 '조직장악능력'과 평소 업무 파악 정도에 의문을 던지지 않을 수 없게 된다.

'직책'이 곧 힘을 의미하는 것은 아니다. 직책보다는 상황과 사건이 힘을 가져다주고, 상황과 사건을 예측하고 만들어내며 조직을 장악하는 것, 아랫사람들과 신뢰 관계를 형성하고 따르게 만드는 것은 리더가 해야 하는 핵심적인 일이다. 12·12 쿠데타 당시 대한민국에서 가장 큰 권한을 가진 자리에 앉아 있던 노재현, 정승화, 장태완, 정병주는 그 일을 제대로 해냈는가? 제 구역에서 제 임무에 충실히 임했는가? 누군가 선을 넘으려 하는 낌새가 보이면 담대하게 나서서 그 선을 지키려 노력했는가?

쿠데타 가능성은 이미 정계에 파다하게 퍼져 있는 정설이었다. 주한미군사령관 위컴이 국방부 장관 노재현에게 쿠데타가 임박했음을 직접적으로 귀띔해 준 적도 있었다.[24] 그러나 노재현은 그 말을 듣고도 무사안일한 태도로 일관했다. 정승화는 전두환을 좌천시킬 시기를 놓쳤으며, 장태완과 정병주는 전두환이 만들어놓은 함정인 술자리에 의심 없이 참석해 쿠데타에 대응할 황금 시간대를 넘겨버렸다.

전두환을 단죄하지 못한 진정한 이유

요는, 전두환이라는 '악(惡)'이 나타났을 때, 아무도 제 구역을 지키며 제 역할을 하지 않았고, 그래서 그 '악'이 대한민국 대통령이라는 의복을 걸치는 데 일조했다는 것이다. 전두환이라는 '특별한 가벼움에 기반한 극강의 행동파'와 한국 사회의 '선이 없는 무규칙성'이 합쳐져 12·12 쿠데타라는 괴물을 만들어냈고, 그렇게 한국 사회는 전례 없는 폭력의 시대를 겪어내야 했다.

퇴임 후 33년 동안 전두환은 왜 무릎 꿇지 않았는가? 우리 사회는 왜 그를 무릎 꿇게 하지 못했는가? 이에 대한 답도 같은 지점에서 나온다. 전두환이라는 명확한 '악'을 단죄하는 일에, 누구도 사익(私益)을 희생하며 나서지 않았기 때문이다. 정치인이 악을 처단할 것을 줄기차게 주장하고, 국회의원이 처단되지 못한 거대 악을 단죄하기 위해 입법을 하고, 검사가 대한민국 현대사에서 가장 치명적인 범죄를 저지른 이를 집요하게 추적해 법정에 넘겼다면, 그에 대해 판사가 바른 판결을 내렸다면, 전두환은 제대로 된 단죄를 받았을 것이다.

그러나 정치인 김영삼과 김대중은 전두환 처벌을 제 정치적 손익에 따라 이용했고, 국회는 전두환에 대한 당시 행정부 수반의 '이용 의지'에 따라 법을 만들거나 만들지 않았으며, 검사 역시 '성공한 쿠데타는 처벌할 수 없다'고 불기소처분을 했다가 몇 개월 뒤 행정부 수반의 의지를 따라 다시 기소를 단행하는 촌극을 벌였다. 한국 사회의 결정권을 쥔 자리에 있는 누구도, 의지를 갖고 전두환을 단죄하려 하지 않았다. '선'을 지키기 위해 직(職)을 걸고 나선 사람이 아무도 없었던 셈이다. 군인이 자국 국민을 학살하는 참극이 벌어지게 만든 희대의 무법자가 제대로 단죄받지 않고 남은 생을 풍요롭게 보내다 이승을 하직하는 광경은 이렇듯 우리 사회 구성원들이 소중하게 지켜가는 '일정 선'이 형성되어 있지 않은 데에서 원인을 찾아야 한다.

1980년 12월 12일, 최규하와 노재현과 장태완과 정병주가, 1990년대의 김영삼과 김대중이, 공동체가 정해놓은 '선'을 지키기 위해 대다수 구성원들이 제 이익을 희생하는 풍토가 조성되어 있는 사회에 귀속되어 있었다면, 과연 당시처럼 행동했을까? 미 국무장관 에스퍼와 합참의장 밀리가 한반도에서 태어나 12·12의 순간을 맞았다면, 그들은 과연 목숨을 걸고 쿠데타를 막았을까?

이번엔 이렇게 가정해 보자. 10·26 당시 전두환이 정승화의 자리에 앉아 있었다면? 그렇다면 그는 어떻게 행동했을까? 육군사관학교 출신으로 30여 년간 군 지휘관으로 복무한 뒤 대령으로 예편한

B는 이 질문에 이렇게 답했다. "전두환이 육참총장이었다면 가장 먼저 보안사령관 자리에 있는 인물부터 교체했을 겁니다. 대통령이 갑자기 사망해 버렸어요. 국가의 정보를 한 손에 쥔 양대 정보기관(중앙정보부와 보안사령부)의 수장 중 한 명이 체포되어 더 이상 힘을 쓸 수 없게 되었고요. 동물로 치면 사자와 호랑이 사이에 싸움이 벌어졌는데 갑자기 사자가 죽고 호랑이의 이빨이 빠져버린 셈인 겁니다. 그때 옆에는 하이에나가 어슬렁거리고 있었습니다. 평범한 하이에나가 아니라 엄청난 야망과 조직력을 가진 하이에나가요. 그 하이에나가 이제부터 무얼 하겠습니까?"

우리 사회의 대자아, 전두환을 읽어낸다는 것

이런 물음을 던지는 것은 사회와 개인 상호 간의 영향력에 대해 묻기 위해서다. 미 국무장관과 합참의장이 한반도에 태어난 상황을 가정하면, 사회가 개인에게 미치는 영향력에 방점을 두게 된다. 12·12 당시 전두환 같은 인물, 즉 극강의 정치 감각과 행동력을 가진 인물이 쿠데타의 반대편에 있었다고 가정하면, 개인이 사회에 미치는 영향력에 방점을 두게 된다. 개인과 사회가 서로에게 미치는 영향력은 어떤 비율을 이룰까? 이는 '닭이 먼저냐, 달걀이 먼저냐'와 같은 질문이다. 사회는 개인을 낳지만, 개인 역시 사회에 입김을 불어넣는다.

대한민국에서 다시 쿠데타가 일어나 합법적인 정권을 전복시킬 수 있을까? 물질적 풍요를 이루고 인권에 대한 의식의 일보 전진을 이루었다는 측면을 고려하면, 쉽게 쿠데타가 성공할 수 있을 것 같지 않다. 무엇보다, 전두환과 같은 뱃심 좋은 인물이 다시 나올 가능성이 희박하다. 전두환은 시대를 만들었지만, 시대가 낳은 산물이기도 했다.

20세기를 지나오는 동안 한반도는 여기저기 찍힌 얼룩처럼, 체계화되지 않은 방식으로 근대화의 지점을 만들어냈다. 전두환은 그러한 근대화의 동력이 이용하고 지나간 인간 구현체였다. 개별 인간으로서 전두환은 좌천되지 않고 군대 내에서 헤게모니를 장악하겠다는 협소한 동기로 쿠데타를 일으켰지만, 호랑이 등에 올라타 권력의 정상에 오른 다음에는, 그 등에서 내려오지 않기 위해 안간힘을 쓰는 과정에서 근대화의 특정 요소를 적극적으로 구현하게 되었다. 제 일신을 보호하겠다는 동기에서 20세기 근대화의 일부분을 담당해 열렬하게 해내었던 셈이다.

그가 맡아 실현시킨 근대화의 영역은 국민 개개인의 '기초적이고 감각적인 자유의 실현'이었다. 근대화를 향한 사회의 의식적·무의식적 열망이 '안 되는 것을 되게 하는' 지도자형을 추동하는 가운데 전두환 같은 극단적 변이가 나왔고, 지켜야 할 선이 정립돼 있지 않았던 무정형의 사회가 엉거주춤 그 인물을 지도자로 맞아들였다.

2023년 현재, 한국 사회에는 80년대에 부재했던 근대화의 요소 중 일부분이 추가로 솟아나 자리 잡았다. 공동체의 대표를 선택할 자유, 의사를 표현할 자유, 결사의 자유와 같은 고차원적 자유가 상당 부분 실행되고 있다. 또한 일부 구성원들의 인권을 무시해 가면서 '안 되는 것을 되게 하는' 지도자를 감내하게 만들었던 물질적 풍요에 대한 절실성이 더 이상 존재하지 않는다. 전두환 같은 야심에 찬 인물이 목숨을 걸고 권력을 탐할 토양과 대기가 더 이상 존재하지 않게 된 셈이다.

그러나 상상력을 광범위하게 발휘해 전두환 같은 인물이 또 한 번 나타나 일을 벌인다고 가정한다면 쿠데타가 실패하리라 장담할 수 있을까? 시대 공기상 그런 인물이 나타날 가능성이 적다는 면에서 쿠데타가 일어날 것 같지는 않지만, 만에 하나 일어난다면 성공할 가능성을 완전히 배제하기 힘들 것이다. 그 일을 막을 '선'이 안정적으로 형성돼 있지 않기에. 구성원들이 직접 나서서 '선'을 지키는 일에 헌신하는 동시에 다른 이들의 헌신을 예측하고 북돋는 풍토가 조성돼 있지 않기에.

동시대에서 공간적으로 시야를 확대해 정치적으로 더 성숙한 사회와 비교하면, 우리 사회 구성원들이 힘을 합쳐 지키고자 하는 '선'이 완전한 형태로 정착되지 못한 점이 눈에 밟힌다. 한국 사회는 아직 시스템으로 개인 지도자를 제어하는 단계에 이르지 못했다. 지도자를 제 손으로 뽑는다는 가장 기본적인 '선'은 정착시켰지만, 선출된 지도자 또한 사회가 지키기로 합의한 가치를 무시해서는 안 된다는 '선'은 정착시키지 못했다. '안 되는 것을 안 되게 하는' 문화의 초석만 놓은 셈이다.

우리는 행정부 수반인 대통령에게 정면으로 일침을 놓는 장관의 모습을 상상하기 힘든 '인치'의 사회에 살고 있다. 이는 우리가 사적 욕망 혹은 콤플렉스의 덫에 걸려 언제든 변심할 수 있는 일개 개인 지도자의 심기에 공동체의 많은 부분을 내맡기며 살고 있음을 뜻한다.

그러나 딛고 선 이 땅에서 시간적으로 시야를 확대하면, 20세기 내내 재앙적 사건들과 조우하며 끈질기게 '근대화'를 이루어 온 선조들과 동시대인들의 피와 땀과 눈물, 그리고 기적적으로 이루어낸 발전을 보면서 가슴을 쓸어내리게 된다. 지구상에, 식민 지배와 분단과 전 국토를 초토화시킨 전쟁과 쿠데타와 학살과 시민혁명을 연달아 통과하면서 이만큼의 근대화를 이루어낸 국가는 없었다. 우리는 자력으로 산업화와 (기본적인 단계의) 민주주의를 이루었고, 지금은 수십 년간 쌓아온 역량을 바탕으로 우리가 창조한 문화를 전 세계에 수출하는 단계에 이르렀다.

전두환은 우리가 지나온 한 세기를 보여주는 인물, 시층이 겹겹이 쌓인 한반도의 20세기를 보여주는 절단면 같은 인물이다. 홉스적 자연 상태에 놓여 아비규환의 지옥을 살아내던 개개인이 다시 공동체를 복원하기 위해 안간힘을 쓰는 과정에서 튀어나온 돌연변이이면서, 의식하지 못하는 새에 구성원 전체가 그 생물체의 파편을 지니고 가게 된 우리 사회의 대자아이기도 하다.

전두환을 읽어내는 일은 한국을 읽어내는 일이고, 자신을 정확하게 읽어내는 국민만이 앞으로 나아갈 수 있다. 전두환의 육신은 갔지만 우리는 아직 그를 보내지 못했다. 그의 육신이 떠난 지금, 그의 존재 의미를 제대로 읽어내고, 그가 한국사의 정확한 자리에 자리 잡을 수 있도록, 그리하여 존재했던 한 인물의 행적을 우리 사회 발전의 불쏘시개로 삼을 수 있도록 만전을 기할 시간이다.

에필로그

전두환의 사진이 실린 책 표지 사진을 SNS에 올렸던 적이 있다. 전두환과 관련된 책들을 읽던 기간, 정치·역사 분야에 조예가 있는 이들에게 도움말을 얻으려는 의도로 한 일이었다. 기대했던 도움말 대신, 이런 댓글이 달렸다.

아침부터 왜 이런 사진을.

안 본 눈 삽니다.

우웩, 이라는 의성어를 남긴 이도 있었다.

댓글이 뿜어내는 적대감에 놀라며 생각했다. 지금도 치를 떠는구나. 세상을 떠났지만 여전히, 그는 많은 이들에게 울분을 유발하는 사람이었다. 우리 사회에서 전두환은 여전히 뜨거운, 살아있는 '악'이었다.

전두환이라는 인물을 화두로 글을 쓰는 동안 종종 두려웠다. 사람들이 떼로 몰려와 삿대질을 할 것 같았다. 그를 지지하는 이들은 "네가 지금 누구 덕에 먹을 것 걱정 안 하고 글줄을 쓰고 있는지 알기나 하느냐!"라며 호통을 치고, 그를 증오하는 이들은 희대의 악인을 사람으로 취급하며 글을 썼다는 사실에 화를 낼 것 같았다.

'전두환'이라는 인물 자체에 대한 두려움도 있었었다. 살아오는 내내 그는 내게 '무서운 사람'이었고, 그가 세상을 뜬 다음에도 그 사실에는 변함이 없었다. 초등학생이던 80년대에 그를 무서워한 건 대기 중에 만연하던 폭력의 기운 때문이었다. 성인이 된 이후엔 그 기운의 실체를 파악하게 되면서 더욱 구체적으로 그를 두려워하게 되었다.

그렇다면 지금은 어떤가. 전두환을 조금이나마 알게 된 지금, 나는 그의 무엇이 무서운가. '변함없음'이 무섭다. 전두환은 12·12를 저지른 순간부터 퇴임하는 날까지, 퇴임 후 세상을 떠나는 날까지, 깃털만큼도 변하지 않았다.

세상에 이처럼 변하지 않을 수 있는 존재가 있다는 게 믿기지 않을 정도로 한결같은 그의 모습을 가장 적나라하게 보여주는 것은 『전두환 육성증언』이다. 『전두환 육성증언』은 청와대 기록담당관이던 김성익이 1986년 1월 20일부터 1988년 2월 24일까지 전두환이 청와대 공식 석상과 회의에서 했던 말을 그대로 옮겨놓은 기록물이다. 통치 현장에서 전두환이 했던 말과 행동이 오롯이 담겨 있다는 면에서, 날것 그대로 전두환의 모습을 만나게 해주는 귀중한 사료이다.

이 649쪽짜리 책을 읽어나가다 보면, 사람을 잡아 가두거나 죽음을 유발할 수 있는 폭력행위를 가하는 것에 대해 일말의 거부감이나 죄책감을 갖지 않는 전두환의 모습을 적나라하게 만나게 된다. 김성익이 기록을 시작한 1986년 1월부터 1988년 2월 전두환이 노태우에게 권좌를 넘기고 나올 때까지, 전두환은 '사람을 해치는 것'에 아무런 거리낌이 없었다. 법적 근거 없이 사람을 잡아들이려 들고, 시위 진압에 군 병력을 투입하려 들고, 반대 목소리를 내는 이들을 한데 모아 '정신 개조'를 하려 들었다.

어떠한 일이 있어도 변치 않는 영혼을 가졌던 사내, 인간의 외형을 한 로봇이라 해도 손색없을 이 사내의 야만성을 중단시킨 것은 외부 요인이었다. 이 쇠붙이 같은 영혼을 가진 인물이 직선제에 승복한 것은 제 내면의 변화 때문이 아니라, 대한민국 국민의 저력과 미국의 압박 때문이었다. 김성익의 증언을 읽어나가는 것은 그 확신을 굳혀 가는 오싹한 여정이었다.

이 책의 두 번째 독서를 마쳤을 때, 눈을 감고 호흡을 가다듬어야 했다. 1987년 6월 국민이 대규모로 일어나지 않았다면, 미국이라는 우방이 노골적으로 압력을 가하지 않았더라면,* 이 땅에서 킬링필드가 펼쳐졌을 것이다. 그것은 절체절명의 순간이었다. 광주의 참화를 딛고 집권한 인물이, 그로부터 7년이 흐른 뒤에 그보다 더한 살

* 미국이 그토록 노골적인 반대 의사를 표명한 것도 근본적으로는 한국 국민의 힘에서 비롯했다. '넥타이 부대'로 상징되는 중산층이 가세해 대규모 시위를 벌이지 않았다면, 즉 시위의 규모가 6월 항쟁 당시의 그것보다 작았다면, 미국은 높은 확률로, 북한이 침공해 내려올 빌미를 주는 것보다 우방국의 '일부' 국민을 희생하는 편을 택했을 것이다. 그러니 전두환이라는 무지막지한 인물을 막은 요인을 단 한 가지만 꼽아야 한다면 단연코 '대한민국 국민의 힘'이라 해야 할 것이다.

육을 벌이려 했던 것이다.

차라리 전두환을 사이코패스라고 정의할 수 있었다면 그렇게 두렵지 않았을 것이다. 타고나길 피도 눈물도 없었던 사내, 인간적인 감정을 느끼지 못하기에 닥치는 대로 살육을 저질렀던 사내라고 결론지었다면 얼마나 깔끔했겠는가. 그러나 전두환은 그런 유형의 인물이 아니었다. 피와 눈물이 있고 사랑을 주고받을 줄 알았던, 일부 사람들과는 진한 유대와 공감대를 형성할 수도 있었던, 그런 사람이었다. 그것이 가장 난해한 지점이었고 알면 알수록 두려움에 떨게 되는 이유였다.

전두환은 1931년생 남성이고, 군인이고, 대통령이었다. 1975년생 여성이고, 주부이며, 글쟁이인 나와 세상에서 가장 공통점이 없는 인물이라고 불러도 무방할, 멀고 낯선 인물이다.

내가 초등학생이던 시절 내내 '우리나라' 대통령이었던 그는 내 인식에 심긴 사회의 첫 모습이었다. 아무리 덤벼도 끄떡 않는 바위, 변치 않는 모습으로 영원히 그 자리에 서 있는 화석, 모든 시도와 바람과 전망과 지성을 단숨에 제압해 버리는 절대자. 전두환은 강함의 상징, 힘이 모든 것을 지배하는 세상의 상징이었다. 그런 사람이 단죄받지 않고 죽었을 때, 그 세상이 승리한 것처럼 보였다.

그런가. 결국 힘이 승리하는 것인가.

다른 가치들은 아무 의미도 없단 말인가.

전두환에 대해 글을 쓰는 것은 그에 대한 답을 찾아가는 과정이었다. 그러니까 나는 깨보고 싶었던 것이다. 거대해 보이는 바위를, 결코 무너지지 않는 견고한 성 같은 인간을 분해해 들여다보고 싶었던 것이다. 그를 영웅이나 악마가 아닌 한 명의 인간으로 들여다보고 싶었다. 나와 같이 두 개의 눈과 한 개의 코를 가진, 매 순간 숨 쉬고, 자신이 언젠가 죽을 것임을 알고, 크고 작은 일에 일희일비하는, 하나의 유한한 생명체로 들여다보고 싶었다.

원고를 써나갈수록 내 안에서 그의 이미지가 변해갔다. 바위에 금이 가 조각으로 나뉘고, 성이 부식되었다. 거대하고 강력한 인물의 몸피가 작아지더니, 종내는 벌벌 떠는 자그만 아이가 되었다.

『전두환 육성증언』이 그의 '변치 않음'을 재현해 변하지 않는 쇳덩어리 같은 그의 영혼을 보여주었다면, 온갖 거짓말과 변명으로 점철된 세 권짜리 『전두환 회고록』은 그의 무의식을 들여다보게 해주었다. 그의 영혼 가장 밑바닥에 있는 작고 못난 생물을 보게 해주었다. 제자리에서 한 발자국도 나아가지 못하는 그의 행보가 어디에서 비롯했는지를 알게 해주었다. 그의 집 한쪽 벽면을 병풍처럼 둘러싼 취임사나 돈을 주고 사람의 마음을 사려 들었던 전두환의 그로테스크한 행적도 세 권짜리 『전두환 회고록』과 같은 역할을 했다. 천하무적 강자라는 외관이 실은 조그맣고 비겁한 인간을 가리기 위한 장치에 지나지 않았음을 알려주는 역할을.

권선징악은 있는가. 어둠은 진정 빛을 이기지 못하는가. 이 책은 결국 그에 대한 물음이다. 써나가는 과정에서 알게 된 유일한 진리가 있다면, 빛과 어둠에 대한 물음에는 단답형으로, 혹은 우리네 한국인들에게 너무나 익숙한 사지선다형 속의 정답으로 대응할 수 없다는 것이었다. 어둠은 빛에 지기도 하지만, 이기기도 한다. 이런 결론에 다다른 나는 골머리를 앓았다. 어둠은 빛을 이기지 못한다고 쓰고 싶은데 그럴 수가 없었다. 그렇다고 어둠은 빛에 승리하기 마련이라고 쓰는 일 또한 가능하지 않았다.

스물일곱의 청년 전우원이 나타난 것은 이런 고민에 빠져 있던 때였다. 선악에 대한 선명한 답을 도출해 내지 못해 씁쓸해하던 내 눈앞에, 전두환의 심장을 나누어 가진 청년이 나타났다. 선명한 발음으로 조부를 학살자라 칭하고, 광주로 날아가 유족들 앞에 무릎을 꿇었다. 그 놀라운 광경 앞에서 나는 넋을 잃었다. 이것이 역사로구나! 겁 많고, 힘을 맹신하며, 걸핏하면 폭력을 휘둘렀던 장대한 무인 스토리의 끝이 그 무인의 손자가 출현하는 장면으로 끝날 줄은 상상도 하지 못했다. 그 무인의 혈육이 그토록 순도 높은 사과를 내놓을 줄은 꿈에도 예상치 못했다. 전두환의 손자가 만들어낸 이 대단원은 빛과 어둠 간 승부에 대한 강력한 답이다. 권선징악은 단번에 깃들지 않는다는 것. 근대가 그렇게 왔듯 권선징악 또한 굽이굽이 돌아온다는 것. 대로를 통해 단번에 달려오지 않지만, 또한 예상치 못한 순간에 전광석화처럼 오기도 한다는 것.

원고를 마무리하는 지금, 내게 묻는다. 아직도 전두환이 두려운가. 그렇기도 하고, 그렇지 않기도 하다. 내 안에는 사람들의 선함과 의지를 일순간에 무(無)로 만들어 버리는, 가차 없는 폭군이 여전히 우뚝 서 있다. 하지만 그 옆에는 작고 볼품없는 아이, 제가 한 잘못 때문에 손에 쥔 것을 빼앗길까 벌벌 떠는 어린아이가 서 있다. 강한 무인과 벌벌 떠는 아이는 어느 순간 합체되어 마트료시카 인형이 된다. 무인의 내면으로 합체된 어린아이의 모습이 투명하게 들여다보이는 순간, 내 앞에는 환영이 나타난다. 내 안에, 그리고 한국인 모두의 내면에 자리 잡은 역사 속 인물들의 모습, 대통령과 정치인과 재계 인사와 스타와 유명 학자들의 형상이 거대한 군상을 이루며 펼쳐진다. 내 시선은 인물 군상의 한복판에 경직된 자세로 서 있는 한 무인에 머문다. 그리고 무인의 투명한 속내 안에서 손을 빨며 눈을 굴리는 어린아이와 눈이 마주치는 순간, 나는 알게 된다. 이제부터 내 안에 그 무인이 언제나 저 형상, 마트료시카 인형의 모습으로 떠오르리라는 것을. 그것은 또한 내가 가차 없고 절대로 깰 수 없다고 생각한 우리 사회의 형상이기도 하다는 것을.

—

주

1부 영광 (1931-1980)

1. 1952년 임시 수도 부산에서 대통령 이승만이 집권 연장을 위해 헌정 파괴적인 쿠데타를 일으킨 사건. 전쟁을 겪으며 잦은 실정으로 권위가 떨어지고, 국회에서 간선으로는 재선이 될 가능성이 희박해 보이자, 이승만은 계엄령을 선포하고 국회의원을 체포하는 등 폭력적인 방법으로 반대 세력을 제압하고 개헌을 추진했다. 1952년 7월 4일 이승만은 개정된 헌법에 의해 직선제를 거쳐 대통령에 재선된다. 전두환·노태우·김영삼 대통령 3대에 걸쳐 청와대 비서관을 지낸 윤여준은《더 타임즈》의 유명한 '쓰레기통의 장미론'이 나온 게 이러한 친위 쿠데타의 상황 때문이었다면서도, 부산정치파동은 한국정치가 안고 있던 구조적이고 심층적인 문제가 도사리고 있었음을 보여준다고 지적한다. 윤여준, 『대통령의 자격』, 메디치미디어, 2011, 67p.
2. 1953년 6월 18일부터 이틀간 대통령 이승만이 남한에 수용 중인 북한 및 남한 출신의 반공 포로를 석방한 사건. 미군과 협의 없이 전격적으로 반공 포로 2만 7천여 명을 석방한 일은 미국뿐만 아니라 세계를 경악케 했다고 평가된다. 김충남은 반공 포로 석방이 미국과의 줄다리기에서 이승만에게 남아

있던 마지막 카드였다며, 이승만은 "인간관계에서는 숙맥이 되고 외교관계에서는 악마가 되라"는 격언을 따르고 있었다고 말한다. 김충남, 『대통령과 국가경영』, 서울대학교출판부, 2006, 135p.

3. 한미상호방위조약은 다음 세 가지 사항을 골자로 하며, 1953년 10월 1일 한국과 미국 사이에 조인되고 1954년 11월 18일에 발효되었다. (1) 당사국 중 일국의 정치적 독립 또는 안전이 외부로부터 무력공격에 의하여 위협받고 있다고 인정할 경우 언제든지 양국은 협의한다. (2) 각 당사국은 상대 당사국에 대한 무력 공격을 자국의 평화와 안전을 위태롭게 하는 것이라고 인정하고 공통의 위험에 대처하기 위하여 각자의 헌법 절차에 따라 행동한다. (3) 미국은 그들의 육·해·공군을 한국의 영토 내와 그 부근에 배치할 수 있는 권리를 가지며 한국은 이를 허락한다. 이로써 한반도에는 2개 사단 약 7만 명의 미군이 주둔하게 되었지만, 이승만은 상호방위조약 체결만으로는 전쟁 재발을 억제하기 곤란하다는 판단에서 독자적인 안보외교를 시행했다. 관련해서는 이민용, 『한미동맹해부: 갈등과 협력의 역동적 조화』, 숙명안보학연구소, 2015 참조.
4. 이러한 이승만의 행보에 대해서는 긍정적 평가와 부정적 평가가 상존한다. 김영삼 정부에서 공보처 장관을 지낸 오인환은 "이승만이 즐겨 활용하던 '벼랑 끝 전술'은 그의 심술과 배짱 때문에 갑자기 등장한 것이 아니다. 그것은 40여 년간의 독립운동 외교 과정 중 미 국무성의 고자세와 무관심, 냉대를 겪으며 좌절과 실패를 거듭하는 과정 중에 힘이 지배하는 국제정치에서 강대국의 이해관계에 희생되는 약소국의 비애를 겪은 뒤 학습효과로 얻은 외교기법이었다. (…) 이승만의 도전과 도박이 없었다면, 휴전을 이루는 일에 급급했던 미국은 통상 그러했듯이 적당한 선에서 마무리하고 한반도에서 철수했을 것이고, 일단 철수한 상태에서 한국은 방위조약을 끌어내기 위한 마땅한 지렛대(leverage)가 없었다"고 평가한다. 반면 윤여준은 이승만이 "한미동맹과 미국의 원조를 확보함으로써 국가 안보체제를 공고히 했다"면서도 "장기집권을 기도하면서 보인 독재와 헌정파괴가 후대로 이어지는 나쁜 선례를 만들었다"는 점은 큰 문제였다고 평가했다. 오인환, 『이승만의 삶과 국가』, 나남, 2013, 455~147p. 윤여준, 『대통령의 자격』, 메디치미디어, 67p. 229~236p.
5. 허화평, 「"10·26과 12·12는 블랙홀이었다"」, 《월간조선》 2012. 3. 10.
6. 전두환, 『전두환 회고록 3: 황야에 서다 1988-현재』, 자작나무숲, 2017, 89~94p.

7. 이장규, 『대한민국 대통령들의 한국경제 이야기 1』, 살림, 2016, 104~111p.
8. OECD의 개발원조위원회(DAC)는 세계은행의 나라 분류를 적용해 공적개발원조(ODA)의 지원 대상이 되는 수원국 리스트(Recipient Countries List)를 발표하고 있다. UN이 정한 최빈개도국들에 대해서는 모든 나라들과 국제기구들이 원조와 차관, 관세에서 최대의 혜택을 제공하도록 권장된다. 한국은 1945년 광복 이후 여러 국가와 국제기구에서 대외원조를 받았고 이는 빈곤 퇴치, 경제 안정, 산업화 등 다양한 경로를 통해 경제를 성장시키는 데 밑바탕이 됐다. 1995년 사실상 수원 대상국에서 졸업한 이후로는 본격적인 공여국의 면모를 갖추고 전 세계 15위 수준의 공적개발원조 국가가 됐다. 안선영, 「[선진국-신흥국 기로에 선 한국] 한국, 국제원조 받던 나라에서 베푸는 유일한 나라로」, 《아주경제》 2022. 11. 29.
9. 정주영, 『이 땅에 태어나서』, 솔, 2020, 173~174p.
10. 전상인, 『공간 디자이너 박정희』, 기파랑, 2019, 82~94p.
11. 강명한, 『응답하라 포니원』, 컬쳐앤미디어, 2022, 31~37p, 247~249p.
12. 김당, 『시크릿파일 국정원』, 메디치미디어, 2016, 139p.
13. 김종필, 『김종필 증언록 1』, 와이즈베리, 2016, 133~138p.
14. 김당, 『시크릿파일 국정원』, 메디치미디어, 2016, 54~59p, 133~137p.
15. 김충립, 「前 수경사 보안반장 육필수기 음모와 암투: 전두환 〈보안사령관〉, '보안사령관 교체' 정보에 정승화 〈계엄사령관〉 전격 체포」, 《신동아》 2016. 7. 12.
16. 김종필, 『김종필 증언록 2』, 와이즈베리, 2016, 70p.
17. 이경식, 『대한민국 군인 정승화』, 휴먼앤북스, 2002, 408p.
18. 조갑제, 『박정희 1~13권』, 조갑제닷컴, 2007
19. 전두환, 『전두환 회고록 3: 황야에 서다 1988-현재』, 자작나무숲, 2017, 25p.
20. 같은 책, 19~20p.
21. 같은 책, 19p.
22. 같은 책, 60p.
23. 같은 책, 22~23p.
24. 노태우, 『노태우 회고록 상권』, 조선뉴스프레스, 2011, 71~73p.
25. 조갑제, 『내 무덤에 침을 뱉어라 1』, 조선일보사, 1998
26. 전두환, 『전두환 회고록 2: 청와대 시절 1980-1988』, 자작나무숲, 2017, 26p.
27. 전두환, 『전두환 회고록 3: 황야에 서다 1988-현재』, 자작나무숲, 2017, 44p.
28. 같은 책, 44p.

29. 같은 책, 77~78p.

30. 같은 책, 78~79p.

31. 전두환, 『전두환 회고록 1: 혼돈의 시대 1979-1980』, 자작나무숲, 2017, 171p.

32. 같은 책, 88~120p.

33. 고나무, 『아직 살아있는 자 전두환』, 북콤마, 2017 중에서 육사 동기인 장석윤의 증언. 230p, 237p.

34. 전두환, 『전두환 회고록 1: 혼돈의 시대 1979-1980』, 자작나무숲, 2017, 182~201p.

35. 같은 책, 263p.

36. 같은 책, 85p.

37. "한편 합동수사본부가 자신을 겨냥하고 있음을 눈치챈 정승화 총장은 전두환 보안사령관을 12월 13일 자로 동해안경비사령관으로 발령 내려 했다. 그런데 그 정보가 보안사령부에 포착되었고, 사전재가도 없이 정 총장을 체포하는 12월 12일의 하극상이 벌어진 것이다." 신철식, 『신현확의 증언』, 메디치미디어, 2017, 311p.

38. 고나무, 『아직 살아있는 자 전두환』, 북콤마, 2017, 121p.

39. 1979년 6월 서울에서 가진 한미 정상회담에서 카터는 남한에서의 주한미군 감축, 김일성·박정희·카터 3자 회담, 한국 내 수감 중인 반정부 인사들의 석방 등을 요구했고, 박정희는 거세게 반발했다. 국무부 차관보 리처드 홀브룩(Richard Holbrooke)이 훗날 "당시 양국 정상 사이의 대면은 동맹국 정상 간의 회담이라고 도저히 상상할 수 없을 정도로 끔찍했다."라고 평할 정도로 살벌하게 진행된 정상회담이었다.

    카터는 주한미군 감축과 한국 내 인권 신장 문제를 둘러싸고 한·미 양국의 많은 세력과 갈등을 겪었다. 미국 내 외교 관리, 군 장교들과 설전을 벌이고, 우방국 대통령인 박정희와 갈등을 반복적으로 겪은 뒤 궁지에 몰린 카터는 차츰 "성급함과 경험 부족으로 인해 불필요하게 많은 갈등을 야기하는" 데에서 물러나 기세를 누그러뜨리고 현실을 반영하는 기조로 돌아섰다.

    돈 오버도퍼·로버트 칼린, 이종길 옮김, 『두 개의 한국』, 길산, 2014, 167~179p.

40. 윌리엄 글라이스틴, 황정일 옮김, 『알려지지 않은 역사』, 중앙 M&B, 1999, 135p.

41. 같은 책, 165p.

42. 같은 책, 171p.

43. 시민군 상황실장 박남선은 500 내지 600명이 도청에 있었다고 했고, 계엄분소장으로 진압작전을 지휘했던 소준열 장군은 당시 도청에 360명이 있었다고 증언했다. 당시 각자 나름대로 면밀한 정보에 근거해서 나온 숫자였을 것이다. 새벽에 도청에서 계엄군에 잡혀간 시민군은 약 200명이었으니, 사망자는 160~400명 사이가 될 것이다.
최정운, 『오월의 사회과학』, 오월의봄, 2012, 273p.
44. 윤여준, 『윤여준의 진심』, 메디치미디어, 2014, 73p.
45. 이영일, 『미워할 수 없는 우리들의 대통령』, 하다, 2018, 296~303p.
46. 펜앤드마이크 유튜브 채널, 「최규하 하야, 자의인가 타의인가? / 민정기 특별출연 [제5공화국 역사의 증언]」, 2021. 12. 31. https://www.youtube.com/watch?v=NRWqzLQVmXw
47. 이영일, 『미워할 수 없는 우리들의 대통령』, 하다, 2018, 312~313p.
48. 존 위컴, 『12·12와 미국의 딜레마』, 중앙 M&B, 1999, 202p.
49. 같은 책, 203p.
50. 같은 책, 204p.
51. 같은 책, 218p.
52. 노영기, 『그들의 5·18』, 푸른역사, 2020, 402p.
53. 존 위컴, 『12·12와 미국의 딜레마』, 중앙 M&B, 1999, 234p.
54. 같은 책, 289p.
55. 정대하, 「보안사 전 수사관 "집단 발포, '전두환이 책임진다'고 들었다."」, 《한겨레》 2018. 5. 11.
56. 1979년 10월 부산 및 마산 지역을 중심으로 벌어진 박정희 정권의 유신 독재에 반대한 시위. 10월 15일 부산대학에서 민주선언문이 배포되고, 16일 5,000여 명의 학생들이 시위를 주도, 시민들이 합세하여 대규모 반정부시위가 전개되었다. 이 격렬한 학생, 시민, 노동자 시위는 박정희 정권 내부의 분열을 촉진시켜 유신체제가 몰락하는 계기를 만들었다고 평가된다. 한국사특강편찬위원회, 『개정신판 한국사특강』, 서울대학교출판부, 2009, 199p.
57. 1980년 4월 21일부터 24일까지 회사 측의 착취와 어용노조에 반발해 정선군 사북읍 일대에서 발생한 탄광 노동자들의 총파업 사건. 1980년 4월 21일 강원 사북의 탄광 노동자들은 열악한 노동조건에 항의하며 집회를 열고자 했으나 경찰은 이를 불허했고, 이후 노동자들과 경찰의 충돌로 경찰관 1명이 사망하고 경찰과 민간인 80여 명이 부상을 당했다. 4월 24일 사태 종식에 합의하였으나, 계엄사 합동수사본부는 합의를 깨고 5월 6일부터 5월 26일까

지 20일간 최소 149명에 달하는 광부와 부녀자들을 정선경찰서 임시조사실로 잡아들여 고문했다. 계엄사 합동수사단의 고문 및 가혹행위가 처음 밝혀진 것은 2008년 진실화해를위한과거사정리위원회 조사를 통해서였다. 황인욱·박다영·한정원, 『사북항쟁과 국가폭력』, 지식공작소, 2021 참조.

58. 노영기, 『그들의 5·18』, 푸른역사, 2020, 71~72p.
59. 허장환, 『5·18 내란수괴 전두환』, 멘토프레스, 2020 참조.
60. "병사들은 부마사태 이후 10·26, 12·12 등 연속되는 사건들로 인하여 반년 넘게 외출 외박을 하지 못하고 계속되는 충정훈련에 불만과 분노가 쌓여 있었다. 여기에 앞에서 논의한 군 조직 내의 지역 차별 문제와 연관되어 광주에서의 작전은 자유로운 분풀이의 기회로 여겨졌을 것이다. 말하자면 시위 진압을 명분으로 개인적 집단적 공격 본능을 분출했던 것이며 이 공격 본능은 공수부대의 특수한 훈련으로 체계적으로 개발해온 것이었다." 최정운, 『오월의 사회과학』, 오월의봄, 2012, 151~157p.
61. 노영기, 『그들의 5·18』, 푸른역사, 2020, 93~95p.
62. 최정운은 공수부대 파견의 목표가 데모 진압보다는 '폭력 행사 장면을 보여주고 겁을 주어 흩어지게 만드는 데'에 있었다고 설명한다. 우리 사회에서 국가가 국민에게 발포하는 것은 4·19 경험에서 보면 정권의 끝장을 의미하는 것이었기에, 5·18에서도 처음에 군부는 발포를 예정하지 않고 실탄을 철저하게 통제했다는 것이다. 최정운, 『오월의 사회과학』, 오월의봄, 2012, 88~89p.
63. 5월 광주의 참상은 그렇듯 실탄을 쓰지 않는 선에서 상황을 무마하기 위해 과도하게 '전시적 폭력'을 휘두른 데서 역설적으로 잉태되었다. 비슷한 방식의 공수부대 진압이 부마항쟁에서는 항쟁을 유발하지 않고 유독 광주에서 광범위한 항쟁을 유발한 이유에 대해서는 최정운의 같은 책, 151~156p 참조.
64. 5·18 당시 광주 505 보안부대 수사관이었던 허장환이 직접 밝힌 내용이다. 허장환, 『5·18 내란수괴 전두환』, 멘토프레스, 2020, 133p.
65. 윌리엄 글라이스틴, 황정일 옮김, 『알려지지 않은 역사』, 중앙 M&B, 1999, 135p.
66. 이 방송은 광주 시민들 사이에 미국이 특전사 군인들의 만행을 지지한 증거로 받아들여졌다. 윌리엄 글라이스틴, 황정일 옮김, 『알려지지 않은 역사』, 중앙 M&B, 1999, 195~196p.
67. 이재의, 『안병하 평전』, 정한책방, 2020, 213~214p.

68. 같은 책, 177~183p.

69. 3박 4일간의 항쟁 동안 학생들이 겪었던 참상의 일부를 신복룡 전 정치외교학과 석좌교수는 이렇게 기록하고 있다. "넷째 날인 10월 31일 아침 9:00부터 헬리콥터를 동원한 "황소 30" 작전이 진행되었다. 10:30에 사회과학관을 마지막으로 진압 작전이 완료됐다. 소요된 시간은 90분이었다. 백골단에 끌려 나오는 학생들의 모습은 굴비 두름 같았다. 불에 그슬린 얼굴은 새까매, 참새구이 같았다. 손은 심한 화상을 입은 채 앞선 학생의 허리춤을 잡고, 머리를 그의 엉덩이에 박은 채 끌려 나왔다. 옷은 남루한 가을 외출복이었다. 교수들은 가로수에 얼굴을 묻고 통곡했다. 그들을 지켜주지 못한 미안함이 가슴을 짓눌렀다." 신복룡, 「1986년 10월 28일, 그때 무슨 일이 있었나?」, 《건대신문》, 2021. 10. 29.

BRIDGE 1 12·12의 밤, 전두환이 넘어야 했던 3인

1. "그는 한국군 장교단의 반 전두환 분위기를 전하면서 비육사 출신 장교들의 90%와 육사 출신 장교 50%가 전두환에게 반대하고 있다고 했다." 윌리엄 글라이스틴, 황정일 옮김, 『알려지지 않은 역사』, 중앙 M&B, 1999, 141p,
2. 신철식, 『신현확의 증언』, 메디치미디어, 2017, 306p.
3. 윌리엄 글라이스틴, 황정일 옮김, 『알려지지 않은 역사』, 중앙 M&B, 1999, 127p, 신철식, 『신현확의 증언』, 메디치미디어, 2017, 296p.
4. 신철식, 『신현확의 증언』, 메디치미디어, 2017, 315p.
5. 민정기와 대화를 주고받던 사회자인 김용삼은 신군부 핵심 인사였던 노태우가 1980년 5월과 7월, 두 차례에 걸쳐 최규하를 찾아갔고, 직접 만나지 못하게 되자 김정렬 전 국방부 장관에게 부탁해 사임을 요청했다고 말한다. 펜앤드마이크 유튜브 채널, 「최규하 하야, 자의인가 타의인가? / 민정기 특별출연 [제5공화국 역사의 증언]」, 2021. 12. 31. https://www.youtube.com/watch?v=NRWqzLQVmXw
6. 이경식, 『대한민국 군인 정승화』, 휴먼앤북스, 2002, 305p.
7. 존 위컴, 『12·12와 미국의 딜레마』, 중앙 M&B, 1999, 36~37p.
8. 이경식, 『대한민국 군인 정승화』, 휴먼앤북스, 2002, 408~412p.
9. 같은 책, 413p.
10. 이계성, 『지는 별 뜨는 별: 청와대 실록』, 한국문원, 1993, 280p, 296p.

11. "미국은 신군부와 거리를 유지하면서 업무연락은 12·12 이전의 경로를 통했다. 한 예로 위컴은 전두환과 만나는 일을 거의 2개월이나 지연시켰다. 이런 냉담한 태도에 반감을 품은 전두환은 서울에 주재하는 골치 아픈 미국 관리들을 피하는 우회전술을 택했다. 그는 한 신망 높은 장성을 자신의 메신저로 활용, 워싱턴에서 육군 참모차장을 맡고 있던 베시 장군 및 미군 고위 장성들에게 편지를 보내 베시 장군이 서울을 방문하든가 자신이 워싱턴을 방문할 수 있도록 해달라고 요청했다. 그런 사실을 알게 된 위컴은 베시에게 전두환에게 이용당하지 말 것을 요청했다. 글라이스틴도 '미국에서 고위 장성이 방한하면 전두환의 행동을 미국이 받아들이는 인상을 줄 것'이라고 반대했다." 최정미·최석진, 「청와대-백악관 X파일(24) 군사적 카드로 신군부 '민주개혁' 압박한 미국… 전두환 '베시 장군 방한해달라' 우회공격」, 《위키리스크한국》 2017. 12. 6.
12. 존 위컴, 『12·12와 미국의 딜레마』, 중앙 M&B, 1999, 161~168p.
13. 1980년 8월 8일, 위컴은 《AP통신》의 테리 앤더슨, 《로스앤젤레스타임스》의 샘 제임슨과 인터뷰를 가졌다. 실명을 드러내지 않고 고위 관료라고 밝힌다는 전제하에 이루어진 인터뷰였다. 인터뷰가 끝난 뒤 헤어지기 직전, 위컴의 사무실 출입구 앞에서 앤더슨이 물었다. 미국이 전두환을 지지할 것이냐고. 위컴은 이렇게 답했다. "미국은 전두환이 합법적인 방법으로 정권을 잡고, 한국 국민으로부터 폭넓은 지지를 받고 있다는 점을 시간을 두어 증명하고, 이곳의 안전을 위태롭게 하지 않는다면 그를 지지할 것입니다." 인터뷰가 끝난 뒤 사담에서 나온 이 말은 《뉴욕타임스》 기자 헨리 스콧 스톡스에게 전해졌고, 스톡스는 다음 날 전두환과 인터뷰하면서 위컴의 인터뷰 내용을 전달했다. 전두환은 활짝 웃으며 "친구인 위컴 장군의 지지를 환영"했다고 한다. 전두환은 이 이용 가치 높은 인터뷰 내용을 놓치지 않았다. 통제하의 언론 매체를 통해 전두환이 미국의 지지를 기반으로 대통령이 될 것이라는 내용을 대대적으로 알렸다. 한국의 언론은 위컴이 지지의 전제조건으로 제시한 세 가지(합법적인 방법의 정권 장악, 한국 국민으로부터의 폭넓은 지지, 한반도의 안전을 해치지 않는 선)를 전혀 언급하지 않은 채 전두환이 훌륭한 사람이며 미국은 그를 조건 없이 지지할 것이라는 논조로 보도했다. 이 왜곡보도는 한국 국민에게 미국이 전두환을 지지한다는 인상을 강하게 심어주었고, 이에 고무된 전두환은 다음 달 '11대 대통령'에 취임하게 된다. 본인의 경력에서 가장 뼈아픈 장면으로 남았을 이 사건과 사건이 미친 충격파에 대해 위컴은 회고록에서 '왜곡된 기자회견', '하와이에 억류되다', '다시 서울로'라는

소제목을 달아가며 길게 기술한다. 존 위컴, 『12·12와 미국의 딜레마』, 중앙 M&B, 1999, 236~250p. 같은 사건에 대해 당시 미국 대사였던 글라이스틴도 회고록 중반부에서 "전두환의 대통령 취임"이라는 챕터의 주 내용으로 비중 있게 기술한다. 윌리엄 글라이스틴, 황정일 옮김, 『알려지지 않은 역사』, 중앙 M&B, 1999, 225~231p.

14. 존 위컴, 『12·12와 미국의 딜레마』, 중앙 M&B, 1999, 242p.

2부 모순 (1981–1987)

1. 박봉환(1933~2000)은 1970년 재무부 이재국장에 기용되었으며, 1976년에는 제1무임소장관실의 수도권인구정책실장을, 1977년에는 대통령비서실 중화학공업기획단 부단장을 역임했다. "그의 인생의 전환점은 1979년 4월 경제과학심의위원회 상임위원 시절에 찾아왔다. 당시 전두환 보안사령관의 은밀한 부름을 받아 찾아간 길로 경제 과외교사를 시작했다." 이후 전두환이 집권하면서 1980년 재무부 차관으로 기용되었고, 같은 해 동력자원부 장관으로 영전하였다. 허의도, 「박봉환 전 동력자원부 장관 별세」, 《중앙일보》 2002. 2. 23. 참조.
2. 1986년 현대 자동차는 '엑셀'로 미국 자동차 시장에 상륙했고, 1983년 현대중공업은 1983년에 이미 선박 수주 및 건조량에서 세계 1위에 올라서 있었다. 김채원, 「[名車이야기] 밀리언셀러카 '엑셀'…미국 소형차시장 1위」, 《중앙일보》 2001. 6. 10. 「現代重 선박 인도 5천만t 돌파」, 《문화일보》 1997. 3. 17.
3. 이장규, 『대통령의 경제학』, 기파랑, 2014, 214p.
4. 박해남, 「88 서울올림픽과 시선의 사회정치」, 『한국현대생활문화사: 1980년대』, 창비, 2016, 132~133p.
5. 김정한, 「민주화운동의 시대」, 『한국현대생활문화사: 1980년대』, 창비, 2016, 41~42p.
6. 1979년 18.3%, 80년 28.7%, 81년 21.4%를 기록하던 소비자물가지수는 82년에 7.2%, 83년 3.4%, 84년 2.3%를 기록했다. 이후 2023년 현재까지 한 자릿수를 유지하고 있다. 한국은행 홈페이지, KOSIS 국가통계포털 참조.
7. 김충식, 『5공 남산의 부장들 1』, 블루엘리펀트, 2022, 248~251p.
8. 허장환, 『5·18 내란수괴 전두환』, 멘토프레스, 2020, 263~264p.
9. 이장규, 『대한민국 대통령들의 한국경제 이야기 1』, 살림, 2016, 167~169p.

10. 조 스터드웰, 김태훈 옮김, 『아시아의 힘』, 프롬북스, 2016, 142p.
11. 박정희, 『우리 민족의 나갈 길』, 기파랑, 2017, 214p.
12. 박정희와 마르코스의 유사점과 차이점에 대한 상세 분석은 『아시아의 힘』 242p 참조.
13. 임혁백, 『시장·국가·민주주의』, 김영사, 2021, 233p.
14. 강경식, 『국가가 해야 할 일, 하지 말아야 할 일』, 김영사, 2010, 329p.
15. 1979년 4월 17일 신현확 경제부총리 기자회견, 신철식, 『신현확의 증언』, 메디치미디어, 2017, 265~266p.
16. 강석훈, 「계획경제의 후퇴와 정부 역할의 변화」, 『탈냉전사의 인식』, 한길사, 2012, 322~323p.
17. 강경식, 『국가가 해야 할 일, 하지 말아야 할 일』, 김영사, 2010, 388p.
18. 같은 책, 김영사, 2010, 389p.
19. 앞에서 언급된 국제그룹을 말한다. 「재벌 순위 7위, 성금 순위 30위」, 《경향신문》 1991. 7. 13. 기사 참조.
20. 같은 책, 457p.
21. 한국사특강편찬위원회, 『개정신판 한국사특강』, 서울대학교출판부, 2009, 198~199p.
22. 고승철·이완배, 『김재익 평전』, 미래를소유한사람들, 2013, 184~187p.
23. 이장규, 『대한민국 대통령들의 한국경제 이야기 1』, 살림, 2016, 166~167p.
24. 고승철·이완배, 『김재익 평전』, 미래를소유한사람들, 2013, 182p.
25. 임혁백, 『시장·국가·민주주의』, 김영사, 2021, 231p.
26. 전두환, 『전두환 회고록 2: 청와대 시절 1980-1988』, 자작나무숲, 2017, 162~255p.
27. 같은 책, 305p.
28. 같은 책, 390p.
29. 같은 책, 387p.
30. 땅굴에 대한 레이건 대통령의 물음은 전두환의 과거 경력에 대한 관심을 표하는 예의 바른 인사말에 불과했던 것으로 보인다. 전두환은 회고록 2권에서 레이건과의 만남을 7페이지에 걸쳐(305~311p) 길게 기술한다. 특히 땅굴 얘기를 강조하는데("보좌진의 보고를 받았겠지만 그는 내가 북한이 비무장지대를 뚫고 파내려온 땅굴을 발견한 지휘관임을 이미 알고 있었다. 레이건 대통령이 회담 벽두에 땅굴 얘기부터 꺼낸 것은 그 문제가 그만큼 중요해서라기보다는 나 개인에 대한 관심을 표명하는 제스처로 보였다."), 정상회담을 하는 대통령들

간에 서로 관심을 표하는 의례적인 내용 이상으로 보기 힘든 이 대화를 그토록 강조하는 걸 보면, 전두환이 '선진국' 정상들의 인정에 얼마나 목말라 했는지를 역설적으로 체감할 수 있다.

31. 이현정, 「"김대중 살려주면 전두환 미 국빈방문 허용 '한·미 정상회담' 거래 있었다"」, 《서울신문》 2013. 3. 5.
32. 강준식, 『대한민국의 대통령들』, 김영사, 2017, 262~264p.
33. 이정진·이상현·김효정·홍국기, 「[외교문서] 전두환정권, 인권침해 낙인 피하려 '전전긍긍'」, 《연합뉴스》 2017. 4. 11.
34. 장신기, 「"뒤꿈치가 부서져"…김근태 고문사실은 어떻게 미국에 알려졌나」, 《오마이뉴스》 2021. 12. 29.
35. 81년 1월, 전두환의 방미 환영 행사에 참여한 한인들은 '동원된 사람들'이었으며, 동원된 사람들은 대부분 영사관 관계자들, 상사직원들, 그리고 통일교도들이었다. 전두환이 참석한 행사장마다 시위대가 출몰하자 전두환은 행사를 취소하거나 급히 겉치레 사진찍기만 하고 행사장을 떠나곤 했다. 《LA타임스》는 "우정의 종각에서의 기념식은 세계에서 유례를 찾아보기 힘든, 30초 만에 끝난 행사였다"고 평했다. 장태한, 「재미 한인사회의 정치구조 변화와 5·18」, 학술단체협의회 편, 『5·18은 끝났는가』, 푸른숲, 1999, 335p. 강준만, 『한국 현대사 산책 1980년대편 2권』, 인물과사상사, 2003, 27~28p에서 재인용.
36. 김대중, 『김대중 자서전 1』, 삼인, 2011, 337p.
37. 같은 책, 385p.
38. 김대중, 『김대중 자서전 2』, 삼인, 2011, 86~87p.
39. 같은 책, 113p.
40. 같은 책, 171p.
41. 이흥환 편저, 『미국 비밀 문서로 본 한국 현대사 35장면』, 삼인, 2002, 39~55p. 강준만 『한국 현대사 산책 1980년대편 2권』, 인물과사상사, 2003에서 재인용.
42. 오연호, 『우리 현대사의 숨은그림찾기: 미국의 한반도 정치공작』, 월간말, 1994, 221p. 강준만, 『한국 현대사 산책 1980년대편 2권』, 인물과사상사, 2003에서 재인용.
43. 이인규, 『나는 대한민국 검사였다』, 조갑제닷컴, 2023, 57~61p.
44. 전두환의 손자 전우원이 2023년 4월 4일 〈KBS 더라이브〉, 「사죄드립니다. 그리고 감사합니다」에 출연해 회고한 내용이다.

45. 전두환의 손자 전우원이 2023년 4월 11일 〈CBS 김현정의 뉴스쇼〉, 「전두환 비밀공간 2곳, 돈이 쏟아지듯 쌓였다」에 출연해 밝힌 내용이다.
46. 이영진, 「내가 겪은 전두환·노태우와 박태준」, 《신동아》 1999년 5월
47. 고나무, 『아직 살아있는 자 전두환』, 북콤마, 2017, 175p.
48. 존 위컴, 『12·12와 미국의 딜레마』, 중앙 M&B, 1999, 189p.
49. 이순자, 『당신은 외롭지 않다』, 자작나무숲, 2017, 101~102p.
50. 전두환, 『전두환 회고록 3: 황야에 서다 1988-현재』, 자작나무숲, 2017, 71~72p.
51. 같은 책, 496~497p.
52. 같은 책, 104~105p.
53. 권인숙은 6월 항쟁 직후인 7월 8일에 가석방되었고, 대법원은 1988년 2월 9일이 되어서야 권인숙 측의 재정신청을 받아들였다. 문귀동은 1988년 4월 9일 구속되어 7월 23일에 징역 5년, 자격정지 3년을 선고받았다. 「문귀동 씨 전격 구속」, 《경향신문》 1988년 4월 9일, 「"文貴童 피고 징역 5年 선고 仁川地法」, 《동아일보》 1988년 7월 23일 참조.
54. 장충종, 『한국신문사진론』, 눈빛, 1998, 70~71p. 강준만, 『한국 현대사 산책 1980년대편 3권』, 인물과사상사, 2003, 157p에서 재인용.
55. 김성익, 『전두환 육성증언』, 조선일보사, 1992, 441p.
56. 허은, 「1987년 민주화투쟁과 6월항쟁」, 『6월 민주항쟁: 전개와 의의』, 한울아카데미, 2017, 239~240p.
57. 87년 6월 19일 오전 10시 30분, 전두환은 안기부장, 국방부 장관, 3군 참모총장, 수방사령관, 보안사령관 등 고위 관계자들을 청와대 집무실로 소집해 군 병력 배치 계획을 결정하고 시달했다. 같은 날 오후 2시, 릴리 주한 미국대사가 면담 자리에서 전두환에게 레이건 대통령의 친서를 건네며 시위 진압에 군 병력을 동원하는 데 대한 미국의 반대 의사를 분명하게 밝혔다. 오후 4시 30분, 전두환은 군 병력 동원 지시를 유보하는 지시를 내렸다. 김성익, 『전두환 육성증언』, 조선일보사, 1992, 418~421p. 최근 비밀 해제된 1987년 외교문서에 따르면, 전두환은 4·13 '호헌조치'를 발표한 뒤 5월 초에 레이건 대통령에게 친서를 보내 미국의 지지를 받으려 했다. 그러나 한 달 후인 6월 19일, 레이건은 "계엄령은 바람직하지 않다"는 견제성 답신을 보냈다. 레이건의 친서를 전달하면서 릴리는 "만일 계엄 선포가 임박했음을 발표한다면 한미동맹을 훼손할 위험을 감수해야 할 것이며, 1980년 광주의 재난적 사건의 재발을 자초하게 될 것"이라고 직접적인 압박을 가했다. 이정진, 「[외

교문서] 전두환, 호헌 후폭풍에 레이건에 친서…6월항쟁 외교전 막전막후」, 《연합뉴스》 2023. 4. 6. 이러한 정황을 보면 당시 미국의 견제가 없었다면 전두환이 군을 동원해 대량 학살극을 벌였을 가능성이 매우 높았음을 추정해 볼 수 있다.

58. 노태우는 회고록에서 1987년 6월 24일 오후 7시쯤 전두환의 부름을 받아 청와대로 올라갔는데, 그 자리에서 전두환이 "직선제를 해도 우리가 이기지 않겠느냐"고 의사를 타진해 왔다고 밝힌다. 노태우, 『노태우 회고록 상권』, 조선뉴스프레스, 2011, 342~345p.
59. 정일준, 「5공화국 헌법과 6·29선언」, 『6월 민주항쟁: 전개와 의의』, 한울아카데미, 2017, 239~240p.
60. 뉴스타파, 「[전두환 프로젝트] ④ 연희동 집 가구세트도 막대한 세금으로 구입」, 2019. 9. 9. 참조. https://www.youtube.com/watch?v=tkUAy3OlzO4

BRIDGE 2 두려움과 사랑

1. 이 장은 박철언, 『바른 역사를 위한 증언 1』, 노태우, 『노태우 회고록 상권』, 전두환, 『전두환 회고록 1: 혼돈의 시대 1979-1980』, 펜앤드마이크 채널의 이순자 인터뷰 영상 등을 참조해 일화로 재구성했다. 특히 이 문단은 박철언 『바른 역사를 위한 증언 1』 72~101p에 기술된 대화를 직접 인용했다.
2. 박철언, 『바른 역사를 위한 증언 1』, 랜덤하우스코리아, 2005, 82~83p.
3. 같은 책, 109~110p.
4. 같은 책, 126~127p.

3부 몰락 (1988-2021)

1. 이순자, 『당신은 외롭지 않다』, 자작나무숲, 2017, 688p.
2. 강준만, 『한국 현대사 산책 1980년대편 3권』, 인물과사상사, 2003, 249~251p.
3. 1988년 2월 23일 국가원로자문회의법이 민정당에 의해 일방적으로 통과되었고, 다음 날 전두환은 5공의 마지막 국무회의에서 자신의 손으로 이 법안을 공포했다. 애초 전두환은 이날 국무회의에서 시행령까지 함께 통과시킬

계획을 세웠다가 시행령을 노태우의 몫으로 돌렸는데, 이것이 결국 전두환의 계획을 어그러지게 만들고 말았다. 김현섭·이용호, 『제6공화국 정치비화 권력막후1: 청와대 귀족회의』(경향신문사, 1995) 170p. 강준만, 『한국 현대사 산책 1980년대편 3권』, 인물과사상사, 2003, 250p에서 재인용.

4. "전두환은 퇴임 뒤에도 세계를 비추고 만물을 받아들이고 싶어 했다. 7년 단임제를 공약하기는 했지만 퇴임 후에도 상왕 역할을 하고 싶어 했다. 그런 희망을 실현시키고자 지식인들을 비롯한 각계각층도 모으고 재벌들이 기부한 대규모 자금도 저장해 둘 수 있는 일해재단을 만들었던 것이다." 김종성, 「일해재단에 담긴 전두환의 상왕플랜」, 《오마이뉴스》 2022. 1. 19.
5. 전두환은 1987년 6월 10일 올림픽공원 내 실내체육관에서 열린 민정당 전당대회를 통해 노태우가 정식으로 대통령 후보로 지명되던 순간을 회상하며 "노태우 대표를 나의 후계자로 지명해서 공표한 것은 1986년 6월이었지만, 마음속으로 작정했던 것은 그보다 훨씬 전의 일이었다. (…) 나는 이러한 내심의 결정을 그 누구에게도 내색하지 않았다."라고 기술한다. 전두환, 『전두환 회고록 2: 청와대 시절 1980-1988』, 자작나무숲, 2017, 614~620p.
6. 전두환, 『전두환 회고록 3: 황야에 서다 1988-현재』, 자작나무숲, 2017, 104p.
7. 같은 책, 112~113p.
8. 회고록에서 노태우는 자신이 "전기과에 입학했는데 전기 방면에는 별 소질이 없고 오히려 문학과 음악·운동 쪽에 취미가 있었다. 세계문학전집은 우리말로 된 것이 별로 없어 일본어로 된 것을 주로 읽었다"고 회상한다. 그는 대구공고 악대부에서 트럼펫을 불기도 했고, 옥퉁소·단소도 잘 불었다. 전두환의 결혼식 피로연에서 노태우가 축가로 휘파람을 분 것은 널리 알려진 일화다. 노태우의 음악적 재능과 감상 취향은 "전기도 들어오지 않는 첩첩산중에서 유일하게 유성기를 가진 집에서" 태어나 "아버지의 무릎에 앉아 아버지가 틀어주는 유성기 소리에 따라 노래를 불렀던" 가정환경에서 기인한 것으로 보인다. 노태우, 『노태우 회고록 상권』, 조선뉴스프레스, 2011, 30~31p, 38~39p. 전두환, 『전두환 회고록 3: 황야에 서다 1988-현재』, 자작나무숲, 2017, 58p.
9. 김성익, 『전두환 육성증언』, 조선일보사, 1992, 346p.
10. 전두환, 『전두환 회고록 3: 황야에 서다 1988-현재』, 자작나무숲, 2017, 72~130p 참조.
11. 노태우, 『노태우 회고록 상권』, 조선뉴스프레스, 2011, 86~87p, 200~216p.
12. 김성익, 『전두환 육성증언』, 조선일보사, 1992, 323p.

13. 같은 책, 324p.
14. 노태우, 『노태우 회고록 상권』, 조선뉴스프레스, 2011, 363~368p, 415~417p.
15. 전두환의 이런 마음은 시간이 흐른 뒤에도 변치 않았다. 1994년 10월, 출소한 박철언이 인사차 찾아갔을 때, 전두환은 6공화국 시절을 회상하며 이렇게 말한다. "노태우는 평생에 둘도 없는 친구인데, 옛날로 돌아가려면 노태우가 새 인간으로 돌아와야 한다. 6공 초기에 내 가족에 대한 박해는 모든 것이 노태우 한 사람의 책임이다. 참모가 어떤 건의를 했다 하더라도…." 박철언, 『바른 역사를 위한 증언 2』, 랜덤하우스코리아, 2005, 421~422p.
16. 강원택 외, 『노태우 시대의 재인식』, 나남, 2012, 28p.
17. 《경향신문》 1995년 7월 19일자 1면.
18. 박철언은 1996년 4월 경기도 의왕 서울구치소로 노태우를 면회 갔을 때를 떠올리며 이렇게 기록한다. "면회시간이 거의 끝나갈 무렵, 노 대통령의 눈에 갑자기 눈물이 고이는 듯하더니 '박 장관, 박 장관을 보니 예전에 박 장관이 한 말이 생각난다'라고 했다. 그 말을 들으니 만감이 교차했다. 내가 예전에 YS를 밀라고 강요하던 노 대통령에게, YS가 대통령이 되면 박정희 대통령으로부터 시작된 근대화의 역사는 짓밟혀버릴 것이라고 강력히 거부했던 얘기를 하는 것 같았다." 박철언, 『바른 역사를 위한 증언 2』, 랜덤하우스코리아, 2005, 462p.
19. '노태우 비자금' 사건에 대한 대응을 보면 두 사람의 차이가 뚜렷하게 드러난다. 1995년 10월, 민주당 박계동 의원이 국회 대정부 질의에서 노태우의 비자금 4,000억 원 의혹을 제기했을 때, 중국 체류 중이던 김대중은 92년 대선에서 노태우로부터 20억을 받았다고 고백했다. 갑작스러운 김대중의 고백으로 정계가 술렁였고, 사람들의 관심은 자연히 김영삼이 노태우로부터 건네받은 선거자금 액수에 쏠렸다. 이에 김영삼은 늘 그래왔던 것처럼 '국면 전환'으로 대응한다. 비자금으로 다시 끓어오른 5·6공 군사정부에 대한 국민의 분노를 '역사 바로 세우기 재판'으로 연결해 자신의 선거자금에 쏠린 관심을 전환시키는 데 성공한 것이다. 동일한 사안을 두고 김대중이 전말을 그대로 밝히고 사과하는 정공법을 택한 반면, 김영삼은 더 큰 사건을 터뜨려 여론의 추이를 돌리는 방법을 택한 것이다. 훗날 노태우는 회고록을 통해 자신이 14대 대선 막바지에 김영삼과 당 선거 관계 참모들로부터 자금이 모자란다는 긴급요청을 받고 금진호 장관을 통해 1,000억 원을 보내주었음을 또렷하게 밝힌다. 노태우, 『노태우 회고록 하권』, 조선뉴스프레스, 2011, 512p.
20. 마키아벨리 『군주론』(강정인·문지영 옮김, 까치, 2003), 막스 베버 『직업으로

서의 정치』(전성우 옮김, 나남, 2019) 참조.

21. 김영삼이 취임한 1990년 3월, 청와대 주변의 궁정동 청운동 삼청동 세 곳에는 12개의 '안전가옥'이 있었다. 줄임말로 '안가'로 불렸던 이 호화저택들은 "박정희 전두환 노태우 등 군인 출신 독재자들이 여자들과 어울려 매주 한두 번 이상씩 유흥을 즐기던 곳, 재벌 총수들을 불러들여 여자들을 옆에 앉히고 술을 마시면서 정치자금 상납을 강요하던 곳, 밀실정치와 공작정치의 본산이며, 도적적 타락이 횡행하던" 곳이었다. 김영삼, 『김영삼 대통령 회고록 상권』, 조선일보사, 2001, 75~78p.
22. 이순자, 『당신은 외롭지 않다』, 자작나무숲, 2017, 608~611p.
23. 전두환, 『전두환 회고록 3: 황야에 서다 1988-현재』, 자작나무숲, 2017, 348~565p.
24. 전두환, 『전두환 회고록 1: 혼돈의 시대 1979-1980』, 자작나무숲, 2017, 86~87p.
25. 전두환, 『전두환 회고록 3: 황야에 서다 1988-현재』, 자작나무숲, 2017, 496~497p.
26. 같은 책, 496p.
27. 같은 책, 494p
28. 같은 책, 498p.
29. 같은 책, 502~503p.
30. 김대중, 『김대중 자서전 1』, 삼인, 2011, 372p.
31. 같은 책, 160p.
32. 1997년 12월 22일, 김영삼 정부가 특별사면을 통해 전두환과 노태우를 석방했다. 5·18 단체들과 사회단체들의 반발과 일반 국민 80%의 반대를 무릅쓰고 이루어진 일이었다. 이렇듯 철저하지 못했던 책임자 처벌은 시간이 흐르면서 '5·18 뒤집기'와 왜곡으로 이어졌다. 극우 선동가들이 '1980년 5월 27일 소탕 작전 때 계엄군은 단 한 명의 시민군도 사살하지 않았다'거나 '도청에서 사망한 사람들은 시민들끼리의 오인사격에 의한 것'이라는 주장을 펴기 시작한 것이다. 황석영·이재의·전용호, 광주민주화운동기념사업회, 『죽음을 넘어 시대의 어둠을 넘어』, 창비, 2017, 485~488p 참조.
33. 1997년 11월 18일, 한국 경제의 뇌관으로 지목되던 금융기관 부실채권 정리를 위한 금융개혁안이 재경위에서 통과되지 못하고 계류되었다. 당시 경제부총리였던 강경식은 야당인 국민회의 당사를 찾아가 금융개혁법안의 통과를 읍소했지만 결국 법안 상정은 무산되었다. 이 사례를 예로 들며 강경식은

당시 국민회의를 이끌던 김대중이 외환위기 발발에 책임이 있다고 주장한다. 강경식, 『국가가 해야 할 일, 하지 말아야 할 일』, 김영사, 2010, 123~138p 참조. 반면 이제민은 97년 외환위기의 원인을 국내 경제구조 개혁의 미비에서 찾는 강경식의 주장을 반박한다. 당시 문제는 한국 은행들이 빌렸던 단기 자금이 급격히 빠져나가는 것이었는데, 외환보유액 부족으로 신뢰가 없어져서 빠져나가는 외자를 중·장기적 목표인 국내 경제구조 개혁으로 되돌리기는 어려웠다는 주장이다. 이제민, 『외환위기와 그 후의 한국 경제』, 한울아카데미, 2017, 148~153p. 결국 강경식은 외환위기의 주요 원인을 국내의 경제 구조의 문제로 보고, 이제민은 외부 요인, 특히 미국의 음모로 보고 있는 셈이다. 외환위기는 초점을 국내 상황에 맞추느냐 국제 상황에 맞추느냐에 따라 다른 분석을 내놓을 수 있는 거대 화두이지만, 당시 금융개혁법안의 내용이 나중에 IMF에 의해 원래 안과 비교할 수 없을 정도로 혹독하게 실행되었다는 측면을 보면 야당 총재였던 김대중도 외환위기에 대한 책임에서 완전히 자유롭다고 볼 수는 없을 것이다.

34. 1997년 11월 20일, 서울 목동 국제우편국에서 북한 우표와 북한 우체국 소인이 찍힌 편지 한 통이 발견되었다. 같은 해 8월에 간첩 혐의를 받은 뒤 월북한 오익제 의원이 김대중 앞으로 보낸 편지였다. 이 편지로 대선 후보였던 김대중은 큰 위기에 빠졌다. 국민의회 소속 육사 출신 의원인 임복진은 김영삼 정부의 안기부에 이 사건을 공정하게 처리해 준다면 당선 이후 어떠한 정치 보복도 하지 않겠다는 의사를 전달했다. 이후 대통령 김영삼의 의지로 '오익제 편지 사건'은 대통령 선거 이후로 연기되었고, 12월 19일, 김대중은 이회창 후보를 근소한 차이로 따돌리고 15대 대통령에 당선되었다. 그러나 약속과 달리 이듬해 3월, 권영해 안기부장과 고성진 단장을 '북풍' 조작 혐의로 구속했다. 김종대, 『시크릿 파일 위기의 장군들』, 메디치미디어, 2015, 92~96p.

35. IMF는 이전 정부들와 당시 정부의 과오, 정·관계의 관행, 정치 세력들의 권력 투쟁, 우방국인 미국의 입장 변화 등 수많은 요인이 얽혀 일어난 대형 사건이었다. 각계각층에서 결정권을 가진 이들 거의 모두가 원인을 제공했다 할 수 있었고, 야당인 새정치국민회의가 국회에서 해묵은 경제적 병폐를 변혁할 법안을 통과시켜주지 않았다는 측면에서 새정치국민회의 총재였던 김대중 자신도 IMF에 원인을 제공한 혐의에서 자유로울 수 없었다. 당선된 뒤 강경식과 김인호를 구속시킨 것은 특정 인물을 희생양으로 내세워 IMF 국면을 넘어섰다는 인상을 형성하려는 전략이었던 것으로 보인다. IMF의 막

전막후와 김대중이 했던 긍정적·부정적 역할에 대해서는 이제민, 『외환위기와 그 후의 한국 경제』, 김영삼, 『김영삼 대통령 회고록』, 강경식, 『국가가 해야 할 일, 하지 말아야 할 일』 참조.

36. 김대중, 『김대중 자서전 2』, 삼인, 2011, 100p.
37. 황석영·이재의·전용호, 광주민주화운동기념사업회, 『죽음을 넘어 시대의 어둠을 넘어』, 창비, 2017, 484~488p.
38. 전명혁, 「제주 4·3 사건과 브레이크 없는 국가폭력」, 『한국 현대사와 국가폭력』, 푸른역사, 2019, 34~51p.
39. 진실화해위원회는 보도연맹 사건으로 전국 114개 시군에서 총 4,931명이 희생되었다고 밝혔다. 한성훈, 「예비검속의 희생자들: 국민보도연맹사건」, 『한국 현대사와 국가폭력』, 푸른역사, 2019, 34~51p.
40. 전인권, 『박정희 평전』, 이학사, 2006, 145p.
41. 1952년 5월 25일, 이승만은 계엄령을 선포한 뒤 대구에 있던 육군본부에 부산으로 계엄군을 파견해 줄 것을 요청했다. 이에 육군참모총장 이종찬은 육군본부 훈령 217호 "육군 장병에게 고함"을 발표하고, 군이 정치적 목적에 이용되지 말고 중립을 지킬 것을 촉구했다. 육참총장이 대통령에게 정면도전했던 이 사건에서 박정희는 작전국장 대리로 훈령 217호의 초안을 작성했다. 조갑제·이동욱, 「[박정희 생애] 제6부 쿠데타 연습-이승만 제거계획」, 《조선일보》 1998. 5. 18.
42. 임혁백, 『비동시성의 동시성』, 고려대학교출판문화원, 2014, 715~727p.
43. 셸던 월린, 강정인 옮김, 『정치와 비전2』, 후마니타스, 2009, 57p.
44. 이에 대한 자세한 분석은 라종일 외 5명이 공저한 『한국의 불행한 대통령들』 참조. 라종일은 이 책의 서장에서 "개발도상국 상황에서 지배적이었던 권위주의 정치에서 민주적인 정치로 이행하는 과정에 중요한 역할을 한" 김영삼, 김대중, 노무현의 경우를 분석하며 세 대통령들이 '변혁과 혁명적인(transformative, revolutionary)' 전망보다는 '이행하는 개혁적인(transitional, reformist)' 전망을 가지고 대통령직에 임했어야 한다고 아쉬움을 표한다. 라종일 외, 『한국의 불행한 대통령들』, 파람북, 2020, 14~63p.
45. 김원철, 「박근혜가 만든 '전두환 추징법'이 박근혜를 잡다」, 《허핑턴포스트코리아》 2018. 1. 8.
46. '2016헌나1 대통령 박근혜 탄핵 사건'에 대한 헌법재판소 선고 인용.
47. 박근혜는 2007년 1월 한나라당 대통령 후보 경선을 앞두고 단발머리를 했다가, 주위의 만류로 같은 해 5월 올림머리로 복귀했다. 아래의 한겨레 기사

참조. 박현정, 「박근혜의 '올림머리 집착'…그 기원을 알아봤다」, 《한겨레》 2017. 3. 21.

48. 전두환은 육군 장성에게 보고받을 때 옥좌처럼 30센티미터 높은 연단에 앉았고, 미국 대사에게 신임장을 받을 때 대사관 직원들에게는 예복을, 대사에게는 예장용 모자를 쓰게 했다. 고나무, 『아직 살아있는 자 전두환』, 북콤마, 2017, 155p, 196p.

49. 5·18 당시 광주 505보안부대 수사관이었던 허장환은 전두환을 만났던 소회를 이렇게 기술한다. "악수를 나눌 때는 그의 소탈한 인격과 친화력에 감동하여 무한한 충성을 다짐하는 마음이 스스로 우러나오는 나 자신에 놀라지 않을 수 없었다." 허장환, 『5·18 내란수괴 전두환』, 멘토프레스, 2020, 240p. 육군사관학교 11기 동기였던 장석윤은 전두환의 지도력을 이렇게 설명했다. "사랑과 관용으로 대하기 때문에 누구나 전두환 선배 밑에서 근무를 희망했다. 농담을 해도 자신을 낮추는 농담으로 상대를 웃기는 유머 감각이 있는 사람이었다." 고나무, 『아직 살아있는 자 전두환』, 북콤마, 2017, 237쪽.

50. 조순제는 1940년생으로 최태민의 부인 임선이가 첫 번째 결혼에서 낳은 아들이다. 국정 농단의 주역 최순실과는 같은 배에서 태어난 이부오빠다. 1975년 최태민이 박근혜를 등에 업고 '대한구국선교단'을 비롯한 각종 단체를 설립할 무렵, 임선이의 요청으로 단체의 홍보실장과 사무처장 등 핵심 요직에서 일했다. 2007년 한나라당 대선 경선 시 박근혜 후보가 조순제를 모른다고 하자, 진정서를 제출하고 기자회견을 하는 과정에서 박근혜 관련 증언을 담은 녹취록을 남겼다. 『또 하나의 가족』은 조순제의 아들인 조용래가 아버지가 남긴 녹취록과 어머니 김경옥(오랫동안 박근혜의 집사 생활을 한 인물이다)의 증언을 바탕으로 서술한 책이다. 조용래, 『또 하나의 가족: 최태민, 임선이, 그리고 박근혜』, 모던아카이브, 2017 참조.

51. 조용래, 『또 하나의 가족: 최태민, 임선이, 그리고 박근혜』, 모던아카이브, 2017, 60~61p.

52. 전두환, 『전두환 회고록 3: 황야에 서다 1988-현재』, 자작나무숲, 2017, 616~617p.

53. "나는 이후락 씨에게 박 대통령 유가족이 억울한 일을 당하지 않는 방향으로 해결되도록 도와주기를 부탁했다. 이후락 씨의 중재로 분쟁이 수습되고 박근혜 씨가 2년 동안 이사직으로 있다가 향후에 이사장을 맡는 것으로까지 진전됐다고 들었다." 전두환, 『전두환 회고록 3: 황야에 서다 1988-현재』, 자작나무숲, 2017, 615p.

54. 박근혜가 전두환에게서 '생활비'로 6억을 받았다는 사실은 18대 대선 후보자 토론회에서 통합진보당 대선 후보였던 이정희가 언급해 널리 알려졌다. 이정희는 당시 6억이면 강남의 '은마아파트'를 30채 살 수 있었던 액수라고 설명했다. 현재 시가로 계산하면 약 600억 원에 해당하는 금액이다. 전두환 또한 2017년 발간한 자서전에서 6억 5천에 관해 회고했다. 전두환, 『전두환 회고록 3: 황야에 서다 1988-현재』, 자작나무숲, 2017, 615~616p.
55. "민영화가 어려운 또 다른 '걸림돌'도 있다. 30% 지분을 가진 정수장학회다. 정수장학회는 '박정희-육영수' 이름을 따서 만든 곳으로, 과거 5·16 장학회로 불렸다. 실질적 주인은 전직 대통령 박근혜 씨다. MBC 민영화로 정수장학회는 MBC의 최대주주가 될 가능성도 있다. 이 경우 윤석열 정부는 박근혜 씨에게 특혜를 준다는 비판을 피할 수 없다." 정철운, 「국민의힘이 원하는 'MBC 민영화' 이래서 불가능하다」, 《미디어오늘》 2022. 11. 26.
56. 이순자, 『당신은 외롭지 않다』, 자작나무숲, 2017, 605p.
57. 조지 베일런트, 한성열 옮김, 『성공적 삶의 심리학』, 나남, 2005, 551~558p.

BRIDGE 3 독재자의 배우자로 산다는 것

1. 박근혜가 쓴 『나의 어머니 육영수』의 둘째 장 셋째 장은 박목월이 쓴 육영수 전기 『육영수 여사』 중 일부를 발췌한 내용이고, 본문에 인용한 말들은 모두 박근혜가 발췌한 『육영수 여사』에서 따온 것이다. 박근혜, 『나의 어머니 육영수』, 사람과사람, 2000
2. 육영수는 나환자촌, 홍수 현장, 가뭄 현장, 시립병원, 장애인 시설들을 방문해 도움을 주었다. 방문 전에 미리 알리지 않는 것을 원칙으로 삼아 일이 형식적으로 흐르고 겉치레가 심해지는 것을 예방했고, 직접 도움을 주기보다는 독립적으로 홀러 설 수 있도록 방향을 설정해 주는 데 역점을 두었다. 같은 책, 박목월 전기 발췌 부분, 174~188p 참고.
3. 같은 책, 박목월 전기 발췌 부분, 189~192p. 참조.
4. 펜앤드마이크 유튜브 채널, 「이순자 여사(전두환 전 대통령 부인) 단독 인터뷰-3부/전두환과 최규하 [제5공화국 역사의 증언 특집]」, 2022. 7. 22. https://www.youtube.com/watch?v=vGShGuBvNhw
5. 2004년 5월, 검찰이 둘째 아들 전재용을 구속하고 전두환의 측근들이 관리해 온 206억 원에 대한 추적에 들어가자, 이순자는 130억 원과 친인척들에게

흘러들어 간 76억 원을 남편의 추징금으로 대신 납부하겠다고 약속했다. 그 과정에서 130억 원이 패물을 판 돈으로 이태원 땅을 사서 2배로 불리는 등 어렵게 모은 '알토란 같은 내 돈'이라며 눈물을 흘린 것으로 전해졌다. 안창현, 「이순자 씨 "알토란 같은 내 돈"」, 《한겨레》 2004. 5. 12.

6. 김유대, 「25년 버티기 전두환 미납추징금 956억 원…사망해도 환수?」 《KBS》 2021. 11. 24.
7. 조은희, 『한국의 퍼스트레이디』, 황금가지, 2007, 170p.
8. 1988년 '5공 청산 청문회'에서 세세대육영회와 심장재단이 논란에 휩싸였다. 이순자가 명예회원들에게서 '직접 받은' 기부금이 문제가 된 것이다. "81년 이후 5共 7년간 거둔 각종 기부금은 새마을 1천4백96억 원, 새세대육영회 2백23억 원, 새세대심장재단 1백95억 원, 일해재단 5백99억 원 등 무려 2천5백13억 원이다." 李基昌, 「〈特輯〉 政治改革: 政經癒着 안 된다」, 《연합뉴스》 1993. 11. 12.

4부 악의 기원

1. 임혁백, 『비동시성의 동시성』, 고려대학교출판문화원, 2014, 591~592p.
2. 《뉴스타파》와 《오마이뉴스》가 2019년과 2020년에 보도한 바에 따르면, 전두환의 장남 전재국 씨 명의로 된 부동산 또는 법인이 13건, 차남 전재용 씨 명의가 2건, 3남 전재만 씨 명의가 1건, 장녀인 전효선 씨 명의로 2건, 전두환의 첫째 며느리, 배우자, 처남, 셋째 며느리, 비서관, 손녀, 세 명의 손자 명의로만 약 30개의 알짜배기 기업들과 고가의 부동산이 등록되어 있다.
   뉴스타파, 「[전두환 프로젝트] ④ 연희동 집 가구세트도 막대한 세금으로 구입」, 2019. 9. 9. https://www.youtube.com/watch?v=tkUAy3OlzO4
   MBC PD수첩, 「"외증조부가 물려준 부동산 '전두환 숨은 재산?'"」, 2021. 6. 22. 방송
3. 한국과 중국이 정식으로 수교를 맺은 것은 1992년, 중국이 세계무역기구인 WTO에 가입한 것은 2001년이다. 1992년 이후 한국의 대중국 수출은 가파르게 상승해 2000년대 초반에 정점에 이른다. 그와 반대로, 미국과 일본에 대한 한국의 수출 비중은 가파르게 하락한다. 2001년을 기점으로, 중국 수출과 일본 수출이 역전된다. 2001년 중국에 대한 한국 수출은 12.1%였고, 일본 수출은 11.0%였다. 2003년에는 중국과 미국의 수출이 역전된다. 2003년 한

국 수출은 중국 18.1%, 미국 17.7%였다. 2019년을 기준으로 볼 때, 한국의 전체 수출에서 중국은 25.1%, 미국 13.5%, 일본 5.2%였다. 중국 수출은 일본의 5배, 미국의 약 2배였던 셈이다. 최병천, 『좋은 불평등』, 메디치미디어, 2022, 134~135p.

4. 이제민은 『외환위기와 그 후의 한국 경제』 141p에서 이를 이렇게 서술한다. "전두환 정부는 1981년 4월 일본 스즈키 젠코 내각에게 '안보 분담금'을 내라고 요구했다. 그 근거는 일본의 '안보 무임승차론'이었다. 한국이 동북아 안보를 위해 최전방에서 힘쓰고 있는데, 일본이 무임승차하고 있으니 분담금을 내야 한다는 것이었다. 요구한 금액은 100억 달러였다. 전두환 정부가 그렇게 요구한 것은 믿는 구석이 있었기 때문이다. 레이건 정부는 당시 구소련과 새로운 냉전의 최전방 국가라는 사실을 강조하는 전두환 정부의 주장에 동조했다."
5. 박진, 「세계화시대 한국경제의 성장과 개방」, 『탈냉전사의 인식』, 한길사, 2012, 299~300p.
6. 이장규, 『대통령의 경제학』, 기파랑, 2014, 276p.
7. 박진, 「세계화시대 한국경제의 성장과 개방」, 『탈냉전사의 인식』, 한길사, 2012, 295~297p.
8. 이제민은 1980년대 초 외환위기와 1997년 외환위기를 비교하며 1997년 외환위기의 핵심 원인을 미국의 태도 변화에서 찾는다. "(한국의 외환위기 봉착 위협에) 일본이 적극적으로 나서서 수습하려고 했는데 미국이 그것을 강력하게 저지했던 것이다. 이처럼 15년 만에 한·미·일 관계에서 정반대 현상이 나타난 데는 김영삼 정부의 외교 실패라는 요인도 있었지만, 냉전의 존재 여부가 결정적 요인이었을 것이다" 이제민, 『외환위기와 그 후의 한국 경제』, 한울아카데미, 2017, 142p. 이제민에 의하면 한국에 외환위기가 발발한 것은 위기 국면에서 한국이 일본의 도움을 받지 못하도록 미국이 적극적으로 막았기 때문이다. 그리고 미국 정부의 이러한 방침은 월가를 비롯한 복합 자본 세력과의 결탁, 통상 이익을 관철시키려는 의도에서 비롯된 것이다.
9. 이장규, 『대한민국 대통령들의 한국경제 이야기 2』, 살림, 2016, 56~58p.
10. 김영삼은 1997년 11월 19일, IMF 구제금융을 받기로 한 위급한 상황에서 경제 타워였던 강경식-김인호 팀을 경질하고 임창렬-김영섭 팀을 앉혔다. 관련해서는 아래 중앙일보 기사 참조. 백우진, 「[1997년을 기억하는 스무 가지 방식(3) IMF 구제금융 협상] "분위기 쇄신이 필요한데…(YS)" 안이했던 위기 대응 리더십」, 《중앙일보》, 2017. 3. 12.

11. 국회예산정책처 경제분석총괄과, 「2022 대한민국 경제」, 《국회예산정책처》, 2022, 23p.
12. '국민소득'은 한 나라 안에 있는 가계·기업·정부 등의 모든 경제주체가 일정 기간에 새로이 생산한 재화와 용역의 가치를 금액으로 평가하여 합한 것으로 한 나라의 경제 수준을 종합적으로 나타내는 대표적인 지표라고 할 수 있다. '1인당 국민소득'은 국민소득을 총 국민 수로 나눈 값으로 해당 국가의 소득 수준을 보여주는 가장 대표적인 지표다.
13. 이 문단은 최병천의 『좋은 불평등』 81~105p를 참조했다.
14. 임혁백, 『세계화 시대의 민주주의』, 나남, 2000, 293~294p, 321~324p.
15. 지역 공동체인 '타운십'을 모체로 해서 여러 타운의 연합으로 범위를 넓혀 나가 커다란 국가 공동체를 이룬 미국은, 그러한 중간 조직들이 개인의 자유를 보장하면서도 공공성이 보장될 수 있도록 개인과 국가 간의 윤활유 역할을 해준 가장 바람직한 사례이다. 국가보다 작은 단위의 조직들이 실질적인 권력을 갖고 자유의지를 발휘하며 존속하는가, 즉 '지방자치'와 여러 층위의 권력 분산이 실행되고 있는가의 여부가 민주주의의 핵심 요소인 '자유'와 '평등'을 존속시켜 준다는 논리다. 알렉시스 드 토크빌, 임효선·박지동 옮김, 『미국의 민주주의 1, 2』, 한길사, 1997 참조
16. 강원택, 「총론: 지방자치를 보는 새로운 시각」, 『한국 지방자치의 현실과 개혁 과제』, 사회평론, 2014, 37~39p.
17. 박원호, 「한국인의 시민문화: 참여의 위기와 지방정치」, 『한국 지방자치의 현실과 개혁 과제』, 사회평론, 2014, 51~55p.
18. 조귀동, 『전라디언의 굴레』, 생각의힘, 2021, 199p.
19. 인간의 '성'이 보이지 않게 무대 뒤로 퇴장하는 과정을 분석한 책으로는 노르베르트 엘리아스의 『문명화과정 1, 2』(박미애 옮김, 한길사, 1999)이 있다. 중세에서 근대로 넘어가는 과정을 문화와 습속에서 추적한 이 두 권짜리 책에서 엘리아스는 식욕과 성욕을 포함한 인간의 원초적 욕구가 보이지 않는 영역으로 밀려나가고 통제되는 과정을 유럽의 문명화과정과 관련지어 설명한다. '죽음'이 인간 생활의 가시권 밖으로 밀려나고 금기시되는 과정을 기술한 책으로는 필립 아리에스의 『죽음 앞의 인간』(고선일 옮김, 새물결, 2004)이 있다. 아리에스는 공동체가 다 함께 맞이하던 죽음이 당사자만의 것으로 축소되고, 급기야는 당사자에게조차 외면받아 병원으로 밀려나는 과정을 방대한 사료를 동원해 그려낸다.
20. 정효식·임주리, 「트럼프 "연방군 투입"에 반기 든 국방장관·합참의장」, 《중

앙일보》, 2020. 6. 5.

21. 토마스 홉스(1588~1679). 영국의 철학자·법학자. 1651년 출간한 『리바이어던』에서 홉스는 국가가 생기기 전에는 사람들이 살아남기 위해 자신의 '강함'을 드러내며 싸움을 벌이게 된다고 설명한다. 만인이 만인에 대해 투쟁을 하게 되는 이런 상황을 '자연 상태'라 명명하고, 이런 상태를 종식시키기 위해서 강력한 힘이 필요하다고 주장한다. 상호 간 해치지 않겠다고 합의하고, 이 합의를 깰 경우 징벌을 내리는 힘이 필요하다는 것이다. 이 힘의 근원으로 그는 '국가'를 호출하며, 국가가 강력해야 사회에 안정과 평화가 유지될 거라고 설파한다. 토마스 홉스, 『리바이어던 1, 2』(진석용 옮김, 나남, 2008) 참조.
22. 최정운은 『한국인의 탄생』(미지북스, 2017)에서 이인직의 『혈의 누』(1906년 발표), 이해조의 『구마검』(1908년 발표) 등의 신소설들을 분석해, 1894년~1910년이 개인과 개인 간의 투쟁만 남은 '홉스적 자연 상태'였음을 보여준다. 『혈의 누』는 아버지에게 속아 군수의 첩으로 팔려간 딸이 본처의 계교로 잔인하게 살해당하는 이야기이고, 『구마검』은 재산을 모은 특정 인물을 무당, 판수, 지관 등의 사기꾼들이 등쳐 먹고 알거지로 만드는 이야기다. 이 시기에 발표된 신소설들에서 가족들은 서로를 속이고, 소유물을 훔치고, 살해하며, 국가의 관리는 갖가지 방법으로 백성을 수탈한다. 하인이 주인을 살해하거나, 정체를 알 수 없는 도둑 떼가 엽기적인 기행을 벌이며, 게으르게 놀고먹으며 남의 것을 빼앗으려 드는 사람들이 도처에 널려 있다. 이런 소설들을 통해, 당시 한반도가 질서라고는 찾아볼 수 없는 약육강식의 아수라장이었음을 짐작할 수 있다.
23. 근대를 수용할 다른 경로가 있었다면 다른 선택을 했을 것이나, 한반도는 통일신라 이래 강력한 중앙집권의 전통을 이어온 땅이었다. 『소용돌이의 한국정치』의 저자인 그레고리 헨더슨에 의하면 한국은 "좁은 국토, 안정된 국경선, 인종과 종교에서의 동질성, 그리고 독특한 역사의 연속성"을 특징으로 하는 나라이며, 지정학적 상황과 주변 강대국들의 위협으로 인해 676년에 신라가 통일을 이룬 이후 "단기간의 드문 예외를 제외하곤 분열하지 않고 이어져 1945년에 외국 세력이 강제로 38도선을 따라 냉전 분할선을 그을 때까지" 극단적인 중앙집권체제를 이어간 나라였다. 그런 땅에서 행정부의 수반과 그가 만든 체제를 외면하고 다른 통로로 근대를 맞을 길은 요원했다. 그레고리 헨더슨, 이종삼·박행웅 옮김, 『소용돌이의 한국정치』, 한울아카데미, 2013, 51~89p 참조.

24. 1979년 11월 말에서 12월 초 사이, 한미연합사령관 위컴은 육군참모총장과 합참의장을 지낸 퇴역 장성 이형근으로부터 '일단의 신군부' 사이에 불만이 확산되고 있다는 보고를 받는다. 쿠데타 가능성을 암시한 이 보고를 접수한 위컴은 12월 4일, 국방부 장관 노재현과 한미연합사령부 부사령관인 유병현에게 이 사실을 알린다. 그러나 노재현과 유병현은 위컴이 건넨 정보가 아무런 근거도 없는 것이라고, 위컴 같은 이방인보다 한국인인 자신들이 국내 사정에 대해 더 많은 정보를 얻게 마련이라고 일축한다. 그리고 그로부터 8일 뒤, 12·12 쿠데타가 발발한다. 존 위컴, 『12·12와 미국의 딜레마』, 중앙M&B, 1999, 88~91p.

참고문헌

강경식, 『국가가 해야 할 일, 하지 말아야 할 일』, 김영사, 2010
강명한, 『응답하라 포니원』, 컬쳐앤미디어, 2022
강석훈 외, 『탈냉전사의 인식』, 한길사, 2012
강원택, 『보수는 어떻게 살아남았나』, 21세기북스, 2020
강원택 외, 『노태우 시대의 재인식』, 나남, 2012
강원택 외, 『한국 지방자치의 현실과 개혁 과제』, 사회평론, 2014
강준만, 『한국 현대사 산책 1980년대편 2권』, 인물과사상사, 2003
강준만, 『한국 현대사 산책 1980년대편 3권』, 인물과사상사, 2003
강준식, 『대한민국의 대통령들』, 김영사, 2017
고나무, 『아직 살아있는 자 전두환』, 북콤마, 2017
고승철·이완배, 『김재익 평전』, 미래를소유한사람들, 2013
그레고리 헨더슨, 이종삼·박행웅 옮김, 『소용돌이의 한국정치』, 한울아카데미, 2013
김당, 『시크릿파일 국정원』, 메디치미디어, 2016
김대중, 『김대중 자서전 1』, 삼인, 2011
김대중, 『김대중 자서전 2』, 삼인, 2011

김상숙 외, 『한국 현대사와 국가폭력』, 푸른역사, 2019
김성익, 『전두환 육성증언』, 조선일보사, 1992
김영삼, 『김영삼 대통령 회고록 상권』, 조선일보사, 2001
김영삼, 『김영삼 대통령 회고록 하권』, 조선일보사, 2001
김정한 외, 『한국현대생활문화사: 1980년대』, 창비, 2016
김종대, 『시크릿 파일 위기의 장군들』, 메디치미디어, 2015
김종필, 『김종필 증언록 1』, 와이즈베리, 2016
김종필, 『김종필 증언록 2』, 와이즈베리, 2016
김준형, 『영원한 동맹이라는 역설』, 창비, 2021
김충남, 『대통령과 국가경영』, 서울대학교출판부, 2006
김충식, 『5공 남산의 부장들 1』, 블루엘리펀트, 2022
김충식, 『5공 남산의 부장들 2』, 블루엘리펀트, 2022
남덕우, 『경제 개발의 길목에서』, 삼성경제연구소, 2009
노르베르트 엘리아스, 박미애 옮김 『문명화과정 1』, 한길사, 1999
노르베르트 엘리아스, 박미애 옮김 『문명화과정 2』, 한길사, 1999
노무현재단 엮음, 유시민 정리, 『노무현 자서전: 운명이다』, 돌베개, 2019
노영기, 『그들의 5·18』, 푸른역사, 2020
노태우, 『노태우 회고록 상권』, 조선뉴스프레스, 2011
노태우, 『노태우 회고록 하권』, 조선뉴스프레스, 2011
니콜로 마키아벨리, 강정인·문지영 옮김, 『군주론』, 까치, 2003
돈 오버도퍼·로버트 칼린, 이종길 옮김, 『두 개의 한국』, 길산, 2014
라종일, 『물과 피』, 이조, 2022
라종일 외, 『한국의 불행한 대통령들』, 파람북, 2020
레지널드 존스턴, 김성배 옮김, 『자금성의 황혼』, 돌베개, 2008
막스 베버, 전성우 옮김, 『직업으로서의 정치』, 나남, 2019
문재인, 『문재인의 운명』, 가교, 2011
민주화운동기념사업회 편저, 『6월 민주항쟁: 전개와 의의』, 한울아카데미, 2017
박근혜, 『나의 어머니 육영수』, 사람과사람, 2000
박정희, 『우리 민족의 나갈 길』, 기파랑, 2017
박철언, 『바른 역사를 위한 증언 1』, 랜덤하우스코리아, 2005
박철언, 『바른 역사를 위한 증언 2』, 랜덤하우스코리아, 2005
셸던 월린, 강정인 옮김, 『정치와 비전 2』, 후마니타스, 2009
신철식, 『신현확의 증언』, 메디치미디어, 2017

안나 프로이트, 김건종 옮김, 『자아와 방어기제』, 열린책들, 2015
알렉시스 드 토크빌, 임효선·박지동 옮김, 『미국의 민주주의 1, 2』, 한길사, 1997
오연호, 『우리 현대사의 숨은그림찾기: 미국의 한반도 정치공작』, 월간말, 1994
오인환, 『이승만의 삶과 국가』, 나남, 2013
윤여준, 『대통령의 자격』, 메디치미디어, 2011
윤여준, 『윤여준의 진심』, 메디치미디어, 2014
윌리엄 글라이스틴, 황정일 옮김, 『알려지지 않은 역사』, 중앙 M&B, 1999
이경식, 『대한민국 군인 정승화』, 휴먼앤북스, 2002
이계성, 『지는 별 뜨는 별: 청와대 실록』, 한국문원, 1993,
이민용, 『한미동맹해부: 갈등과 협력의 역동적 조화』, 숙명안보학연구소, 2015
이순자, 『당신은 외롭지 않다』, 자작나무숲, 2017
이영일, 『미워할 수 없는 우리들의 대통령』, 하다, 2018
이장규, 『경제는 당신이 대통령이야』, 올림, 2008
이장규, 『대통령의 경제학』, 기파랑, 2014
이장규, 『대한민국 대통령들의 한국경제 이야기 1』, 살림, 2016
이장규, 『대한민국 대통령들의 한국경제 이야기 2』, 살림, 2016
이재의, 『안병하 평전』, 정한책방, 2020
이제민, 『외환위기와 그 후의 한국 경제』, 한울아카데미, 2017
이홍환 편저, 『미국 비밀 문서로 본 한국 현대사 35장면』, 삼인, 2002
임혁백, 『1987년 이후의 한국 민주주의』, 고려대학교출판부, 2011
임혁백, 『민주주의 발전과 위기』, 김영사, 2021
임혁백, 『비동시성의 동시성』, 고려대학교출판문화원, 2014
임혁백, 『세계화 시대의 민주주의』, 나남, 2000
임혁백, 『시장·국가·민주주의』, 나남, 1994
장충종, 『한국신문사진론』, 눈빛, 1998
전두환, 『전두환 회고록 1: 혼돈의 시대 1979-1980』, 자작나무숲, 2017
전두환, 『전두환 회고록 2: 청와대 시절 1980-1988』, 자작나무숲, 2017
전두환, 『전두환 회고록 3: 황야에 서다 1988-현재』, 자작나무숲, 2017
전상인, 『공간 디자이너 박정희』, 기파랑, 2019
전인권, 『박정희 평전』, 이학사, 2006
전인권, 『전인권이 읽은 사람과 세상』, 이학사, 2006
정주영, 『이 땅에 태어나서』, 솔, 2015
조갑제, 『공수부대의 광주사태』, 조갑제닷컴, 2007

조갑제, 『내 무덤에 침을 뱉어라 1』, 조선일보사, 1998
조갑제, 『박정희 1~13권』, 조갑제닷컴, 2007
조귀동, 『전라디언의 굴레』, 생각의힘, 2021
조 스터드웰, 김태훈 옮김, 『아시아의 힘』, 프롬북스, 2016
조용래, 『또 하나의 가족: 최태민, 임선이, 그리고 박근혜』, 모던아카이브, 2017
조은희, 『한국의 퍼스트레이디』, 황금가지, 2007
조지 베일런트, 한성열 옮김, 『성공적 삶의 심리학』, 나남, 2005
존 위컴, 『12·12와 미국의 딜레마』, 중앙 M&B, 1999
최병천, 『좋은 불평등』, 메디치미디어, 2022
최장집, 『민주화 이후의 민주주의』, 후마니타스, 2005
최장집, 『한국 민주주의 무엇이 문제인가』, 생각의나무, 2008
최정운, 『오월의 사회과학』, 오월의봄, 2012
최정운, 『한국인의 발견』, 미지북스, 2016
최정운, 『한국인의 탄생』, 미지북스, 2017
토마스 홉스, 진석용 옮김, 『리바이어던 1, 2』, 나남, 2008
필립 아리에스, 고선일 옮김, 『죽음 앞의 인간』, 새물결, 2004
학술단체협의회, 『5·18은 끝났는가』, 푸른숲, 1999
한국사특강편찬위원회, 『개정신판 한국사특강』, 서울대학교출판부, 2009
허장환, 『5·18 내란수괴 전두환』, 멘토프레스, 2020
황석영·이재의·전용호, 광주민주화운동기념사업회, 『죽음을 넘어 시대의 어둠을 넘어』, 창비, 2017
황인욱·박다영·한정원, 『사북항쟁과 국가폭력』, 지식공작소, 2021

전두환의 마지막 33년

그는 왜 무릎 꿇지 않았는가

발행일 2023년 5월 15일 초판 1쇄
2023년 5월 24일 초판 2쇄
지은이 정아은
편집 박성열, 정혜인
디자인 김진성
인쇄 민언프린텍
제본 라정문화사

발행인 박성열
발행처 도서출판 사이드웨이
출판등록 2017년 4월 4일 제406-2017-000041호
주소 서울시 영등포구 당산동3가 522-2, 304호
전화 031)935-4027 팩스 031)935-4028
이메일 sideway.books@gmail.com

ISBN 979-11-91998-18-4 03300